CORINNA ALEXANDRA SCHMIDT

Grenzen finanzieller Einflussnahme
auf ärztliche Entscheidungen bei der Kooperation
von Ärzten mit anderen Leistungserbringern
in der Gesundheitswirtschaft

Schriften zum Gesundheitsrecht

Band 32

Herausgegeben von Professor Dr. Helge Sodan,
Freie Universität Berlin,
Direktor des Deutschen Instituts für Gesundheitsrecht (DIGR)
Präsident des Verfassungsgerichtshofes des Landes Berlin a.D.

Grenzen finanzieller Einflussnahme auf ärztliche Entscheidungen bei der Kooperation von Ärzten mit anderen Leistungserbringern in der Gesundheitswirtschaft

Unter besonderer Berücksichtigung der Zulässigkeit
von Rückvergütungsmodellen (sog. Kick-back-Vereinbarungen)
nach Maßgabe des § 31 Abs. 1 Musterberufsordnung-Ärzte

Von

Corinna Alexandra Schmidt

Duncker & Humblot · Berlin

Die Juristische Fakultät
der Heinrich-Heine-Universität Düsseldorf
hat diese Arbeit im Jahre 2012
als Dissertation angenommen.

Bibliografische Information der Deutschen Nationalbibliothek

Die Deutsche Nationalbibliothek verzeichnet diese Publikation in
der Deutschen Nationalbibliografie; detaillierte bibliografische Daten
sind im Internet über http://dnb.d-nb.de abrufbar.

D 61

Alle Rechte vorbehalten
© 2014 Duncker & Humblot GmbH, Berlin
Fremddatenübernahme: Fotosatz Voigt, Berlin
Druck: buchbücher.de gmbh, Birkach
Printed in Germany

ISSN 1614-1385
ISBN 978-3-428-14260-6 (Print)
ISBN 978-3-428-54260-4 (E-Book)
ISBN 978-3-428-84260-5 (Print & E-Book)

Gedruckt auf alterungsbeständigem (säurefreiem) Papier
entsprechend ISO 9706 ♾

Internet: http://www.duncker-humblot.de

Vorwort

Diese Arbeit wurde im Sommersemester 2012 von der Juristischen Fakultät der Heinrich-Heine-Universität Düsseldorf als Dissertation angenommen. Die mündliche Prüfung wurde im Jahr 2013 abgelegt. Für die Veröffentlichung wurden Rechtsprechung und Literatur bis Februar 2014 überwiegend berücksichtigt.

Mein großer Dank gilt zunächst Herrn Professor Dr. Dieter Gieseler VorsRi OLG a. D. für die konstruktive Betreuung während des gesamten Promotionsvorhabens, insbesondere für die stete Bereitschaft zum Dialog, die fachliche und emotionale Unterstützung in den schwierigen Phasen der Promotion und die zügige Erstellung des Erstgutachtens. Danken möchte ich weiter Herrn Professor Dr. Dirk Olzen für die rasche Erstellung des Zweitgutachtens.

Herrn David Klein, LL.M. und Frau Dr. Juliane Netzer danke ich sehr für wertvolle Anregungen und die Diskussionsbereitschaft. Ebenso bedanke ich mich bei Frau Daniela Pelster für das geduldige Korrektorat. Zuletzt bedanke ich mich herzlich bei meinem Vater Herrn Helmut Schmidt und meinem Verlobten Dr. Gido Murra, ohne deren Unterstützung in jeder Hinsicht diese Arbeit nicht hätte entstehen können. Widmen möchte ich diese Arbeit meiner zu früh verstorbenen Mutter Ilona Sofie Schmidt.

Düsseldorf, April 2014   *Corinna Alexandra Schmidt*

Inhaltsverzeichnis

Teil 1

Einführung

§ 1 Das Phänomen „Kopfprämie"	21
A. Entstehungsgründe	22
I. Die zentrale Rolle des Arztes im Gesundheitssystem	22
1. Die Bedeutung des niedergelassenen Arztes für den Patienten	22
2. Der Arzt als Mittler von Gesundheitsleistungen aus der Perspektive der Leistungserbringer	23
II. Wirtschaftliche Bedeutsamkeit der Vermittlungstätigkeit für die übrigen Leistungserbringer	24
III. Anreiz zur materiellen Beeinflussung	24
B. Rechtliche Rahmenbedingungen	24
§ 2 Gegenwärtige Diskussionspunkte	26
A. Vereinbarkeit ärztlicher Kooperationsformen mit dem Verbot finanzieller Einflussnahme auf die Behandlungsentscheidung	26
B. Fehlende Gleichförmigkeit der Bewertungsansätze	28
C. Aktualität der sich aus § 31 Abs. 1 MBO-Ä ergebenden Wertungen	29
§ 3 Gegenstand und Gang der Untersuchung	29
A. Verlauf der Untersuchung	29
B. Terminologie und Eingrenzung des Untersuchungsgegenstandes	30
I. Der niedergelassene Arzt in der Funktion des Vermittlers	30
II. Empfänger einer Patientenvermittlung	30
1. Anbieter von Gesundheitsleistungen	31
2. Der Patient als Empfänger einer Vermittlung	32
III. Systemimmanente Anreize zur Patientenlenkung	32
1. Gesetzliche Bonus- und Rabattzahlungen	32
2. Neue vertragsarztrechtliche Kooperationsformen	33
3. Beteiligung der Krankenkasse	33
4. Zusammenfassung	34

Teil 2

Formen der Patientenvermittlung

§ 1 Die Überweisung 35
   A. Die Überweisung im System der gesetzlichen Krankenversicherung 36
      I. Die Auswahl des Überweisungsempfängers in der gesetzlichen Krankenversicherung 36
      II. Der Grundsatz der freien Arztwahl nach § 76 SGB V 37
   B. Die Auswahl des Überweisungsempfängers bei privat Versicherten 40
   C. Zwischenergebnis 40

§ 2 Die Verordnung 41
   A. Die Verordnung im System der gesetzlichen Krankenversicherung 41
      I. Die Bedeutung der Verordnung für die Ansprüche des Versicherten und der Leistungserbringer im Verhältnis zur Krankenkasse 42
      II. Die Auswahl eines bestimmten Wettbewerbers durch den Arzt im Rahmen der Verordnung und Wahlrechte des Patienten 45
        1. Die Verordnung von Arznei-, Verband-, Heil- und Hilfsmitteln gem. § 73 Abs. 2 Nr. 7 Var. 1 SGB V 45
          a) Die Wahl der abgebenden Stelle bei der Verordnung von Arzneimitteln 46
          b) Mittelbare Bestimmung eines Herstellers durch die Wahl des Medikaments 47
          c) Besonderheiten bei der Verordnung von Verband-, Heil- und Hilfsmitteln 50
        2. Die Verordnung von Krankenhausbehandlung gem. § 73 Abs. 2 Nr. 7 Var. 3 SGB V 53
          a) Angabe der beiden nächsterreichbaren, für die vorgesehene Krankenhausbehandlung geeigneten Krankenhäuser gem. § 73 Abs. 4 S. 3 SGB V 53
          b) Bindung an die Vorgaben des Arztes oder Wahlrecht des Patienten? 56
        3. Die Verordnung von Behandlung in Vorsorge- oder Rehabilitationseinrichtungen gem. § 73 Abs. 2 Nr. 7 Var. 4 SGB V und von Leistungen zur medizinischen Rehabilitation gem. § 73 Abs. 2 Nr. 5 Var. 2 SGB V 66
        4. Die Verordnung von Krankentransporten gem. § 73 Abs. 2 Nr. 7 Var. 2 SGB V 67
        5. Die Verordnung häuslicher Krankenpflege gem. § 73 Abs. 2 Nr. 8 SGB V 67
        6. Die Verordnung von Soziotherapie gem. § 73 Abs. 2 Nr. 12 SGB V .. 68
   B. Die Verordnung im System der privaten Krankenversicherung 68

Inhaltsverzeichnis

    C. Zwischenergebnis 69
§ 3 Der Bezug 70
§ 4 Sonderfall: Die Empfehlung 71
§ 5 Zusammenfassung der Ergebnisse zu Formen der Patientenvermittlung 73

Teil 3
Berufsrechtliche Grenzen einer pekuniären Einflussnahme auf die ärztliche Zuführungsentscheidung

§ 1 Die Berufsordnungen der Ärzte im Allgemeinen 74
    A. Historische Entwicklung 75
    B. Rechtliche Grundlagen 77
    C. Das Verhältnis der Musterberufsordnung zu den Berufsordnungen der Länder 80
§ 2 Die für die Verquickung der Zuführungsentscheidung mit pekuniären Interessen relevanten Normen 81
§ 3 Unerlaubte Zuweisung von Patientinnen und Patienten gegen Entgelt gem. § 31 Abs. 1 MBO-Ä 87
    A. „Zuweisung von Patientinnen und Patienten oder Untersuchungsmaterial" .. 88
        I. Grammatikalische Interpretation 92
        II. Systematische Interpretation 97
            1. Abgrenzung der Zuweisung von der Verordnung i. S. d. § 31 Abs. 1 Var. 2 MBO-Ä 98
                a) Verordnungsvarianten des § 31 Abs. 1 Var. 2 MBO-Ä 99
                b) Empfängerkreis einer Verordnung nach § 31 Abs. 1 Var. 2 MBO-Ä 100
                c) Empfängerkreis bei der Verordnung eines Heilmittels 102
                d) Zwischenergebnis 104
            2. Abgrenzung der Zuweisung von dem Bezug i. S. v. § 31 Abs. 1 Var. 3 MBO-Ä 104
            3. Abgrenzung der Zuweisung von der Verweisung und der Empfehlung i. S. v. § 31 Abs. 2 MBO-Ä 104
            4. Ergebnis der systematischen Auslegung 108
        III. Historische und genetische Interpretation 109
        IV. Teleologische Interpretation 113
            1. Schutzzwecke des § 31 Abs. 1 Var. 1 MBO-Ä 114
                a) Schutz des Patienten durch die Bewahrung der ärztlichen Unabhängigkeit 115
                  aa) Bedeutungsgehalt des Begriffs der ärztlichen Unabhängigkeit 115

   bb) Vereinbarkeit des Schutzzwecks mit den Auslegungsvarianten 120
   cc) Zwischenergebnis 123
  b) Schutz des Gesundheitssystems durch die Bewahrung der Wirtschaftlichkeit 123
  c) Schutz des Patienten und der Konkurrenten durch Vermeidung ungerechtfertigter Wettbewerbsvorteile 124
   aa) Regelungszweck des § 31 MBO-Ä? 124
   bb) Vereinbarkeit des Schutzzwecks mit den Auslegungsvarianten 126
   cc) Zwischenergebnis 126
  d) Wahrung der ärztlichen Dignität 126
  e) Gewährleistung der freien Arzt-/Krankenhauswahl 127
   aa) Regelungszweck des § 31 Abs. 1 Var. 1 MBO-Ä? 127
   bb) Bedeutung für die Auslegungsfrage 132
 2. Ergebnis der teleologischen Auslegung 133
V. Ergebnis zum Begriff der Zuweisung von Patienten oder Untersuchungsmaterial 134
B. „Verordnung oder Bezug von Arznei- oder Hilfsmitteln oder Medizinprodukten" 135
C. Der „Arzt" als Normadressat 136
 I. In seiner Eigenschaft als natürliche Einzelperson 136
 II. Gesellschaften mit ärztlicher Beteiligung 137
  1. Krankenhäuser und Medizinische Versorgungszentren 138
  2. Ärztliche Kooperationen in der Form einer rechtsfähigen Gesellschaft 139
  3. Zwischenergebnis 140
 III. Ergebnis zum Normadressaten 140
D. „Ein Entgelt oder andere Vorteile" 141
 I. Einzelne Modalitäten eines Vorteils 141
  1. Geldwerte Güter 141
  2. Rückvergütung und „Kick-back" 142
   a) „Kick-back" bei dem Bezug von Produkten im Sinne von § 31 Abs. 1 Var. 3 MBO-Ä 142
   b) „Kick-back" bei der Beauftragung mit Laboruntersuchungen ... 144
   c) „Kick-back" in anderen Rückvergütungskonstellationen 145
  3. Kopplungsgeschäfte, Quersubventionierung, Umsatzgeschäfte und Beteiligung am Liquidationserlös 145
  4. Quersubventionierung durch gegenseitige Patientenüberweisung ... 146
  5. Gesellschaftsrechtliche Gewinnbeteiligung 146
 II. Sonstige Vorteile 146

Inhaltsverzeichnis

 III. Begrenzung auf materielle Vorteile 147
 IV. Wegfall des Vorteils bei Bestehen eines Rechtsanspruchs? 149
 V. Berücksichtigung einer Gegenleistung des zuweisenden Arztes beim Vorteilsbegriff? 150
 VI. Zusammenfassung 152
E. Ein Entgelt oder anderer Vorteil „für" die Zuweisung, die Verordnung oder den Bezug 152
 I. Allgemein 152
 II. Parameter für die tatsächliche Feststellung der Konnexität 154
 III. Geringfügigkeit des Vorteils als Ausschlussgrund der Konnexität 156
 IV. Bestimmung der Verknüpfung im Verhältnis zu den einzelnen Zuführungsarten Zuweisung, Verordnung und Bezug 157
 V. Beurteilung der Konnexität bei einer weiteren Gegenleistung des Arztes 158
   1. Zusammenhang mit der Behandlung des Patienten 159
   2. Äquivalenz im weiteren Sinne 160
     a) Tatsächliche Erbringung einer werthaltigen Zusatzleistung 160
     b) Angemessenheit im engeren Sinne 162
   3. Zwischenergebnis 163
 VI. Ergebnis zu dem Tatbestandsmerkmal „für" 164
F. „Zu fordern, sich oder Dritten versprechen oder gewähren zu lassen oder selbst zu versprechen oder zu gewähren" 164
 I. Die einzelnen Handlungsmodalitäten 165
 II. „Anbieten" eines Vorteils ebenfalls untersagt? 165
 III. Begünstigter des Vorteils 167
 IV. Personelle Einschränkung der Vorteilsgewährenden i. w. S.? 168
 V. Zusammenfassung 168
G. Rechtswidrige Berufspflichtverletzung 169
 I. Rechtfertigung durch Aufklärung des Patienten? 169
 II. Rechtfertigung durch einen hinreichenden Grund gem. § 31 Abs. 2 MBO-Ä? 170
 III. Ergebnis 171
H. Schuldhafte Berufspflichtverletzung 171
I. Berufsrechtliche Folgen eines Verstoßes gegen das Verbot der unerlaubten Zuweisung 172
 I. Maßnahmenkatalog 172
 II. Effizienz der Verfolgung 173
   1. Vorlagepflichten 174
   2. Ermittlungsbefugnisse der Ärztekammern 174
 III. Beweisführung 175

IV. Resümee 175
J. Zusammenfassung der Ergebnisse zu der Unerlaubten Zuweisung von Patienten gem. § 31 Abs. 1 MBO-Ä 176

§ 4 Bewertung einzelner Kooperationen am Maßstab von § 31 Abs. 1 MBO-Ä – zugleich nähere Bestimmung des Kriteriums „Grund in der ärztlichen Behandlung selbst" bei gegenseitigen Zuwendungen 178
A. Kooperationen zwischen Arzt und Krankenhaus 178
  I. Zusammenarbeit im Bereich der prä- und poststationären Behandlung .. 179
    1. Urteil des OLG Koblenz vom 20. Mai 2003 180
      a) Sachverhalt 180
      b) Bewertung im Hinblick auf § 31 Abs. 1 Var. 1 MBO-Ä 181
    2. Urteil des OLG Schleswig-Holstein vom 4. November 2003 181
      a) Sachverhalt 181
      b) Bewertung im Hinblick auf § 31 Abs. 1 Var. 1 MBO-Ä 182
    3. Urteil des OLG Düsseldorf vom 16. November 2004 183
      a) Sachverhalt 183
      b) Bewertung im Hinblick auf § 31 Abs. 1 Var. 1 MBO-Ä 183
    4. Urteil des OLG Düsseldorf vom 1. September 2009 184
      a) Sachverhalt 184
      b) Bewertung im Hinblick auf § 31 Abs. 1 Var. 1 MBO-Ä 185
    5. Gegenüberstellung 185
      a) Feststellungen zum Vorteil 186
      b) Feststellungen zur Konnexität 186
    6. Schlussfolgerung 187
      a) § 115a SGB V als Beurteilungsmaßstab? 187
        aa) Rechtslage vor der Änderung des § 115a Abs. 1 SGB V durch das GKV-VStG 188
          (1) Erfüllung der Normvoraussetzungen des § 115a SGB V bei der Einbindung niedergelassener Ärzte außerhalb des Krankenhauses 188
          (2) Eignung als Beurteilungsmaßstab im Berufsrecht 190
          (3) Folgen für die Bewertung nach § 31 Abs. 1 MBO-Ä 191
          (4) Zwischenergebnis 191
        bb) Rechtslage nach der Änderung des § 115a SGB V 192
        cc) Zwischenergebnis 193
      b) Zusätzliche Verdienstmöglichkeit als Vorteil 193
  II. Übrige Zusammenarbeit 194
    1. Ambulante Operationen gem. § 115b SGB V 194
      a) Vorteil für den niedergelassenen Arzt 195
      b) Zulässigkeit der Erbringung ambulanter Operationen durch niedergelassene Ärzte gem. § 115b SGB V 196

Inhaltsverzeichnis

c) Ergebnis zu den ambulanten Operationen gem. § 115b SGB V .. 197
2. Belegarzt 198
3. Belegarzt mit Honorarvertrag 199
4. Konsiliararzt 200
5. Unechter Belegarzt/Systematischer Konsiliararzt 200
III. Ergebnis 201
B. Kooperationen zwischen Arzt und Hilfsmittelerbringern beim verkürzten Versorgungsweg 203
I. Begriff und Abgrenzung von der bloßen Abgabe von Verbrauchsgütern 203
II. Formen des verkürzten Versorgungsweges 204
1. Verkürzter Versorgungsweg mit Hörgeräten 204
2. Verkürzter Versorgungsweg mit Brillen 205
III. Berufsrechtliche Bewertung 206
1. § 3 Abs. 2 MBO-Ä und § 31 Abs. 2 MBO-Ä 206
2. § 31 Abs. 1 MBO-Ä 207
   a) Zuweisung im Sinne von § 31 Abs. 1 Var. 1 MBO-Ä 207
   b) Fordern, Versprechen oder Gewähren eines Entgelts oder sonstigen Vorteils 209
   c) Konnexität zwischen Vorteil und Zuweisung 209
      aa) Hörgeräte 209
      bb) Brillen 210
3. Ergebnis 211
IV. Annex: Einfache Abgabe von Verbrauchsgütern 212
1. Vorliegen einer Patientenvermittlung im Sinne von § 31 MBO-Ä .. 212
   a) Zuweisung gem. § 31 Abs. 1 Var. 1 MBO-Ä 213
   b) Bezug gem. § 31 Abs. 1 Var. 3 MBO-Ä 214
   c) Zwischenergebnis 214
2. Vorteil für die Zuweisung im weiteren Sinne 214
3. Ergebnis 215
C. Gesellschaftsrechtliche Beteiligung eines Arztes an dem Unternehmen eines nicht ärztlichen Leistungserbringers 215
I. Unmittelbare Abhängigkeit der Gewinnbeteiligungshöhe von der Anzahl der Zuweisungen bzw. Verordnungen 216
II. Mittelbare Abhängigkeit der Gewinnbeteiligungshöhe vom Erfolg des Unternehmens 217
1. Generelle Zulässigkeit der Beteiligung an einem Unternehmen mit beruflichem Bezug 217
2. Änderung der Bewertung durch das Zuweisungsverhalten 219
3. Verwirklichung der Voraussetzungen des § 31 Abs. 1 MBO-Ä 219

    a) Vorteil 220
    b) Konnexität 220
      aa) „Erheblicher" Einfluss der Zuweisungen auf den Wert des Kapitalanteils 221
      bb) Untergrenze der „Erheblichkeit" 223
      cc) Einschränkung durch das Erfordernis einer Unrechtsvereinbarung 225
      dd) Aufhebung der Konnexität durch die Entscheidung des Medizinischen Dienstes der Krankenkasse 228
    c) „Zu fordern, sich oder Dritten versprechen oder gewähren zu lassen oder selbst zu versprechen oder zu gewähren" 229
  III. Ergebnis 229
D. Gesellschaftsrechtliche Kooperation niedergelassener Ärzte 230
  I. Formen ärztlicher Kooperationen 231
    1. Berufsausübungsgemeinschaft, Kooperationsgemeinschaft und Praxisverbund 231
    2. Organisationsgemeinschaft 232
  II. Vereinbarkeit ärztlicher Berufsausübungsgemeinschaften mit § 31 Abs. 1 Var. 1 MBO-Ä am Beispiel der Teilberufsausübungsgemeinschaft 233
    1. Begriff der Teilberufsausübungsgemeinschaft 233
    2. Missbrauchspotenzial im Hinblick auf § 31 Abs. 1 Var. 1 MBO-Ä .. 235
    3. Zuweisung innerhalb einer Teilberufsausübungsgemeinschaft – Umgehung oder Verstoß gegen § 31 MBO-Ä? 236
    4. Vorteil 238
    5. Konnexität 238
      a) Allgemeine Kriterien 239
      b) § 18 Abs. 1 S. 2–5 MBO-Ä 239
        aa) Gewinnverteilung gem. § 18 Abs. 1 S. 3 Alt. 2 MBO-Ä 241
          (1) Kritik 242
          (2) Würdigung 242
            (a) Ungleichbehandlung mit Berufsausübungsgemeinschaften 243
            (b) Vereinbarkeit einer paritätischen Gewinnverteilung in der Berufsausübungsgemeinschaft mit dem Zuweisungsverbot 245
            (c) Besonderheiten der Teilberufsausübungsgemeinschaft 246
            (d) Zwischenergebnis 248
        bb) Erbringen medizinisch-technischer Leistungen auf Veranlassung gem. § 18 Abs. 1 S. 3 Alt. 1 MBO-Ä 248

(1) Entscheidung des LG Mosbach 249
(2) Würdigung 250
    (a) Wortlaut 250
    (b) Systematik 252
    (c) Telos 253
    (d) Zwischenergebnis 255
cc) Ergebnis zu § 18 Abs. 1 S. 2–5 MBO-Ä 256
6. Ergebnis zur Vereinbarkeit ärztlicher Berufsausübungsgemeinschaften mit § 31 Abs. 1 Var. 1 MBO-Ä am Beispiel der Teilberufsausübungsgemeinschaft 256

III. Vereinbarkeit ärztlicher Organisationsgemeinschaften mit § 31 Abs. 1 Var. 1 MBO-Ä 257
1. Formen 257
2. Allgemeine Vereinbarkeit mit § 31 MBO-Ä 258
3. Gewinn-/Einnahmepooling 259
4. Ergebnis zu der Vereinbarkeit ärztlicher Organisationsgemeinschaften mit § 31 Abs. 1 Var. 1 MBO-Ä 261

E. Vereinbarkeit einer „zusätzlichen Verdienstmöglichkeit" mit § 31 Abs. 1 MBO-Ä 261
I. Zusätzliche Verdienstmöglichkeit als Vorteil für die Zuweisung 262
1. Setzen eines Anreizes durch die Gewährung einer Verdienstmöglichkeit 263
    a) Indikation durch § 128 Abs. 2 S. 2 SGB V? 263
    b) Berufsrechtliche Ansätze 265
    c) Zwischenergebnis 265
2. „Vorteil" im Sinne des § 31 Abs. 1 MBO-Ä? 265
3. Vorteil „für" die Zuweisung? 267
4. Spannungslage 268

II. Vereinbarkeit mit den Schutzzwecken des § 31 Abs. 1 MBO-Ä 269
1. Kenntnis des Patienten 270
    a) Transparenz als kompensierendes Kriterium .. 270
        aa) Freie Wahl des Leistungserbringers 271
        bb) Schutz des Wettbewerbs 272
        cc) Schutz des Vertrauens in die ärztliche Unabhängigkeit 272
    b) Objektives Interesse des Patienten als kompensierendes Kriterium 273
2. Tatsächliche Kenntnis des Patienten in den einzelnen Fallvarianten . 274

III. Ergebnis zu der Vereinbarkeit einer „zusätzlichen Verdienstmöglichkeit" mit § 31 Abs. 1 MBO-Ä 275

F. Zusammenfassung der Ergebnisse zu der Bewertung einzelner Kooperationsformen 275

Teil 4

Zusammenfassung und Bewertung der Untersuchungsergebnisse

§ 1 Reichweite des § 31 Abs. 1 MBO-Ä 278

§ 2 Vereinbarkeit ärztlicher Kooperationsformen mit § 31 Abs. 1 MBO-Ä 279

§ 3 Bewertung und Ausblick 280

Literaturverzeichnis 282

Sachwortverzeichnis 301

Abkürzungsverzeichnis

a. A.	andere Ansicht
Abs.	Absatz
a. E.	am Ende
a. F.	alte Fassung
AMG	Gesetz über den Verkehr mit Arzneimitteln
Anm.	Anmerkung
AnwBl.	Anwaltsblatt
Art(t).	Artikel
Ärzte-ZV	Zulassungsverordnung für Vertragsärzte
ArztR	Arztrecht, Zeitschrift
AT	Allgemeiner Teil
Aufl.	Auflage
Az.	Aktenzeichen
A/ZusR	Der Arzt/Zahnarzt und sein Recht, Zeitschrift für Arzt-, Kassenarzt und Arzneimittelrecht
Begr.	Begründer
Beschl.	Beschluss
BGB	Bürgerliches Gesetzbuch
BGBl.	Bundesgesetzblatt
BGH	Bundesgerichtshof
BGHSt	Entscheidungen des Bundesgerichtshofes in Strafsachen
BGHZ	Entscheidungen des Bundesgerichtshofes in Zivilsachen
BO	Berufsordnung
BSG	Bundessozialgericht
BT	Bundestag
BT-Drucks.	Bundestagsdrucksache
BVerfG	Bundesverfassungsgericht
BVerfGE	Entscheidungssammlung des Bundesverfassungsgerichts
BVerwGE	Entscheidungssammlung des Bundesverwaltungsgerichts
bzw.	beziehungsweise
DÄBl.	Deutsches Ärzteblatt
DAV	Deutscher Anwaltverein
ders.	derselbe
d. h.	das heißt
Diss. iur.	Juristische Dissertation
DRG	Diagnosis Related Groups

Drucks.	Drucksache
EBM	Einheitlicher Bewertungsmaßstab
Einl.	Einleitung
EL	Ergänzungslieferung
EUR	Euro
f., ff.	folgend(e)
FAZ	Frankfurter Allgemeine Zeitung
Fn.	Fußnote
FS	Festschrift
f&w	führen und wirtschaften im Krankenhaus, Fachmagazin
GbR	Gesellschaft bürgerlichen Rechts
gem.	gemäß
GesR	Zeitschrift für Gesundheitsrecht
GG	Grundgesetz
GKV	Gesetzliche Krankenversicherung
GKV-VStG	Gesetz zur Verbesserung der Versorgungsstrukturen in der gesetzlichen Krankenversicherung
GmbH	Gesellschaft mit beschränkter Haftung
GOÄ	Gebührenordnung für Ärzte
Hdb	Handbuch
Hess. ÄBl.	Hessisches Ärzteblatt
h. M.	herrschende Meinung
HNO	Hals-Nasen-Ohren
Hrsg.	Herausgeber
insbes.	insbesondere
i. S. d.	im Sinne des
i. S. v.	im Sinne von
i. V. m.	in Verbindung mit
i. w. S.	im weiteren Sinne
jurisPR-MedizinR	juris Praxis Report Medizinrecht
JZ	Juristen Zeitung
Kap.	Kapitel
KHuR	Krankenhaus & Recht, Zeitschrift
krit.	kritisch
KrV	Die Krankenversicherung, Zeitschrift
KU	Krankenhaus Umschau, Zeitschrift
LSG	Landessozialgericht
MBO-Ä	Musterberufsordnung für die deutschen Ärztinnen und Ärzte
MB/KK	Musterbedingungen für die Krankheitskosten und Krankenhaustagegeldversicherung
MB/KT	Musterbedingungen für die Krankentagegeldversicherung
MedR	Medizinrecht, Zeitschrift
MüKo	Münchener Kommentar

m.w.N.	mit weiteren Nachweisen
n.F.	neue Fassung
NJW	Neue Juristische Wochenschrift, Zeitschrift
NJW-RR	Neue Juristische Wochenschrift – Rechtsprechungsreport, Zeitschrift
NJWE-WettBR	Neue Juristische Wochenschrift – Entscheidungsdienst Wettbewerbsrecht, Zeitschrift
Nr(n).	Nummer(n)
NStZ	Neue Zeitschrift für Strafrecht
NZS	Neue Zeitschrift für Sozialrecht
OLG	Oberlandesgericht
PharmR	Pharmarecht, Fachzeitschrift für das gesamte Arzneimittelrecht
PKV	Private Krankenversicherung
Rn.	Randnummer
Rspr.	Rechtsprechung
S.	Satz, Seite
SGB	Sozialgesetzbuch
s.o.	siehe oben
sog.	so genannte (r, s)
StGB	Strafgesetzbuch
str.	streitig
u.a.	und andere, unter anderem
unkrit.	unkritisch
v.	vom, von
VÄndG	Vertragsarztrechtsänderungsgesetz
VG	Verwaltungsgericht
vgl.	vergleiche
Vor/Vorbem	Vorbemerkung
VSSR	Vierteljahresschrift für Sozialrecht
VVG	Versicherungsvertragsgesetz
wistra	Zeitschrift für Wirtschafts- und Steuerstrafrecht
ZMGR	Zeitschrift für das gesamte Medizin- und Gesundheitsrecht
ZV	Zulassungsverordnung

Teil 1

Einführung

§ 1 Das Phänomen „Kopfprämie"

Schlagzeilen wie „Gegen Kopfprämien für Ärzte"[1], „Der verkaufte Patient – Kliniken zahlen Fangprämien an Ärzte"[2], „Fangprämie – wie Ärzte die Kliniken unter Druck setzen"[3], „Ärztekammern prüfen Verträge mit Kopfprämien"[4] und schließlich „Immer mehr Ärzte verkaufen ihre Patienten"[5] führten dazu, ein in vielfältigen Formen auftretendes Phänomen wieder in den Vordergrund der öffentlichen Wahrnehmung zu rücken.[6] Mit den Begriffen „Kopfprämie"[7], „Zuweisungsprämie"[8], „Einweiserpauschale"[9] oder „Kopfgeld"[10] wird insbesondere auf die durch manche Krankenhäuser geübte Praxis hingewiesen, niedergelassenen Ärzten für die Einweisung von Patienten ein Entgelt zu gewähren.[11] Die ausgezahlten Prämien reichen dabei in den drei- bis vierstelligen Bereich und können damit im Einzelfall sogar die Summe überschreiten, welche die Kassenärztliche Vereinigung einem niedergelassenen Arzt für die Behandlung des Patienten in einem ganzen Quartal auskehrt.[12] Nach einer im Auftrag des GKV-Spitzenverbandes jüngst durchgeführten Studie der Universität Halle-Wittenberg zahlt fast jede vierte Klinik Prämien für die Einweisung von Patienten, und jeder fünfte Arzt sieht die Zahlung eines Entgelts als selbstverständlich an.[13] Diese Provisionsmodelle werden jedoch nicht ausschließlich durch die Krankenhäuser for-

---

[1] *N. N.*, FAZ v. 9.12.2009, S. 4.
[2] *N. N.*, Der verkaufte Patient.
[3] *Rind/Rybarcyzk,* in: abendblatt.de vom 1.9.2009.
[4] *N. N.*, FAZ v. 9.12.2009, S. 4.
[5] *Mihm,* Ärzte verkaufen ihre Patienten.
[6] Vgl. zuletzt *N. N.,* FAZ v. 23.5.2012, S. 10.
[7] *Grether,* f&w 2008, 490, 496.
[8] *N. N.,* FAZ v. 9.12.2009, S. 4.
[9] *N. N.,* FAZ v. 2.11.2009, S. 7.
[10] *Mihm,* Ärzte verkaufen ihre Patienten.
[11] *Makoski,* MedR 2009, 376, 386; *Schneider/Gottschaldt,* wistra 2009, 133.
[12] Krankenhäuser sollen beispielsweise für einen Patienten, bei dem eine Operation der Hüfte vorzunehmen ist, Geldzahlungen in Höhe von bis zu 1000 EUR gewähren, *Mihm,* Ärzte verkaufen ihre Patienten.
[13] *Bussmann,* Unzulässige Zusammenarbeit, S. 5.

ciert.[14] Wenn sich Ärzte in manchen Regionen zu Netzwerken zusammenschließen, um das örtliche Krankenhaus zur Zahlung von Einweisungspauschalen zu zwingen, werden erpressungsähnliche Verhältnisse erkennbar.[15] Die Drohung, eigene Patienten nicht mehr an die betroffene Klinik zu vermitteln, erweist sich zumeist als effektives Mittel zur Verwirklichung dieses Begehrens.

Andere Leistungserbringer im Gesundheitswesen lassen ebenfalls ein Bestreben erkennen, mit unterschiedlichsten Provisionsmodellen niedergelassene Ärzte zur bestimmenden Lenkung des Patienten anzuregen.[16] Für die Beschreibung der an Ärzte gezahlten Vermittlungsgebühren hat sich insbesondere der aus dem angelsächsischen Sprachraum abgeleitete Ausdruck des „Kick-back" etabliert.[17] Die Umschreibung dieser im allgemeinen Wirtschaftsalltag durchaus verbreiteten Provisionen[18] als Schmiergeldzahlung[19] deutet allerdings schon deren Korruptionscharakter und die damit verbundenen ethischen und juristischen Bedenken im Hinblick auf deren Zulässigkeit an.

A. Entstehungsgründe

I. Die zentrale Rolle des Arztes im Gesundheitssystem

Die vorstehend angedeuteten Formen monetärer Zuwendungen dienen augenscheinlich dem Zweck, Entscheidungen des Arztes zu beeinflussen. Allein dieser Umstand lässt bereits vermuten, dass Ärzte im Gefüge des Gesundheitsmarkts eine besondere Stellung einnehmen.

*1. Die Bedeutung des niedergelassenen Arztes
für den Patienten*

Niedergelassene Ärzte und allen voran die sog. Hausärzte stellen für den Patienten in der Regel den ersten Ansprechpartner in Fragen der Gesundheit dar.[20] Der Patient bringt dem Arzt dabei zumeist besonderes Vertrauen entgegen[21], wel-

---

[14] *Bussmann*, Unzulässige Zusammenarbeit, S. 6.
[15] *Kösters* bei *Mihm*, Ärzte verkaufen ihre Patienten.
[16] Vgl. *Bussmann*, Unzulässige Zusammenarbeit, S. 7.
[17] *Gummert/Meier*, MedR 2007, 75, 84; *Krafczyk*, in: FS Mehle, 2009, S. 325, 326; *Rau*, in: FAZ vom 23.9.2009; *Ries/Schnieder/Althaus/Bölting*, Arztrecht, S. 126, 128 f.; *Schulenburg*, Rheinisches Ärzteblatt 2002, 17; *Wigge*, NZS 2007, 393.
[18] So *Bernsmann/Schoß*, GesR 2005, 193.
[19] *Grill*, Schmiergeld auf Rezept.
[20] Vgl. auch *Schwing*, KU 2006, 724.
[21] Vgl. § 2 Abs. 2 MBO-Ä; ferner OLG Hamm NJW 1995, 786, 787; *Dahm*, MedR 1995, 106, 109; *Köber*, A/ZusR 2004, 33; *Laufs/Katzenmeier/Lipp*, Arztrecht, Kap. 3 Rn. 35; *Quaas/Zuck*, Medizinrecht, § 10 Rn. 7.

ches in vergleichbarer Form bei kaum einem anderen Vertragsverhältnis vorgefunden werden kann.[22]

2. Der Arzt als Mittler von Gesundheitsleistungen aus der Perspektive der Leistungserbringer

Aus der Sicht anderer Leistungserbringer kommt dem Arzt als primärem Kontakt des Patienten vor allem die Bedeutung des Vermittlers zu.[23] Denn in der überwiegenden Anzahl der Fälle nimmt der Patient gesundheitliche Dienst- und Sachleistungen, die nicht von seinem behandelnden Arzt selbst erbracht werden, erst auf dessen Veranlassung hin in Anspruch. Der Aufnahme in eine stationäre Einrichtung geht beispielsweise zumeist eine ärztliche Einweisung voraus.[24] Viele Produkte der Gesundheitsindustrie, wie etwa verschreibungspflichtige Medikamente[25], erhält der Patient erst, wenn der Arzt sie ihm verordnet hat.[26] Wird der Patient zur Weiterbehandlung oder Diagnostik an einen anderen (Fach-)Arzt überwiesen, erfolgt ebenfalls eine Vermittlung durch den zuerst aufgesuchten Arzt.[27]

Auch das Recht der gesetzlichen Krankenversicherung betont explizit die zentrale Rolle des Arztes als Leistungsvermittler. Zunächst überträgt § 73 Abs. 1 S. 2 Nr. 2 SGB V dem Hausarzt (§ 73 Abs. 1a S. 1 SGB V) die Koordination des arbeitsteiligen medizinischen Behandlungsprozesses.[28] Ferner bezeichnet § 73 Abs. 2 S. 1 Nr. 5, 7, 8, 12 SGB V die Verordnung ausdrücklich als Aufgabe der vertragsärztlichen Versorgung.[29] Indem die Ärzte den Patienten anderen Leistungserbringern zuführen, konkretisieren sie zugleich den Anspruch des Versicherten auf Krankenbehandlung, der von den Krankenkassen im Verhältnis zum Versicherten im Regelfall hingenommen werden muss.[30] Die Funktion der Ärzte in der gesetzlichen Krankenversicherung wird aus diesem Grunde auch als sog. „Schlüsselstellung" beschrieben.[31]

---

[22] Ähnlich BGH NJW 1959, 811, 813; *Kern*, in: Laufs/Kern, Handbuch Arztrecht, § 38 Rn. 1.
[23] So auch *Schuler*, in: Hänlein/Kruse/Schuler, LPK-SGB V, § 70 Rn. 5 unter Verweis auf §§ 72 ff. SGB V.
[24] *Brandts*, in: Leitherer, Kasseler Kommentar SGB V, § 39 Rn. 103.
[25] Siehe dazu § 48 Abs. 1 AMG.
[26] Vgl. allgemein zu der Erforderlichkeit einer Verordnung Teil 2: § 2.
[27] Dazu auch *Wigge*, VSSR 1996, 399, 402.
[28] *Auktor*, in: LPK-SGB V, § 70 Rn. 5; § 73 Rn. 4; vgl. auch *Adolf*, in: Schlegel/Voelzke, SGB V, § 73 Rn. 59 („Verteilerfunktion").
[29] *Adolf*, in: Schlegel/Voelzke, SGB V, § 73 Rn. 115; *Auktor*, in: LPK-SGB V, § 73 Rn. 10; *Huster*, in: Becker/Kingreen, SGB V, § 73 Rn. 4.
[30] Vgl. zu den unterschiedlichen Positionen dieser in Einzelheiten umstrittenen Frage *Steege*, in: FS 50 Jahre BSG, S. 517 ff.
[31] BSG SozR 3-2500 § 13 Nr. 4 S. 22; BSG SozR 3-2500 § 129 Nr. 1, S. 7 (Arzneimittelversorgung); *Heberlein*, in: Rolfs u.a., BeckOK SGB V, § 60 Rn. 26.

II. Wirtschaftliche Bedeutsamkeit der Vermittlungtätigkeit für die übrigen Leistungserbringer

Die Vermittlung des Arztes beinhaltet stets eine Entscheidung für eine bestimmte „Leistungserbringerkategorie". Hält der Arzt beispielsweise den Einsatz von Medikamenten erforderlich, führt er über die Verschreibung sowohl den Apothekern als auch der Pharmaindustrie einen „Kunden" zu. Muss hingegen ein stationärer Aufenthalt erfolgen, erhalten die Krankenhäuser einen zusätzlichen Behandlungsfall. Die Entscheidung über das „ob" einer weiteren Behandlungsmethode kommt dabei prinzipiell allen Angehörigen einer Gesundheitssparte zu Gute. Wirtschaftlich wesentlich bedeutsamer ist jedoch die individuelle Bevorzugung gegenüber den jeweiligen Konkurrenten. Für den einzelnen Leistungserbringer stellt sich damit vor allem die Frage, wie ihm Patienten gezielt zugeführt werden können.

Ein entsprechendes Begehren ergibt sich bei den zunächst in den Fokus genommenen Krankenhäusern nicht zuletzt vor dem Hintergrund, dass deren Vergütung durch die Umstellung des Entgeltsystems auf Fallpauschalen nicht mehr vorrangig durch die Liegezeiten, sondern durch die Anzahl der Behandlungsfälle bestimmt wird.[32] Wegen der natürlichen Begrenzung der absoluten Zahl der Behandlungsfälle stehen die einzelnen Kliniken dadurch untereinander verstärkt im Wettbewerb.[33]

III. Anreiz zur materiellen Beeinflussung

Die Vermittlungsfunktion des Arztes bildet einen nicht unerheblichen Anreiz für andere Leistungserbringer, diesen Prozess mit dem Ziel der Verbesserung der eigenen Umsätze zu beeinflussen. Die Einwirkung könnte dabei dadurch erfolgen, dass der potenzielle Rezipient des Patienten versucht, durch die Qualität der eigenen Leistungen zu überzeugen. Zielführend erscheint jedoch auch die Methode, den Arzt durch pekuniäre Anreize zu einer Bevorzugung der eigenen Produkte oder Dienstleistungen gegenüber anderen zu bewegen. Die Varianten der monetären Einwirkung auf die ärztliche Entscheidung sind dabei nahezu unbegrenzt.[34]

B. Rechtliche Rahmenbedingungen

Die pekuniär veranlasste ärztliche Lenkung des Patientenstroms berührt eine Vielzahl unterschiedlichster Vorschriften u.a. aus dem Vertragsarztrecht[35] und

---

[32] *Wollersheim*, in: Terbille, MAH Medizinrecht § 5 Rn. 187; *Pottek/Bauermeister/ Timm*, KU 2007, 1059, 1060 f.

[33] So *Deutsche Gesellschaft für Urologie,* Der verkaufte Patient, siehe zudem *Grether,* f&w 2008, 490, 495.

[34] *Schulenburg*, Rheinisches Ärzteblatt 2008, 16.

dem Strafrecht[36]. Die an den Arzt zu stellenden Verhaltensanforderungen kodifiziert originär jedoch vor allem das ärztliche Berufsrecht. Die Bewertung der materiellen Einflussnahme auf den Arzt ist damit primär an seinem speziellen Standesrecht vorzunehmen, dessen Vorgaben mittelbar auch in den anderen Rechtsgebieten Bedeutung erlangen.[37]

Das Berufsrecht der Ärzte ergibt sich aus der Berufsordnung der jeweiligen Landesärztekammer.[38] Die 17 Berufsordnungen der Länder sind dabei bis auf einzelne Abweichungen bedingt durch die jeweiligen Kammer- und Heilberufsgesetze inhaltlich nahezu identisch.[39] Die Übereinstimmung resultiert aus dem Umstand, dass sich die Berufsordnungen ausnahmslos an der von dem Geschäftsausschuss der Bundesärztekammer zum Zwecke der Vereinheitlichung[40] erstellten und vom Deutschen Ärztetag[41] verabschiedeten Musterberufsordnung für die

---

[35] Vgl. etwa § 73 Abs. 7 SGB V (Es ist Vertragsärzten nicht gestattet, für die Zuweisung von Versicherten ein Entgelt oder sonstige wirtschaftliche Vorteile sich versprechen oder sich gewähren zu lassen oder selbst zu versprechen oder zu gewähren. § 128 Absatz 2 Satz 3 gilt entsprechend.) und § 128 SGB V (Unzulässige Zusammenarbeit zwischen Leistungserbringern und Vertragsärzten).

[36] Der Große Senat für Strafsachen am BGH entschied allerdings kürzlich, dass ein niedergelassener, für die vertragsärztliche Versorgung zugelassener Arzt bei der Wahrnehmung der ihm in diesem Rahmen übertragenen Aufgaben weder als Amtsträger im Sinne des § 11 Abs. 1 Nr. 2c StGB noch als Beauftragter der gesetzlichen Krankenkassen im Sinne des § 299 StGB handelt, BGH Beschl. v. 29.3.2012 – GSSt 2/11. Die Entscheidung des BGH veranlasste in der Folge einige Abgeordnete zu einer Kleinen Anfrage an die Bundesregierung, in der u. a. auch die Frage gestellt wird, inwiefern das Verhalten der Ärzte dennoch als strafwürdig befunden wird, BT-Drucks. 17/10440, S. 3. Vgl. schließlich allgemein zur Strafbarkeit *Taschke*, in: Dieners, Hdb Compliance, Kap. 2 Rn. 2 ff.

[37] § 31 Abs. 1 MBO-Ä ist nach h. M. beispielsweise als Verbotsgesetz im Sinne von § 134 BGB zu bewerten, vgl. BGH GesR 2003, 211 m.w.N.; *Frehse/Kalb*, Arzt und Industrie, S. 6; *Krafcyzk/Lietz*, ZMGR 2010, 24, 26; *Wittmann*, MedR 2008, 716, 717; a. A. *Taupitz*, JZ 1994, 221, 224 ff. Die Normen der Berufsordnung werden zudem als gesetzliche Vorschrift i. S. v. § 4 Nr. 11 UWG angesehen, die auch dazu bestimmt ist, im Interesse der Marktteilnehmer das Marktverhalten zu regeln, vgl. BGH GesR 2009, 549 ff.; OLG Karlsruhe, Urt. v. 27.6.2012 – 6 U 15/11, Rn. 54 zu § 18 Abs. 1 S. 3 Alt. 1 MBO-Ä; *Köhler/Bornkamm*, UWG, § 4 Rn. 11.74; *Krafcyzk/Lietz*, ZMGR 2010, 24, 30. Schließlich ist in dem durch das GKV-Versorgungsstrukturgesetz vom 22.12.2011 neu eingefügten § 73 Abs. 7 SGB V eine mit § 31 Abs. 1 MBO-Ä nahezu identische Formulierung gewählt worden.

[38] Derzeit bestehen 17 Landesärztekammern. Dies ergibt sich aus dem Umstand, dass in Nordrhein-Westfalen zwei Landesärztekammern, nämlich die Landesärztekammer Nordrhein und die Landesärztekammer Westfalen-Lippe, eingerichtet worden sind, vgl. zum Überblick Bundesärztekammer, http://www.bundesaerztekammer.de/page.asp?his= 0.8.5585. Ausführlich zu den Berufsordnungen Teil 3: § 1.

[39] *Engelmann*, MedR 2002, 561 f.; Ratzel/*Lippert*, MBO-Ä, Einl. Vor §§ 1 ff. Rn. 4; *Ring*, Werberecht, Rn. 27.

[40] *Engelmann*, MedR 2002, 561; *Laufs*, NJW 1997, 3071, 3072.

[41] Bei dem deutschen Ärztetag handelt es sich um das privatrechtlich organisierte Standesparlament der Ärzte, *Quaas/Zuck*, Medizinrecht, § 12 Rn. 4 und ein Organ der Bundesärztekammer, *Engelmann*, MedR 2002, 561.

deutschen Ärztinnen und Ärzte orientieren.[42] Bei der nachfolgenden Betrachtung wird zur übergreifenden Darstellung deshalb auf diese Musterberufsordnung der Ärzte (nachfolgend MBO-Ä) Bezug genommen.[43]

Unter der Überschrift „Wahrung der ärztlichen Unabhängigkeit bei der Zusammenarbeit mit Dritten" werden vorwiegend in den §§ 30 ff. MBO-Ä die Normen zusammengefasst, die bei einer Verquickung von ärztlicher Tätigkeit mit pekuniären Interessen zu beachten sind.[44] Die zentrale Vorschrift für die Beurteilung einer materiellen Einflussnahme auf die ärztliche Leistungsvermittlung bildet das in § 31 Abs. 1 MBO-Ä niedergelegte Verbot der Zuweisung gegen Entgelt. Danach ist es

„Ärztinnen und Ärzten untersagt, für die Zuweisung von Patientinnen und Patienten oder Untersuchungsmaterial oder für die Verordnung oder den Bezug von Arznei- oder Hilfsmitteln oder Medizinprodukten ein Entgelt oder andere Vorteile sich versprechen oder gewähren zu lassen oder selbst zu versprechen oder zu gewähren."

§ 2 Gegenwärtige Diskussionspunkte

Eine beträchtliche Anzahl literarischer Reaktionen auf das Phänomen der „Kopfprämie" legt bereits die Vermutung nahe, dass der zulässige Umfang finanzieller Anreize im Zusammenhang mit der ärztlichen Patientenvermittlung nach dem Berufsrecht mit einigen Ungewissheiten behaftet ist. Aus der bisherigen Diskussion kristallisieren sich dabei mehrere Problemkreise heraus.

A. Vereinbarkeit ärztlicher Kooperationsformen mit dem Verbot finanzieller Einflussnahme auf die Behandlungsentscheidung

Um dem im Gesundheitswesen zunehmenden Wettbewerbsdruck begegnen zu können, zeigt sich eine verstärkte Tendenz zur Kooperationsbildung zwischen Ärzten und anderen Leitungserbringern.[45] Die Zusammenarbeit eines potenziellen Vermittlers von Patienten mit deren Empfängern wirft jedoch stets die Frage auf, ob die berufsrechtlichen Normen eingehalten werden, die eine (pekuniäre) Beeinflussung betreffen.

---

[42] *Engelmann*, MedR 2002, 561; *Quaas/Zuck*, Medizinrecht, § 12 Rn. 4.
[43] Sollten die Berufsordnungen der Länder im Einzelfall von der Musterberufsordnung abweichen, wird darauf gesondert hingewiesen. Zur fehlenden Rechtsnormqualität Teil 3: § 1 C.
[44] Mit Ausnahme von § 3 Abs. 2 MBO-Ä.
[45] *Schlegel u. a.*, Der Kassenarzt 2009 (3), 1, 2 ff.

Insbesondere das Verbot des § 31 Abs. 1 MBO-Ä bereitet in der Praxis Schwierigkeiten bei der Abgrenzung rechtmäßiger und unzulässiger Abreden[46], da nicht jeder wirtschaftliche Vorteil für den Arzt automatisch einen Verstoß bedingt.[47] Gelegentlich wird deshalb sogar das Bestehen einer juristischen Grauzone angedeutet.[48]

Als kritisch wird beispielsweise die (pauschale) Vergütung solcher prä- und poststationärer Behandlungsleistungen durch das Krankenhaus bewertet, die der zur Vornahme von Einweisungen berechtigte niedergelassene Arzt in seiner Praxis erbringt, weil der Arzt jene auch gegenüber der Kassenärztlichen Vereinigung abrechnen könne.[49] Ungeklärt ist ferner, inwiefern überweisungsabhängige Fachärzte medizinisch-technischer Leistungen mit potenziellen Zuweisern eine sog. Teilberufsausübungsgemeinschaft[50] bilden dürfen[51] und welcher Gewinnverteilungsschlüssel hierbei zulässig wäre.[52]

Unterdessen kann insgesamt beobachtet werden, dass die praktizierten Kooperationsformen an Komplexität zunehmen.[53] Mit der Liberalisierung der Gestaltungsformen ärztlicher Arbeit geht damit die Befürchtung einer faktischen Auszehrung des § 31 Abs. 1 MBO-Ä einher.[54] Die Erzielung sachgerechter Ergebnisse mit den bisherigen aus § 31 Abs. 1 MBO-Ä abgeleiteten Kriterien wird infolgedessen stärker in Frage gestellt.[55] Allgemein lässt sich allerdings konstatieren, dass viele Prüfungen eines Verstoßes gegen § 31 Abs. 1 MBO-Ä wei-

---

[46] *Grether*, f&w 2008, 490, 495; *Halbe/Jahn*, Wirtschaftsmagazin für den Allgemeinarzt 2004, 6; *Pflugmacher*, Ärzte Zeitung 2009 (159), 14; *Spoerr*, zit. bei Makoski, ZMGR 2010, 56, 58.

[47] Auch *Bonvie*, MedR 1999, 64 f.

[48] *Deutsche Gesellschaft für Urologie*, Der verkaufte Patient; *Halbe/Jahn*, Wirtschaftsmagazin für den Allgemeinarzt 2004, 6; *N. N.*, Ärzte Zeitung 2009 (19), S. 2; *Krafczyk/Lietz*, ZMGR 2010, 24.

[49] OLG Düsseldorf MedR 2005, 169 ff.; *Clausen/Schroeder-Printzen*, ZMGR 2010, 3 ff., 19 ff.

[50] Gem. § 18 Abs. 1 S. 2 MBO-Ä beschränkt sich bei der Teilberufsausübungsgemeinschaft die gemeinsame ärztliche Berufsausübung auf einzelne Teile des ärztlichen Tätigkeitsspektrums, vgl. ferner *Bundesärztekammer*, DÄBl. 2008, A-1019, A-1022; *Cansun*, Kooperationsmöglichkeiten, S. 154; *Frielingsdorf*, Praxis Freiberufler-Beratung 2007, 175, 176; *Halbe/Rothfuß*, in: Halbe/Schirmer, HBKG, A 1100 Rn. 30; *Krafczyk/Lietz*, ZMGR 2010, 24, 28.

[51] Vgl. einerseits *Cansun*, Kooperationsmöglichkeiten, S. 85 f.; *Orlowski/Halbe/Krach*, VÄndG, 126 f.; *Ratzel*, VSSR 2007, 207, 210; *Wigge*, NZS 2007, 393, 395; andererseits *Krafczyk*, in: FS Mehle, 2009, S. 325, 337; *Krafczyk/Lietz*, ZMGR 2010, 24, 29.

[52] Hierzu *Makoski*, ZMGR 2010, 56, 58.

[53] *Frehse/Kalb*, Arzt und Industrie, S. 1.

[54] *Bonvie*, in: Arbeitsgemeinschaft Medizinrecht, S. 827; *Ratzel/Möller/Michels*, MedR 2006, 377, 390.

[55] *Krafczyk/Lietz*, ZMGR 2010, 24, 25.

testgehend ohne eine Definition der Tatbestandsmerkmale erfolgen. Vielfach begnügt sich die rechtliche Begutachtung mit einem Hinweis auf den abstrakt vorangestellten Schutzzweck.[56] Die Erörterung kooperationstypenübergreifender Zusammenhänge unterbleibt deshalb im Regelfall.

Nicht zuletzt die geäußerte Kritik, dass die berufsrechtlichen Bestimmungen zur Wahrung der ärztlichen Unabhängigkeit „keine unmittelbar einsehbare Entscheidungshilfe für die Ärzte bieten würden"[57], zeigt jedoch das Bedürfnis nach brauchbaren Abgrenzungskriterien auf.[58] Die fortbestehende Interpretationsbedürftigkeit der Musterberufsordnung bestätigte schließlich selbst die Bundesärztekammer, indem sich ihre Berufsordnungsgremien dazu veranlasst sahen, „Hinweise und Erläuterungen zum Umgang mit der Ökonomisierung im Gesundheitswesen und zu Wahrung der ärztlichen Unabhängigkeit"[59] herauszugeben.[60]

B. Fehlende Gleichförmigkeit der Bewertungsansätze

Mit dem Verlangen nach aussagekräftigen Beurteilungsmaßstäben geht die Befürchtung einher, dass im (Unrechts-)Kern vergleichbare Kooperationen im Hinblick auf § 31 Abs. 1 MBO-Ä keine einheitliche Bewertung erfahren. So wird bei einigen Formen der Zusammenarbeit, wie etwa bei der Teilberufsausübungsgemeinschaft, ein auf § 31 Abs. 1 MBO-Ä gestütztes Verbot wegen Fehlen eines sachlichen Grunds als zu weitreichend empfunden.[61] Andererseits stellt sich bei anderen Kooperationsmodellen durchaus die Frage, weshalb ein Widerspruch mit dem entgeltlichen Zuweisungsverbot nicht in der Diskussion steht, obwohl die Ratio ebenfalls berührt scheint.[62] Die gesellschaftsrechtliche Beteiligung eines Arztes an dem Unternehmen eines anderen Leistungserbringers, dessen Produkte oder Dienstleistungen er verschreiben kann, könnte beispielsweise ebenfalls als prekär zu bewerten sein.[63]

---

[56] Vgl. beispielsweise *Ratzel/Lippert,* MBO-Ä, § 31 Rn. 3 ff.
[57] *Bonvie,* Arbeitsgemeinschaft Medizinrecht, 827; das Fehlen rechtlich klarer Vorschriften kritisieren zudem *Clausen/Schroeder-Printzen,* ZMGR 2010, 3, 23. Siehe zudem *Bussmann,* Unzulässige Zusammenarbeit, S. 4.
[58] So im Ergebnis wohl auch *Spoerr,* zit. bei Makoski, ZMGR 2010, 56, 58 f.
[59] *Bundesärztekammer,* DÄBl. 2007, A-1607 ff.
[60] So pointiert *Bonvie,* Arbeitsgemeinschaft Medizinrecht, 827 f.
[61] Krit. insbes. im Hinblick auf die konkretisierende Regelung des § 18 Abs. 1 MBO-Ä *Krafcyzk/Lietz,* ZMGR 2010, 24, 29; *Orlowski/Halbe/Krach,* VÄndG, S. 128.
[62] Zu dem Beispiel des Belegarztes und der Angestelltentätigkeit im Krankenhaus *Bäune,* jurisPR-MedizinR 7/2010 Anm. 5.
[63] Vgl. OLG Stuttgart MedR 2007, 543 ff.

C. Aktualität der sich aus § 31 Abs. 1 MBO-Ä ergebenden Wertungen

Vereinzelt wird schließlich bezweifelt, ob § 31 Abs. 1 MBO-Ä zu zeitgemäßen Lösungen beiträgt.[64] Es besteht etwa die Befürchtung, dass die Bildung nützlicher Kooperationen durch tradierte Berufsbilder und das Festhalten an alten Strukturen behindert werden könnte, obwohl der Wettbewerb der Systeme letztlich vor allem im Interesse des Patienten stattfinden müsste.[65] Fraglich ist daher, ob die Belange des Patienten ein Fortbestehen des durch § 31 Abs. 1 MBO-Ä gezeichneten ärztlichen Idealbildes erfordern.[66] Fast 40% der Ärzte und ebenso viele nichtärztliche Leistungserbringer halten die Norm für praxisfern.[67] Nahezu jedem fünften Arzt ist schließlich der Normbefehl des § 31 Abs. 1 MBO-Ä gänzlich unbekannt.[68]

§ 3 Gegenstand und Gang der Untersuchung

Aufgabe der vorliegenden Arbeit wird sein, die berufsrechtlichen Grenzen bei einer materiell motivierten Patientenvermittlung aufzuzeigen.

A. Verlauf der Untersuchung

Zu diesem Zweck sind zunächst die allgemeinen Grundlagen für die Zuführung des Patienten an andere Leistungserbringer und die damit verbundenen Lenkungsbefugnisse des Arztes zu erläutern. Erörtert werden ferner die generelle Bedeutung der ärztlichen Berufsordnungen und das Verhältnis des entgeltlichen Zuweisungsverbots zu den übrigen Normen, die die ärztliche Unabhängigkeit betreffen.

Die anschließende intensive Auseinandersetzung mit den einzelnen Tatbestandsmerkmalen des § 31 Abs. 1 MBO-Ä dient dazu, diese näher zu konkretisieren und brauchbare Abgrenzungskriterien zu entwickeln. Hervortretende Ungewissheiten sollen unter Berücksichtigung des ebenfalls zu ermittelnden Schutzzweckes ausgeräumt werden.

Darauffolgend werden die verschiedenen Formen ärztlicher Kooperationen untersucht, die sich im Hinblick auf § 31 Abs. 1 MBO-Ä als prekär erweisen. In diesem Rahmen sind die Konformität und der Bewertungsmaßstab des § 31 Abs. 1 MBO-Ä abschließend zu bestimmen.

---

[64] *Krafcyzk/Lietz*, ZMGR 2010, 24, 25.
[65] *Walter*, A/ZusR 2006, 97, 103.
[66] Vgl. dazu *Ahrens*, AnwBl 1992, 247, 249, 254 ff., *Taupitz*, Standesordnungen, S. 63.
[67] *Bussmann*, Unzulässige Zusammenarbeit, S. 4.
[68] *Bussmann*, Unzulässige Zusammenarbeit, S. 3.

B. Terminologie und Eingrenzung des Untersuchungsgegenstandes

Anknüpfungspunkt der nachfolgend zu untersuchenden Konstellationen bildet stets die Gewährung einer materiellen Zuwendung als Gegenleistung für die Zuführung des Patienten. Beteiligt sind neben dem Patienten somit stets ein „Vermittler" und ein „Empfänger".

I. Der niedergelassene Arzt in der Funktion des Vermittlers

Eine Vermittlungsfunktion kommt prinzipiell jedem Leistungserbringer mit direktem Patientenkontakt zu. Regulierende Vorschriften finden sich dementsprechend auch für nichtärztliche Anbieter gesundheitlicher Leistungen.[69] Aufgrund seiner zentralen Rolle ist der niedergelassene Arzt für eine finanzielle Einflussnahme jedoch besonders exponiert.[70] Die vorliegende Untersuchung konzentriert sich deshalb ausschließlich auf die Bewertung eines ärztlichen Zuführungsverhaltens nach Maßgabe der ärztlichen Berufsordnung.

Ein Arzt vermag allerdings nicht nur seine Patienten an andere zu lenken, sondern auch selbst ein Interesse entwickeln, dass ihm Patienten zugeführt werden. Soweit in der nachfolgenden Bearbeitung keine genauere Spezifikation erfolgt, soll mit dem Begriff Arzt jedoch zunächst immer derjenige angesprochen sein, der einen eigenen Patienten einer anderen Person oder Einrichtung zuleitet und dafür eine Entlohnung erhält. Diese Position nehmen dabei wegen des Vorrangs der ambulanten Behandlung[71] zumeist eher niedergelassene Ärzte als im Krankenhaus angestellte Ärzte ein.

II. Empfänger einer Patientenvermittlung

Ein Interesse an der Erweiterung des Kundenstamms besteht letztlich bei jedem Unternehmen unabhängig vom Wirtschaftszweig. Besondere Attraktivität als Werbeträger dürfte der Arzt vor allem dann genießen, wenn der Unternehmensgegenstand wie beispielsweise bei Wellness, Ernährung, Fitness oder Kosmetik im weitesten Sinne mit Gesundheit assoziiert wird. Die vorliegende Arbeit möchte den Patienten allerdings nicht in seiner Eigenschaft als Kunde, sondern vor allem als Adressat gesundheitlicher Leistungen in den Fokus nehmen. Bewer-

---

[69] Vgl. bspw. § 11 Abs. 1 ApoG: Erlaubnisinhaber und Personal von Apotheken dürfen mit Ärzten oder anderen Personen, die sich mit der Behandlung von Krankheiten befassen, keine Rechtsgeschäfte vornehmen oder Absprachen treffen, die eine bevorzugte Lieferung bestimmter Arzneimittel, die Zuführung von Patienten, die Zuweisung von Verschreibungen oder die Fertigung von Arzneimitteln ohne volle Angabe der Zusammensetzung zum Gegenstand haben.
[70] Vgl. Teil 1: § 1 A.I.
[71] Siehe § 39 SGB V.

tet wird somit nur das Verhältnis zwischen Ärzten und Anbietern von Gesundheitsleistungen.

1. Anbieter von Gesundheitsleistungen

Als Gesundheitsleistung können sämtliche im Gesundheitswesen auftretenden Sach- oder Dienstleistungen beschrieben werden, die der Gesundheitsförderung, -erhaltung oder -versorgung der Bevölkerung dienen.[72] Soweit in der nachfolgenden Untersuchung in Bezug auf Anbieter von Gesundheitsleistungen auch von Leistungserbringern gesprochen wird, soll der Terminus im vorstehenden allgemeinen Sinne verstanden werden.[73]

Unterscheiden lassen sich grundsätzlich ambulante und (teil-)stationäre Einrichtungen sowie die Vorleistungsindustrien des Gesundheitswesens.[74] Zu den ambulanten Einrichtungen zählen Arzt- und Zahnarztpraxen, Apotheken sowie Praxen psychologischer Psychotherapeuten und sonstiger Gesundheitsdienstberufe.[75] Erfasst wird zudem das Gesundheitshandwerk[76] und der damit verbundene Einzelhandel[77] sowie die Einrichtungen ambulanter Pflege und sonstige ambulante Einrichtungen[78]. Unter dem Begriff (teil-)stationäre Einrichtungen sind Krankenhäuser, Vorsorge- und Rehabilitationseinrichtungen sowie (teil-)stationäre Pflegeeinrichtungen zu verorten.[79] Die Vorleistungsindustrien des Gesundheitswesens umfassen schließlich die pharmazeutische, medizintechnische und augenoptische Industrie, ferner medizinische Laboratorien und den Großhan-

---

[72] Brockhaus, Enzyklopädie – Gesundheitswesen.
[73] Vgl. zur Verwendung dieses Begriffs im allgemeinen Sinne *Brockhaus,* Enzyklopädie – *Gesundheitswesen.* Siehe zu der Bedeutung des Ausdrucks „Leistungserbringer" nach dem SGB V *Becker/Kingreen,* in: Becker/Kingreen, SGB V, § 69 Rn. 25: „Der Begriff des Leistungserbringers ist grundsätzlich von den Leistungsarten [des SGB V] her zu bestimmen".
[74] Die Klassifizierung lehnt sich an die des Statistischen Bundesamtes an, vgl. *Statistisches Bundesamt,* Gesundheit – Personal 2008, S. 5 f. Die dort zusätzlich genannten weiteren Einrichtungen wie Gesundheitsschutz, Rettungsdienste, Verwaltung und sonstige Einrichtungen bleiben mangels praktischer Relevanz für die vorliegende Untersuchung außer Betracht; dort auch zum folgenden Text.
[75] Beispielsweise zu nennen sind die Praxen von Physio-, Sprach-, Ergo- und Musiktherapeuten, Beschäftigungs- und Arbeitstherapeuten, Logopäden, Logopäden, Orthoptisten, Masseuren, Hebammen, Heilpraktikern und medizinischen Fußpflegern, vgl. *Statistisches Bundesamt,* Gesundheit – Personal 2008, S. 7 f., 10.
[76] Augenoptik, Zahntechnik, Orthopädiemechanik, Hörgeräteakustik, Orthopädieschuster, *Statistisches Bundesamt,* Gesundheit – Personal 2008, S. 9 f.
[77] Beispielsweise Sanitätshäuser und Drogerien, vgl. *Statistisches Bundesamt,* Gesundheit – Personal 2008, S. 10.
[78] Selbsthilfegruppen, Beratungsstellen, sozialpsychiatrische und psychosoziale Dienste, Tagesstätten für psychisch Kranke und Behinderte, Dialysezentren, Hospizdienste, vgl. *Statistisches Bundesamt,* Gesundheit – Personal 2008, S. 10.
[79] Siehe dazu *Statistisches Bundesamt,* Gesundheit – Personal 2008, S. 6.

del.[80] Als Adressat einer Patientenvermittlung kommen neben dem Leiter bzw. (Praxis-)Inhaber der Einrichtung schließlich auch deren Angestellte[81] oder einzelne Gesellschafter[82] in Betracht.

2. Der Patient als Empfänger einer Vermittlung

Außerhalb dieser Bearbeitung liegt zudem eine denkbare materielle Einwirkung des Patienten auf seinen Arzt, um einer bestimmten Behandlungsmaßnahme „zugeführt zu werden". Die Möglichkeit einer Einflussnahme durch den Patienten erkennt zwar der ebenfalls in dem Kapitel „Wahrung der ärztlichen Unabhängigkeit bei der Zusammenarbeit mit Dritten" geregelte § 32 MBO-Ä, wonach es „Ärztinnen und Ärzten [...] nicht gestattet [ist], von Patientinnen und Patienten oder Anderen Geschenke oder andere Vorteile für sich oder Dritte zu fordern, [...]". In dem Zwei-Personen-Verhältnis ist die Beeinflussung für beide Parteien und damit vor allem für den Patienten jedoch stets offenkundig. Die Gefahrenlage unterscheidet sich jedoch gegenüber einer Dreierkonstellation, bei der der Patienten regelmäßig im Ungewissen über den Finanzfluss bleiben wird. Die weitere Darstellung beschränkt sich daher bei den „Empfängern" auf einen vom Patienten personenverschiedenen Akteur im Gesundheitswesen.

III. Systemimmanente Anreize zur Patientenlenkung

Anreize zur Lenkung des Patienten setzen nicht nur die jeweils profitierenden Leistungserbringer. Auch gesetzliche Regelungen können ein entsprechendes Verhalten initiieren und geben damit Anlass zu der Frage, welche Konsequenzen sich im Hinblick auf § 31 Abs. 1 MBO-Ä ergeben.

1. Gesetzliche Bonus- und Rabattzahlungen

Als problematisch stellt sich das Verhältnis zu § 31 Abs. 1 Var. 2 MBO-Ä bei der Beeinflussung des ärztlichen Verordnungsverhaltens durch die im Sozialrecht niedergelegten Bonus- oder Rabattanteilzahlungen dar, weil sie eine Berücksichtigung materieller Erwägungen durch den Arzt vorsehen.[83] Eine Beteiligung des

---

[80] *Statistisches Bundesamt*, Gesundheit – Personal 2008, S. 6.

[81] Als Beispiele zu nennen sind zum einen die in einem Krankenhaus beschäftigten Ärzte, aber auch die sonstigen nicht in freier Praxis tätigen Angehörigen der übrigen Gesundheitsberufe. Zu der Definition der übrigen Gesundheitsberufe, *Statistisches Bundesamt*, Gesundheit – Personal 2008, S. 7 f.

[82] Gemeint sind damit die jeweiligen Gesellschafter einer ärztlichen Kooperationsgemeinschaft, wie etwa einer Berufsausübungs- oder Organisationsgemeinschaft.

[83] Krit. deshalb *Schlegel/Marcus*, Der Kassenarzt 2007 (20), 52, 53; a.A. hingegen *Bundesärztekammer*, DÄBl. 2007, A-1607 ff.

Arztes an Rabatten der Pharmaindustrie ermöglicht etwa § 130a Abs. 8 S. 5 SGB V.[84] Die Frage nach der Vereinbarkeit von Bonuszahlungen gem. § 84 Abs. 4a, 7a SGB V a. F. mit dem berufsrechtlichen entgeltlichen Vermittlungsverbot[85] hat sich hingegen dadurch erübrigt, dass diese Absätze durch das am 1.01.2012 in Kraft getretene Arzneimittelmarktneuordnungsgesetz aufgehoben wurden.[86]

2. Neue vertragsarztrechtliche Kooperationsformen

Auch innerhalb der integrierten Versorgung (§§ 140a ff. SGB V) sind Bonuszahlungen an den Arzt vorgesehen[87], die im Ergebnis nicht anderes als eine Zuweiserpauschale beinhalten sollen[88], mit dem Verbot des § 31 Abs. 1 MBO-Ä jedoch als vereinbar angesehen werden.[89] Als legitim wird zudem die Kooperation von potenziellen Zuweisern und Empfängern im Rahmen eines Medizinischen Versorgungszentrums bewertet.[90] Manche kritisieren die in Rede stehenden vertragsarztrechtlichen Kooperationstypen allerdings gerade wegen möglicher Bewertungsdiskrepanzen zum ärztlichen Berufsrecht.[91] Die unterstellten Beurteilungsunterschiede veranlassen vereinzelt gar zu der Frage, ob § 31 Abs. 1 MBO-Ä überhaupt noch Bestand hat.[92]

3. Beteiligung der Krankenkasse

Im Rahmen von Modellverträgen oder Strukturverträgen beeinflussen zudem Krankenkassen die Lenkungsentscheidung des Arztes durch attraktive Vergütungssysteme. Auf der Grundlage einer solchen Abmachung können die Ärzte beispielsweise dann eine vorteilhafte Honorierung erreichen, wenn sie ihre Pa-

---

[84] *Bundesärztekammer,* DÄBl. 2007, A-1607 f.; *Schlegel/Marcus,* Der Kassenarzt 2007 (20), 52, 53; wohl auch *Walter,* A/ZusR 2006, 97, 102 bei einer entgeltlichen Beteiligung.

[85] Dazu noch *Bundesärztekammer,* DÄBl. 2007, A-1607 f.; *Reese/Stallberg,* in: Dieners/Reese, Hdb Pharmarecht, § 17 Rn. 265 f.; *Wollersheim,* Terbille, MAH Medizinrecht, § 5 Rn. 183, 186.

[86] BT-Drucks. 17/2413, S. 8 f., 27.

[87] *Bundesärztekammer,* DÄBl. 2007, A-1607, A-1608 f.

[88] *Pflugmacher,* Ärzte Zeitung 2009 (159), 14; *Walter,* A/ZusR 2006, 97, 100 ff.

[89] *Bäune,* jurisPR-MedizinR 7/2010 Anm. 5; nach *Walter,* A/ZusR 2006, 97, 102 soll in diesen Fällen wegen der freiwilligen Teilnahme der Versicherten kein Verstoß vorliegen.

[90] *Krafcyzk/Lietz,* ZMGR 2010, 24, 28; *Walter,* A/ZusR 2006, 97, 102. Vgl. zudem *Burgardt,* A/ZusR 2005, 83, 90 im Hinblick auf die Feststellung von Zuweisung und Entgelt nach dem mit § 31 MBO-Ä im Ansatz vergleichbaren § 11 ApoG.

[91] *Clausen/Schroeder-Printzen,* ZMGR 2010, 3, 23; *Wollersheim,* in: Terbille, MAH Medizinrecht § 5 Rn. 180.

[92] *Pflugmacher,* Ärzte Zeitung 2009 (159), 14; *Ries/Schnieder/Althaus/Bölting,* Arztrecht, S. 124.

tienten nur an die im Vertrag genannten Leistungserbringer verweisen.[93] Bei einigen Kooperationen – wie beispielsweise dem verkürzten Versorgungsweg mit Brillen – wird ein Verstoß gegen § 31 Abs. 1 MBO-Ä indes gerade dann für ausgeschlossen erachtet, wenn die Krankenkasse und nicht der Zuweisungsempfänger das Entgelt gewährt.[94] Ob und inwieweit Krankenkassen Anreize zur Inanspruchnahme bestimmter Leistungserbringer setzten dürfen, wird allerdings nicht nur unter Wettbewerbsgesichtspunkten kritisch hinterfragt.[95]

4. Zusammenfassung

Die aufgezählten Konstellationen lassen einige Berührungspunkte mit dem Problem erkennen, inwieweit Anbieter gesundheitlicher Leistungen durch den Einsatz materieller Vorteile den Arzt bei seiner Entscheidung beeinflussen dürfen, wem er seinen Patienten zuführt. Die Einbeziehung der sich aus diesen Problemkreisen ergebenden Fragestellungen würde jedoch den Umfang dieser Bearbeitung erheblich überdehnen, weshalb die vorstehenden Fallgruppen von dem Untersuchungsauftrag ausgeklammert werden.

---

[93] OLG Düsseldorf MedR 2005, 170 ff.
[94] So ausdrücklich *Flasbarth,* MedR 2009, 708, 714; ferner BGH NJW 2000, 2745, 2746 f.; OLG Schleswig-Holstein MedR 2004, 270, 273: OLG Nürnberg MedR 1998, 522, 525; anders hingegen BGH NJW 2002, 962, 964. Siehe zudem Teil 3: § 4 B.III. 2.c)aa).
[95] *Dahm,* MedR 2004, 270 f.; *ders.*, MedR 2003, 580 f.; *Nösser,* das Krankenhaus 2005, 501, 502; *Ratzel,* GesR 2009, 561; *Walter,* A/ZusR 2006, 97, 100.

Teil 2

Formen der Patientenvermittlung

Die „Vermittlung" des Patienten an andere Leistungserbringer kann zum einen über die klassischen Formen der Überweisung und der Verordnung, zum anderen durch eine Empfehlung bewirkt werden. Eine „Zuführung" des Patienten an einen Dritten erfolgt zudem, wenn der Patient mit dessen Produkten im Rahmen der ärztlichen Behandlung in Berührung gelangt. In dem Bezug von Praxisbedarf liegt mithin ebenfalls eine, wenn auch mittelbare, Leistungsvermittlung begründet.

Gegenstand der nachfolgenden Erörterungen ist, unter welchen Voraussetzungen der Arzt im Rahmen dieser einzelnen Übermittlungsformen bereits einen bestimmten Anbieter vorgeben darf. Im Hinblick auf die Effizienz ist ferner zu untersuchen, welche rechtliche oder faktische Verbindlichkeit sich in diesem Fall für den Patienten ergibt.

§ 1 Die Überweisung

Eine Überweisung ist die seitens des behandelnden Arztes veranlasste Durchführung weiterer diagnostischer oder therapeutischer Leistungen durch andere Ärzte.[96] Im Einzelnen können dabei die Überweisung zur Auftragsleistung, Konsiliaruntersuchung, Mitbehandlung oder Weiterbehandlung unterschieden werden.[97]

Eine Pflicht zur Überweisung besteht, wenn der Arzt eine Behandlungsmaßnahme für erforderlich hält, die er selbst nicht erbringen kann.[98] Darüber hinaus kann sie geboten sein, wenn der Patient es verlangt, etwa um frühzeitiger ein unklares Untersuchungsergebnis abklären zu können.[99] Aufgrund des Wirtschaftlichkeitsgebots gilt letzteres bei Kassenpatienten allerdings nur eingeschränkt.[100]

---

[96] *Hartmannsgruber*, in: Ratzel/Luxenburger, Hdb Medizinrecht, § 7 Rn. 199; *Rieger*, Lexikon des Arztrechts, Rn. 1791.

[97] Vgl. auch § 24 Abs. 3 S. 1 BMV-Ä/§ 27 Abs. 3 S. 1 EKV.

[98] *Hesral*, in: Ehlers, Disziplinarrecht, Rn. 164; *Deutsch/Spickhoff*, Medizinrecht, Rn. 114; *Rieger*, Lexikon des Arztrechts, Rn. 1797 m.w.N.; *Uhlenbruck*, ArztR 1972, 69 ff.

[99] Ausführlich dazu *Rieger*, DMW 1982, 33; vgl. auch *Uhlenbruck*, ArztR 1972, 69, 72.

[100] *Rieger*, Lexikon des Arztrechts, Rn. 1797; *Rieger*, DMW 1982, 33 f.; siehe ferner allgemein zum Wirtschaftlichkeitsgebot S. 48 f.

Spiegelbildlich ist die Überweisung des gesetzlich versicherten Patienten auch nur dann zulässig, wenn der Arzt die Behandlung nicht selbst erbringen kann.[101] Dementsprechend sieht § 24 Abs. 3 S. 2 BMV-Ä vor, dass die Überweisung im Grundsatz an Ärzte anderer Fachgruppen zu erfolgen hat.

Begrifflich muss die Überweisung von der Einweisung in ein Krankenhaus zur stationären Behandlung abgegrenzt werden.[102]

A. Die Überweisung im System der gesetzlichen Krankenversicherung

Gleichgestellt werden dem ärztlichen Überweisungsempfänger in der gesetzlichen Krankenversicherung die in § 24 Abs. 1 S. 1 BMV-Ä bzw. § 27 Abs. 1 S. 1 EKV genannten Leistungserbringer.[103]

Bedeutung kann die Überweisung für die Beteiligten einmal insofern erlangen, als der Überweisungsschein die Grundlage für die Abrechnung des Überweisungsempfängers gegenüber der Kassenärztlichen Vereinigung bildet.[104] Zum anderen dürfen bestimmte Arztgruppen gem. § 13 Abs. 4 BMV-Ä/§ 7 Abs. 4 EKV überhaupt nur auf Überweisung in Anspruch genommen werden.[105]

I. Die Auswahl des Überweisungsempfängers in der gesetzlichen Krankenversicherung

Wie zuvor bereits angedeutet, ist aus der Sicht der Leistungserbringer im Hinblick auf ihre Position gegenüber der Konkurrenz vor allem maßgeblich, inwiefern dem erstbehandelnden Arzt die Möglichkeit zusteht, einem einzelnen von ihnen einen Patienten mittels Überweisung gezielt zuzuführen.

Eine namentliche Überweisung wird jedoch gem. § 24 Abs. 5 S. 1 BMV-Ä/ § 27 Abs. 5 S. 1 EKV im Grundsatz ausgeschlossen, da sie ausweislich dieser Normen regelmäßig auf die Gebiets-, Teilgebiets- oder Zusatzbezeichnung ausgestellt werden „soll". Die Lenkung zu einem bestimmten Arzt wird dadurch verhindert.

---

[101] Weiterführend *Hesral,* in: Ehlers, Disziplinarrecht, Rn. 163 ff. Dieser Aspekt wird beispielsweise dann relevant, wenn der Arzt versucht, durch die Überweisung an einen (Praxis-)Partner Zusatzeinnahmen zu generieren.
[102] *Rieger,* Lexikon des Arztrechts, Rn. 1791, vgl. dazu auch S. 53.
[103] Dies kann eine nach § 311 Abs. 2 Satz 1 und 2 zugelassene Einrichtung, ein medizinisches Versorgungszentrum, ein ermächtigter Arzt oder eine ermächtigte ärztlich geleitete Einrichtung sein.
[104] *Griebau,* in: Ratzel/Luxenburger, Hdb Medizinrecht, § 9 Rn. 24.
[105] Ärzte für Laboratoriumsmedizin, Mikrobiologie und Infektionsepidemiologie, Nuklearmedizin, Pathologie, Radiologische Diagnostik bzw. Radiologie, Strahlentherapie und Transfusionsmedizin; zur Zulässigkeit dieser Regelung BSGE 58, 18, 23 ff.

Dies gilt allerdings nicht ausnahmslos. So darf ein Arzt dann genau benannt werden, wenn besondere Gründe vorliegen. Dies ist gem. § 24 Abs. 5 S. 2 BMV-Ä/ § 27 Abs. 5 S. 2 EKV der Fall, wenn die Durchführung einer bestimmten Untersuchungs- oder Behandlungsmethode durch einen hierfür ermächtigten Arzt bzw. eine ermächtigte ärztlich geleitete Einrichtung erfolgen soll. Einen zulässigen Anlass bildet diesbezüglich beispielweise die Absicht des überweisenden Arztes, den konsiliarischen Rat des ermächtigten Arztes in Anspruch zu nehmen.[106] Diese Sonderregelung darf unterdessen nur dann in Betracht gezogen werden, wenn qualitativ ohnehin nur ein einziger Arzt diese Leistung erbringen kann oder ein Einvernehmen mit dem Patienten hergestellt wurde.[107]

Eine besondere Situation ergibt sich allerdings bei einer Überweisung an Ärzte, mit denen der Patient üblicherweise gar nicht in Kontakt tritt, wie beispielsweise Laborärzten, Pathologen, Virologen, Mikrobiologen und vergleichbare Fachgruppen.[108] Da sich in diesen Fällen regelmäßig keine Auswahlentscheidung des Patienten zwischenschaltet, muss diese von dem Arzt getroffen werden, wodurch naturgemäß zugleich direkt ein Überweisungsempfänger konkret bestimmt wird.

Abgesehen von den erörterten Ausnahmen sieht die gesetzliche Krankenversicherung damit eine gezielte Zuführung des Patienten mittels einer Überweisung nicht vor.

II. Der Grundsatz der freien Arztwahl nach § 76 SGB V

Ausweislich des Wortlauts von § 24 Abs. 5 S. 1 BMV-Ä bzw. § 27 Abs. 5 S. 1 EKV soll durch die erläuterte Regelung die freie Arztwahl gewährleistet werden. Dieses Recht des Patienten wird in der gesetzlichen Krankenversicherung auch ausdrücklich durch § 76 SGB V normiert.[109] Es bedeutet im Grundsatz, dass der Patient den Arzt selbst nach eigenem Gutdünken wählen darf.[110]

Dadurch wird dem Patienten die Möglichkeit eröffnet, sich bei dem Arzt seines Vertrauens in Behandlung zu begeben und ihn bei Beeinträchtigung dieser Grundlage auch wieder wechseln zu können.[111] Die Wahlfreiheit schafft damit die Basis für das Bestehen eines Vertrauensverhältnisses zwischen Arzt und Pa-

---

[106] BSGE 60, 291, 296; *Hencke,* in: Peters, Handbuch KV SGB V, § 76 Rn. 7; *Hess,* in: Leitherer, Kasseler Kommentar SGB V, § 76 Rn. 5.
[107] BSGE 60, 291, 296; *Hesral,* in: Ehlers, Disziplinarrecht, Rn. 163.
[108] *Griebau,* in: Ratzel/Luxenburger, Hdb Medizinrecht, § 9 Rn. 25; siehe ferner *Krafcyzk,* in: FS Mehle, 2009, S. 325, 336.
[109] Siehe zu dem Recht auf freie Arztwahl (§ 7 Abs. 2 S. 1 MBO-Ä bzw. Grundsatz 2a der Deklaration des Weltärztebundes zu den Rechten des Patienten, abrufbar unter http://www.bundesaerztekammer.de/downloads/handbuchwma.pdf) nachfolgend Teil 3: § 3 A.IV.1.e).
[110] Vgl. *Lang,* in: Becker/Kingreen, SGB V, § 76 Rn. 3.
[111] *Lang,* in: Becker/Kingreen, SGB V, § 76 Rn. 3; *Wigge,* VSSR 1996, 399, 414 f.

tient, welches wiederum als „Grundvoraussetzung ärztlichen Wirkens" angesehen wird, da es „die Chancen der Heilung verbessere und der Aufrechterhaltung einer leistungsfähigen Gesundheitsvorsorge diene".[112]

Diese Vertrauensgrundlage kann sich indes dann nicht entwickeln, wenn dem Patienten in irgendeiner Weise vorgeschrieben wird, welchen Arzt er aufzusuchen hat. Eine solche Verhaltensweise wird daher als unvereinbar mit dem Grundsatz der freien Arztwahl angesehen.[113]

Seinen grundrechtsdogmatischen Ansatzpunkt findet das Recht der freien Arztwahl zunächst in der allgemeinen Handlungsfreiheit gem. Art. 2 Abs. 1 GG.[114] So gebietet speziell der Grundsatz der allgemeinen Vertragsfreiheit, dass kein Patient verpflichtet werden darf, mit einem bestimmten Arzt zu kontrahieren.[115] Die Rechtsprechung hat bisher allerdings offengelassen, ob der Sozialversicherte einen Anspruch auf freie Arztwahl aus Art. 2 Abs. 1 GG herleiten kann.[116] Andere sehen die Grundlage des Arztwahlrechts darüber hinaus oder gar ausschließlich im Selbstbestimmungsrecht des Patienten[117], dessen verfassungsrechtliche Verankerung allerdings seinerseits umstritten ist.[118]

Das Recht der freien Arztwahl erlangt unterdessen aus der Perspektive des Sozialrechts vor allem für die Frage Bedeutung, ob die Krankenversicherung die Behandlungskosten für den von dem Patienten ausgewählten Arzt übernehmen muss.[119] Im Recht der gesetzlichen Krankenversicherung betrifft es mithin das

---

[112] BVerfG NJW 1972, 1123, 1124; vgl. ferner *Barth,* Mediziner-Marketing, S. 169; *Deutsch,* ArztR 1980, 289 ff.; *Deutsch/Spickhoff,* Medizinrecht, Rn. 17; *Wellner,* in: Geigel, Haftpflichtprozess, 14. Kap. Rn. 213; *Taupitz,* Standesordnungen, S. 52 ff.

[113] BSGE 60, 291, 295; vgl. ferner *Barth,* Mediziner-Marketing, S. 170.

[114] BVerfG NJW 1963, 1667, 1670; ferner *Hartmannsgruber,* in: Ratzel/Luxenburger, Hdb Medizinrecht, § 7 Rn. 193, der diesbezüglich auch das Grundrecht der körperlichen Unversehrtheit und das Selbstbestimmungsrecht heranzieht, *Lang,* in: Becker/Kingreen, SGB V, § 76 Rn. 4; *ders.,* in: Epping/Hillgruber, BeckOK GG, Art. 2 GG Rn. 6; *Neumann,* Freiheitsgefährdung, S. 51 ff.; *Scholz,* in: Spickhoff, Medizinrecht, § 7 MBO Rn. 6; *Starck,* in: v. Mangoldt/Klein/Starck, GG, Art. 2 Rn. 123; *Wigge,* in: Schnapp/Wigge, Vertragsarztrecht, § 2 Rn. 91; *Wigge,* VSSR 1996, 399, 408, 413 ff.

[115] *Hartmannsgruber,* in: Ratzel/Luxenburger, Hdb Medizinrecht, § 7 Rn. 193; vgl. auch *Deutsch/Spickhoff,* Medizinrecht, Rn. 74, 96; Laufs/Katzenmeier/*Lipp,* Arztrecht, Kap. 3 Rn. 21. Ablehnend zu der freien Arztwahl als Aspekt der Vertragsfreiheit hingegen *Barth,* Mediziner-Marketing, S. 213 f., 233.

[116] BVerfG NJW 1963, 1667, 1670; BSG NJW 1964, 2224, 2226; BSGE 37, 267, 270; BVerwGE 60, 367, 370 f.

[117] *Barth,* Mediziner-Marketing, S. 169, 180, 186 (sieht die verfassungsrechtliche Verankerung allein im Selbstbestimmungsrecht); *Hartmannsgruber,* in: Ratzel/Luxenburger, Hdb Medizinrecht, 1. Aufl., § 7 Rn. 219; *Lang,* in: Becker/Kingreen, SGB V, § 76 Rn. 4 (allerdings nur mittelbar über das Grundrecht auf körperliche Unversehrtheit).

[118] Vgl. dazu unten S. 119 f.

[119] *Barth,* Mediziner-Marketing, S. 170 f., S. 281 ff.; dort auch zum folgenden Text. *Barth* weist zudem daraufhin, dass die unterschiedlichen Aspekte der freien Arztwahl zumeist nicht eindeutig voneinander unterschieden werden.

§ 1 Die Überweisung

Verhältnis der Krankenkasse zu dem Patienten. Außen vor bleiben die Auswirkungen dieses Grundsatzes in der Arzt-Patienten Beziehung, auf die im Rahmen dieser Bearbeitung noch näher einzugehen sein wird.[120] Dementsprechend wird die freie Arztwahl im Recht der allgemeinen Krankenversicherung auch nicht als ein gegen den Arzt gerichtetes Recht aufgefasst, sondern vielmehr als Abwehrrecht gegenüber dem Staat bei reglementierenden Eingriffen verstanden.[121]

Die Rechtsprechung hat zudem festgestellt, dass die Freiheit der Arztwahl jedenfalls nicht uneingeschränkt gilt.[122] So erlaubt § 76 Abs. 1 S. 1 i.V.m. S. 2 SGB V den Versicherten – abgesehen von Notfällen – lediglich, aus den an der vertragsärztlichen Versorgung teilnehmenden Ärzten und zugelassenen bzw. ermächtigten Einrichtungen auszuwählen, was den Kreis der Ärzte von vorneherein einengt.[123]

Ferner steht die Wahl des Leistungserbringers unter dem Vorbehalt, dass dem Sozialleistungsträger dadurch keine unnötigen zusätzlichen Kosten entstehen.[124] So dienen die in diesem Zusammenhang zu sehenden Beschränkungen[125] des § 76 Abs. 2 SGB V (Mehrkostenregelung bei Inanspruchnahme eines nicht nächsterreichbaren Arztes[126]) und § 76 Abs. 3 SGB V (Quartalsbindung) letztlich dem Zweck, dem Wirtschaftlichkeitsgebot Rechnung zu tragen.

Dem Patient steht es allerdings gem. § 76 Abs. 1 SGB V dennoch frei, neben Allgemeinmedizinern auch Spezialärzte direkt in Anspruch zu nehmen.[127] Eine Ausnahme besteht diesbezüglich gem. § 73b Abs. 3 S. 2 SGB V bei der Teilnahme des Versicherten an der hausarztzentrierten Versorgung, bei der sich der Patient verpflichtet, Fachärzte nur nach einer Überweisung aufzusuchen.[128]

---

[120] Siehe Teil 3: § 3 A.IV.1.e)aa).
[121] *Starck,* in: v. Mangoldt/Klein/Starck, GG, Art. 2 Rn. 123; *Wigge,* VSSR 1996, 399, 413, 422.
[122] BVerfG NJW 1963, 1667, 1670; BSGE 37, 267, 270; BVerwGE 60, 367, 370 f.
[123] *Hess,* in: Leitherer, Kasseler Kommentar SGB V, § 76 Rn. 3; *Hencke,* in: Peters, Handbuch KV SGB V, § 76 Rn. 2. Dem Patienten steht damit kein Verschaffungsanspruch zu, vgl. *Neumann,* Freiheitsgefährdung, S. 51; *Wigge,* VSSR 1996, 399, 413, 422 spricht insofern von „organisiert freier Wahl".
[124] BVerfG NJW 1963, 1670; BSG NJW 1964, 2224, 2226; BVerwGE 60, 367, 371 f.; *Neumann,* Freiheitsgefährdung, S. 51.
[125] *Wigge,* in: Schnapp/Wigge, Vertragsarztrecht, § 2 Rn. 90; anders *Hencke,* in: Peters, Handbuch KV SGB V, § 76 Rn. 27, 31, der diese Regelungen jedoch nicht als Einschränkung der freien Arztwahl bewertet.
[126] Zur Zulässigkeit dieser Beschränkung aus verfassungsrechtlicher Sicht *Starck,* in: v. Mangoldt/Klein/Starck, GG, Art. 2 Rn. 123.
[127] *Hencke,* in: Peters, Handbuch KV SGB V, § 76 Rn. 4; *Wigge,* VSSR 1996, 399, 404 m.w.N.
[128] Vgl. dazu *Hess,* in: Leitherer, Kasseler Kommentar SGB V, § 76 Rn. 20a; *Huster,* in: Becker/Kingreen, SGB V, § 73b Rn. 5.

Schließlich ist zu beachten, dass sich die freie Arztwahl grundsätzlich nur auf die ambulante Versorgung bezieht.[129] Bei einer stationären Behandlung wird der Patient hingegen an die Stations- und Diensteinteilung gebunden.[130] Eine Ausnahme bildet der Fall, dass diese durch einen Belegarzt erfolgt. Denn darauf erstreckt sich wiederum § 76 Abs. 1 SGB V.

Wie auch § 24 Abs. 5 S. 1 BMV-Ä/§ 27 Abs. 5 S. 1 EKV deutlich macht, gilt die freie Arztwahl nicht nur beim Erstkontakt zu dem behandelnden Arzt, sondern auch bei einer darüber hinaus vermittelten Inanspruchnahme weiterer Ärzte aufgrund einer Überweisung.[131]

Abweichendes soll indes in der bereits dargestellten Konstellation der Überweisung zu bestimmten Gebietsarztgruppen gelten, bei der regelmäßig nicht der Patient, sondern faktisch sein behandelnder Arzt den Überweisungsadressaten auswählt.[132] Da der Arzt in diesen Fällen als Stellvertreter für den Patienten den Behandlungsvertrag abschließt[133], soll ihm in der Konsequenz auch die Befugnis zur Ausübung des Rechts auf freie Arztwahl zustehen.[134] Dies wirft im Hinblick auf den Schutzzweck der freien Arztwahl die noch zu beantwortende Frage nach dem Maßstab auf, an dem sich der Arzt in dieser Beziehung orientieren muss.[135]

B. Die Auswahl des Überweisungsempfängers bei privat Versicherten

Auch § 4 Abs. 2 S. 1 MB/KK normiert, dass privat Versicherten das Recht zusteht, unter den niedergelassenen approbierten Ärzten und Zahnärzten frei zu wählen. Daraus kann abgeleitet werden, dass, der Regelung in der gesetzlichen Krankenversicherung entsprechend, auch in der privaten Krankenversicherung eine namentliche Überweisung grundsätzlich nicht vorgesehen ist.

C. Zwischenergebnis

Bei der Überweisung bildet die Lenkung des Patienten zu einem bestimmten Leistungserbringer eher die Ausnahme. Sie erfolgt in der gesetzlichen Kranken-

---

[129] *Hencke*, in: Peters, Handbuch KV SGB V, § 76 Rn. 3.

[130] *Wigge*, VSSR 1996, 399, 413.

[131] *Wigge*, in: Schnapp/Wigge, Vertragsarztrecht, § 2 Rn. 90; *Wigge*, VSSR 1996, 399, 419.

[132] Siehe S. 37.

[133] BGH NJW 1999, 2731, 2732 f. m.w.N.; *Griebau*, in: Ratzel/Luxenburger, Hdb Medizinrecht, § 9 Rn. 27; *Kern*, in: Laufs/Kern, Handbuch Arztrecht, § 40 Rn. 32; *Kern*, in: Rieger/Dahm/Steinhilper, HK-AKM; Nr. 335 Rn. 28; a.A. *Spann*, Standeskunde, S. 94 f.

[134] *Hartmannsgruber*, in: Ratzel/Luxenburger, Hdb Medizinrecht, § 7 Rn. 200.

[135] Vgl. dazu unten Teil 3: § 3 A.IV.1.e).

versicherung außerhalb der erörterten Sonderfälle des § 24 Abs. 5 S. 2 BMV-Ä/ § 27 Abs. 5 S. 2 EKV nur dann, wenn der Patient nicht selbst mit dem Überweisungsempfänger direkt in Kontakt tritt.

Im Übrigen bleibt stets dem Patienten die Entscheidung überlassen, an wen er sich konkret wenden möchte. Dies wird auch durch die Regelungen des § 76 SGB V und § 4 Abs. 2 S. 1 MB/KK unterstrichen, die ausdrücklich das Recht des Patienten zur freien Wahl des Arztes beinhalten.

§ 2 Die Verordnung

Eine weitere Form der Leistungsvermittlung ist die Verordnung. Aus medizinischer Sicht beinhaltet eine Verordnung die Verschreibung von Arzneimitteln, Medizinprodukten oder medizinischer Behandlung an den Patienten auf Rezept.[136] Als Rezept wird die schriftliche Anweisung eines approbierten Arztes, Zahnarztes oder Tierarztes zum Bezug eines Arzneimittels[137] sowie zur Erstattung des von den Krankenkassen zu tragenden Anteils bezeichnet[138], wobei die Begriffe Rezept und Verordnung häufig als Synonyme verwendet werden.[139]

Die Verordnung ist zwar selbst im Gesetz nicht speziell definiert. Sie wird jedoch in einigen Normen vorausgesetzt und mit rechtlichen Folgen verknüpft. Beispielsweise dürfen bestimmte Medikamente gem. § 48 AMG nur dann von der Apotheke abgegeben werden, wenn sie dem Patienten verschrieben wurden. Darüber hinaus kann die Verordnung vor allem für die Gewährung einer Leistung durch die gesetzliche oder private Krankenversicherung bedeutsam sein, wie nachfolgend noch im Einzelnen dargestellt wird.

A. Die Verordnung im System der gesetzlichen Krankenversicherung

Nach § 73 Abs. 2 SGB V sind im System der gesetzlichen Krankenversicherung mehrere verordnungsfähige Maßnahmen zu unterscheiden. So umfasst die vertragsärztliche Versorgung die Verordnung von Leistungen zur medizinischen Rehabilitation (§ 73 Abs. 2 Nr. 5 SGB V), die Verordnung von Arznei-, Verband-, Heil- und Hilfsmitteln, Krankentransporten, Krankenhausbehandlung und die Behandlung in Vorsorge- oder Rehabilitationseinrichtungen (§ 73 Abs. 2 Nr. 7 SGB V), die Verordnung häuslicher Krankenpflege (§ 73 Abs. 2 Nr. 8 SGB V) und die Verordnung von Soziotherapie (§ 73 Abs. 2 Nr. 12 SGB V). Die Verord-

---

[136] *Brockhaus*, Die Enzyklopädie, *Verordnung*.
[137] *Kern*, in: Laufs/Kern, Handbuch Arztrecht, § 52 Rn. 1; *Rieger*, Lexikon des Arztrechts, Rn. 1824.
[138] *Brockhaus*, Enzyklopädie, *Rezept*.
[139] Vgl. *Duden*, Synonymwörterbuch, *Verordnung*.

nung erfordert damit im Gegensatz zu den übrigen in § 73 Abs. 2 SGB V aufgezählten Handlungsweisen, welche von den Ärzten selbst erbracht werden können[140], immer die Einbeziehung eines Dritten.

Eine Sonderstellung nimmt insofern die in § 73 Abs. 2 Nr. 6 SGB V normierte Anordnung der Hilfeleistung anderer Personen ein, die von der Verordnung im obigen Sinne grundsätzlich zu unterscheiden ist.[141] Bei der Anordnung muss der Arzt die Hilfsperson abhängig von den Erfordernissen des konkreten Falles und der Art der Hilfeleistung mit entsprechender Intensität selbst anleiten und beaufsichtigen.[142] Im Gegensatz zu der Verordnung ist der Vertragsarzt zudem bei der Anordnung auch für die Leistungsdurchführung unter dem Gesichtspunkt der Wirtschaftlichkeit verantwortlich.[143] Anders als bei der Verordnung von Hilfsleistungen, wie beispielsweise Heilmitteln[144], werden die angeordneten Leistungen von dem Arzt ferner selbst abgerechnet.[145] Eine Leistungsvermittlung im Sinne dieser Bearbeitung liegt dann nicht vor.

I. Die Bedeutung der Verordnung für die Ansprüche des Versicherten und der Leistungserbringer im Verhältnis zur Krankenkasse

Durch die Verordnung einer bestimmten Maßnahme wird deren Erforderlichkeit zur Erreichung des Behandlungsziels aus Sicht des Arztes attestiert.[146] Innerhalb der gesetzlichen Krankenversicherung ist die vertragsärztliche Verordnung, sofern sie § 73 Abs. 2 SGB V vorsieht, zudem grundsätzlich eine notwendige Voraussetzung dafür, den betreffenden Leistungsanspruch des Patienten gegenüber seiner Krankenversicherung zu begründen.[147] Sie ist unter Umständen nur dann nicht erforderlich, wenn ein Notfall vorliegt oder für die Entscheidung über die Leistungsgewährung ausnahmsweise keine ärztliche Sachkunde benötigt wird.[148] Letzteres wird etwa bei der Versorgung mit Hilfsmitteln bejaht.[149] Das

---

[140] Siehe zur Überweisungspflicht bei fehlender Qualifikation des Arztes S. 35.
[141] *Sproll,* in: Wagner/Knittel, Krauskopf Krankenversicherung, § 73 Rn. 37.
[142] BSG NZS 1996, 68; *Sproll,* in: Wagner/Knittel, Krauskopf Krankenversicherung, § 73 Rn. 37.
[143] *Jörg,* in: Schnapp/Wigge, Vertragsarztrecht, § 11 Rn. 93.
[144] *Wagner,* in: Wagner/Knittel, Krauskopf Krankenversicherung, § 15 Rn. 5.
[145] *Adolf,* in: Schlegel/Voelzke, SGB V, § 73 Rn. 108; *Hencke,* in: Peters, Handbuch KV SGB V, § 73 Rn. 15; *Sproll,* in: Wagner/Knittel, Krauskopf Krankenversicherung, § 73 Rn. 37.
[146] *Schmidt,* in: Peters, Handbuch KV SGB V, § 39 Rn. 302 (für die Krankenhausbehandlung).
[147] BSG NZS 1994, 507, 508 f.; *Muckel/Hiddemann,* in: Schnapp/Wigge, Vertragsarztrecht, § 15 Rn. 1.
[148] BSGE 19, 270; BSGE 36, 146; *Hencke,* in: Peters, Handbuch KV SGB V, § 73 Rn. 20.

Fehlen der Verordnung führt dann nicht zu einem Anspruchsausschluss des Versicherten gegenüber der Krankenkasse.[150]

Auch der Leistungserbringer erhält in den gesetzlich bestimmten Fällen nur dann einen Vergütungsanspruch für seine im Übrigen den gesetzlichen Voraussetzungen entsprechende Leistung gegen die Krankenkasse des Versicherten, wenn diese verschrieben wurde.[151]

Durch eine Verordnung übt der Vertragsarzt zudem die ihm allgemein zuerkannte Berechtigung aus, den nur als Rahmenrecht ausgestalteten Krankenbehandlungsanspruch des Versicherten innerhalb der gesetzlichen Grenzen unter fachlich-medizinischen Gesichtspunkten inhaltlich zu konkretisieren.[152] Umstritten ist allerdings im Einzelnen, inwieweit diese ärztliche Behandlungsentscheidung die Krankenkasse bei einer ihrerseits vorzunehmenden Bewilligung rechtlich bindet.[153] Einigkeit besteht nach überwiegender Auffassung wohl nur dahingehend, dass die vertragsärztliche Verordnung nicht gänzlich die hoheitliche Befugnis der Krankenkasse ersetzt, über das rechtliche Bestehen eines Anspruchs in Form einer Bewilligung gegenüber dem Versicherten zu befinden.[154]

Grundsätzlich erfordern alle Formen der Krankenbehandlung neben einem Antrag des Versicherten (§ 19 S. 1 SGB IV) eine vorherige Genehmigung (arg. ex.

---

[149] Ausführlich *Noftz*, in: Hauck, SGB V, § 15 Rn. 17; *Steege*, in: FS 50 Jahre BSG, S. 517, 529; a.A. hingegen *Knispel*, in: Rolfs u.a., BeckOK SGB V, § 33 Rn. 54. Siehe zu dem Begriff des Hilfsmittels unten Fn. 203.

[150] BSG SozR 3-2500 § 33 Nr. 25, S. 148; BSG SozR 3-2500 § 33 Nr. 27, S. 156; BSG SozR 3-2500 § 33 Nr. 28, S. 171; *Adelt/Kraftberger*, in: Kruse/Hänlein, § 33 Rn. 59.

[151] BSG NJW 1996, 2450; SG Koblenz, Urt. v. 31.05.2077 – S 11 KR 47/06; *Ledge*, in: Hänlein/Kruse/Schuler, LPK-SGB V, § 73 Rn. 13; *Kraftberger*, in: Hänlein/Kruse/Schuler, LPK-SGB V, § 31 Rn. 3 (für die Versorgung mit Arznei- und Verbandmitteln); *Bährle*, Praxisführung professionell 2010, Heft 12, 2 (für die Erbringung von Heilmitteln durch Therapeuten); *Heinze*, in: Schulin, HS-KV, § 40 Rn. 66 (für die Versorgung mit Heil- und Hilfsmitteln).

[152] Zu der Konkretisierungsbefugnis BSG SozR 3-2500 § 13 Nr. 4 S. 19 f.; BSG NZS 1994, 507, 510; BSG NZS 1999, 242, 243; *Muckel/Hiddemann*, in: Schnapp/Wigge, Vertragsarztrecht, § 15 Rn. 3; *Schwerdtfeger*, NZS 1998, 49, 50; vertiefend *Steege*, in: FS 50 Jahre BSG, S. 517, 524 f.

[153] Für eine weitgehende Bindung in Bezug auf die medizinische Notwendigkeit BSG SozR 3-2500 § 13 Nr. 4 S. 16 f.; BSG SozR 3-2500 § 13 Nr. 12 S. 59; BSG SozR 3-2500 § 39 Nr. 3 S. 9; *Schwerdtfeger*, NZS 1998, 49, 50 (Der Arzt treffe damit zugleich eine Rechtsentscheidung, die Bindungswirkung gegenüber dem Kostenträger erzeuge. Der Vertragsarzt handele insoweit als eine mit öffentlicher Gewalt beliehene Verwaltungsinstanz); gegen eine Entscheidungsbefugnis des Arztes hingegen BSG SozR 2200 § 182 Nr. 115; BSG NZS 1999, 242, 243 f.; BSG NJW 1989, 2350, 2351; ausführlich dazu ferner *Steege*, in: FS 50 Jahre BSG, S. 519 ff.

[154] BSG SozR 3-2500 § 132a Nr. 3, S. 10 f.; BSG NZS 1999, 242, 243 f.; BSG NJW 1989, 2350, 2351; BSG SozR 2200 § 182 Nr. 115; *Noftz*, in: Hauck, SGB V, § 39 Rn. 104; *Schmidt*, in: Peters, Handbuch KV SGB V, § 39 Rn. 300, 317; ausführlich *Steege*, in: FS 50 Jahre BSG, S. 517, 523 ff.

§ 12 Abs. 1 SGB V).[155] Allerdings ist es der Krankenkasse wegen der Vielzahl der Beschaffungsvorgänge, der Komplexität des Behandlungsgeschehens und aufgrund der meist gegebenen Dringlichkeit unmöglich, in jedem Einzelfall vorab über das Bestehen des Anspruchs zu entscheiden.[156] Deshalb werden von diesem Grundsatz insbesondere bei der ambulanten Behandlung (vgl. § 15 Abs. 2, 3 SGB V)[157] sowie bei der Versorgung mit Arznei- (§ 29 Abs. 1 S. 2 BMV-Ä/§ 15 Abs. 1 S. 2 EKV) und Heilmitteln Ausnahmen zugelassen.[158] Bei einer rein tatsächlichen Betrachtungsweise entscheidet in diesen Fällen mangels einer Beteiligung der Krankenkasse folglich allein der Vertragsarzt, welche Behandlung der Patient erhält.[159] Bei den Arznei- und Heilmitteln geschieht dies sodann ausschließlich durch eine Verordnung.

Einzuholen ist die Zustimmung der Krankenkasse hingegen bei einer planbaren Krankenhausbehandlung (§ 34 Abs. 1 BMV-Ä i.V.m. Muster 2 Nr. 5 der Erläuterungen in Anlage 2 zu BMV-Ä/EKV)[160], der häuslichen Krankenpflege (§ 27 Abs. 3 BMV-Ä; Muster 12 Nr. 6 der Erläuterungen in Anlage 2 zu BMV-Ä/EKV)[161] und bei der Versorgung mit Hilfsmitteln (§ 30 Abs. 8 BMV-Ä/§ 16 Abs. 8 EKV).[162] Diese Pflicht entfällt allerdings, wenn ein Notfall oder anderer akuter Krankheitszustand vorliegt.[163]

Bei Hinzukommen besonderer Umstände kann die Verordnung außerdem zur Entstehung eines schutzwürdigen Vertrauenstatbestandes beitragen, da sie dem Patienten im Regelfall suggeriert, dass die veranlasste und durchgeführte Behandlung im Rahmen des Sachleistungsprinzips der gesetzlichen Krankenversicherung kostenlos erbracht wird.[164] Der Versicherte muss dann auch bei Fehlen einer materiellen Anspruchsvoraussetzung nicht die Kosten für die von der Krankenkasse gewährte Leistung tragen.[165]

---

[155] BSG SozR 4-1200 §§ 66 Nr. 1 Rn. 16; BSG SozR 3-2500 § 132a Nr. 3, S. 9; *Wahl*, in: Schlegel/Voelzke, SGB V, § 39 Rn. 99.

[156] *Nolte*, in: Leitherer, Kasseler Kommentar SGB V, § 27 Rn. 84a f.; *Steege*, in: FS 50 Jahre BSG, S. 517, 522.

[157] BSG NZS 1999, 242, 243; *Steege*, in: FS 50 Jahre BSG, S. 517, 528, dort auch zu den Fällen, bei denen eine Genehmigung vorgesehen ist.

[158] BSG, SozR 3-2500 § 129 Nr. 1, S. 7; *Steege*, in: FS 50 Jahre BSG, S. 517, 529.

[159] *Steege*, in: FS 50 Jahre BSG, S. 517, 523.

[160] Siehe auch BSG SozR 3-2500 §132a Nr. 3, S. 9; BSG NZS 1999, 242, 244; *Schmidt*, in: Peters, Handbuch KV SGB V, § 39 Rn. 317, *Wahl*, in: Schlegel/Voelzke, SGB V, § 39 Rn. 99.

[161] BSG SozR 3-2500 § 132a Nr. 3, S. 10.

[162] *Steege*, in: FS 50 Jahre BSG, S. 517, 529; zu Ausnahmen wiederum *Nolte*, in: Leitherer, Kasseler Kommentar SGB V, § 27 Rn. 84a.

[163] BSG, SozR 3-2500 § 39 Nr. 5, S. 26; BSG SozR 3-2500 § 132a Nr. 3 S. 9 f.

[164] Vgl. BSG NZS 1999, 242, 244; BSG NZS 1997, 322, 324; *Brandts*, in: Leitherer, Kasseler Kommentar SGB V, § 39 Rn. 109; *Schmidt*, in: Peters, Handbuch KV SGB V, § 39 Rn. 303 a. E.

Die Verordnung löst damit im Regelfall unmittelbar einen Leistungs- und Vergütungsanspruch gegen die Krankenkasse aus.[166] Eine Ausnahme besteht indes bei bestimmten Leistungen, wie etwa allen Vorsorge- und Rehabilitationsleistungen (§§ 23, 24, 40, 41 SGB V) sowie der häuslicher Krankenpflege über vier Wochen hinaus (§ 37 Abs. 1 SGB V), die neben der Verordnung auch noch eine Entscheidung des medizinischen Dienstes (§ 275 Abs. 2 SGB V) über deren Notwendigkeit erfordern.

Die vertragsärztliche Verordnung ist damit im Hinblick auf ihre anspruchsbegründende Funktion von wesentlicher Bedeutung für den Patienten und den Leistungserbringer.

II. Die Auswahl eines bestimmten Wettbewerbers durch den Arzt im Rahmen der Verordnung und Wahlrechte des Patienten

Aus Sicht der Empfänger stellt sich auch bei der Verordnung erneut die Frage, inwieweit bereits durch sie ein bestimmter Wettbewerber ausgewählt wird bzw. werden könnte. Dies ist abhängig davon, welche konkreten inhaltlichen Anforderungen bei der Ausfertigung einer Verordnung zu beachten sind.

Allgemeine Vorgaben an die Verordnung enthalten neben § 73 Abs. 4, 5 SGB V die gesetzlichen Leistungstatbestände, andere gesetzliche und untergesetzliche Normen sowie die Richtlinien des gemeinsamen Bundesausschusses der Ärzte und Krankenkassen gem. § 92 SGB V.[167] Da die gesetzlichen Vorgaben abhängig von den einzelnen Maßnahmen divergieren, sind diese jeweils gesondert zu betrachten.

1. Die Verordnung von Arznei-, Verband-, Heil- und Hilfsmitteln gem. § 73 Abs. 2 Nr. 7 Var. 1 SGB V

Arznei-, Verband-, Heil- und Hilfsmittel verschreibt der Arzt seinem Patienten per Rezept. Dieses enthält die formelle Aufforderung an den betreffenden Leistungserbringer, dem Patienten das Mittel auszuhändigen, wodurch sich dann auch die erläuterten Leistungs- und Vergütungsfolgen ergeben. Der Anspruch des Versicherten auf die genannten Leistungen ergibt sich allgemein aus den §§ 27 Abs. 1 S 2 Nr. 3, 31 ff. SGB V.

---

[165] Vgl. weiterführend BSG NZS 1999, 242, 244; ausführlich *Schmidt,* in: Peters, Handbuch KV SGB V, § 39 Rn. 318 f.

[166] *Adolf,* in: Schlegel/Voelzke, SGB V, § 73 Rn. 115 f.; *Ledge,* in: Hänlein/Kruse/Schuler, LPK-SGB V, § 73 Rn. 13; dort auch zu folgendem Text; *Klückmann,* in: Hauck, SGB V, § 73 Rn. 30.

[167] *Ledge,* in: Hänlein/Kruse/Schuler, LPK-SGB V, § 73 Rn. 12; *Hencke,* in: Peters, Handbuch KV SGB V, § 73 Rn. 19.

Die Optionen des Arztes, die Wahl der abgebenden Stelle bzw. des Herstellers mittelbar über die Auswahl eines bestimmten Präparates innerhalb der Verordnung zu beeinflussen, sollen exemplarisch an dem Beispiel des Arzneimittels[168] erläutert werden. Auf eventuelle Abweichungen bei den Verbands-, Heil- und Hilfsmitteln wird nachfolgend eingegangen.

a) Die Wahl der abgebenden Stelle bei der Verordnung von Arzneimitteln

Die Versorgung des gesetzlich versicherten Patienten mit apothekenpflichtigen Arzneimitteln setzt gem. § 11 Abs. 1 S. 1 AM-RL[169] (i.V.m. § 92 Abs. 1 S. 2 Nr. 6 SGB V[170]) die Verordnung des behandelnden Arztes auf einem ordnungsgemäß ausgestellten Kassenrezept voraus, welches gem. § 87 Abs. 1 SGB V den Anforderungen des Vordruckmusters 16 (Anlage 2[171]/2a[172] zu BMV-Ä/EKV) entsprechen muss.

Eine Besonderheit besteht insofern bei Medikamenten, die nicht verschreibungspflichtig oder gar nicht erst apothekenpflichtig sind, da diese gem. §§ 31 Abs. 1 S. 1, 34 Abs. 1 S. 1 SGB V grundsätzlich von der Versorgung der gesetzlichen Krankenkassen ausgenommen sind.[173] Da der Patient folglich die Kosten für das Präparat ohnehin selbst begleichen muss, wäre eine Verordnung prinzipiell gar nicht erst erforderlich. Dem Arzt bleibt es indessen überlassen, dennoch ein Präparat aufzuschreiben und es dem Patienten dadurch zu empfehlen. Die Verordnung löst in diesem Fall dann zwar nicht die eingangs beschriebenen Fol-

---

[168] Da das SGB V den Begriff selbst nicht definiert, werden Arzneimittel unter Rückgriff auf die Legaldefinition des § 2 AMG (dazu *Axer*, in: Becker/Kingreen, SGB V, § 31 Rn. 5) „u.a. als solche Stoffe und Zubereitungen aus Stoffen [verstanden], die dazu bestimmt sind, durch ihre Anwendung im menschlichen Körper [...] Krankheiten, Leiden, Körperschäden oder krankhafte Beschwerden zu heilen, zu lindern, zu verhüten oder zu erkennen oder [...] die Beschaffenheit, den Zustand oder die Funktionen des Körpers oder seelische Zustände zu beeinflussen" (BSG NJW 2009, 874, 875) und die damit Zielen der Krankenbehandlung nach § 27 I 1 dienen, vgl. *Wagner*, in: Wagner/Knittel, Krauskopf Krankenversicherung, § 31 Rn. 9.

[169] Richtlinie des Gemeinsamen Bundesausschusses über die Verordnung von Arzneimitteln in der vertragsärztlichen Versorgung (Arzneimittel-Richtlinie) in der Fassung vom 18. Dezember 2008, zuletzt geändert am 17. Juni 2010.

[170] Die auf § 92 SGB V basierenden Arzneimittelrichtlinien konkretisieren den Anspruch aus § 31 SGB V, vgl. *Kraftberger*, in: Hänlein/Kruse/Schuler, LPK-SGB V, § 31 Rn. 31.

[171] Vereinbarung über Vordrucke für die vertragsärztliche Versorgung einschl. Erläuterung.

[172] Vereinbarung über den Einsatz des Blankoformularbedruckungs-Verfahrens zur Herstellung und Bedruckung von Vordrucken für die vertragsärztliche Versorgung.

[173] Vgl. dazu *Gemeinsamer Bundesausschuss*, Verordnungsfähige, nicht verschreibungspflichtige Medikamente.

gen gegenüber dem Krankenversicherungsträger aus, wäre aber dennoch geeignet, einen gewissen Einfluss auf den Patienten auszuüben.[174]

Die Wahl einer konkreten Apotheke ist währenddessen weder in § 87 Abs. 1 SGB V noch in den Bestimmungen vorgesehen, die den Inhalt und die Gestaltung des Arzneimittelverordnungsblatts (Vordruckmuster 16 in den Anlagen 2/2a des BMV-Ä/EKV) näher ausgestalten. Auch § 2 Abs. 1 AMVV[175], der inhaltliche Vorgaben für die Verordnung von verschreibungspflichtigen Medikamenten enthält, erfordert als Pflichtangabe nicht die Vorauswahl der abgebenden Stelle durch den Arzt.

Nach der gesetzlichen Systematik obliegt es damit vielmehr dem Patienten, die Entscheidung für eine bestimmte Apotheke selbst zu treffen. So regelt auch § 31 Abs. 1 S. 5 SGB V, dass der Versicherte zwischen den zugelassenen Apotheken frei wählen kann. Er hat damit in dieser Beziehung, wie auch schon bei den Ärzten, ein (Apotheken-)Wahlrecht.[176] Die Auswahl der Apotheke gehört damit nicht zu den Aufgaben des Arztes. Eine Ausnahme besteht lediglich dann, wenn der Patient sich an eine bestimmte Apotheke im Rahmen der integrierten Versorgung oder anderen Versorgungsform freiwillig gegenüber der Krankenkasse gebunden hat.[177]

b) Mittelbare Bestimmung eines Herstellers durch die Wahl des Medikaments

Anders stellen sich die Möglichkeiten des Arztes indessen bei der Bestimmung eines konkreten pharmazeutischen Herstellers dar.

Gem. § 11 Abs. 2 AM-RL kann der behandelnde Arzt das Arzneimittel entweder nach dem Handelsnamen (Warenzeichen), dem Wirkstoffnamen (generische Bezeichnung) oder als Rezeptur verordnen. § 2 Abs. 1 Nr. 4 AMVV bestimmt zudem, dass das Rezept entweder die Bezeichnung des Fertigarzneimittels[178] oder des Wirkstoffes enthalten soll.

Indem der Arzt ein nach dem Handelsnamen konkret bezeichnetes Medikament verschreibt, wählt er zugleich auch stets einen bestimmten Hersteller aus, nämlich den des spezifisch bezeichneten Medikaments. Dadurch hat der Arzt

---

[174] Siehe dazu weiterführend S. 72.
[175] Verordnung über die Verschreibungspflicht von Arzneimitteln vom 21.12.2005, zuletzt geändert am 21.07.2010.
[176] BT-Drucks. 15/1525, S. 84; LSG Berlin-Brandenburg v. 17.09.2010 – L 1 SF 98/10 B, Rn. 55; LSG Nordrhein-Westfalen v. 22.07.2010 – L 21 SF 152/10, Rn. 55; LSG Berlin-Brandenburg v. 07.05.2010 – L 1 SF 95/10 B, Rn. 56.
[177] *Wagner*, in: Wagner/Knittel, Krauskopf Krankenversicherung, § 31 Rn. 8.
[178] Fertigarzneimittel sind Arzneimittel, die im Gegensatz zur Rezeptur nicht durch die Apotheke selbst hergestellt werden, vgl. § 2 Abs. 1 Nr. 4a AMVV.

grundsätzlich die Möglichkeit, die Nachfrage von Medikamenten eines bestimmten Herstellers zu lenken.

Der Entscheidungsspielraum des Arztes kann sich bei der Medikamentenauswahl indessen nur in den Grenzen bewegen, die ihm durch die gesetzlichen Vorgaben gezogen werden. So muss der Arzt bei der Medikation selbstverständlich die Regeln der ärztlichen Kunst beachten[179] und den allgemein anerkannten Standard medizinischer Erkenntnisse einhalten.[180] Speziell im Rahmen der gesetzlichen Krankenversicherung ergeben sich zudem weitere Einschränkungen durch das in den §§ 2 Abs. 1 S. 1; 4 Abs. 3, 4; 12 Abs. 1; 70 Abs. 1 S. 2, 72 Abs. 2 SGB V niedergelegte Wirtschaftlichkeitsgebot.

Um dem Wirtschaftlichkeitsgebot im weiteren Sinne zu genügen, muss eine Leistung gem. § 12 Abs. 1 SGB V ausreichend, zweckmäßig, notwendig und wirtschaftlich (i. e. S.) sein.[181] Als Einzelkriterium ist die Wirtschaftlichkeit einer Leistung dann gegeben, wenn sie im Vergleich zu anderen ausreichenden, zweckmäßigen und notwendigen Therapiemöglichkeiten die beste Relation zwischen Kosten und Nutzen aufweist.[182] Dies begründet für den Vertragsarzt die Verpflichtung, bei zwei zur Behandlung einer bestimmten Gesundheitsstörung zur Verfügung stehenden, medizinisch gleichwertigen Therapieansätzen den kostengünstigeren zu wählen.[183]

Spezifisch für die Arzneimitteltherapie wird das Wirtschaftlichkeitsgebot durch weitere Vorschriften konkretisiert. So bestimmt § 9 Abs. 2 Nr. 3 AM-RL ausdrücklich, dass der Arzt bei seiner Verordnung ein möglichst preisgünstiges Präparat auswählen soll, wenn das Arzneimittel mit gleichem Wirkstoff, Wirkstärke und Darreichungsform von verschiedenen Herstellern angeboten wird. Im Rahmen des § 70 SGB V ist ferner die Soll-Vorschrift des § 73 Abs. 5 S. 1 SGB V zu beachten[184], die von dem Arzt die Berücksichtigung der in § 92 Abs. 2 SGB V normierten Preisvergleichsliste verlangt.

---

[179] Vgl. § 9 Abs. 1 S. 3 AM-RL.

[180] Vgl. zu der grundsätzlichen Regelung im Sozialversicherungsrecht §§ 28 Abs. 1 S. 1, 70 Abs. 1, 72 Abs. 2 SGB V.

[181] BSG NJW 1967, 1532, 1533; *Roters,* in: Leitherer, Kasseler Kommentar SGB V, § 12 Rn. 23 ff., dort auch näher zu dem Verhältnis des Wirtschaftlichkeitsgebots als Oberbegriff und dessen Verhältnis zu den Einzelkriterien.

[182] BSGE 52, 70, 75; *Roters,* in: Leitherer, Kasseler Kommentar SGB V, § 12 Rn. 41; *Scholz,* in: Becker/Kingreen, SGB V, § 12 Rn. 8 dort auch zu der näheren Bestimmung von Kosten und Nutzen. Maßgeblich ist somit nicht, welches die billigste zweier notwendiger Leistungen ist, sondern bei welcher das günstigste Verhältnis zwischen Aufwand und Wirkung besteht.

[183] BSGE 96, 261, 270 Rn. 44; *Adelt/Kraftberger,* in: Kruse/Hänlein, LPK-SGB, § 31 Rn. 9; *Becker,* Die Steuerung der Arzneimittelversorgung, S. 99.

[184] Die Vorgaben der Preisvergleichsliste sind indes nur insoweit einzuhalten, wie es nach Maßgabe des § 70 SGB V auch erforderlich ist, *Ledge,* in: Hänlein/Kruse/Schuler, LPK-SGB V, § 73 Rn. 17.

§ 2 Die Verordnung

Zudem wird nachgeschaltet auch der Apotheker gem. § 129 Abs. 1, 1a SGB V verpflichtet, ein preisgünstiges Arzneimittel abzugeben, wenn der Arzt das Arzneimittel entweder nur unter der Wirkstoffbezeichnung verordnet (§ 129 Abs. 1 Nr. 1a SGB V) oder die Ersetzung des Arzneimittels durch ein wirkstoffgleiches Arzneimittel nicht ausgeschlossen hat (§ 129 Abs. 1 Nr. 1b SGB V). In diesen Fällen bewirkt die Verschreibung des Arztes dann keine Bevorteilung eines einzelnen Herstellers.

Möchte der Arzt hingegen die Abgabe eines bestimmten Medikaments sicherstellen, muss er auf dem Verordnungsblatt (§ 87 Abs. 1 S. 3 bis 5 SGB V) gem. § 73 Abs. 5 S. 2 SGB V, § 29 Abs. 2 BMV-Ä/§ 15 Abs. 2 EKV, § 11 Abs. 3 AM-RL ausdrücklich die Ersetzung des verordneten Medikaments mit einem preisgünstigeren, wirkstoffgleichem Arzneimittel durch die Apotheke ausschließen.[185]

Schließt der Arzt allerdings über die Maßen diese sog. Aut-idem-Substitution[186] in seinen Verschreibungen aus, wird er sich wahrscheinlich dem Vorwurf aussetzen, dass er eine dem Wirtschaftlichkeitsgebot entsprechende Versorgung verhindere. Dies kann wiederum empfindliche Konsequenzen seitens der Krankenkassen bzw. Kassenärztlichen Vereinigungen nach sich ziehen.[187] Denn ergibt die in § 106 SGB V vorgesehene Wirtschaftlichkeitsprüfung, dass die Vorgaben des Wirtschaftlichkeitsgebots nicht ausreichend beachtet wurden, muss der Arzt gem. § 48 BMV-Ä/§ 44 EKV unter Umständen Honorarkürzungen und Verordnungsregresse in Kauf nehmen.[188] Um diese Folgen zu vermeiden, wird daher bei Kassenpatienten häufig nur der Wirkstoff und nicht ein bestimmtes Medikament verordnet.[189] Damit ermöglicht der Arzt dann auch gem. § 129 Abs. 1 S. 3 SGB V die Abgabe von Rabattarzneimitteln durch die Apotheke[190], was sich dann wiederum durch deren Privilegierung innerhalb einer möglichen Wirtschaftlichkeitsprüfung zugunsten des Arztes auswirkt.[191] Die Krankenkassen haben schließlich aufgrund dieser vielfach gem. § 130a Abs. 8 SGB V abgeschlossenen Rabattverträge mit einzelnen pharmazeutischen Herstellern ein Interesse daran, dass die vertraglich vereinbarten Mindestmengen abgenommen

---

[185] *Murawski*, in: Hänlein/Kruse/Schuler, LPK-SGB V, § 129 Rn. 3; krit. zu dieser Regelung *Kamps*, MedR 2002, 193.
[186] Vgl. zu dem Begriff *Kamps*, MedR 2002, 193.
[187] Deren Zuständigkeit für die Wirtschaftlichkeitsprüfung ergibt sich aus § 106 Abs. 1 SGB V. Zu der Durchführung mittels einer gemeinsamen Prüfstelle (§ 106 Abs. 4 S. 1 SGB V) *Palsherm/Clemens*, in: Spickhoff, Medizinrecht, § 106 SGB V Rn. 7 ff.
[188] *Hencke*, in: Peters, Handbuch KV SGB V, § 73 Rn. 17; speziell für die unwirtschaftliche Verordnung von Arzneimitteln *Reese/Stallberg*, in: Dieners/Reese, Hdb Pharmarecht, § 17 Rn. 236.
[189] *Kern*, in: Laufs/Kern, Handbuch Arztrecht, § 52 Rn. 3.
[190] *Axer*, in: Becker/Kingreen, § 129 Rn. 9; *Hess*, in: Leitherer, Kasseler Kommentar SGB V, § 129 Rn. 3, 5; *Quaas/Zuck*, Medizinrecht, § 38 Rn. 21.
[191] Vgl. dazu ausführlich *Reese/Stallberg*, in: Dieners/Reese, Hdb Pharmarecht, § 17 Rn. 246.

werden.[192] Insofern ist erst recht davon auszugehen, dass sie auch ein besonderes Augenmerk auf einen aus ihrer Sicht zu zahlreichen Ausschluss der Ersetzungsbefugnis durch die Apotheke legen werden. Begründen könnte der Arzt indessen einen Ausschluss der Substitution stets mit deren medizinischer Gebotenheit.[193] Diese muss dann allerdings auch gegeben sein.

Des Weiteren ergeben sich faktische Einschränkungen aus der Begrenzung der gesetzlichen Leistungspflicht auf Festbeträge[194] für Arznei-, Verband- und Hilfsmittel gem. §§ 12 Abs. 2, 35, 36 SGB V. Verordnet der Arzt ein Medikament, welches den angesetzten Festbetrag überschreitet, muss er gem. § 73 Abs. 5 S. 3 SGB V, § 29 Abs. 6 BMV-Ä/§ 15 Abs. 6 EKV den Patienten auf dessen Verpflichtung hinweisen, die den Festbetrag überschreitenden Mehrkosten zu tragen. Sollte der Arzt dieser Hinweisobliegenheit nachkommen, steht zu erwarten, dass er dem Patienten explizit darlegen muss, warum es ausgerechnet der Verordnung des betreffenden Medikaments bedarf. Denn dieser hat regelmäßig ein Interesse daran, ein von jeglichen Zuzahlungen befreites Arzneimittel verschrieben zu bekommen.[195]

Im Ergebnis lässt sich damit festhalten, dass der Arzt zwar grundsätzlich die Möglichkeit hat, innerhalb der aufgezeigten Grenzen ein konkretes Medikament und damit einen bestimmten Hersteller zu wählen. Allerdings besteht kein Automatismus, dass auch tatsächlich jenes an den Patienten abgegeben wird. Dafür muss der Arzt gesondert Sorge tragen, wobei er dann allerdings auch etwaige Regressverfahren in Kauf nehmen muss. Das Wirtschaftlichkeitsgebot ist damit durchaus geeignet, die Tendenz zur Verordnung von im Verhältnis zu anderen Medikamenten teureren Produkten aufgrund der drohenden wirtschaftlichen Folgen zu hemmen und damit die Auswahlmöglichkeiten des Vertragsarztes nicht unerheblich zu begrenzen.

c) Besonderheiten bei der Verordnung von Verband-, Heil- und Hilfsmitteln

Da § 31 Abs. 1 S. 1 SGB V die Versorgung mit Verbandmitteln[196] ausdrücklich in die Arzneimittelversorgung einbezieht[197], ergeben sich weder im Hinblick auf

---

[192] Vgl. allgemein zu einer möglichen Mindestabsatzregelung *Gesellschaft für Wirtschaftlichkeit & Qualität bei Krankenkassen,* Rabattverträge für Medikamente.

[193] So *Reese/Stallberg,* in: Dieners/Reese, Hdb Pharmarecht, § 17 Rn. 272 Fn. 4; zu den möglichen medizinischen Gründen *Becker,* Steuerung der Arzneimittelversorgung, S. 337.

[194] Festbeträge geben die Erstattungsobergrenze für eine zuvor bestimmte Gruppe von Arzneimitteln vor, vgl. *Barth,* in: Spickhoff, Medizinrecht, § 35 SGB V, Rn. 1; ausführlich *Reese/Stallberg,* in: Dieners/Reese, Hdb Pharmarecht, § 17 Rn. 171 ff.

[195] Vgl. auch *Becker,* Steuerung der Arzneimittelversorgung, S. 139; *Reese/Stallberg,* in: Dieners/Reese, HdB Pharmarecht, § 17 Rn. 173.

[196] Verbandmittel sind Gegenstände, die dazu bestimmt sind, an der Oberfläche geschädigte Körperteile zu bedecken, Körperflüssigkeiten aufzusaugen und Arzneimittel

§ 2 Die Verordnung 51

die abgebende Stelle[198] noch auf die Individualisierung eines bestimmten Herstellers durch die Verschreibung eines mit einem Handelsnamen gekennzeichneten Präparates signifikante Unterschiede zu der Verordnung von Arzneimitteln.[199]

Bei den Heilmitteln kann hingegen angesichts der Tatsache, dass es sich bei ihnen im Gegensatz zu den zuvor erörterten sächlichen Mitteln gem. Nr. 6 S. 1 HeilM-RL[200] um persönlich zu erbringende medizinische (Dienst-)Leistungen[201] handelt, von vorneherein nur die Möglichkeit der Wahl des Leistungserbringers in Betracht gezogen werden.

Zwar enthält § 32 SGB V keine mit dem in § 31 Abs. 1 S. 5 SGB V kodifizierten Apothekenwahlrecht vergleichbare Bestimmung. Jedoch ergibt sich aus Nr. 22 HeilM-RL, dass in der Verordnung die Maßnahme lediglich nach dem im 2. Teil der HeilM-RL niedergelegten Heilmittelkatalog zu bezeichnen ist. Auch die einzelnen Verordnungsmuster für Heilmittel[202] sehen die Auswahl eines spezifischen Adressaten durch den Arzt nicht vor. Der Patient kann damit jedenfalls durch die Verordnung selbst keinem bestimmten Heilmittelerbringer zugeführt werden.

Bei Hilfsmitteln[203] handelt es sich hingegen um sächliche Mittel (vgl. § 2 S. 1 HilfsM-RL[204]). Es muss damit wiederum zwischen den Lenkungsoptionen zu dem Hilfsmitteldistributor und dem Hilfsmittelhersteller unterschieden werden.

---

anzuwenden, vgl. BSG NZS 2007, 495, 497 m.w.N.; *Axer*, in: Becker/Kingreen, SGB V, § 31 Rn. 10.

[197] Vgl. ferner § 7 Nr. 1 AM-RL.

[198] Die Verordnung von Verbandmitteln erfolgt ebenfalls auf dem Vordruck-Muster 16 (Anlage 2 zum BMV-Ä/EKV und Anlage 2a zum BMV-Ä/EKV), welches nicht die Wahl der abgebenden Stelle vorsieht. Schließlich gilt auch bei den Verbandmitteln § 31 Abs. 1 S. 5 SGB V.

[199] Auch bei der Verschreibung von Verbandmitteln gelten die Vorgaben des Wirtschaftlichkeitsgebots; vgl. *Kraftberger*, in: Hänlein/Kruse/Schuler, LPK-SGB V, § 31 Rn. 6 ff.

[200] Richtlinien des Gemeinsamen Bundesausschusses über die Verordnung von Heilmitteln in der vertragsärztlichen Versorgung („Heilmittel-Richtlinien") vom 1. Dezember 2003/16. März 2004.

[201] Eine Dienstleistung erfüllt das Kriterium des Heilmittels, wenn es einem Heilzweck dient und einen Heilerfolg sichert, wobei es dabei nur von einer entsprechend ausgebildeten Personen erbracht werden darf, BSG NZS 2007, 88, 91; *Kuhlmann*, in: Hänlein/Kruse/Schuler, LPK-SGB V, § 32 Rn. 7; *Quaas/Zuck*, Medizinrecht, § 65 Rn. 1. So werden nach dem Heilmittelkatalog in Teil 2 der HeilM-RL Maßnahmen der Physikalischen und Podologischen Therapie, sowie der Stimm-, Sprech-, Sprach- und Ergotherapie erfasst.

[202] So ist in den Mustern 13 (*Maßnahmen zur Physikalischen und Podologischen Therapie*) und 18 (*Maßnahmen der Ergotherapie*) der Anlage 2 zum BMV-Ä/EKV jeweils nur eine allgemeine Bezeichnung der Maßnahme bzw. Therapie für Muster 14 (*Maßnahmen der Stimm-, Sprech- und Sprachtherapie*) nach dem (Heilmittel-)Katalog vorgesehen.

[203] Hilfsmittel gem. § 33 SGB V sind in Anlehnung an § 31 SGB IX (dazu BSG SozR 4-2500 § 33 Nr. 13 Rn. 12) Sachen, die durch ersetzende, unterstützende und ent-

Im Hinblick auf die Auswahl der abgebenden Stelle ergibt sich indessen weder aus § 7 HilfsM-RL noch aus den einschlägigen Vordruckmustern[205], dass diese dem Arzt obliegen könnte. Vielmehr bestimmt § 33 Abs. 6 S. 1 SGB V, dass die gesetzlich Versicherten alle Leistungserbringer in Anspruch nehmen können, die gem. § 127 Abs. 1, 2, 3 SGB V Verträge über die Lieferung und Abgabe von Hilfsmitteln mit ihrer Krankenkasse geschlossen haben. Daraus wird abgeleitet, dass dem Patienten unter den Vertragspartnern die Wahlfreiheit zusteht, sofern mehrere vorhanden sind.[206]

Aufgrund der Ausnahmeregelung des § 33 Abs. 6 S. 2 SGB V können gegebenenfalls aber auch die Krankenkassen den Leistungserbringer bestimmen. Dies ist dann der Fall, wenn sie gem. § 127 Abs. 1 SGB V Verträge über die Versorgung mit bestimmten Hilfsmitteln geschlossen haben. Der Patient muss sich dann gem. § 33 Abs. 6 S. 2 SGB V an den von der Krankenkasse zu benennenden Ausschreibungsgewinner halten[207], wenn er nicht bereit ist, eventuell entstehende Mehrkosten durch die Wahl eines anderen Leistungserbringers gem. § 33 Abs. 6 S. 3 SGB V selbst zu tragen.[208] In dieser Beziehung eröffnet sich dem Arzt damit keine Steuerungsmöglichkeit durch die Verordnung.

Bei den zu verschreibenden Mitteln steht die Auswahl des Einzelproduktes grundsätzlich ebenfalls nicht dem Arzt, sondern gem. § 7 Abs. 3 S. 1 HilfsM-RL dem jeweiligen Leistungserbringer zu. So verordnet der Arzt nach §§ 6 Abs. 2 S. 2; 7 Abs. 3 S. 1 HilfsM-RL das Hilfsmittel im Regelfall nur nach der Produktart, indem er dessen Bezeichnung im Hilfsmittelverzeichnisses verwendet. Wenn er es allerdings besonders begründet, kann der Arzt gem. § 7 Abs. 3 S. 3, 4 HilfsM-RL auch eine spezifische Einzelproduktverschreibung[209] vornehmen und

---

lastende Wirkung den Erfolg der Krankenbehandlung sichern oder die Überwindung von körperlichen Behinderungen ermöglichen, vgl. *Adelt/Kraftberger,* in: Kruse/Hänlein, § 33 Rn. 22; vertiefend zu den unterschiedlichen Hilfsmittelbegriffen *Quaas/Zuck,* Medizinrecht, § 60 Rn. 1.

[204] Richtlinie des Gemeinsamen Bundesausschusses über die Verordnung von Hilfsmitteln in der vertragsärztlichen Versorgung (Hilfsmittel-Richtlinie/HilfsM-RL) vom 16. Oktober 2008.

[205] Hilfsmittel werden grundsätzlich auf dem Vordruckmuster 16 der Anlage 2 zum BMV-Ä/EKV verordnet. Die Verordnung von Hörhilfen erfolgt auf Muster 15, die von Sehhilfen auf Muster 8 der Anlage 2 zum BMV-Ä/EKV. Allerdings enthält keines der Muster die Vorgabe, dass der Arzt die abgebende Stelle auswählen kann.

[206] *Butzer,* in: Becker/Kingreen, SGB V, § 33 Rn. 55; *Nolte,* in: Leitherer, Kasseler Kommentar SGB V, § 33 Rn. 65.

[207] *Nolte,* in: Leitherer, Kasseler Kommentar SGB V, § 33 Rn. 66; *Wagner,* in: Wagner/Knittel, Krauskopf Krankenversicherung, § 33 Rn. 51.

[208] Das Wahlrecht des Versicherten wird dadurch eingeschränkt, *Wagner,* in: Wagner/Knittel, Krauskopf Krankenversicherung, § 33 Rn. 51; vertiefend zu der Beschränkung des Wahlrechts durch die Auferlegung von Mehrkosten bei Krankenhäusern S. 57 ff.

[209] Gem. § 4 Abs. 3 HilfsM-RL wird als Einzelprodukt der Produktname mit der Herstellerangabe bezeichnet.

damit dann zugleich den konkreten Hersteller bestimmen. Diese Vorgehensweise dürfte jedoch eher die Ausnahme als die Regel darstellen.

2. Die Verordnung von Krankenhausbehandlung gem. § 73 Abs. 2 Nr. 7 Var. 3 SGB V

Anders können sich indes die Lenkungsoptionen des erstbehandelnden Arztes bei der Auswahl eines Leistungserbringers darstellen, wenn eine Krankenhausbehandlung erforderlich wird.

a) Angabe der beiden nächsterreichbaren, für die vorgesehene Krankenhausbehandlung geeigneten Krankenhäuser gem. § 73 Abs. 4 S. 3 SGB V

Denn die auch als Einweisung bezeichnete Verordnung von Krankenhausbehandlung[210] ist von dem Arzt gem. § 73 Abs. 4 S. 3 SGB V, § 26 Abs. 2 BMV-Ä, § 7 Abs. 1 S. 6 Khb-RL[211], Muster 2 Nr. 2 S. 4 der Erläuterungen in Anlage 2 zu BMV-Ä/EKV in geeigneten Fällen mit der Angabe der beiden nächsterreichbaren, für die vorgesehene Krankenhausbehandlung geeigneten Krankenhäuser zu versehen. Dem Arzt wird damit explizit die Befugnis eingeräumt, Leistungserbringer konkret vorzugeben.

Der Arzt kann indes nicht willkürlich entscheiden, sondern muss seine Auswahl an den von § 73 Abs. 4 S. 3 SGB V genannten Kriterien der Nächsterreichbarkeit und Geeignetheit für die vorgesehene Behandlung orientieren. So erschwert zunächst das Erfordernis der „Nächsterreichbarkeit" die Benennung eines fahrkostenmäßig weiter entfernten Krankenhauses.[212] Mit dem Merkmal der Geeignetheit des Krankenhauses werden vor allem die medizinischen Belange angesprochen.[213]

Wie sich auch aus dem Wort „sind" in § 73 Abs. 4 S. 3 SGB V schließen lässt, ist der Arzt bei Vorliegen der Voraussetzungen – also in geeigneten Fällen – sogar verpflichtet, zwei Leistungserbringer konkret zu benennen.[214] In diesem Sinne tauglich ist ein Fall nur dann, wenn auch eine Wahlmöglichkeit besteht.

---

[210] Vgl. § 39 Abs. 2 SGB V; Muster 2 Nr. 1 S. 2 in Anlage 2 zu BMV-Ä/EKV; *Rieger*, Lexikon des Arztrechts, Rn. 1050.

[211] Richtlinien des Bundesausschusses der Ärzte und Krankenkassen über die Verordnung von Krankenhausbehandlung (Krankenhausbehandlungs-Richtlinien) vom 24. März 2003.

[212] Vgl. BSG NJW 1982, 1350; ausführlich ferner *Schmidt*, in: Peters, Handbuch KV SGB V, § 39 Rn. 310.

[213] *Adelt*, in: Kruse/Hänlein, LPK-SGB V, 3. Aufl., § 39 Rn. 57.

[214] *Legde*, in: Hänlein/Kruse/Schuler, LPK-SGB V, § 73 Rn. 16; *Hess*, in: Leitherer, Kasseler Kommentar SGB V, § 73 Rn. 34; *Hencke*, in: Peters, Handbuch KV SGB V, § 73 Rn. 31.

Dazu müssen für die jeweilige Art der Erkrankung mindestens zwei oder mehr Krankenhäuser in Betracht kommen.[215]

Sofern kein „geeigneter" Fall vorliegt, verengt sich dieses Erfordernis darauf, nur ein Krankenhaus anzugeben.[216] Dies ist beispielsweise dann anzunehmen, wenn sich zwar mehrere Krankenhäuser für die Behandlung eignen, die übrigen aber wesentlich weiter entfernt und damit nicht „nächsterreichbar" sind.[217] Wenn das Verzeichnis stationärer Leistungen und Entgelte (§ 39 Abs. 3 SGB V) noch nicht in einem ausreichenden Maße erstellt wurde und der Arzt nach seinen persönlichen Kenntnissen und Erfahrungen nicht in der Lage ist, die beiden nächsterreichbaren Krankenhäuser zu benennen, kann die Pflicht auch gänzlich entfallen.[218]

Dieses Verzeichnis, zu dessen Beachtung der Arzt gem. § 73 Abs. 4 S. 4 SGB V stets verpflichtet ist („ist zu berücksichtigen")[219], enthält Informationen über die Schwerpunkte und Behandlungsmöglichkeiten der verschiedenen Krankenhäuser sowie deren Leistungsfähigkeit und Wirtschaftlichkeit.[220] Der Zweck des Verzeichnisses liegt darin, eine verstärkte Inanspruchnahme preisgünstiger Krankenhäuser zu bewirken[221] und dadurch eine wirtschaftliche Verordnungsweise des Arztes zu ermöglichen. Da allerdings die Differenzen bei den Behandlungsentgelten nach Einführung von Fallpauschalen durch das DRG-System[222] zunehmend abnehmen und sich nur noch auf bestimmte Sonderfälle beschränken[223], lässt auch die Bedeutung der Krankenhausvergleichsliste zunehmend nach.[224]

Unabhängig davon wäre der Arzt aber auch ohnehin nicht gezwungen, stets das Krankenhaus mit der kürzesten Verweildauer und dem niedrigsten Pflegesatz zu wählen.[225] Vielmehr kann er neben den objektiven Kriterien der Nähe und

---

[215] *Klückmann*, in: Hauck, SGB V, § 73 Rn. 30.

[216] *Noftz*, in: Hauck, SGB V, § 39 Rn. 116.

[217] *Schmidt*, in: Peters, Handbuch KV SGB V, § 39 Rn. 309 mit Hinweis auf BSG NJW 1982, 1350.

[218] So unter Verweis auf ein Rundschreiben des Spitzenverbandes der Krankenkassen *Noftz*, in: Hauck, SGB V, § 39 Rn. 105.

[219] *Legde*, in: Hänlein/Kruse/Schuler, LPK-SGB V, § 73 Rn. 16; *Becker*, in: Becker/Kingreen, SGB V, § 39 Rn. 28.

[220] *Zipperer*, KrV 1989, 4, 16.

[221] BT-Drucks. 11/2237, S. 177 f.; *Schmidt*, in: Peters, SGB V, § 39 Rn. 260; *Wahl*, in: Schlegel/Voelzke, SGB V, § 39 Rn. 26; *Zipperer*, KrV 1989, 4, 16.

[222] Weiterführend zu den Fallpauschalen nach dem DRG-System: *Schmidt*, in: Peters, SGB V, § 39 Rn. 282 ff.

[223] Vertiefend zu den noch verbleibenden Ursachen für Unterschiede in der Vergütung *Schmidt*, in: Peters, SGB V, § 39 Rn. 262a.

[224] *Adolf*, in: Schlegel/Voelzke, SGB V, § 73 Rn. 128; *Becker*, in: Becker/Kingreen, SGB V, § 39 Rn. 28; *Knispel*, in: Rolfs u.a., BeckOK SGB V, § 39 Rn. 71; *Schmidt*, in: Peters, SGB V, § 39 Rn. 262a ff.

[225] *Legde*, in: Hänlein/Kruse/Schuler, LPK-SGB V, § 73 Rn. 16; *Hess*, in: Leitherer, Kasseler Kommentar SGB V, § 73 Rn. 35.

Eignung auch seine persönlichen Erfahrungswerte und Informationen in die Entscheidung einfließen lassen.[226] Da zudem die medizinische Geeignetheit vorrangig zu beachten ist, kann der Arzt aufgrund von § 73 Abs. 4 S. 4 SGB V allenfalls dazu angehalten sein, bei gleich geeigneten Krankenhäusern das wirtschaftlichere anzugeben.[227] Allerdings kann eine „unnötige", d.h. nicht zwingende Einweisung in ein vergleichsweise teureres oder entfernteres Krankenhaus im Einzelfall wiederum Ansprüche der Krankenkasse wegen Vorliegens eines „sonstigen Schadens" gem. § 106 SGB V i.V.m. § 48 Abs. 1 BMV-Ä bzw. § 44 Abs. 1 EKV auslösen, wenn diese Wahl nicht durch die Art der Erkrankung in Verbindung mit der besonderen Ausstattung des Krankenhauses begründet werden kann.[228] Die genannten Einschränkungen führen somit dazu, dass die Entscheidung des Arztes unter den Vorbehalt einer pflichtgemäßen Ermessensausübung gestellt wird.[229]

Begibt sich der Patient daraufhin in eines der in der Einweisung aufgeführten Krankenhäuser, muss dieses allerdings bei der Aufnahme ebenfalls seine Eignung und die Erforderlichkeit von Krankenhausbehandlung im Hinblick auf den in § 39 Abs. 1 S. 2 SGB V vorgeschriebenen Vorrang der ambulanten Behandlung feststellen.[230] Die Auswahlentscheidung des Arztes könnte insofern also noch revidiert werden.

Die Krankenkasse überprüft hingegen in dem vom Krankenhaus vor der Behandlung regelmäßig gestellten Kostenübernahmeantrag darüber hinaus ausschließlich, ob es sich um ein zugelassenes Krankenhaus (§ 108 SGB V) handelt und ob Diagnose und Versorgungsauftrag des Krankenhauses zusammenpassen.[231] Auch wenn das Krankenhaus somit im konkreten Vergleich kein nächsterreichbares, geeignetes und „wirtschaftliches" nach der Maßgabe der Krankenhausvergleichsliste gewesen sein sollte, würde dies nicht die Inanspruchnahme durch den Patienten hindern. Eine Kontrolle dieser Voraussetzung erfolgt allenfalls im Nachhinein und berechtigt die Krankenkasse sodann möglicherweise zu den bereits angedeuteten Regressmöglichkeiten.

Abschließend lässt sich deshalb feststellen, dass dem Arzt prinzipiell eine Entscheidungsbefugnis bei der Auswahl eines konkreten Leistungserbringers zugebilligt wird.

---

[226] *Schmidt*, in: Peters, Handbuch KV SGB V, § 39 Rn. 308; Beispiele bei *Hess*, in: Leitherer, Kasseler Kommentar SGB V, § 73 Rn. 35.

[227] *Klückmann*, in: Hauck, SGB V, § 73 Rn. 30.

[228] *Hess*, in: Leitherer, Kasseler Kommentar SGB V, § 73 Rn. 34; *Hencke*, in: Peters, Handbuch KV SGB V, § 73 Rn. 31; *Schmidt*, in: Peters, Handbuch KV SGB V, § 39 Rn. 309.

[229] Vgl. auch *Hencke*, in: Peters, Handbuch KV SGB V, § 73 Rn. 31.

[230] *Brandts*, in: Leitherer, Kasseler Kommentar SGB V, § 39 Rn. 72: „nach Prüfung durch das KH"; *Rieger*, Lexikon des Arztrechts, Rn. 1050.

[231] *Wagner*, in: Wagner/Knittel, Krauskopf Krankenversicherung, § 39 Rn. 11.

b) Bindung an die Vorgaben des Arztes oder Wahlrecht des Patienten?

Die Lenkungsmacht des Arztes im eigentlichen Sinne hängt letztlich entscheidend davon ab, ob und zudem auch in welchem Maße der Patient dazu angehalten ist, die Einweisungsempfehlung zu befolgen. Die Dimension der Bindung des Patienten lässt sich unterdessen am besten dadurch aufzeigen, dass die Folgen einer abweichenden Entscheidung des Patienten verdeutlicht werden.

So sieht § 39 Abs. 2 SGB V vor, dass der Patient mit der Auflegung der Mehrkosten durch die Krankenkasse rechnen muss, sofern er ein anderes, nicht in der ärztlichen Verordnung genanntes Krankenhaus in Anspruch nehmen möchte. Diese Vorschrift ist Ausfluss des Wirtschaftlichkeitsgebots[232] und bringt zum Ausdruck, dass der Patient von vorneherein nur einen Anspruch auf eine diesem Grundsatz entsprechende Behandlung hat.

Als Faktoren für finanzielle Zusatzaufwendungen kommen prinzipiell eine längere Verweildauer sowie höhere Fahrkosten für den Krankentransport oder für die Pflegesätze in Betracht.[233] Allerdings wird gegen die Auflegung von durch eine längere Verweildauer bedingten Kosten durchaus nachvollziehbar eingewendet, dass diese im Regelfall nicht durch die Einzelpraxis des Krankenhauses, sondern durch den nicht vorhersehbaren Behandlungsbedarf verursacht werden.[234] Auch die Bedeutung der Behandlungsentgelte fällt aus den bereits im Zusammenhang mit dem Verzeichnis der stationären Leistungen und Entgelte gem. § 39 Abs. 3 SGB V erörterten Gründen zunehmend geringer aus.[235]

Jedoch selbst wenn der Patient lediglich zusätzliche Ausgaben für den Krankentransport gem. § 60 Abs. 2 Nr. 1 SGB V befürchten müsste[236] und zudem berücksichtigt wird, dass § 39 Abs. 2 SGB V die Auferlegung von Mehrkosten in das Ermessen der Krankenkasse stellt[237], ist zu vermuten, dass der Versicherte ohne besonderen Anlass nicht gewillt sein wird, finanzielle Zusatzbelastungen in Kauf zu nehmen. Die Regelung des § 39 Abs. 2 SGB V ist damit im Prinzip geeignet, eine faktische Bindung des Patienten an die Vorgaben des Arztes zu bewirken.[238]

---

[232] BT-Drucks. 11/2237, S. 177; *Becker,* in: Becker/Kingreen, SGB V, § 39 Rn. 34.

[233] *Noftz,* in: Hauck, SGB V, § 39 Rn. 118; *Wahl,* in: Schlegel/Voelzke, SGB V, § 39 Rn. 113.

[234] *Schmidt,* in: Peters, SGB V, § 39 Rn. 254.

[235] Vgl. dazu vorhergehend S. 54.

[236] In diese Richtung *Brandts,* in: Leitherer, Kasseler Kommentar SGB V, § 39 Rn. 96.

[237] So statuiert § 39 Abs. 2 SGB V, dass dem Versicherten die Mehrkosten auferlegt werden „können". *Brandts,* in: Leitherer, Kasseler Kommentar SGB V, § 39 Rn. 99; *Noftz,* in: Hauck, SGB V, § 39 Rn. 119; *Schmidt,* in: Peters, SGB V, § 39 Rn. 236 ff.

[238] Ähnlich auch *Knispel,* in: Rolfs u. a., BeckOK SGB V, § 39 Rn. 46.

§ 2 Die Verordnung

Die dem Arzt gem. § 73 Abs. 4 S. 3 SGB V auferlegte Pflicht, zwei Krankenhäuser zu bestimmen, und die Absicherung seiner Entscheidung durch die Mehrkostenregelung des § 39 Abs. 2 SGB V legen unterdessen die von manchen auch so getätigte Feststellung nahe, dass damit die Auswahl des Krankenhauses weitestgehend dem Arzt zufalle.[239] Dies könnte im Hinblick auf das freie Arztwahlrecht des § 76 SGB V zu der Annahme verleiten, dass der Patient ein vergleichbares Recht für den Krankenhausbereich nicht beanspruchen kann. Sollte dies der Fall sein, könnte das Verbot der Zuweisung gegen Entgelt jedenfalls nicht, wie es jedoch einige postulieren[240], mit der Verletzung dieses Grundsatzes begründet werden. Die Frage nach dem Bestehen eines Wahlrechts ist darüber hinaus aber auch maßgeblich dafür, inwiefern sich der Patient an die Einweisungsempfehlung des Arztes halten muss.

Während die durch das Gesundheits-Reformgesetz vom 10.12.1988[241] aufgehobene Vorgängernorm (§ 184 Abs. 2 RVO) zu § 39 Abs. 2 SGB V noch statuierte, dass „der Versicherte unter den Krankenhäusern wählen kann, die nach § 371 RVO für die Erbringung von Krankenhauspflege vorgesehen sind", fehlt nunmehr eine entsprechende ausdrückliche Regelung für die stationäre Krankenhausbehandlung. Denn auch der Wortlaut des § 76 SGB V erfasst lediglich die zum ambulanten Operieren zugelassenen Krankenhäuser.[242]

Einige schlussfolgern daraus, dass dem Patienten kein Wahlrecht bei der stationären Krankenhausbehandlung zustehe.[243] Ein solches könne auch nicht aus anderen Vorschriften, wie § 76 Abs. 2 SGB V, § 39 Abs. 2 SGB V oder § 73 Abs. 4 S. 3, 4 SGB V hergeleitet werden, da sich deren Inhalt nur darüber verhalten würde, ob der Patient Fahrkosten zu einem weiter entfernt liegenden Leistungserbringer beanspruchen könnte. Ein Wahlrecht des Versicherten würde zudem auch die Krankenhausplanung nicht unerheblich erschweren.[244]

Überwiegend wird hingegen vertreten, dass der Versicherte ein zumindest „beschränktes" Wahlrecht habe.[245] Denn ein solches setze zum einen § 39 Abs. 2

---

[239] LSG Brandenburg Urt. v. 09.03.2005 – L 24 KR 5/04; *Höfler*, in: Leitherer, Kasseler Kommentar SGB V, 61. EL 2009, § 39 Rn. 31; *Wagner*, in: Wagner/Knittel, Krauskopf Krankenversicherung, § 39 Rn. 37.
[240] Siehe dazu Teil 3: § 3 A.IV.1.e).
[241] BGBl. I 1988, S. 2477.
[242] *Wahl*, in: Schlegel/Voelzke, SGB V, § 39 Rn. 108; a.A. offenbar *Auktor*, in: Kruse/Hänlein, LPK-SGB V, 3. Aufl., § 73 Rn. 16. Im Ergebnis auch BSG, Urt. v. 2.11.2007 – B 1 KR 11/07 R, Rn. 13.
[243] *Brandts*, in: Leitherer, Kasseler Kommentar SGB V, § 39 Rn. 94 ff.; indirekt wohl auch BSG SozR 4-2500 § 60 Nr. 3 Rn. 13; *Hauck*, in: Hauck, SGB V, § 13 Rn. 369, dort auch zum nachfolgenden Text.
[244] *Brandts*, in: Leitherer, Kasseler Kommentar SGB V, § 39 Rn. 97.
[245] *Becker*, in: Becker/Kingreen, SGB V, § 39 Rn. 34; *Knispel*, in: Rolfs u.a., BeckOK SGB V, § 39 Rn. 44; *Noftz*, in: Hauck, SGB V, § 39 Rn. 114; *Schmidt*, in: Pe-

SGB V jedenfalls gedanklich voraus[246] und zum anderen deute auch der Terminus „wählen" und somit der Wortlaut auf ein Wahlrecht hin.[247]

Zur Beurteilung des Bestehens eines solchen Rechts ist es jedoch zunächst notwendig, dessen möglichen Bezugspunkt genauer zu verdeutlichen. Nur so kann auch ein einheitliches Verständnis des Begriffs „beschränktes Wahlrecht" gewährleistet werden, mit dem bisweilen zwei grundsätzlich voneinander zu unterscheidende Konstellationen beschrieben werden.

Als Wahlrecht ist im weitesten Sinne zunächst die unzweifelhaft bestehende Befugnis des Patienten zu bezeichnen, sich in jeder erdenklichen Klinik behandeln zu lassen, sofern er die Kosten dafür selbst trägt. Im Sinne des Rechts der gesetzlichen Krankenversicherung kann hingegen nur das Recht des Patienten zur Debatte stehen, dass ihm die Behandlung in dem von ihm gewählten Krankenhaus als Leistung seiner Krankenkasse gewährt wird, er also selbst kein Behandlungsentgelt schuldet. Das Wahlrecht des Krankenhauses kann sich damit wie auch das Arztwahlrecht gem. § 76 SGB V grundsätzlich nur auf Leistungserbringer beziehen, deren Leistungsentgelte von der Krankenkasse getragen werden.

Ob der Patient aus mehreren Kliniken auswählen kann, hängt folglich davon ab, in welcher er sich behandeln lassen kann, ohne dass eine Leistungspflicht der Krankenkasse entfällt. Maßgeblich ist dabei vor allem, welchen Einfluss der Versicherte hierauf durch sein Verhalten nimmt, indem er die Einweisungsempfehlung entweder befolgt oder dieses unterlässt.

Währenddessen deutet bereits die Existenz einer Mehrkostenregelung an, dass die Inanspruchnahme eines anderen, nicht in der Verordnung benannten Krankenhauses nicht etwa zu einem völligen Ausschluss des Krankenhausbehandlungsanspruchs führt. Dieser setzt neben den allgemeinen für jeden Krankenbehandlungsanspruch notwendigen Anforderungen, wie der Versicherteneigenschaft (§§ 11 Abs. 1 Nr. 4, 27 Abs. 1 S. 1 SGB V) und dem Bestehen einer Krankheit sowie ihrer Behandlungsbedürftigkeit (§ 27 Abs. 1 S. 1 SGB V) in der speziell hierfür geltenden Regelung des § 39 Abs. 1 S. 2 SGB V zum einen voraus, dass das Behandlungsziel nur durch eine (voll-)stationäre Versorgung erreicht werden kann.[248] Zum anderen muss es sich um ein zugelassenes Krankenhaus (§ 108 SGB V) handeln.[249] Diesbezüglich besteht eine vergleichbare Einschränkung wie bei § 76 SGB V. Auch bei den Ärzten darf nur aus den zur vertragsärztlichen

---

ters, Handbuch KV SGB V, § 73 Rn. 230; *Wagner*, in: Wagner/Knittel, Krauskopf Krankenversicherung, § 39 Rn. 37; *Wahl*, in: Schlegel/Voelzke, SGB V, § 39 Rn. 108.

[246] *Knispel*, in: Rolfs u. a., BeckOK SGB V, § 39 Rn. 44; *Noftz*, in: Hauck, SGB V, § 39 Rn. 114; *Wahl*, in: Schlegel/Voelzke, SGB V, § 39 Rn. 108.

[247] *Noftz*, in: Hauck, SGB V, § 39 Rn. 114.

[248] Vgl. *Wahl*, in: Schlegel/Voelzke, SGB V, § 39 Rn. 40 ff.

[249] Vgl. auch BSG SozR 4-2500, § 60 Nr. 3 Rn. 13; *Wahl*, in: Schlegel/Voelzke, SGB V, § 39 Abs. 108.

Versorgung zugelassenen gewählt werden, sofern kein Notfall gegeben ist (§ 76 Abs. 1 S. 2 SGB V).

Liegen diese Voraussetzungen vor, müssen die Kosten der Behandlung auch dann von der Krankenkasse übernommen werden, wenn der Patient nicht eines der in der Einweisung genannten Kliniken aufsucht.[250] Die Übereinstimmung des in der Verordnung benannten mit dem später durch den Patienten tatsächlich aufgesuchten Krankenhauses bildet somit keine notwendige Voraussetzung dafür, dass der Anspruch auf Übernahme der Kosten durch die Krankenkasse dem Grunde nach erhalten bleibt.[251]

Auch diejenigen, die ein Wahlrecht ablehnen, ziehen daraus wohl keine andere Konsequenz.[252] Unklar bleibt diesbezüglich nur der Standpunkt von Brandts[253], der formuliert, dass § 39 Abs. 2 SGB V „nur einen Regelungsbereich betreffen [kann], in dem zwar kein Anspruch auf die Behandlung in dem ausgewählten Krankenhaus bestand, jedoch die Behandlung von der Krankenkasse aus Gründen des Vertrauensschutzes gegenüber dem Versicherten als Gewährung der Sachleistung zu behandeln ist." Aus welchen Gründen der Anspruch des Versicherten nicht bestehen soll, bleibt indes interpretationsfähig. Möglicherweise bezieht Brandts sich hierbei ebenfalls nur auf die zuvor erörterten allgemeinen Voraussetzungen. Er könnte allerdings auch das Aufsuchen des in der Einweisung genannten Krankenhauses selbst als Anspruchsvoraussetzung erachten. Dann würde die Krankenkasse allerdings nicht nur die Mehrkosten zurückverlangen, was wiederum den verbleibenden Anwendungsbereich für § 39 Abs. 2 SGB V in Frage stellt.[254] Diese Auffassung, die auf der Prämisse beruht, dass ein Wahlrecht nicht besteht, soll indes an späterer Stelle noch einmal aufgegriffen und abschließend erörtert werden.

Die fehlende Deckungsgleichheit des in der Einweisung genannten Krankenhauses mit dem tatsächlich aufgesuchten Hospital führt somit nur dazu, dass die Rechtsfolge bei einer saldierenden Betrachtungsweise vom Umfang her auf den Betrag begrenzt wird, den die Krankenkasse bei den in der Einweisung genannten Einrichtungen hätte aufwenden müssen, sofern nicht ausnahmsweise ein zwingender Grund für das Abweichen von der Einweisungsvorgabe vorlag. Ist dies nicht der Fall, kann die Krankenkasse eventuell angefallene Mehraufwendungen vom Versicherten zurückverlangen. Sie hat jedoch nicht das Recht, von vornherein das Entgelt gegenüber dem Leistungserbringer zu reduzieren.[255]

---

[250] LSG Brandenburg, Urt. v. 09.03.2005 – L 24 KR 5/04.
[251] Vgl. *Schmidt*, in: Peters, Handbuch KV SGB V, § 73 Rn. 233.
[252] Vgl. etwa BSG SozR 4-2500, § 60 Nr. 3 Rn. 13.
[253] In: Leitherer, Kasseler Kommentar SGB V, § 39 Rn. 97.
[254] Vgl. zu dem möglichen Anwendungsbereich nach Auffassung von *Brandts* nachfolgend S. 64.
[255] Vertiefend *Schmidt*, in: Peters, Handbuch KV SGB V, § 73 Rn. 233, 238.

Sucht der Patient folglich ohne besondere Veranlassung ein nicht genanntes Krankenhaus auf, bleibt dies für ihn nur dann ohne finanzielle Konsequenzen, wenn dadurch im Vergleich keine zusätzlichen Kosten entstehen. Dahingegen ist er stets von etwaig anfallenden Kosten befreit, wenn er sich in eine der Einrichtungen begibt, die ihm durch die Einweisung nahegelegt wurden. Denn selbst wenn der Arzt nicht die nächsterreichbaren und damit dem Wirtschaftlichkeitsgebot entsprechenden Adressen ausgewählt haben sollte, gewährt die Verordnung dem Patienten diesbezüglich Vertrauensschutz.[256] Ihm wird damit das Risiko abgenommen, die Folgen einer gegebenenfalls als unwirtschaftlich zu bewertenden Entscheidung tragen zu müssen.

Die Beurteilung, ob und inwiefern der Patient eine Wahlmöglichkeit hat, hängt somit letztlich davon ab, auf welche finanzielle Folge für ihn im Einzelnen abgestellt wird.

Lässt man eine Freistellung von den Kosten dem Grunde nach genügen, steht dem Versicherten jedes zugelassene Krankenhaus zur Disposition. In diesem Sinne kann er folglich auch zwischen den Leistungserbringern wählen, sofern er gewillt ist, die Begrenzung seines Anspruchsumfangs in Kauf zu nehmen. Da die Entscheidung für eine von der Einweisungsempfehlung abweichende Einrichtung so aber tatsächlich mit der Gefahr belastet ist, dadurch entstehende Zusatzaufwendungen selbst tragen zu müssen, kann die Wahlmöglichkeit allerdings auch nur als ein dem Grunde nach bestehende – oder wie es die h. M. beschreibt[257], als eine „beschränkte" verstanden werden.

Wird demgegenüber als maßgeblich erachtet, dass Zusatzbelastungen in jedem Fall vermieden werden, können nur die in der Verordnung genannten Krankenhäuser aufgesucht werden. Eine Wahl zwischen allen zugelassenen Leistungserbringern ist dann ausgeschlossen. Da die Verordnung dem Patienten aber selbst im Regelfall noch Alternativen bietet[258], wird diesbezüglich ebenfalls von einem beschränkten Wahlrecht gesprochen.[259] Dieses „Wahlrecht" kann indes auch vollständig entfallen, nämlich dann, wenn nur ein Krankenhaus aufgrund der Kriterien des § 39 Abs. 2 SGB V in der Einweisung in Betracht zu ziehen war.[260]

Diese im Rahmen der Einweisung gegebene Wahlmöglichkeit ist unterdessen unbestritten und von der hier allein fraglichen Konstellation zu unterscheiden, ob

---

[256] *Noftz*, in: Hauck, SGB V, § 39 Rn. 116; *Knispel*, in: Rolfs u. a., BeckOK SGB V, § 39 Rn. 48: ausführlich *Wahl*, in: Schlegel/Voelzke, SGB V, § 39 Abs. 108 a. E.

[257] Vgl. *Becker*, in: Becker/Kingreen, SGB V, § 39 Rn. 34; *Knispel*, in: Rolfs u. a., BeckOK SGB V, § 39 Rn. 44; *Noftz*, in: Hauck, SGB V, § 39 Rn. 114; *Wahl*, in: Schlegel/Voelzke, SGB V, § 39 Rn. 108; wohl auch *Schmidt*, in: Peters, Handbuch KV SGB V, § 73 Rn. 230.

[258] Siehe zuvor S. 53.

[259] LSG Brandenburg Urt. v. 09.03.2005 – L 24 KR 5/04.

[260] Vgl. LSG Brandenburg Urt. v. 09.03.2005 – L 24 KR 5/04; *Höfler*, in: Leitherer, Kasseler Kommentar SGB V, 46. EL 2005, § 39 Rn. 31.

dem Patienten ein darüber hinausgehendes Recht zur Wahl zwischen allen gem. § 108 SGB V zugelassenen Leistungserbringern zusteht, wie es § 76 SGB V entsprechend für die Ärzte vorsieht.

Ein solches wäre infolge des zuvor Erörterten nur dann abzulehnen, wenn die notwendige „Geschäftsgrundlage" darin bestehen müsste, dass in jedem Fall alle Kosten ersetzt werden. Es stellt sich allerdings die Frage, ob dies für die Anerkennung eines Wahlrechts tatsächlich maßgebend ist. Dann würde nämlich mehr verlangt als das ausdrücklich geregelte Recht in § 76 SGB V[261] für die freie Arztwahl selbst erfordert.

Dieses sieht in § 76 Abs. 2 SGB V vor, dass dem Patienten die Mehrkosten auferlegt werden können, wenn nicht einer der nächsterreichbaren Ärzte aufgesucht wird.[262] Solche Zusatzaufwendungen können dabei zum einen bei den Fahrkosten des Patienten oder den Besuchsfahrten des Arztes entstehen.[263] Da infolgedessen die Auswahl unter allen Leistungserbringern prinzipiell mit der gleichen Unsicherheit wie im Krankenhausbereich belastet ist, besteht bei den Ärzten eine mit § 39 Abs. 2 SGB V im Wesentlichen vergleichbare Einschränkung.[264] Zwar wird man deren tatsächliche Bedeutung bei den Fahrkosten des Versicherten zu einer ambulanten Behandlung als relativ gering bezeichnen können[265], weil diese nach Maßgabe von § 60 Abs. 1 S. 3 SGB V ohnehin nur „in besonderen Ausnahmefällen" ersetzt werden, sofern kein privilegierter Fall i. S. v. § 60 Abs. 2 Nr. 4 SGB V (Vermeidung einer stationären Krankenhausbehandlung) vorliegt.[266] Dennoch besteht diese Gefahr einer Mehrbelastung nach der gesetzlichen Konzeption grundsätzlich auch bei der Arztwahl. Diese Möglichkeit führt bei ihr jedoch gerade nicht dazu, dass sie dadurch als gänzlich ausgeschlossen erachtet wird. Die Regelung des § 76 Abs. 2 SGB V wird vielmehr nur als eine Einschränkung des Arztwahlrechts bezeichnet.[267] Ein Wahlrecht kann mithin nicht nur dann angenommen werden, wenn alle Kosten ersetzt werden.

---

[261] Siehe dazu Teil 3: § 3 A.IV.1.e).

[262] Vgl. zur verfassungsrechtlichen Zulässigkeit dieser Regelung *Starck*, in: v. Mangoldt/Klein/Starck, GG, Art. 2 Rn. 123.

[263] *Hess*, in: Leitherer, Kasseler Kommentar SGB V, § 76 Rn. 19.

[264] Vgl. auch *Noftz*, in: Hauck, SGB V, § 39 Rn. 114.

[265] So *Lang*, in: Becker/Kingreen, SGB V, § 76 Rn. 16; *Wendtland*, in: Rolfs u. a., BeckOK SGB V, § 76 Rn. 23.

[266] *Heberlein*, , in: Rolfs u. a., BeckOK SGB V, § 60 Rn. 11, 22 f. *Nolte*, in: Leitherer, Kasseler Kommentar SGB V, § 60 Rn. 21, 25; zu der vor dem 1.01.2004 geltenden Rechtslage *Zipperer*, KrV 1989, 4, 21 ff.

[267] *Auktor*, in: Kruse/Hänlein, SGB V, § 76 Rn. 11; *Lang*, in: Becker/Kingreen, SGB V, § 76 Rn. 16; *Wendtland*, in: Rolfs u. a., BeckOK SGB V, § 76 Rn. 21, *Wigge*, in: Schnapp/Wigge, Vertragsarztrecht, § 2 Rn. 91, anders *Hencke*, in: Peters, Handbuch KV SGB V, § 76 Rn. 27, 31, der diese Regelung nicht einmal als Einschränkung bewertet; siehe ferner allgemein zu den „Beschränkungen" der freien Arztwahl S. 57 f.

Als maßgeblich für das Bestehen eines Wahlrechts könnte ferner abgeleitet von § 76 SGB V erachtet werden, dass nach der gesetzlichen Konzeption allein der Patient die Entscheidung trifft und eine Einwirkung hierauf nicht vorgesehen ist.[268] Sollte dies tatsächlich als unerlässlicher Inhalt eines Wahlrechts anzusehen sein, könnte indes ein Grund für die Ablehnung eines Krankenhauswahlrechts in dem Umstand erblickt werden, dass im Unterschied zu der Arztwahl, deren Beeinflussung durch den überweisenden Arzt nach § 24 Abs. 5 S. 1 BMV-Ä/§ 27 Abs. 5 S. 1 EKV gerade untersagt wird, bei der Auswahl der Klinik Vorgaben durch den Einweiser gem. § 73 Abs. 4 S. 3 SGB V hingegen sogar ausdrücklich vorgesehen sind. Dann müsste der Regelungsbereich des § 73 Abs. 4 S. 3 SGB V allerdings eine Konstellation beinhalten, die § 24 Abs. 5 S. 1 BMV-Ä/§ 27 Abs. 5 S. 1 EKV im übertragenen Sinne verbieten würde.

Der Patient ist grundsätzlich dem Risiko ausgesetzt, dass seine Entscheidung für ein bestimmtes Krankenhaus im Verhältnis zu anderen Mehrkosten verursacht, die ihm dann auferlegt werden können. Wie zuvor bereits erörtert, kann der Patient dieser grundsätzlich bestehenden Gefahr jedenfalls dann sicher entgehen, wenn er die Einweisungsempfehlung befolgt. Ansonsten kann er ein finanzielles Nachspiel nur vermeiden, wenn er entweder auf andere Weise sicherstellt, dass die Wahl des Krankenhauses ein solches nicht nach sich zieht, oder er einen zwingenden Grund im Sinne des § 39 Abs. 2 SGB V vorweist. Die Angaben des einweisenden Arztes bedingen daher keine zusätzliche Rechtsverkürzung, sondern bewirken einen Vorteil innerhalb der bereits gegebenen Beschränkung durch die Mehrkostenregelung für den Patienten. Sie bestehen somit letztlich in seinem Interesse und unterscheiden sich dadurch von einer namentlichen Überweisung, die den Kreis der wählbaren Leistungserbringer verringert und von § 24 Abs. 5 S. 1 BMV-Ä bzw. § 27 Abs. 5 S. 1 EKV untersagt wird. Die sich aus der Verpflichtung des Arztes zur Angabe der beiden nächsterreichbaren und geeigneten Krankenhäuser ergebenden Folgen sind damit nicht vergleichbar mit der von § 24 Abs. 5 S. 1 BMV-Ä/§ 27 Abs. 5 S. 1 EKV verwehrten Benennung eines bestimmten Überweisungsempfängers. Dieser Aspekt steht deswegen der Annahme eines Wahlrechts im Krankenhausbereich nicht entgegen.

Die von Brandts zur Ablehnung des Wahlrechts außerdem herangezogene Begründung, dass ein solches auch dem Zweck der Krankenhausplanung entgegenstehen dürfte[269], vermag daher im Ergebnis ebenfalls nicht zu überzeugen. Zwar wäre es zutreffender Weise für die Krankenhausplanung abträglich, wenn die Patienten uneingeschränkt mehr oder weniger bundesweit alle Krankenhäuser aufsuchen würden. Denn dadurch wäre die Bestimmung des Bedarfs für ein bestimmtes Gebiet erheblich erschwert.[270] Auch um das „Inanspruchnahmeverhal-

---

[268] So ausdrücklich *Hencke*, in: Peters, Handbuch KV SGB V, § 76 Rn. 3.
[269] In: Leitherer, Kasseler Kommentar SGB V, § 39 Rn. 97.
[270] *Wahl*, in: Schlegel/Voelzke, SGB V, § 39 Rn. 26.

ten" lenken zu können, bestehen jedoch die Regelungen des § 39 Abs. 2, Abs. 3 SGB V.[271] Der Patient ist daher aufgrund der gesetzlichen Konzeption gerade nicht vollkommen frei in seiner Auswahlentscheidung, sondern unterliegt nicht zuletzt wegen der Mehrkostenregelung dem Zwang, das grundsätzlich nächste Krankenhaus aufzusuchen. Da er sich aber nach den zuvor aufgezeigten Umständen nicht in dieses begeben muss, ist die Schlussfolgerung von Brandts eines völligen Wahlrechtsausschlusses zu weitgehend. Es lässt sich wiederum nur feststellen, dass jenes durch die genannten Normen lediglich eingeschränkt wird.[272]

Indes steht einem Wahlrecht nicht etwa entgegen, dass es als solches nicht wörtlich im Gesetzestext benannt wird. So kann zum einem dem Umstand, dass der gesetzliche Rahmen dem Patienten die Möglichkeit zur Wahl lässt, zugleich auch die Bedeutung beigemessen werden, dass er diesbezüglich berechtigt ist, ihm also auch ein Wahlrecht mit den genannten Einschränkungen zusteht. Zudem spricht auch § 76 SGB V nicht explizit von einem Recht zur Wahl, sondern ebenfalls nur davon, dass die Versicherten frei wählen können.

Für das Bestehen eines beschränkten Wahlrechts ist ferner anzuführen, dass die Vorgängerregelung zu § 39 SGB V, die in § 184 Abs. 2 S. 1 RVO die Wahlfreiheit des Versicherten unter den sogenannten Vertragskrankenhäusern noch ausdrücklich vorsah, ebenfalls eine dem § 39 Abs. 2 SGB V in den Wesentlichen Grundzügen entsprechende Bestimmung enthielt.[273] Diese war gegenüber der heutigen Fassung sogar noch verschärft, da zum einen den Krankenkassen auf der Rechtsfolgenseite kein Ermessen zugebilligt wurde und die Mehrkosten dem Patienten generell dann aufzuerlegen waren, wenn er nicht das nächsterreichbare Krankenhaus aufsuchte, ohne dass ein solches zuvor durch den Arzt angegeben werden musste.[274] Das spricht dafür, eine Wahlfreiheit des Versicherten dennoch anzunehmen, auch wenn nunmehr eine Wahlfreiheit des Versicherten im Gesetzestext nicht mehr expressis verbis zum Ausdruck kommt.

Ein gegenteiliger Schluss kann schließlich auch nicht daraus gezogen werden, dass diese ausdrückliche Regelung nicht in den neuen Gesetzestext aufgenommen wurde. Denn nach der Begründung des Gesetzgebers zu § 39 Abs. 2 SGB V[275] „lehnt sich die Vorschrift an das geltende Recht (§ 184 Abs. 2 RVO) an, sieht aber nicht mehr vor, dass dem Versicherten die Mehrkosten in jedem Fall auferlegt werden müssen".[276] Der Gesetzgeber bezieht sich folglich auf § 184

---

[271] *Wahl*, in: Schlegel/Voelzke, SGB V, § 39 Rn. 26.
[272] So auch *Wahl*, in: Schlegel/Voelzke, SGB V, § 39 Rn. 26.
[273] *Schmidt*, in: Peters, Handbuch KV SGB V, § 39 Rn. 229; zu der Wahlfreiheit nach damaligen Rechtsstand auch BSGE 55, 37 ff.
[274] Ausführlich *Wahl*, in: Schlegel/Voelzke, SGB V, § 39 Rn. 109.
[275] Damals noch § 38 Abs. 2 SGB V.
[276] BT-Drucks. 11/2237, S. 177.

Abs. 2 S. 1 RVO und damit auch implizit auf das Wahlrecht. Zudem heißt es weiter in der Gesetzesbegründung, dass „die Regelung [...] die Wahl des Krankenhauses einschränkt".[277] Dies untermauert ebenfalls die Annahme, dass ein Wahlrecht, wenn auch nur beschränkt, vorausgesetzt wurde.[278]

Wie zuvor bereits angedeutet, kann ferner in Frage gestellt werden, welcher tatsächliche Anwendungsbereich für § 39 Abs. 2 SGB V eigentlich noch verbleibt, wenn man wie Brandts[279] der Auffassung ist, „dass es kein Wahlrecht gibt, welches durch § 39 Abs. 2 SGB V eingeschränkt wird". So könne ihm zufolge § 39 Abs. 2 SGB V nur die Konstellation erfassen, in der dem Versicherten zwar kein Anspruch auf die Behandlung zusteht, die Krankenkasse aus Gründen des Vertrauensschutzes ihm diese aber gleichwohl als Sachleistung gewährt hat. Die Krankenkasse solle dann in diesem Fall nicht auch noch zusätzlich gezwungen sein, die Mehrkosten für die Fahrt zu dem nicht in der Einweisung genannten Krankenhaus zu tragen.

Offen bleibt indes, wie die zuvor beschriebene Situation unter der vorgegebenen Prämisse des fehlenden Wahlrechts überhaupt entstehen kann. Denn entweder muss eine Sachlage vorliegen, bei der als durch Vertrauensschutz ersetzungsbedürftige Anspruchsvoraussetzung auch die Nichtbefolgung der ärztlichen Einweisung angesehen werden müsste, was jedoch bereits der zuvor erörterten Rechtslage widersprechen würde. Oder der Anspruch auf Krankenbehandlung müsste für die Situation des § 39 Abs. 2 SGB V aus anderen Gründen gescheitert sein, etwa wegen der fehlenden Erforderlichkeit einer stationären Krankenhausbehandlung oder nicht gegebener Behandlungsbedürftigkeit.[280] Auf der Grundlage dieses Ausgangspunktes wäre dann aber zum einen anerkannt, dass faktisch eine Wahlmöglichkeit besteht, weil der Anspruch bei der Wahl eines anderen Krankenhauses gerade nicht entfiele. Die Negierung des Wahlrechts wäre im Prinzip widersprüchlich und würde eigentlich nichts anderes als eine begriffliche Nomenklatur beinhalten. Zum anderen hätte dieses Verständnis die eigenartige Konsequenz, dass Mehrkosten nur auferlegt werden können, wenn ein Anspruch aus Vertrauensschutzgesichtspunkten besteht und eben nicht, wenn er tatsächlich „dem Grunde nach" gegeben ist. Nicht nur diese nicht ohne weiteres auflösbare Unklarheit stellt in Frage, ob diese Annahme mit dem Willen des Gesetzgebers übereinstimmt. Letztlich kann die von Brandts genannte Fallkonstellation unabhängig von der jeweiligen Interpretation aber auch grundsätzlich mit der Geset-

---

[277] BT-Drucks. 11/2237, S. 177.
[278] So sogar auch *Brandts,* in: Leitherer, Kasseler Kommentar SGB V, § 39 Rn. 97.
[279] In: Leitherer, Kasseler Kommentar SGB V, § 39 Rn. 97, dort auch zum nachfolgenden Text.
[280] Zu dem möglichen Entstehen eines Vertrauenstatbestandes bei fehlender Behandlungsbedürftigkeit BSG NZS 1999, 242, 244; vgl. zur Rechtsscheinhaftung allgemein *Schmidt*, in: Peters, Handbuch KV SGB V, § 39 Rn. 318 f. sowie die Erörterungen auf S. 44.

zesbegründung, die offensichtlich von einem eingeschränkten Wahlrecht ausgeht[281], nur schwer vereinbart werden.

§ 39 Abs. 2 SGB V kann somit nur in der Weise zu verstehen sein, dass nach dessen Ratio zwar die Befolgung der ärztlichen Einweisungsauswahl durch den Patienten bezweckt ist. Dazu versieht die Norm das Ergebnis der vom Gesetz nicht präferierten Entscheidung mit einer nachteiligen Folge, indem nämlich bei der Wahl einer nicht in der Einweisung benannten Klinik dem Patienten die Zusatzaufwendungen aufgebürdet werden. Die Regelung will jedoch nicht die Möglichkeit der Entscheidung für ein in der Summe höhere Kosten verursachendes Krankenhaus an sich ausschließen.[282] Denn dann hätte auch eine Mehrkostenregelung keinen Sinn. Diese Betrachtungsweise entspricht zudem der zum Wirtschaftlichkeitsgebot vertreten Ansicht, dass dieses nicht das Verbot der Inanspruchnahme einer aufwendigeren Leistung an sich bedingen muss, sondern diesem genüge getan ist, wenn der Versicherte die Kostendifferenz selbst trägt.[283] Es ist damit nur folgerichtig, dem Patienten ein beschränktes Wahlrecht zuzuerkennen.

Im Ergebnis bleibt damit festzuhalten, dass es dem Patienten somit zwar in letzter Konsequenz nicht gänzlich untersagt wird, von der Einweisung des Arztes abzuweichen. Er ist mithin auch nicht schlechterdings verpflichtet, sich an sie zu halten.[284] Dennoch beinhaltet § 39 Abs. 2 SGB V aber letztlich das Gebot, diese zu befolgen[285], indem die Norm jede andere Entscheidung mit der Auferlegung eventueller Mehrkosten belastet.[286] Sofern der Patient auf deren Ausbleiben vertrauen möchte, liegt es sogar in seinem eigenen wohlverstandenen Interesse, der Einweisungsempfehlung nachzukommen. Diesbezüglich binden ihn dann die Vorgaben des Arztes tatsächlich. Dem Arzt fällt damit ausschließlich die Bestimmungsmacht zu, welches Krankenhaus der Patient aufsuchen darf, ohne dem Risiko der Auferlegung von Mehrkosten ausgesetzt zu werden.

Im Übrigen entscheiden sich die Patienten aber auch ohnehin in der überwiegenden Anzahl der Fälle tatsächlich für das in der Verordnung bestimmte Kran-

---

[281] BT-Drucks 11/2237, S. 177.
[282] Ähnlich *Becker*, in: Becker/Kingreen, SGB V, § 39 Rn. 34; zudem *Neumann*, Freiheitsgefährdung, S. 52, der auf die vergleichbare Mehrkostenregelung des § 76 Abs. 2 SGB V Bezug nimmt.
[283] *Höfler*, in: Leitherer, Kasseler Kommentar, § 12 Rn. 42 unter Hinweis auf §§ 30 Abs. 3, 33 Abs. 3 S. 3 SGB V; vgl. zudem BSGE 42, 117, 120 (bei Krankenhausbehandlung) und BSG Urt. v. 24.11.1983 – 8 RK 6/82, Rn. 18 (für Hilfsmittel).
[284] *Noftz*, in: Hauck, SGB V, § 39 Rn. 114; *Schmidt*, in: Peters, Handbuch KV SGB V, § 73 Rn. 230; indirekt auch *Becker*, in: Becker/Kingreen, SGB V, § 39 Rn. 34; *Knispel*, BeckOK SGB V, § 39 Rn. 44; *Wahl*, juris-PK-SGB V, § 39 Rn. 108 f.; a. A. offenbar *Brandts*, in: Leitherer, Kasseler Kommentar SGB V, § 39 Rn. 94 ff.
[285] BT-Drucks. 11/2237, S. 177; *Zipperer*, KrV 1989, 4, 16.
[286] BT-Drucks. 11/2237, S. 177; *Noftz*, in: Hauck, SGB V, § 39 Rn. 117.

kenhaus[287], wobei allerdings der vorgenannte Aspekt sicherlich nicht den alleinig ausschlaggebenden Beweggrund dafür bildet. Maßgeblich mitentscheidend dürfte neben weiteren Gesichtspunkten etwa das dem Arzt vom Patienten entgegengebrachte Vertrauen in dessen Beurteilungskompetenz sein, welches an späterer Stelle noch vertieft zu erörtern ist.[288]

Damit hängt die schlussendliche Auswahl des Leistungserbringers im Bereich der Krankenhausbehandlung in einem nicht unerheblichen Maße von der Entscheidung des Arztes ab, dessen eigener Spielraum zwar ebenfalls beschränkt, jedoch keinesfalls in so starkem Maße eingeschränkt wird, dass seine Lenkungsfunktion gänzlich aufgehoben wäre.

3. Die Verordnung von Behandlung in Vorsorge- oder Rehabilitationseinrichtungen gem. § 73 Abs. 2 Nr. 7 Var. 4 SGB V und von Leistungen zur medizinischen Rehabilitation gem. § 73 Abs. 2 Nr. 5 Var. 2 SGB V

Bei der Verordnung von Behandlung in einer Vorsorge- (§§ 23 Abs. 4, 24 SGB V) oder Rehabilitationseinrichtung (§§ 40 Abs. 2, 41 SGB V) nach § 73 Abs. 2 Nr. 7 SGB V liegt die Bestimmung des konkreten Leistungserbringers gem. §§ 23 Abs. 5 S. 1, 40 Abs. 3 S. 1 SGB V im Ermessen der Krankenkasse. Wunsch- und Wahlrechte des Patienten sind dabei gem. § 33 SGB I[289] und § 9 Abs. 1 SGB IX[290] zu berücksichtigen.

Bei den Rehabilitationseinrichtungen wird zudem auch ausdrücklich ein Wahlrecht des Versicherten statuiert, welches sich auf alle gem. § 20 Abs. 2a SGB IX zertifizierten Einrichtungen erstreckt.[291] Wählt er allerdings eine Institution, mit der kein Vertrag nach § 111 SGB V geschlossen wurde, muss er gem. § 40 Abs. 2 S. 2 SGB V eventuell entstehende Mehrkosten für Transport oder für eine höhere Vergütung der Rehabilitationsleistungen selbst tragen.[292] Für die Vorsorgeeinrichtungen wird kein in diesem Sinne vergleichbares Wahlrecht ausdrücklich festgestellt.

An der Auswahlentscheidung ist der Arzt unterdessen bei keiner der beiden Varianten beteiligt. Falls er eine stationäre Rehabilitationsleistung verordnet,

---

[287] *Schmidt,* in: Peters, Handbuch KV SGB V, § 39 Rn. 230; *Schwing,* KU 2006, 724; ferner *Wodarz/Sellmann,* NZS 2008, 466, 470.
[288] *Schwing,* KU 2006, 724; vertiefend dazu Teil 3: § 3 A.IV.1.a)aa).
[289] Vgl. für die medizinischen Vorsorgeeinrichtungen *Welti,* in: Becker/Kingreen, SGB V, § 23 Rn. 20.
[290] Vgl. für die Rehabilitationseinrichtungen *Welti,* in: Becker/Kingreen, SGB V, § 40 Rn. 26.
[291] *Hellköter,* in: Hänlein/Kruse/Schuler, LPK-SGB V, § 40 Rn. 27; *Wagner,* in: Wagner/Knittel, Krauskopf Krankenversicherung, § 40 Rn. 22; *Welti,* in: Becker/Kingreen, SGB V, § 40 Rn. 26.
[292] *Hellköter,* in: Hänlein/Kruse/Schuler, LPK-SGB V, § 40 Rn. 27.

kann er ausschließlich angeben, welche allgemeinen Anforderungen die Einrichtung erfüllen sollte (Muster 61 Nr. 12 der Erläuterungen in Anlage 2 zu BMV-Ä/EKV). Stationäre Vorsorgeleistungen werden durch den Arzt hingegen lediglich eingeleitet, vgl. Muster 60 Nr. 2 der Erläuterungen in Anlage 2 zu BMV-Ä/EKV und Muster 60 in Anlage 2a zu BMV-Ä/EKV. Die Benennung eines konkreten Wettbewerbers durch den Arzt ist hierbei wie auch in dem nachfolgenden Antragsverfahren des Versicherten nicht vorgesehen.

Für die Verordnung von Leistungen zur ambulanten Rehabilitation (§ 40 Abs. 1 SGB V) nach § 73 Abs. 2 Nr. 5 SGB V ergeben sich gem. § 40 Abs. 3 S. 1 SGB V im Hinblick auf die Ermessensentscheidung der Krankenkasse und die Einflussnahme des Arztes keine Unterschiede. Zwar enthält § 40 Abs. 1 SGB V keine expliziten Ausführungen zum Wahlrecht des Versicherten, wie in § 40 Abs. 2 SGB V, jedoch müssen auch diesbezüglich gem. § 33 SGB I und § 9 Abs. 1 SGB IX die Wunsch- und Wahlrechte des Versicherten beachtet werden.[293]

4. Die Verordnung von Krankentransporten gem. § 73 Abs. 2 Nr. 7 Var. 2 SGB V

Verordnet der Arzt nach § 73 Abs. 2 Nr. 7 SGB V Krankentransporte, kann er gem. §§ 4 ff. Krankentransport-RL[294], Muster 4 Nr. 5.3 der Erläuterungen in Anlage 2 zu BMV-Ä/EKV das Beförderungsmittel lediglich nach der Art auswählen. Die Bestimmung eines konkreten Betreibers nimmt er in der Verordnung nicht vor. Diese erfolgt abhängig von dem notwendigen Transportmittel entweder durch den Patienten oder bei Rettungsfahrten regelmäßig durch die Leitstelle.

5. Die Verordnung häuslicher Krankenpflege gem. § 73 Abs. 2 Nr. 8 SGB V

Weder § 3 Häusliche Krankenpflege-RL[295] noch Muster 12 Nr. 5 der Erläuterungen in Anlage 2 zu BMV-Ä/EKV sehen bei der Verordnung von häuslicher Krankenpflege die Angabe eines konkreten Pflegedienstes vor. Die Auswahl kann damit in diesem Fall wiederum der Patient frei treffen[296]. Allerdings wird

---

[293] Welti, in: Becker/Kingreen, SGB V, § 40 Rn. 26.
[294] Richtlinien des Gemeinsamen Bundesausschusses über die Verordnung von Krankenfahrten Krankentransportleistungen und Rettungsfahrten nach § 92 Abs. 1 Satz 2 Nr. 12 SGB V in der Fassung vom 22.01.2004.
[295] Richtlinie des Gemeinsamen Bundesausschusses über die Verordnung von häuslicher Krankenpflege in der Fassung vom 17.09.2009.
[296] So ist in dem einschlägigen Vordruck ausdrücklich die Möglichkeit vorgesehen, dass der Versicherte bei der Krankenkasse die zugelassenen Pflegedienste erfragen kann, vgl. Muster 12 in Anlage 2a zu BMV-Ä/EKV.

dies hier nicht so ausdrücklich angeordnet wie es etwa bei den Apotheken[297] oder Hilfsmitteldistributoren[298] der Fall ist.

6. Die Verordnung von Soziotherapie gem. § 73 Abs. 2 Nr. 12 SGB V

Ebenso bestimmt bei der Verordnung von Soziotherapie gem. § 73 Abs. 2 Nr. 12 SGB V nicht der Arzt, sondern der Patient den konkreten Leistungserbringer.[299] Allerdings wird der Arzt den Patienten aufgrund dessen besonderer psychischer Situation regelmäßig bei der Auswahl besonders unterstützen müssen, vgl. Nr. 18 Soziotherapie-RL.[300] Zumindest faktisch ist damit eine im gewissen Maße verstärkte Möglichkeit zur Einflussnahme gegeben.

B. Die Verordnung im System der privaten Krankenversicherung

Auch in der privaten Krankenversicherung werden Arznei-, Verband-, Heil- und Hilfsmittel gem. § 4 Abs. 3 MB/KK nur erstattet, wenn der behandelnde Arzt sie verordnet hat.[301] Dabei sind jedoch keine mit dem Wirtschaftlichkeitsgebot der gesetzlichen Krankenkassen vergleichbaren Beschränkungen einzuhalten, wodurch die Verschreibung eines bestimmten Medikaments stets möglich ist. Dasselbe dürfte für Verbands- und Hilfsmittel gelten.

Allerdings sind bei der privaten Krankenversicherung keine Vorgaben des Arztes bei der Auswahl des Krankenhauses im Rahmen der Einweisung vorgesehen. Diese erfolgt nach der Vorschrift des § 4 Abs. 4 MB/KK, die eine freie Wahl zwischen den öffentlichen und privaten Krankenhäusern ausdrücklich festschreibt, von Notfällen abgesehen, ausschließlich durch den Patienten. Nur bei den sog. gemischten Anstalten[302] im Sinne des § 4 Abs. 5 MB/KK bedarf der Patient einer Leistungszusage des Versicherung, die allerdings das Wahlrecht des Patienten unberührt lässt. Darüber hinaus wird für die sonstigen Anbieter eine Wahlfreiheit des Versicherten etwa in § 4 Abs. 3 MB/KK nicht ausdrücklich angeordnet. Zugleich wird indes aber auch deren Bestimmung durch den Arzt nicht positiv ge-

---

[297] Siehe S. 47.

[298] Vgl. dazu S. 52.

[299] Entsprechende Angaben sind weder in den Mustern 26, 27 der Erläuterungen in Anlage 2 zu BMV-Ä/EKV, noch in der Soziotherapie-RL vorgesehen.

[300] Richtlinien des Bundesausschusses der Ärzte und Krankenkassen über die Durchführung von Soziotherapie in der vertragsärztlichen Versorgung in der Fassung vom 23. August 2001.

[301] *Kalis*, in: Bach/Moser, PKV, § 4 MB/KK Rn. 22; *Rogler*, in: Rüffer/Halbach/Schimikowski, VVG, § 4 MB/KK Rn. 10; *Schubach/Wehmeyer*, in: Terbille, MAH Medizinrecht, § 3 Rn. 168.

[302] Vgl. *Griebau*, in: Ratzel/Luxenburger, Hdb Medizinrecht, § 11 Rn. 38.

regelt, so dass eine solche zumindest auf der Grundlage der MB/KK[303] weder geboten noch explizit zu unterlassen wäre.

C. Zwischenergebnis

Die Möglichkeit zur Bestimmung des Leistungserbringers durch die vertragsärztliche Verordnung besteht dem Grunde nach nur mittelbar bei den Arzneimittel-, (Verbandmittel-) und Hilfsmittelherstellern durch die Wahl eines individualisierten Präparates und unmittelbar bei den Krankenhäusern durch die von § 73 Abs. 4 S. 3 SGB V geforderte Angabe der beiden nächsterreichbaren und geeigneten Adressaten.

Die jeweilige Auswahlentscheidung unterliegt dabei allerdings einer durchaus engmaschigen Reglementierung, die eine völlig beliebige Zuführung der Patienten an den anvisierten Leistungserbringer ausschließt. Es verbleibt aber dennoch ein Spielraum, in dem der Arzt trotz bestehender Beschränkungen Lenkungsoptionen ausschöpfen kann. Bei der Krankenhausbehandlung wird er durch das Gesetz sogar dazu angehalten. Die Vorgaben des Arztes bewirken sodann wie aufgezeigt nicht nur eine rein faktische Bindungswirkung, sondern darüber hinausgehend auch rechtliche Folgen, die den Patienten zur Einhaltung des ärztlichen „Vorschlags" anhalten.

Abgesehen davon ist es nach der gesetzlichen Konzeption nicht die Aufgabe des Arztes, sondern meist die des Patienten, die abgebende bzw. dienstleistende Stelle konkret auszuwählen.

Ein damit korrespondierendes Recht wird explizit allerdings nur für bestimmte Gruppen aus dem Kreis der Leistungserbringer, nämlich gem. § 31 Abs. 1 S. 5 SGB V für die Apotheker und gem. § 33 Abs. 6 S. 1 SGB V für die Hilfsmittelerbringer konstatiert. Die Frage, ob auch weiterreichend entsprechende Wahlrechte des Patienten in Bezug auf die übrigen Leistungserbringer bestehen, gegebenenfalls gar ein allgemeiner Grundsatz in Hinsicht auf alle Leistungserbringer anzuerkennen ist, wird indes noch an späterer Stelle aufzugreifen sein.[304] Wie sich indirekt aus den gesetzlichen Vorschriften ergibt, wird ein solches Recht des Patienten zumindest für die Rehabilitationseinrichtungen und zudem für den Bereich der Krankenhausbehandlung dem Grunde nach vorgesehen. Letzteres wird nur durch den Umstand beschränkt, dass eine Abweichung von den Angaben des Arztes mit einem Mehrkostenrisiko belastet wird.

In bestimmten Konstellationen, namentlich bei der Behandlung in Vorsorge- und Rehabilitationseinrichtungen oder im Einzelfall bei den Hilfsmittelerbringern kann zudem das Bestimmungsrecht in das Ermessen der gesetzlichen Kran-

---

[303] Siehe zu möglichen Einschränkungen durch das Berufsrecht Teil 3: § 3 A.IV.1.e).
[304] Siehe dazu nachfolgend unter Teil 3: § 3 A.IV.1.e)bb).

kenkasse gestellt sein, was ebenfalls eine entsprechende Befugnis des Arztes ausschließt.

Bei den privat versicherten Patienten sind dem Arzt im Hinblick auf die Auswahl sächlicher Mittel weitergehende Einflussmöglichkeiten als bei den gesetzlich Versicherten vorbehalten, da die Verschreibung eines bestimmten Produkts keinen Einschränkungen unterliegt. Bei den Dienstleistungserbringern ist demgegenüber in keiner Konstellation vorgesehen, dass diese namentlich von dem Arzt vorgegeben werden könnten.

Im Ergebnis lässt sich damit feststellen, dass es dem niedergelassenen Arzt sowohl in der gesetzlichen als auch in der privaten Krankenversicherung nur in einem jeweils sehr begrenzten Umfang obliegt, den Patienten mittels Verordnung einem bestimmten Leistungserbringer zuzuführen.

§ 3 Der Bezug

Eine besondere Konstellation ist bei dem Bezug von Waren gegeben. Mit dem Bezug werden Beschaffungsvorgänge[305] von Produkten beschrieben, deren Bedarf sich aus dem Betrieb der Arztpraxis ergibt. Ein Bezug liegt vor allem beim Einkauf von Verbrauchsgütern für den Sprechstundenbedarf vor, wie beispielsweise Verband- und Nahtmaterial, Mittel zur Narkose und Anästhesie, Desinfektions- und Hautreinigungsmittel, Reagenzien und Schnelltests, Mittel zur Diagnostik oder Soforttherapie, Gels, Kegel, Lösungen, Puder, Pulver, Salben, Sprays, Tinkturen, Arzneimittel zur Sofortanwendung im Notfall und Kontrastmittel.[306]

Die Gemeinsamkeit mit der Verordnung und der Überweisung besteht darin, dass der Patient auch bei dem Bezug von Waren durch den Arzt mit den Produkten eines dritten Leistungserbringers in Berührung gebracht wird. Der Patient wird durch die Anwendung des Fabrikats in der Praxis des Arztes gleichermaßen einem dritten Hersteller zugeführt und steigert letztlich dessen Absatz, wie es bei der Verordnung desselben Produktes der Fall wäre. Das Absatzinteresse des Herstellers an der Intensivierung des Bezugs der eigenen Produkte kann mithin gleichermaßen zu dem Versuch einer materiellen Einflussnahme auf den Arzt verleiten. Gleiches gilt indes für denjenigen, der die Produkte vertreibt, wie beispielsweise ein Großhändler für Medikamente.[307]

---

[305] *Bundesärztekammer,* DÄBl. 2004, A-297, A-298.
[306] Vgl. detaillierte Aufzählung in der Anlage I zur Vereinbarung über die ärztliche Verordnung von Sprechstundenbedarf zwischen der Kassenärztlichen Vereinigung Nordrhein und der AOK Rheinland/Hamburg (u.a.), in: Rheinisches Ärzteblatt 2011, 60, 63 ff.
[307] Vgl. das Fallbeispiel nach BGH NStZ 2004, 568, 569. Hierbei gewährte ein Großhändler für Medikamente den bestellenden Augenärzten sog. „Kick-back"-Zahlungen.

Im Vertragsarztrecht wird lediglich die Abrechnung der Kosten für den Sprechstundenbedarf speziell geregelt, die auf der Grundlage von zwischen den Kassenärztlichen Vereinigungen und Krankenkassen geschlossenen Verträgen erfolgt.[308] Diese sehen in der Regel vor, dass der Arzt den Sprechstundenbedarf grundsätzlich kalendervierteljährlich als Ersatz für zulässig verbrauchte Artikel bezieht und per Verordnung zu Lasten der Kassenärztlichen Vereinigung abrechnet.[309] Als Sprechstundenbedarf im Sinne des Vertragsarztrechts werden solche Artikel bezeichnet, die ihrer Art nach bei mehr als einem Berechtigten im Rahmen der vertragsärztlichen Behandlung angewendet werden oder die zur Notfall- oder Sofortbehandlung im Rahmen der vertragsärztlichen Behandlung erforderlich sind.[310]

Die konkrete Produktauswahl und die Wahl eines bestimmten Distributors obliegen dabei aus der Natur heraus dem Arzt. Die Verträge über die Abrechnung von Sprechstundenbedarf enthalten diesbezüglich nur allgemeine Vorgaben. So soll der Arzt solche Mittel, die von der Vertriebsbindung über die Apotheken ausgenommen sind, möglichst direkt beim Hersteller oder Großhandel beziehen.[311] Auch die als Sprechstundenbedarf abrechenbaren Artikel werden lediglich abstrakt bezeichnet.[312]

Die in der Beschaffung liegende freie Auswahl eines bestimmten Leistungserbringers durch den Arzt unterliegt damit im Sozialrecht keiner Einschränkung. Kein anderes Ergebnis ergibt sich für das System der der privaten Krankenversicherung, welches sich ebenfalls nur über den Umfang der gesondert abrechenbaren, beschafften Materialien verhält.[313]

§ 4 Sonderfall: Die Empfehlung

Dem Arzt stehen unterdessen nicht nur die zuvor erörterten, rechtlich ausgestalteten Vermittlungsarten zur Verfügung. Er hat darüber hinaus rein tatsächlich stets die Möglichkeit, den Patienten auf einen konkreten Leistungserbringer hinzuweisen oder ihm diesen sogar zu empfehlen. Dies kann sowohl durch die Nach-

---

[308] *Wigge/Wille,* in: Schnapp/Wigge, Vertragsarztrecht, § 19 Rn. 75.
[309] Vgl. beispielsweise I. Nr. 1, II. Nr. 1 der Vereinbarung über die ärztliche Verordnung von Sprechstundenbedarf zwischen der Kassenärztlichen Vereinigung Nordrhein und der AOK Rheinland/Hamburg (u. a.), in: Rheinisches Ärzteblatt 2011, 60, 61.
[310] Vgl. III. Nr. 1 der Vereinbarung über die ärztliche Verordnung von Sprechstundenbedarf zwischen der Kassenärztlichen Vereinigung Nordrhein und der AOK Rheinland/ Hamburg (u. a.), in: Rheinisches Ärzteblatt 2011, 60, 62.
[311] Vgl. bspw. V Nr. 4 der Vereinbarung über die ärztliche Verordnung von Sprechstundenbedarf zwischen der Kassenärztlichen Vereinigung Nordrhein und der AOK Rheinland/Hamburg (u. a.), in: Rheinisches Ärzteblatt 2011, 60, 62.
[312] Siehe Anlage I zur Sprechstundenbedarfsvereinbarung, in: Rheinisches Ärzteblatt 2011, 60, 62.
[313] Siehe dazu *Miebach,* in: Uleer/Miebach/Patt, Abrechnung, § 10 GOÄ Rn. 1 ff.

frage des Patienten veranlasst sein als auch auf der Eigeninitiative des Arztes beruhen. Eine Gemeinsamkeit beider Varianten besteht darin, dass sie im Gegensatz zu der Verordnung oder Überweisung unverbindlich sind und keine rechtliche Bedeutsamkeit für die Ansprüche des Patienten oder Leistungserbringers gegen den Versicherer entfalten.

Allerdings wird die von einem Arzt ausgesprochene Empfehlung eines bestimmten Anbieters gesundheitlicher Leistungen aus dessen Sicht dadurch nicht weniger interessant. Da der Patient auf der Grundlage seiner engen Beziehung zum Arzt auf dessen einschlägige Kenntnisse in besonderem Maße vertraut[314], liegt die Vermutung nahe, dass er eine bestimmte Maßnahme oder ein spezielles Mittel in der Regel auch gerade deswegen tatsächlich in Anspruch nehmen wird, weil es ihm von seinem Arzt nahegelegt wurde.[315] Dies dürfte gar umso mehr in der Konstellation gelten, bei der die Nachfrage des Patienten erst die Vorschläge des Arztes veranlasst. Denn gerade in Situationen, in denen es dem Patienten an eigener Erfahrung und Beurteilungskompetenz fehlt, wird er ein erhebliches Interesse daran haben, von seinem Arzt eingängig beraten zu werden.

Aufgrund dieses Vertrauensvorschusses wird dem Arzt daher auch eine besondere Eignung zugeschrieben, im gesundheitlichen Sektor Produkte oder Dienstleistungen zu vertreiben.[316] Der niedergelassene Mediziner wird damit aus der Perspektive Dritter mit Absatzinteresse zu einem idealen Patientenvermittler.[317]

Da der Patient folglich einer Empfehlung des Arztes aus dem genannten Grund in der Regel nachkommen dürfte, beinhaltet insbesondere diese Vermittlungsform aus der Sicht der übrigen Leistungserbringer ein effektives Steuerungsmittel.

Dabei gilt es zu beachten, dass die Empfehlung nicht nur ausdrücklich erfolgen kann. So bringt prinzipiell jede individualisierte Verordnung aus der Sicht des Patienten auch zum Ausdruck, dass der Arzt den ausgewählten Adressaten für geeignet erachtet. Folglich enthält die namentliche Vorgabe eines Leistungserbringers oder Produkts zugleich auch immer eine Empfehlung eben jener Person bzw. indirekt eben jenes Herstellers. Diese wird der Patient ohne besonderen Anlass aufgrund seines dem Arzt entgegengebrachten Vertrauens genauso wenig in Frage stellen wie er es in dem Fall einer gesonderten ausdrücklichen Empfehlung tun würde. Das Vertrauenselement bewirkt damit bei jeder konkreten Verschreibung auch eine gewisse Bindung des Patienten. Dieser Aspekt ist neben den

---

[314] Vgl. dazu auch schon S. 22.
[315] OLG Stuttgart GRUR-RR 2008, 429, 434; OLG Düsseldorf MedR 2009, 664, 667; *Barth,* Mediziner-Marketing, S. 288; *Scholz,* in: Spickhoff, Medizinrecht, § 34 MBO Rn. 8.
[316] Siehe dazu insgesamt auch *Köber,* Die Ersatzkasse 2008, 256, 257, die darauf hinweist, dass Ärzte nicht zu Unrecht als ideale Testimonials bezeichnet werden.
[317] Vgl. *Bonvie,* in: Arbeitsgemeinschaft Medizinrecht, S. 827.

rechtlichen Zwängen ein weiterer, wenn nicht gar der maßgebliche Grund dafür, dass eine bestimmte Verordnung eine tatsächliche Lenkung des Patienten zu einem ausgewählten Empfänger veranlassen kann.

§ 5 Zusammenfassung der Ergebnisse zu Formen der Patientenvermittlung

Während die Steuerungsbefugnisse im Rahmen der Überweisung und der Verordnung abhängig von der jeweiligen Leistung zum Teil nicht unerheblich eingeschränkt oder sogar ausgeschlossen sind, geben vor allem der Bezug von Waren und Produkten sowie die Empfehlung dem Arzt die Möglichkeit, anderen Leistungserbringern Patienten zuzuführen. Insbesondere die Empfehlung kann die bei der Überweisung oder Verordnung aufgezeigten Steuerungslücken ausfüllen. Zudem können durch sie die vorhandenen gesetzlichen Lenkungsmöglichkeiten noch zusätzlich verstärkt werden. Der bloßen Verordnung einer stationären Behandlung könnte etwa die Versicherung beigefügt wird, dass dieses Krankenhaus für die vorzunehmende Maßnahme besonders geeignet sei.

Insgesamt kann daher festgestellt werden, dass der Arzt in verschiedener Hinsicht die faktische Möglichkeit hat, Patienten einem bestimmten Anbieter von Gesundheitsleistungen zuzuführen. Während sich dies bei dem Bezug von Arzneimitteln, Hilfsmitteln oder Medizinprodukten bereits von sich aus ergibt, ist der Arzt bei der Krankenhausbehandlung gesetzlich Versicherter sogar prinzipiell dazu verpflichtet.

Teil 3

Berufsrechtliche Grenzen einer pekuniären Einflussnahme auf die ärztliche Zuführungsentscheidung

Nach Erörterung der ärztlichen Optionen zur Patientenvermittlung schließt sich die im Rahmen dieser Bearbeitung wesentliche Frage an, welche Grenzen das Berufsrecht im Hinblick auf eine materielle Beeinflussung durch andere Leistungserbringer setzt. Bevor die insoweit maßgeblich heranzuziehenden Vorschriften im Einzelnen dargestellt werden und eine Bewertung der verschiedenen Kooperationsformen erfolgt, ist es zur Einordnung der Bedeutung von Berufsordnungen zunächst angezeigt, deren Wesen, Entstehung und rechtliche Verankerung näher zu beleuchten.

§ 1 Die Berufsordnungen der Ärzte im Allgemeinen

Die Berufsordnungen drücken nach der ihnen jeweils vorangestellten Präambel „die Überzeugung der Ärzteschaft zum Verhalten von Ärztinnen und Ärzten gegenüber den Patientinnen und Patienten, den Kolleginnen und Kollegen, den anderen Partnerinnen und Partnern im Gesundheitswesen sowie zum Verhalten in der Öffentlichkeit" aus.[318] Zugleich wollen sie das Verhalten der Ärzte in einer Weise vorzeichnen, die das Vertrauen des Patienten zum Arzt, das Ansehen des Arztberufs und die Qualität der ärztlichen Arbeit sicherstellt. Diesen Zweck versuchen die Berufsordnungen nach ihrem eigenen Anspruch durch die Definition berufswürdigen Verhaltens zu erreichen, damit berufsunwürdiges Verhalten vermieden werden kann. Die Ausgestaltung der berufsrechtlichen Normen und deren Auslegung unterliegen dabei einem ständigen Wandel, der durch die stete Weiterentwicklung der gesellschaftlichen Wertvorstellungen mit beeinflusst wird.[319]

Die Präambeln der einzelnen Berufsordnungen deuten bereits an, dass es sich bei ihnen um Normenkomplexe handelt, die sich die Ärzte zur Regelung ihrer Angelegenheiten selbstgegeben haben.[320] Sie werden gemeinhin auch als Stan-

---

[318] Vgl. hierzu bspw. die Präambel der Berufsordnung für die nordrheinischen Ärztinnen und Ärzte vom 14. November 1998 in der Fassung vom 17. März 2007, dort auch zum folgenden Text.
[319] *Heberer,* Standes- und Berufsrecht, S. 268; *Osterloh,* DÄBl. 2011, A-684.
[320] Siehe zu dem rechtstatsächlichen Prozess unten S. 79.

desrecht bezeichnet.[321] Der Begriff des Standesrechts wird dabei meist in Abgrenzung zu dem des Berufsrechts (im weiteren bzw. eigentlichen Sinne) verwendet.[322] Allerdings wird diese Unterscheidung nicht immer konsequent durchgehalten und es lässt sich häufig eine synonyme Verwendungsweise beobachten.[323] Unter Berufsrecht können zunächst allgemein alle Regeln verstanden werden, die in irgendeiner Form den Zugang oder die Ausübung eines bestimmten Berufes normieren.[324] Soll mit dem Begriffspaar Berufsrecht und Standesrecht unterdessen eine inhaltliche Differenzierung zum Ausdruck gebracht werden, ist als Standesrecht das Recht zu beschreiben, welches einen bestimmten Berufsstand betrifft und von dem Stand selbst geschaffen wurde.[325] Als „Stand" werden in diesem Sinne vorwiegend solche Berufsgruppen bezeichnet, die zu den in einer Kammer organisierten freien Berufen zählen.[326] Das Berufsrecht umschreibt im Gegensatz dazu nur (noch) die Regeln, die den Standesangehörigen von Seiten des Staates gesetzt werden.[327]

A. Historische Entwicklung

Seit dem Altertum ist anerkannt, dass Ärzte besonderen Berufspflichten unterliegen.[328] Beispielsweise postulierte bereits Friedrich der II. von Hohenstaufen in dem Edikt von Salerno den auch für diese Bearbeitung richtungsandeutenden und heute noch Gültigkeit besitzenden Grundsatz[329], dass Ärzte nicht am Handel mit Arznei- oder sonstigen Heilmitteln verdienen dürften.[330]

Nach den in den Zunftordnungen zu erblickenden Frühformen eines ärztlichen Standesrechts[331] bildeten schließlich die im 19. Jahrhundert entstandenen Stan-

---

[321] *Taupitz*, Standesordnungen, S. 158.
[322] *Ratzel/Knüpper*, in: Ratzel/Luxenburger, Hdb Medizinrecht, § 5 Rn. 117.
[323] Beispiele bei *Taupitz*, Standesordnungen, S. 156 f.
[324] *Ruffert*, in: Kluth, Hdb Kammerrecht, § 9 Rn. 1; *Ratzel/Knüpper*, in: Ratzel/Luxenburger, Hdb Medizinrecht, § 5 Rn. 117.
[325] *Taupitz*, Standesordnungen, S. 158 m.w. N.
[326] *Taupitz*, Standesordnungen, S. 157.
[327] Es ist demzufolge darauf abzustellen ist, wer Normgeber ist. Manche unterscheiden unterdessen auch nach dem Norminhalt, was jedoch zumindest aufgrund von Abgrenzungsschwierigkeiten krit. zu bewerten ist, vgl. *Taupitz*, Standesordnungen, S. 159 f.
[328] *Graf*, Das ärztliche Vereinswesen, S. 52. Vgl. ausführlich zu der Entstehungs- und Entwicklungsgeschichte der ärztlichen Standesordnungen, *Taupitz*, Standesordnungen, S. 203 ff.
[329] Vgl. etwa Berufsgericht für die Heilberufe beim VG Köln Urt. v. 5.6.2009 – 35 K 563/09, BeckRS 2011, 47760.
[330] *Stumpf/Voigts*, MedR 2009, 205.
[331] *Taupitz*, Standesordnungen, S. 223 m.w. N. Vgl. ferner allgemein zu der älteren Entwicklungs- und Entstehungsgeschichte des Standesrechts der Ärzte die umfassenden Ausführungen bei *ders.*, S. 203 ff.

desordnungen³³² die rechtsgeschichtlichen Vorgänger der heutigen Berufsordnungen.³³³ Die Standesvertreter fassten in ihnen dabei die jeweilige Standesauffassung zusammen und legten sie in schriftlicher Form nieder.³³⁴ Zunächst verfügten nur einzelne ärztliche Vereine über Standesordnungen, die sich ihrerseits zumeist den New Yorker Code of medical ethics³³⁵ zum Vorbild nahmen.

Auf dem 4. Ärztetag von 1889 wurde sodann erstmals mit den „Grundsätzen einer ärztlichen Standesordnung" der Versuch einer überregionalen Regelung unternommen.³³⁶ Diese Richtsätze beinhalteten zwar noch kein unmittelbar geltendes Recht für alle Ärzte Deutschlands. Die privaten ärztlichen Vereine und Kammern orientierten sich jedoch überwiegend an ihnen und setzten sie in den eigenen Ordnungen um.³³⁷ Diese ersten Standesordnungen verfolgten dabei als vorrangigen gemeinsamen Zweck, den mit der freien Konkurrenz auf dem ärztlichen Arbeitsmarkt einhergehenden Auswüchsen und dem schwindenden Ansehen des Arztberufes entgegenzutreten.³³⁸

Die vom Geschäftsausschuss des Ärztevereinsbundes nach Beratungen auf dem 44. und 45. Deutschen Ärztetag im Jahr 1926 beschlossene „Standesordnung für die deutschen Ärzte"³³⁹ sollte demgegenüber ausdrücklich als Muster für die Satzungen der Mitgliedsvereine und dadurch für alle Ärzte Verbindlichkeit erlangen.³⁴⁰ Die Standesordnung von 1926 betonte dabei zu ihrem Beginn, dass „der deutsche Arzt seinen Beruf nicht lediglich zum Zwecke des Erwerbes, sondern unter dem höheren Gesichtspunkt der Fürsorge für die Gesundheit des einzelnen wie für die Wohlfahrt der Allgemeinheit ausübe".³⁴¹ Die

---

³³² Die erste als solche zu bezeichnende Standesordnung wurde 1817 in Lübeck aufgestellt, vgl. *Graf,* Das ärztliche Vereinswesen, S. 52, 130 ff.; *Taupitz,* Standesordnungen, S. 232 Die ersten ausführlicheren Regelwerke verfassten 1875 der ärztliche Bezirksverein München (abgedruckt bei *von Lindwurm,* Der ärztliche Stand und das Publikum, S. 1 ff.; ferner *Brand,* Ärztliche Ethik, S. 23) und 1876 der Ärztliche Kreisverein Karlsruhe (abgedruckt in: ÄVBl. 1876, 147 ff. und bei *Marx,* Entwicklung des ärztlichen Standes, S. 147). Besondere Bedeutung erlangte dabei insbes. die Karlsruher Standesordnung, die eine umfassende Verbreitung fand, *Brand,* Ärztliche Ethik, S. 52; *Marx,* Entwicklung des ärztlichen Standes, S. 65; *Taupitz,* Standesordnungen, S. 277.
³³³ *Fuchs/Gerst,* DÄBl. 1994, A-2808.
³³⁴ BVerfGE 33, 125, 128 – Facharztbeschluss.
³³⁵ Sowohl die Karlsruher als auch die Münchner Standesordnung lehnten sich an den New Yorker Code an, *Brand,* Ärztliche Ethik, S. 52 m.w.N.
³³⁶ *Graf,* Das ärztliche Vereinswesen, S. 52 f.
³³⁷ *Taupitz,* Standesordnungen, S. 282 f.
³³⁸ *Fuchs/Gerst,* DÄBl. 1994, A-2808; *Graf,* Das ärztliche Vereinswesen, S. 55; *Krafczyk,* in: FS Mehle, 2009, S. 325, 336; *Taupitz,* Standesordnungen, S. 277 ff.
³³⁹ Abgedruckt in: ÄVBl. 1926, 417 ff.
³⁴⁰ *Knüpling,* Vorgeschichte der deutschen Ärzteordnung, S. 19 f.; *Schirmer,* in: Bundesärztekammer, Stenografischer Wortbericht des 100. Deutschen Ärztetages 1997, S. 229; *Taupitz,* Standesordnungen, S. 285.
³⁴¹ Vgl. § 1a der Standesordnung für die deutschen Ärzte, abgedruckt in: ÄVBl. 1926, 417 ff.

§ 1 Die Berufsordnungen der Ärzte im Allgemeinen

Wahrung der Kollegialität blieb gleichwohl bei dieser Standesordnung weiterhin von maßgeblicher Bedeutung.[342] Vereinzelte Bestimmungen ließen jedoch bereits eine erste Ausrichtung zu einem mehr den Patientenschutz berücksichtigenden Verständnis des Standesrechts erkennen.[343]

Die 1937 geschaffene „Berufsordnung für die deutschen Ärzte"[344] galt hingegen erstmals unmittelbar verbindlich für alle Ärzte.[345] Die Berufsordnung stand zu diesem Zeitpunkt unter dem nationalsozialistischen Werteeinfluss und formulierte als maßgeblichen Regelungszweck die „Volksgesundheit".[346] Als weiterer Leitgedanke wurde allerdings ferner formuliert, dass die Persönlichkeit des Arztes nicht durch gewerbliche Interessen beherrscht werden dürfe.[347] Im Unterschied zu den vorherigen Standesordnungen fanden dagegen die Individualinteressen des Patienten nunmehr eine verstärkte Berücksichtigung.[348]

Nachdem die 1950 auf dem 53. Deutschen Ärztetag beschlossene Berufsordnung[349] von dem nationalsozialistischen Gedankengut befreit worden war, führte die 1956 auf dem 59. Deutschen Ärztetag verfasste Mustersatzung einer Berufsordnung zu einer weiteren Vereinheitlichung des ärztlichen Berufsrechts.[350] Seitdem wurde sie auf den nachfolgenden Ärztetagen stetig an neu hervortretende Bedürfnisse angepasst und fortentwickelt.[351] Die letzte Fassung beruht dabei auf den Beschlüssen des 100. Deutschen Ärztetages im Jahr 1997, die zuletzt auf dem 114. Deutschen Ärztetag im Jahr 2011 novelliert wurde.[352]

B. Rechtliche Grundlagen

Während Art. 74 Abs. 1 Nr. 19 GG den Bundesgesetzgeber im Rahmen der konkurrierenden Gesetzgebungskompetenz zur Regelung des gesamten ärztlichen

---

[342] *Taupitz*, Standesordnungen, S. 286.
[343] Vgl. dazu weiterführend *Fuchs/Gerst*, DÄBl. 1994, A-2808; *Taupitz*, Standesordnungen, S. 288.
[344] Abgedruckt in: DÄBl. 1937, 1031 ff. Zu den inhaltlichen Änderungen *Reichsärztekammer* (Hrsg.), DÄBl. 1937, 1038 ff.
[345] BVerfGE 33, 125, 129; *Brand*, Ärztliche Ethik, S. 50.
[346] Reichsärztekammer (Hrsg.), DÄBl. 1937, 1038.
[347] *Krafcyzk/Lietz*, ZMGR 2010, 24, 25; *Reichsärztekammer* (Hrsg.), DÄBl. 1937, 1038, 1040.
[348] *Taupitz*, Standesordnungen, S. 291.
[349] Abgedruckt in: ÄM 1950, 410 ff.
[350] BVerfGE 33, 125, 130 – Facharztbeschluss; *Fuchs/Gerst*, DÄBl. 1994, A-2808 f.; vgl. auch *Schirmer* bei Bundesärztekammer, Stenografischer Wortbericht des 100. Deutschen Ärztetages 1997, S. 229, dort auch zum folgenden Text.
[351] *Osterloh*, DÄBl. 2011, A-684.
[352] Vgl. Musterberufsordnung für die deutschen Ärztinnen und Ärzte – MBO-Ä 1997 – in der Fassung der Beschlüsse des 114. Deutschen Ärztetages 2011 in Kiel, abrufbar unter http://www.bundesaerztekammer.de/downloads/MBO_08_20111.pdf.

Zulassungs- und Zugangsrechts ermächtigt, obliegt die Normierung des Berufsausübungsrechts, zu dem auch das Standes- und Berufsrecht der Ärzte zählt, gem. Art. 70 Abs. 1 GG ausschließlich den Ländern.[353] Zu den wesentlichen landesrechtlichen Vorschriften im Bereich der ärztlichen Berufsausübung zählen insofern die jeweiligen Kammer- und Heilberufsgesetze[354], die seit dem Facharztbeschluss[355] des Bundesverfassungsgerichts überwiegend ähnlich aufgebaut sind.[356] Neben den Ermächtigungsgrundlagen für die Errichtung der Landesärztekammern und Bestimmungen, die deren Aufgaben und Befugnisse festlegen, enthalten sie ferner Regelungen zur ärztlichen Weiterbildung und Berufsgerichtsbarkeit.[357]

Darüber hinaus bilden die Kammer- und Heilberufsgesetze die Basis für die Berufsausübungspflichten des Arztes[358], die dazu allerdings jeweils nur eine Generalklausel enthalten. Die Struktur dieser einzelnen Normen ist unterdessen im Wesentlichen vergleichbar.[359] Zunächst wird regelmäßig die Verpflichtung des Arztes zur gewissenhaften Berufsausübung ausgesprochen.[360] Weiterhin wird der Arzt aufgefordert, dem ihm im Zusammenhang mit seinem Beruf entgegengebrachten Vertrauen zu entsprechen. Ferner werden Gebote zur beruflichen Fortbildung, zur Teilnahme am Notfalldienst, zur Aufzeichnungspflicht, zum Abschluss einer Haftpflicht und zumeist auch die Bindung der Berufsausübung an die Niederlassung statuiert.[361] Die detaillierte Ausgestaltung und Ergänzung überlassen die Kammer- und Heilberufsgesetze hingegen den Landesärztekammern, denen aufgrund ihrer Sachnähe und damit einhergehenden fundierten

---

[353] BVerfGE *33*, 125, 154 f.; *71*, 162, 171; *98*, 265, 303; *Engelmann*, MedR 2002, 561; *Heber*, Berufs- und Standesrecht, S. 265; *Ring*, Werberecht, Rn. 9 ␣ ff.; *Steiner*, in: Spickhoff, Medizinrecht, Art. 74 GG Rn. 4 ff.; *Quaas/Zuck*, Medizinrecht, § 12 Rn. 1. Unter „Zulassung" sind dabei im Sinne des BVerfG „im Wesentlichen die Vorschriften (zu verstehen), die sich auf die Erteilung, Zurücknahme und Verlust der Approbation oder auf die Befugnis zur Ausübung des ärztlichen Berufs" beziehen, BVerfGE 33, 125, 154 f.

[354] Einen Überblick zu den bestehenden Kammer- und Heilberufsgesetzen gibt die Ärztekammer Westfalen Lippe, abrufbar unter http://www.aekwl.de/index.php?id=525.

[355] BVerfGE 33, 125 ff.

[356] *Taupitz*, Standesordnungen, S. 629.

[357] Vgl. beispielsweise für Nordrhein-Westfalen den. I. Abschnitt des HeilBerG NRW, der in den §§ 1 bis 28 die Kammern betreffende Regelungen enthält. Abschnitt III regelt die Weiterbildung, Abschnitt VI die Berufsgerichtsbarkeit.

[358] Siehe zu den weiteren Normen, die Pflichten des Arztes bei der Berufsausübung enthalten, die Aufzählung bei *Quaas/Zuck*, Medizinrecht, § 12 Rn. 50.

[359] *Heberer*, Berufs- und Standesrecht, S. 265; *Laufs*, in: Laufs/Kern, Hdb Arztrecht, § 14 Rn.1.

[360] Vgl. bspw. § 29 Abs. 1 HeilBerG NRW, allgemein zu der Verbreitung dieser Regelungen in allen Kammer- und Heilberufsgesetzen *Scholz*, in: Spickhoff, Medizinrecht, Vorbem MBO Rn. 3, dort auch zum nachfolgenden Text.

[361] Siehe § 30 HeilBerG NRW.

§ 1 Die Berufsordnungen der Ärzte im Allgemeinen

Beurteilungskompetenz[362] die Befugnis zum Erlass von Berufsordnungen gesondert eingeräumt wird.[363] Die Kammer- und Heilberufsgesetze geben diesbezüglich lediglich bestimmte Sachkomplexe der Berufsausübung vor, zu denen die Landesärztekammern in den Berufsordnungen Regelungen treffen sollen oder können.[364]

Die von den Landesärztekammern als Körperschaft des öffentlichen Rechts[365] beschlossenen Berufsordnungen[366] sind nach herrschender Meinung rechtlich als Satzungen zu qualifizieren, die mit ihrer Genehmigung durch die Aufsichtsbehörde und deren Ausfertigung für die Kammermitglieder unmittelbare Verbindlichkeit erlangen.[367] Gesetzliche Pflichtmitglieder sind alle bei der jeweiligen Landesärztekammer gemeldeten Ärzte.[368] Den Landesärztekammern obliegt es schließlich, die Einhaltung der Berufsordnung zu überwachen und bei Zuwiderhandlungen ein berufsgerichtliches Verfahren einzuleiten.[369]

Für die Struktur der Berufsordnungen ist ihrerseits bezeichnend, dass eingangs Generalklauseln mit einem ausgedehnten Anwendungsbereich stehen. Als Beispiel kann insofern stellvertretend die Musterberufsordnung der Ärzte herangezogen werden.[370] Die §§ 1 Abs. 2, 2 MBO-Ä beschreiben demgemäß vorab die allgemeinen ärztlichen Berufspflichten[371], während § 2 Abs. 2 MBO-Ä die schon in den Kammer- und Heilberufsgesetzen vorgegebene besondere Verantwortung des Arztberufs und das den Ärzten im besonderen Maße entgegengebrachte Ver-

---

[362] *Heberer*, Berufs- und Standesrecht, S. 34; vgl. zudem BVerfGE 33, 125, 156 f.; *Kluth*, in: Kluth, Hdb Kammerrecht, § 6 Rn. 13.

[363] Vgl. für Nordrhein-Westfalen § 31 HeilBerG NRW; *Kluth*, in: Kluth, Hdb Kammerrecht, § 6 Rn. 22; *Laufs*, in: Laufs/Kern, Hdb Arztrecht, § 14 Rn. 1; *Scholz*, in: Spickhoff, Medizinrecht, Vorbem MBO Rn. 2 f. Eine Einschränkung oder Verkürzung der Pflichten ist hingegen nicht möglich, vgl. *Quaas/Zuck*, Medizinrecht, § 12 Rn. 50.

[364] Siehe exemplarisch die Auflistung in § 32 HeilBerG NRW.

[365] *Heberer*, Berufs- und Standesrecht, S. 34; *Quaas/Zuck*, Medizinrecht, § 12 Rn. 3, 99.

[366] Übersicht bei *Narr*, Ärztliches Berufsrecht, Rn. B 5.

[367] BVerfGE 33, 125, 155 – Facharztbeschluss; BGH NJW 1986, 2360, 2361; *Heberer*, Berufs- und Standesrecht, S. 266; *Laufs*, in: Laufs/Kern, Hdb Arztrecht, § 5 Rn. 5; *Ring*, Werberecht, Rn. 16, 26; *Taupitz*, Standesordnungen, S. 592, 614 ff., 629 ff.; *Quaas/Zuck*, Medizinrecht, § 12 Rn. 3. Zum Beschlussprozess weiterführend *Mitternacht*, Ärztezeitung.de v. 12.7.2011.

[368] Vgl. § 2 HeilBerG NRW; *Kluth*, in: Kluth, Hdb Kammerrecht, § 6 Rn. 5; *Laufs*, in: Laufs/Kern, Hdb Arztrecht, § 13 Rn. 7; *Ratzel/Knüpper*, in: Ratzel/Luxenburger, Hdb Medizinrecht, § 5 Rn. 46; *Tettinger*, Kammerrecht, S. 107 f.; *Wollersheim*, in: Terbille, MAH Medizinrecht, § 5 Rn. 45.

[369] *Heberer*, Berufs- und Standesrecht, S. 269; *Ratzel/Knüpper*, in: Ratzel/Luxenburger, Hdb Medizinrecht, § 5 Rn. 58; *Quaas/Zuck*, Medizinrecht, § 12 Rn. 101; *Wollersheim*, in: Terbille, MAH Medizinrecht, § 5 Rn. 64 ff.

[370] Zum Verhältnis von Musterberufsordnung und den Berufsordnungen der Länder nachfolgend Teil 3: § 1 C.

[371] *Wollersheim*, in: Terbille, MAH Medizinrecht, § 5 Rn. 79.

trauen betont. Diese allgemeinen Grundsätze werden in der Folge durch die Aufzählungen von Einzelpflichten näher konkretisiert.

Diese Auflistung ist derweil nicht in einem abschließenden Sinne zu verstehen.[372] Denn es entspricht nach der Auffassung des Bundesverfassungsgerichts „gerade der Natur des Standesrechts, dass die Berufspflichten nicht in einzelnen Tatbeständen erschöpfend umschrieben werden können, sondern in einer Generalklausel zusammengefasst sind, welche die Berufsangehörigen zu gewissenhafter Berufsausübung und zu achtungs- und vertrauenswürdigem Verhalten innerhalb und außerhalb des Berufs anhält, die nähere Bestimmung der sich hieraus ergebenden einzelnen Pflichten aber der Aufsichtspraxis der Standesorgane und der Rechtsprechung der Berufsgerichte überlässt."[373] Die einzelnen Berufspflichten weisen damit einen eher fragmentarischen Charakter auf.

C. Das Verhältnis der Musterberufsordnung zu den Berufsordnungen der Länder

Die Musterberufsordnung kann nicht selbst zur Begründung eines Verstoßes herangezogen werden, da sie keine verbindliche Wirkung gegenüber den Landesärztekammern sowie den Kammermitgliedern erzeugt.[374] Denn die Bundesärztekammer verfügt als privatrechtlich geschaffene Arbeitsgemeinschaft der einzelnen Landesärztekammern[375] weder originär über die ausschließlich den Landesärztekammern zustehende Normsetzungskompetenz, noch ist ihr diese von den Landesärztekammern übertragen worden.[376] Rechtliche Bedeutsamkeit erlangt die Musterberufsordnung für den Arzt folglich erst dann, wenn sie durch die ei-

---

[372] *Laufs*, in: Laufs/Kern, Hdb Arztrecht, § 14 Rn. 1; *Lippert/Ratzel*, NJW 2003, 3301; *Rieger*, Lexikon des Arztrechts, Rn. 390 – Berufspflichten; *Quaas/Zuck*, Medizinrecht, § 12 Rn. 50.

[373] BVerfGE 33, 125, 164 – Facharztbeschluss; vgl. zudem schon BVerfGE 26, 186, 204. Zu der Frage, ob ein berufsgerichtliches Verfahren auch auf einen Verstoß gegen eine sich aus der Generalklausel ergebenden Pflicht gestützt werden könnte, bejahend BVerfGE 26, 186, 204:„Eine Einzelnorm ist hier – anders als im allgemeinen Strafrecht – in der Regel auch nicht nötig; denn es handelt sich um Regelungen, die den Kreis der Berufsangehörigen betreffen, sich aus der ihnen gestellten Aufgabe ergeben und daher für sie im Allgemeinen leicht erkennbar sind". Einen anderen Standpunkt vertritt offenbar *Wollersheim*, in: Terbille, MAH Medizinrecht, § 5 Rn. 79, dem zufolge eine berufsrechtliche Sanktion grundsätzlich nicht ausschließlich auf die Verletzung der Generalpflichtenklausel gestützt werden könne. Die Generalpflichtenklauseln seien jedoch bereits bei der Auslegung der einzelnen Vorschriften zu berücksichtigen.

[374] *Engelmann*, MedR 2002, 561; *Heberer*, Berufs- und Standesrecht, S. 266; Ratzel/Lippert, MBO-Ä, Einl. Vor §§ 1 ff. Rn. 7.

[375] *Laufs*, in: Laufs/Kern, Hdb Arztrecht, § 13 Rn. 13; *Tettinger*, Kammerrecht, S. 23; 231 ff. Vgl. weiterführend zu den beteiligten Institutionen bei einer Änderung der Musterberufsordnung die Dokumentation des Deutschen Ärztetages in: DÄBl. 2011, A-1315.

[376] *Taupitz*, Standesordnungen, S. 750 ff. (dort allerdings auch zu den Bedenken gegen eine solche Übertragung); *Quaas/Zuck*, Medizinrecht, § 12 Rn. 4.

gene Landesärztekammer umgesetzt wurde.[377] Sofern wegen der vereinfachten Darstellung bei der nachfolgenden Untersuchung auf die Normen der Musterberufsordnung der Ärzte (MBO-Ä) abgestellt wird, muss dieser Aspekt mithin berücksichtigt werden.

§ 2 Die für die Verquickung der Zuführungsentscheidung mit pekuniären Interessen relevanten Normen

Die Normen, die bei einer Verquickung von ärztlicher Tätigkeit mit pekuniären Interessen zu beachten sind, werden mit Ausnahme des § 3 Abs. 2 MBO-Ä im Wesentlichen in Ziffer 4 des Vierten Abschnitts „Berufliches Verhalten" der MBO-Ä unter der Überschrift „Wahrung der ärztlichen Unabhängigkeit bei der Zusammenarbeit mit Dritten" zusammengefasst. Die §§ 30 ff. MBO-Ä wurden dabei im Zuge der letzten Novellierung der Berufsordnung auf dem 114. Deutschen Ärztetag in Kiel umfassend neustrukturiert, indem vormals sechs Paragraphen (§§ 30 bis 35 MBO-Ä a. F.) in vier Paragraphen (§§ 30 bis 33 MBO-Ä) zusammengefasst wurden.[378] Die Umgestaltung erschöpfte sich dabei im Wesentlichen in der Streichung einzelner Absätze (§§ 30 Abs. 2, 3, 33 Abs. 2, 3, 4 MBO-Ä a. F.) und Paragraphen (§§ 34, 35 MBO-Ä a. F.), die zum Teil – überwiegend unter Beibehaltung des vormaligen Normtextes – in die verbleibenden Vorschriften integriert wurden. Soweit die Erleichterung des Verständnisses nachfolgender Erörterungen es erfordert, wird deshalb gelegentlich auch auf den Standort der Norm in der vorhergehenden Fassung der Berufsordnung verwiesen.

Mit einzelnen Formen einer Leistungsvermittlung im Sinne des vorangehenden Teils dieser Bearbeitung[379] setzt sich als zentrale Norm § 31 MBO-Ä auseinander, auf den nachfolgend noch näher einzugehen sein wird. Die übrigen in Ziffer 4 des Vierten Abschnitts der Musterberufsordnung genannten Paragraphen stehen mit einer Patientenzuführung hingegen allenfalls in einem mittelbaren Zusammenhang.

§ 30 MBO-Ä betont „als wesentliche Grundlage für die Patienten-Arzt-Beziehung"[380] die Verpflichtung des Arztes, in allen vertraglichen und sonstigen be-

---

[377] *Heberer*, Berufs- und Standesrecht, 39; *Laufs*, NJW 1997, 3071, 3072; *Ratzel/Knüpper*, in: Ratzel/Luxenburger, Hdb Medizinrecht, § 5 Rn. 137; *Ring*, Werberecht, Rn. 26; der MBO-Ä ist jedoch eine wenigstens verhaltenssteuernde Funktion gegenüber den Kammermitgliedern zuzuerkennen, vgl. *Taupitz*, Standesordnungen, S. 463 ff. Weiterführend zu dem Umsetzungsprozess *Mitternacht*, Ärztezeitung.de v. 12.7.2011.

[378] Vgl. *Bundesärztekammer*, in: Novellierung einzelner Bestimmungen der Musterberufsordnung, §§ 30 ff. MBO-Ä.

[379] Teil 2.

[380] *Bundesärztekammer*, in: Novellierung einzelner Bestimmungen der Musterberufsordnung, Anm. zu § 30 MBO-Ä.

ruflichen Beziehungen zu Dritten ihre ärztliche Unabhängigkeit für die Behandlung der Patientinnen und Patienten zu wahren.[381]

§ 32 Abs. 1 MBO-Ä, der das Fordern, Versprechen oder Annehmen von Geschenken oder anderen Vorteilen von Seiten des Patienten oder Dritten untersagt, sofern hierdurch der Eindruck erweckt wird, dass die Unabhängigkeit der ärztlichen Entscheidung beeinflusst wird, erfasst zunächst alle Arten einseitiger Zuwendungen. Die Norm dient zudem als Auffangvorschrift, wenn bei einer Austauschbeziehung i. S. d. § 33 MBO-Ä die Gegenleistung des Arztes nur einen scheinbaren oder keinen äquivalenten Wert besitzt.[382] In § 32 Abs. 1 S. 2 MBO-Ä wurde nunmehr der Hinweis der *Bundesärztekammer*[383] ausdrücklich kodifiziert, dass eine Beeinflussung dann nicht berufswidrig ist, wenn sie einer wirtschaftlichen Behandlungs- oder Verordnungsweise auf sozialrechtlicher Grundlage dient und dem Arzt die Möglichkeit erhalten bleibt, aus medizinischen Gründen eine andere als die mit finanziellen Anreizen verbundene Entscheidung zu treffen.[384] Finanzielle Anreize, die auf einer transparenten sozialrechtlichen Grundlage zur Sicherung der finanziellen Stabilität der sozialen Krankenversicherung durch eine wirtschaftliche Mittelverwendung erfolgen, wurden damit explizit von dem Verbotstatbestand ausgenommen.[385] Gestrichen wurde hingegen die begünstigende Ausnahme, dass bei einem geringfügigen Wert des Vorteils keine Beeinflussung vorliegt. Maßgebend soll nunmehr der tatsächliche Eindruck sein. § 32 Abs. 2 MBO-Ä enthält eine spezielle Regelung für solche Vorteile, die im Rahmen einer berufsbezogenen Fortbildung gewährt werden und konkretisiert die vormals in § 33 Abs. 4 MBO-Ä a. F. enthaltene Bestimmung.[386] § 32 Abs. 3 MBO-Ä betrifft den zulässigen Umfang ärztlichen Sponsorings und erweitert den Regelungsbereich gegenüber dem dafür entfallenen § 35 MBO-Ä a. F.[387]

Der Regelungsgehalt des § 33 MBO-Ä beschränkt sich nunmehr ausschließlich auf die Bestimmung, dass bei der vertraglichen Zusammenarbeit mit Herstellern von Arznei- und Hilfsmitteln sowie Medizinprodukten und mit Erbringern von Heilmittelversorgung die gewährte Vergütung der erbrachten ärztlichen Leis-

---

[381] Siehe vertiefend dazu noch Teil 3: § 3 A.IV.1.a).
[382] Vgl. *Bundesärztekammer*, in: Novellierung einzelner Bestimmungen der Musterberufsordnung, Anm. zu § 32 Abs. 1 MBO-Ä.
[383] Vgl. *Bundesärztekammer*, DÄBl. 2007, A-1607 ff.
[384] Krit. hierzu *Ratzel/Lippert*, GesR 2011, 536, 539.
[385] Weiterführend *Bundesärztekammer*, in: Novellierung einzelner Bestimmungen der Musterberufsordnung, Anm. zu § 32 Abs. 1 MBO-Ä.
[386] Vgl. vertiefend *Bundesärztekammer*, in: Novellierung einzelner Bestimmungen der Musterberufsordnung, Anm. zu § 32 Abs. 2 MBO-Ä.
[387] Weiterführend *Bundesärztekammer*, in: Novellierung einzelner Bestimmungen der Musterberufsordnung, Anm. zu § 32 Abs. 2 MBO-Ä; zu § 35 MBO-Ä a. F. *Frehse/Kalb*, Arzt und Industrie, S. 42 ff.; *Ratzel/Lippert*, GesR 2011, 536, 539.

§ 2 Zuführungsentscheidung und pekuniäre Interessen 83

tung entsprechen muss.[388] Eine Betonung haben dabei durch die Aufnahme in den Text des § 33 MBO-Ä die in Verruf geratenen Anwendungsbeobachtungen erfahren.[389] Die übrigen Absätze des § 33 MBO-Ä a. F. über die Zusammenarbeit der Ärzteschaft mit der Industrie wurden entweder wie § 33 Abs. 2 MBO-Ä a. F.[390] ersatzlos gestrichen oder an systematisch passender Stelle neu verortet.[391]

Außerhalb des Abschnitts über das berufliche Verhalten steht zudem der ebenfalls gegen erdenkliche finanzielle Interessen des Arztes gerichtete § 3 Abs. 2 MBO-Ä.[392] Dieser untersagt es Ärzten, im Zusammenhang mit der Ausübung ihrer ärztlichen Tätigkeit Waren und andere Gegenstände abzugeben oder unter Mitwirkung abgeben zu lassen sowie gewerbliche Dienstleistungen zu erbringen oder erbringen zu lassen, soweit jene nicht wegen ihrer Besonderheiten notwendiger Bestandteil der ärztlichen Therapie sind.

Die letztgenannten Normen betreffen überwiegend Konstellationen, bei denen die ärztliche Tätigkeit in Berührung mit eigenen oder dritten ökonomischen Interessen gerät. Während § 32 MBO-Ä und § 33 MBO-Ä Verhaltensweisen reglementieren, die eine bestimmte Patientenlenkung seitens des behandelnden Arztes potenziell initiieren könnten, sind andere Paragraphen wie etwa § 3 Abs. 2 MBO-Ä gegen einzelne Aspekte einer ökonomischen Betätigung des Arztes gerichtet. Im Unterschied zu der nachfolgend dargestellten Norm erheben sie jedoch nicht die Patientenvermittlung selbst zur Tatbestandsvoraussetzung und liegen damit außerhalb des Gegenstands dieser Bearbeitung.

Das Hauptaugenmerk der Untersuchung liegt damit auf den mit „Unerlaubte Zuweisung" überschriebenen § 31 MBO-Ä.

Gem. § 31 Abs. 1 MBO-Ä ist es

„Ärztinnen und Ärzten […] nicht gestattet, für die Zuweisung von Patientinnen und Patienten oder Untersuchungsmaterial oder für die Verordnung oder den Bezug von Arznei- oder Hilfsmitteln oder Medizinprodukten ein Entgelt oder andere Vorteile zu fordern, sich oder Dritten versprechen oder gewähren zu lassen oder selbst zu versprechen oder zu gewähren."

---

[388] Vgl. zu § 33 MBO-Ä a. F. die Hinweise und Erläuterungen der Bundesärztekammer, DÄBl. 2004 (22), A 297 ff.; *Frehse/Kalb,* Arzt und Industrie, S. 2 ff.; ferner allgemein *Wollersheim,* in: Terbille, MAH Medizinrecht, § 5 Rn. 190 ff.
[389] *Osterloh,* DÄBl. 2011, A-684.
[390] § 33 Abs. 2 MBO-Ä a. F. betraf die Annahme von Werbegaben. Da § 32 Abs. 1 MBO-Ä eine umfassende Regelung für die Entgegennahme von Vorteilen jeder Art enthält, war die Streichung der Norm nur konsequent.
[391] Der Normtext des § 33 Abs. 3 MBO-Ä a. F. ist nunmehr in § 31 Abs. 1 Var. 3 MBO-Ä, § 33 Abs. 4 MBO-Ä nunmehr in § 32 Abs. 2 MBO-Ä enthalten.
[392] Siehe OLG Frankfurt a. M. GRUR-RR 2005, 230; OLG Köln GRUR-RR 2003, 285; *Ratzel/*Lippert, MBO-Ä, § 3 Rn. 2.

Gem. § 31 Abs. 2 MBO-Ä

„[...] dürfen sie [die Ärzte] ihren Patientinnen und Patienten nicht ohne hinreichenden Grund bestimmte Ärztinnen oder Ärzte, Apotheken, Heil- und Hilfsmittelerbringer oder sonstige Anbieter gesundheitlicher Leistungen empfehlen oder an diese verweisen."

§ 31 Abs. 1 MBO-Ä enthält seit der letzten Novellierung damit eine Zusammenfassung der Vorschriften § 31 MBO-Ä a. F. (Unerlaubte Zuweisung von Patientinnen und Patienten), § 33 Abs. 3 MBO-Ä a. F. (Ärzteschaft und Industrie) und § 34 Abs. 1 MBO-Ä a. F. (Verordnungen, Empfehlungen und Begutachtung von Arznei-, Heil- und Hilfsmitteln).

Gem. § 31 MBO-Ä a. F. war es

„Ärztinnen und Ärzten [...] nicht gestattet, für die Zuweisung von Patientinnen und Patienten oder Untersuchungsmaterial ein Entgelt oder andere Vorteile sich versprechen oder gewähren zu lassen oder selbst zu versprechen oder zu gewähren."

§ 33 Abs. 3 MBO-Ä a. F. gestattete

„Ärztinnen und Ärzten [...] nicht [...], für den Bezug der in Absatz 1 genannten Produkte [Anm. Arznei-, Heil- und Hilfsmittel oder Medizinprodukte], Geschenke oder andere Vorteile für sich oder Dritte zu fordern. Diese [durften] sie auch nicht sich oder Dritten versprechen lassen oder annehmen, es sei denn, der Wert [war] geringfügig."

§ 34 Abs. 1 MBO-Ä a. F. verbot schließlich

„Ärztinnen und Ärzten [...], für die Verordnung von Arznei-, Heil- und Hilfsmitteln oder Medizinprodukten eine Vergütung oder andere Vorteile für sich oder Dritte zu fordern, sich oder Dritten versprechen zu lassen oder anzunehmen."

§ 31 Abs. 2 MBO-Ä ersetzt hingen fast wortwörtlich die entfallene Regelung des § 34 Abs. 5 MBO-Ä a. F.[393]

In § 31 MBO-Ä wurden somit (konsequenterweise) sämtliche Normen zusammengefasst, die in irgendeiner Form die „Vermittlung" von Patienten an andere Leistungserbringer betreffen. Da mangels näherer Angaben in der Synopse[394] nicht ersichtlich ist, dass mit der Zusammenfassung noch weitere Zwecke verfolgt wurden, beruht diese wohl ausschließlich auf redaktionellen Gründen.[395] Da zudem der Wortlaut nur geringfügige Abänderungen erfahren hat, kann in der

---

[393] Siehe zu den Änderungen im Einzelnen Teil 3: § 3 A.II.3.
[394] *Bundesärztekammer*, in: Novellierung einzelner Bestimmungen der Musterberufsordnung, Anm. zu § 31 MBO-Ä.; vgl. zur Bedeutung der Synopse als Interpretationshilfe der Musterberufsordnung die Dokumentation des Deutschen Ärztetages in: DÄBl. 2011, A-1315.
[395] Vgl. auch *Bundesärztekammer*, Stenografischer Wortbericht 114. Deutscher Ärztetag, S. 394; *Mitternacht*, Ärztezeitung.de v. 12.7.2011; *Ratzel/Lippert*, GesR 2011, 536.

§ 2 Zuführungsentscheidung und pekuniäre Interessen 85

nachfolgenden Bearbeitung auch auf die zu den älteren Vorschriften ergangene Rechtsprechung und Literatur entsprechend Bezug genommen werden.[396]

Unter Bezugnahme auf die im vorhergehenden Teil[397] aufgezeigten ärztlichen Lenkungsmöglichkeiten werden mögliche Verstöße gegen das Zuweisungsverbot des § 31 Abs. 1 Var. 1 MBO-Ä zuvörderst bei einer Überweisung des Patienten erörtert[398], die gegenüber bestimmten Facharztgruppenwie Pathologen oder Labormedizinern auch durch die Übersendung von Untersuchungsmaterial erfolgen kann.[399] Als weitere bedeutsame Fallgruppe des § 31 Abs. 1 Var. 1 MBO-Ä kann zudem die Krankenhauseinweisung benannt werden 31 Abs. 1 Var. 1 MBO-Ä ist demzufolge in erster Linie bei der Bewertung von Kooperationen des behandelnden Arztes mit anderen Ärzten und Krankenhäusern zu beachten.

Eine Verletzung des Empfehlungs- (§ 31 Abs. 2 MBO-Ä) und des entgeltlichen Verordnungsverbots (§ 31 Abs. 1 Var. 2 MBO-Ä) wird hingegen vorwiegend bei der Zusammenarbeit des Arztes mit nichtärztlichen Leistungserbringern erörtert.[400] Als mögliche Empfänger einer nach § 31 Abs. 1 Var. 2, Abs. 2 MBO-Ä a. F. untersagten Patientenvermittlung werden dementsprechend Pharmaunternehmen[401], Apotheken[402], Handelsgeschäfte von Gesundheitsprodukten[403] sowie Hilfsmittelhersteller[404] und Gesundheitshandwerksbetriebe, wie Augenoptiker[405] oder Hörgeräteakustiker[406], in Betracht gezogen.

---

[396] So auch *Ratzel/Lippert*, GesR 2011, 536, 539 zu § 33 MBO-Ä a. F.

[397] Teil 2.

[398] BGH NJW 2005, 3718, 3720; *Bundesärztekammer*, DÄBl. 2007, S. A-1607, A-1610; *Bonvie*, MedR 1999, 64, 65; *Kalb*, ZMGR 2005, 291, 292; *Kölbel*, wistra 2009, 129; *Lindemann*, in: Brennpunkte des Wirtschaftsstrafrechts im Gesundheitswesen, S. 9, 13; *Makoski*, MedR 2009, 376, 377; vgl. allgemein zur Überweisung Teil 2: § 1.

[399] BGH NJW 1986, 2360, 2361; BGH NJW-RR 1989, 1313, 1314; *Bundesärztekammer*, DÄBl. 2007, S. A-1607, A-1611; *Kalb*, ZMGR 2005, 291, 292; *Ratzel*/Lippert, MBO-Ä, § 31 Rn. 2; *Scholz*, in: Spickhoff, Medizinrecht, § 31 MBO Rn. 2. Vgl. ferner zu dieser Fallgruppe von § 31 MBO-Ä die Ausführungen zu der Überweisung an Ärzten ohne direkten Patientenkontakt auf S. 37.

[400] Vgl. *Frehse/Kalb*, Arzt und Industrie, S. 36; *Makoski*, MedR 2009, 376, 377; *Lindemann*, in: Brennpunkte des Wirtschaftsstrafrechts im Gesundheitswesen, S. 9, 17.

[401] LG München I MedR 2008, 563, 565; *Frehse/Kalb*, Arzt und Industrie, S. 36; *Makoski*, MedR 2009, 376, 377.

[402] OLG Koblenz Urt. v. 14.02.2006 – 4 U 1680/05, Rn. 23 ff.; OLG Frankfurt a. M. NJW 2000, 1797, 1798 (§ 23 HessBO-Ä entspricht § 34 MBO-Ä); *Lindemann*, in: Brennpunkte des Wirtschaftsstrafrechts im Gesundheitswesen, S. 9, 17; *Makoski*, MedR 2009, 376, 377.

[403] *Frehse/Kalb*, Arzt und Industrie, S. 36. Zu dem Beispiel der Sanitätshäuser OLG Koblenz MedR 2005, 723, 725; Bezirksberufsgericht für Ärzte in Stuttgart Urt. v. 11.7.1984, in: Luyken u. a., HeilbGE, S. 940.3.

[404] OLG Stuttgart GRUR-RR 2008, 429, 432 f.

[405] OLG Hamm Urt. v. 22.11.2007 – 4 U 113/07, Rn. 22 ff.

[406] OLG Celle NJOZ 2008, 3495, 3500; OLG Celle Urt. v. 1.10.1997 – 13 U 9/97 und Hans. OLG Hamburg Urt. v. 12.3.1992 – 3 U 126/91 jeweils zusammengefasst bei *Bonvie*, MedR 1999, 64, 65.

Ob eine entsprechende Differenzierung der angesprochenen Leistungserbringer nach § 31 Abs. 1 Var. 1 MBO-Ä und §§ 31 Abs. 1 Var. 2, Abs. 2 MBO-Ä auch weiterhin geboten ist, bedarf indes nicht nur in Anbetracht der letzten Novellierung noch einer eingehenderen Untersuchung.

In diesem Rahmen wird auch der Anwendungsbereich der einzelnen Absätze und Varianten des § 31 MBO-Ä näher zu bestimmen sein. Denn wie bereits mit der vorangehenden Auflistung angedeutet wurde, unterblieb in der Vergangenheit insbesondere bei der Untersuchung eines Verstoßes gegen § 34 MBO-Ä a. F. zumeist eine genauere Unterscheidung zwischen § 34 Abs. 1 MBO-Ä a. F. (§ 31 Abs. 1 Var. 2 MBO-Ä) und § 34 Abs. 5 MBO-Ä a. F. (§ 31 Abs. 2 MBO-Ä).[407] Da auf eine Definition der jeweiligen Merkmale in der Regel verzichtet wurde, stellten sich die Übergänge zwischen § 34 Abs. 1 MBO-Ä a. F. und § 34 Abs. 5 MBO-Ä a. F. demzufolge im Hinblick auf die Art der Patientenvermittlung (Verordnung oder Empfehlung) und die Empfängergruppe (Hersteller, Distributor und Dienstleister) eher fließend dar[408].

Auch in Bezug auf § 31 MBO-Ä a. F. (§ 31 Abs. 1 Var. 1 MBO-Ä) wurde die Bewertung mancher Fallkonstellationen als Zuweisung gegen Entgelt in Frage gestellt.[409] Bezeichnend war in dieser Beziehung die sowohl in Gerichtsentscheidungen als auch in der einschlägigen Literatur gelegentlich anzutreffende Beliebigkeit der Begriffsverwendung. Beispielsweise benannte das OLG Koblenz[410] die nach Auffassung des Gerichts gegen § 34 MBO-Ä a. F.[411] verstoßende Entgegennahme einer Vergütung für eine Verordnung als „Zuweisung gegen Entgelt" und bezog sich damit konträr zu der eigenen Bewertung auf § 31 MBO-Ä a. F. (nunmehr § 31 Abs. 1 Var. 1 MBO-Ä). Darüber hinaus fanden sich gelegentlich Verweise einiger Autoren auf Gerichtsentscheidungen, die als Beispiel für eine Zuweisung gegen Entgelt herangezogen werden, in denen jedoch § 31 MBO-Ä a. F. gar nicht angesprochen wird.[412]

---

[407] Ein Verweis auf § 34 MBO-Ä ohne gesonderte Nennung des Absatzes findet sich beispielsweise bei OLG Koblenz MedR 2005, 723; *Ratzel,* MedR 1998, 98, 100. Beide Absätze gleichzeitig nennen *Bonvie,* MedR 1999, 64, 65; *Lindemann,* in: Brennpunkte des Wirtschaftsstrafrechts im Gesundheitswesen, S. 9, 17; *Makoski,* MedR 2009, 376, 377.

[408] Vgl. auch zuletzt *Bundesärztekammer,* DÄBl. 2013, A. 2226, A 2230 zu der Gleichsetzung der Begriffe Zuweisung, Empfehlung und Verweisung.

[409] *Kalb,* ZMGR 2005, 290, 295.

[410] MedR 2005, 723 ff.

[411] Ein bestimmter Absatz wurde in der Entscheidung nicht herangezogen.

[412] *Schulenburg,* Rheinisches Ärzteblatt 2008, 16 nennt beispielsweise ein Urteil des OLG Stuttgart (GRUR-RR 2008, 429 ff.) als Beispiel für eine Zuweisung gegen Entgelt (wohl im Sinne von § 31 MBO-Ä), während in dem Urteil selbst an keiner Stelle § 31 MBO-Ä angesprochen wird. Ebenso erwähnt *Ratzel,* in. Ratzel/Lippert, MBO-Ä, § 31 Rn. 36 ohne nähere Erläuterung ein Urteil des OLG Frankfurt (NJW 2000, 1797 ff.) als Einzelfall von § 31 MBO-Ä, welches sich ebenfalls nicht zu § 31 MBO-Ä, sondern zu § 34 Abs. 5 MBO-Ä äußert.

Ob nach der Neufassung der betreffenden Normen in § 31 MBO-Ä nunmehr eine genauere Benennung der einschlägigen Absätze oder Varianten erfolgen wird, darf deshalb durchaus angezweifelt werden. Zwar mag das Anliegen einer vereinfachten Darstellung damit erklärbar sein, dass häufig lediglich im Ergebnis aufgezeigt werden soll, durch welche Verhaltensweisen den Anforderungen der Berufsordnung widersprochen wird. Dem Anspruch einer systematischen Aufbereitung kann ein solches Ansinnen allerdings nicht genügen. Eine Konkretisierung des Anwendungsbereichs der einzelnen Absätze des § 31 MBO-Ä erscheint schließlich nicht zuletzt vor dem Hintergrund angezeigt, dass Verstöße gegen die Berufsordnung sanktionsbewehrt sind.[413] Dem damit einhergehenden Bedürfnis nach Einhaltung des Bestimmtheitsgebotes kann indes nur dann Genüge getan werden, wenn die Bedeutung der einzelnen Tatbestandsmerkmale eindeutig fest steht.

§ 3 Unerlaubte Zuweisung von Patientinnen und Patienten gegen Entgelt gem. § 31 Abs. 1 MBO-Ä

§ 31 Abs. 1 MBO-Ä untersagt es Ärztinnen und Ärzten, für die Zuweisung von Patientinnen und Patienten oder Untersuchungsmaterial oder für die Verordnung oder den Bezug von Arznei- oder Hilfsmitteln oder Medizinprodukten ein Entgelt oder andere Vorteile sich versprechen oder gewähren zu lassen oder selbst zu versprechen oder zu gewähren. § 31 Abs. 1 MBO-Ä benennt somit als Fragmente einer Beeinträchtigung der ärztlichen Unabhängigkeit die Verknüpfung eines Vorteils mit der Zuweisung von Patientinnen und Patienten oder Untersuchungsmaterial, mit der Verordnung von Arzneimitteln, Hilfsmitteln oder Medizinprodukten oder mit dem Bezug der letztgenannten Mittel. Ein Verstoß gegen § 31 Abs. 1 MBO-Ä wird damit im Unterschied zu § 31 Abs. 2 MBO-Ä durch das Vorhandensein eines Entgeltmoments charakterisiert. Innerhalb des § 31 Abs. 1 MBO-Ä ist hingegen zu differenzieren, ob eine Zuweisung, eine Verordnung oder ein Bezug gegeben ist.

Dargestellt werden zunächst die tatbestandlichen Voraussetzungen der Norm.[414] Die berufsgerichtliche Ahndung einer Berufspflichtverletzung[415] setzt ferner ein

---

[413] Vgl. für Nordrhein Westfalen bspw. § 60 HeilBerG NW, wonach auf eine Warnung, einen Verweis, die Entziehung des passiven Berufswahlrechts, eine Geldbuße bis zu 50.000 EUR oder die Feststellung der Unwürdigkeit zur Ausübung des Berufes erkannt werden kann. Siehe weiterführend zu den berufsrechtlichen Sanktionen Laufs/Katzenmeier/*Lipp,* Arztrecht, Kap. II Rn. 33; Ratzel/*Lippert,* MBO-Ä§ 2 Rn. 29; *Rehborn,* GesR 2004, 170, 175 f.; *Ruffert,* in: Kluth, Hdb Kammerrecht, § 10 Rn. 12.

[414] Vgl. zur Unterscheidung von Tatbestandsmäßigkeit, Rechtswidrigkeit und Schuld bei einer Berufspflichtverletzung *Ziegenhagen,* Berufsgerichtsbarkeit, S. 207 ff.

[415] Vgl. zur Formulierung §§ 58a Abs. 1; 59 Abs. 1 HeilBerG NRW. Zu der Terminologie in anderen Heilberufs- und Kammergesetzen Laufs/Katzenmeier/*Lipp,* Arztrecht, Kap. II Rn. 32 Fn. 76.

rechtswidriges und schuldhaftes Verhalten voraus.[416] An die Erörterung der Tatbestandsmerkmale werden deshalb auch die diesbezüglich spezifisch bei § 31 Abs. 1 MBO-Ä zu beachtenden Anforderungen angeschlossen.

A. „Zuweisung von Patientinnen und Patienten oder Untersuchungsmaterial"

Nach verbreiteter Lesart soll der Terminus „Zuweisung" jede Überweisung oder Auftragserteilung zwischen Ärzten – auch unter Gesellschaftern – erfassen.[417] Da der Inhalt einer solchen Auftragserteilung jedoch regelmäßig in der Durchführung weiterer diagnostischer oder therapeutischer Maßnahmen liegt, dürfte damit kein von der Überweisung zu unterscheidender Vorgang, sondern nur eine spezielle Fallgruppe dieser Vermittlungsform beschrieben sein.[418] „Zuweisung" wird demzufolge vor allem mit der „Überweisung" gleichgesetzt, wobei dies aufgrund der Verwandtschaft der Wortbestandteile auch zunächst naheliegend erscheint.[419] Die Legitimation für die Bewertung der Verordnung von Krankenhausbehandlung als „Zuweisung" könnte insofern ebenfalls in der sprachlichen Überschneidung von Zuweisung und Einweisung zu sehen sein.

Das vorgenannte Verständnis der „Zuweisung" als „Überweisung" oder „Einweisung" bedeutet im Hinblick auf die möglichen Empfänger allerdings, dass § 31 Abs. 1 Var. 1 MBO-Ä nur bei der Bewertung von Kooperation mit ärztlicher Beteiligung auf beiden Seiten herangezogen werden kann.[420] Dem entspricht, dass § 31 MBO-Ä a.F. in der Regel nur in einen Zusammenhang mit einer Beeinträchtigung der freien Arztwahl gestellt wurde, eine möglicherweise bestehende freie Leistungserbringerwahl[421] jedoch unerörtert blieb.[422] Einige äu-

---

[416] Laufs/Katzenmeier/*Lipp*, Arztrecht, Kap. II Rn. 32.
[417] *Buchner/Jäkel*, in: Stellpflug/Meier/Tadayon, Hdb Medizinrecht, B 1000, Rn. 290; *Krafczyk/Lietz*, ZMGR 2010, 24, 25; ähnlich BGH NJW 1986, 2360, 2361; *Kalb*, ZMGR 2005, 290, 295; *Ratzel/Knüpper*, in: Ratzel/Luxenburger, Hdb Medizinrecht, § 5 Rn. 154; *Ratzel*/Lippert, MBO-Ä, § 31 Rn. 3; offenbar auch OLG Hamburg NJWE-WettbR 1997, 194, 195: „... offensichtlich meint Zuweisung in dieser Vorschrift [§ 22 BO-Ä Bayern = § 31 MBO-Ä] eine Tätigkeit im Rahmen ärztlicher Versorgung, wozu die Beklagte [eine GmbH, die zum Gegenstand die Vermittlung von Ärzten auf privatwirtschaftlicher Grundlage in medizinischen Notfällen hat] gar nicht in der Lage ist."
[418] Vgl. auch BGH NJW 1986, 2360, 2361; siehe zur Definition der Überweisung S. 35.
[419] Ähnlich Berufsgericht für Heilberufe beim VG Köln Urt. v. 5.6.2009 – 35 K 563/09, BeckRS 2011, 47760.
[420] So ausdrücklich für § 31 MBO-Ä a.F. *Kalb*, ZMGR 2005, 290, 295; vgl. ferner die Umschreibung des üblichen Anwendungsbereiches auf S. 85.
[421] Dazu S. 132.
[422] Vgl. insofern *Ahrens*, MedR 1992, 141, 146; *Dahm*, MedR 1998, 70, 73; *Reiling*, MedR 1998, 273; in diese Richtung auch *Schulenburg*, Rheinisches Ärzteblatt 2002, 17.

§ 3 Unerlaubte Zuweisung von Patienten gegen Entgelt

ßern zudem ausdrücklich die Ansicht, dass die Beurteilung der Zusammenarbeit mit (nichtärztlichen) Dritten von dem Anwendungsbereich des § 31 MBO-Ä a. F. auszunehmen und ausschließlich § 34 MBO-Ä a. F. zu unterstellen sei.[423] Die Kooperation mit Krankenhäusern wird dabei ohne weiteres dem ärztlichen Bereich zugeordnet.[424] Da ein Krankenhaus jedoch allein schon wegen des pflegerischen Anteils nicht als eine rein ärztliche Einrichtung betrachtet werden kann[425], ist daraus zu schließen, dass eine Zuweisung im Sinne von § 31 Abs. 1 Var. 1 MBO-Ä zumindest auch im Verhältnis zu nicht ausschließlich ärztlichen Kollektiven als einschlägig erachtet wird.[426]

Die vorangegangene Beschreibung der Zuweisung kann allerdings keineswegs als allgemeingültige Lesart dieses Merkmals aufgefasst werden. Es finden sich zwar kaum anderweitige ausdrückliche Auseinandersetzungen mit der Definition[427], jedoch wurde der Zweck des § 31 MBO-Ä a. F. vielfach in einer Weise ausgedrückt, die auch eine weitergehende Interpretation nahezulegen vermag. Danach soll die Norm jede Art der Patientenvermittlung gegen Entgelt oder sonstige Vorteile verhindern, die ihren Grund nicht in der Behandlung selbst haben.[428] Eine Vermittlung des Patienten kann jedoch, wie am Anfang bereits aufgezeigt, nicht nur durch eine Überweisung, sondern auch durch eine Verordnung oder Empfehlung erfolgen.[429] Da die letztgenannten Zuführungsmethoden nichtärztliche Dritte als Empfänger einschließen, könnte Zuweisung ebenso in einem weiteren Sinne zu verstehen sein.

Ein derartiges Verständnis deuten überdies einige Entscheidungen der Rechtsprechung an, die bei Zusammenarbeitsformen mit nicht-ärztlichen Partnern Verstöße gegen die § 31 MBO-Ä a. F. entsprechenden Landesvorschriften in Betracht gezogen haben. Allerdings sind auch gegenläufige Beurteilungen existent, so dass die Auffassung der Rechtsprechung in dieser Beziehung keineswegs als homogen bezeichnet werden kann.

---

[423] *Kalb*, ZMGR 2005, 290, 295; *Lindemann*, in: Brennpunkte des Wirtschaftsstrafrechts im Gesundheitswesen, S. 17; *Makoski*, MedR 2009, 376, 377.

[424] *Kalb*, ZMGR 2005, 290, 294 f.; *Lindemann*, in: Brennpunkte des Wirtschaftsstrafrechts im Gesundheitswesen, S. 13; *Makoski*, MedR 2009, 376, 377 f.

[425] Vgl. bspw. § 2 Nr. 1 KHG: „Krankenhäuser [sind] Einrichtungen, in denen durch ärztliche und pflegerische Hilfeleistung Krankheiten, Leiden oder Körperschäden festgestellt, geheilt oder gelindert werden sollen oder Geburtshilfe geleistet wird und in denen die zu versorgenden Personen untergebracht und verpflegt werden können."

[426] So ohnehin *Taupitz*, MedR 1993, 367 ff. unter Bezugnahme auf das Beispiel des Gesundheitszentrums, bei dem ärztliche und nichtärztliche Mitarbeiter zusammenwirken.

[427] Eine Ausnahme bildet *Scholz*, in: Spickhoff, Medizinrecht, § 31 MBO Rn. 2.

[428] *Lindemann*, in: Brennpunkte des Wirtschaftsstrafrechts im Gesundheitswesen, S. 9, 13; *Makoski*, MedR 2009, 376, 377; *Ratzel*/Lippert, MBO-Ä, § 31 Rn. 3; *Schulenburg*, Rheinisches Ärzteblatt 2008, 16.

[429] Teil 2.

Das Berufsgericht für Heilberufe beim Verwaltungsgericht Köln[430] und Landesberufsgericht für Heilberufe Münster[431] bewerteten etwa die Abgabe von Verschreibungen über Zytostatika Zubereitungen an Apotheker unter anderem wegen Verstoßes gegen das § 31 Abs. 1 Var. 1 MBO-Ä entsprechende Zuweisungsverbot für unzulässig. Die Apotheker bezogen die Zytostatika dabei jeweils vornehmlich über eine Gesellschaft, deren Unternehmensgegenstand auch die Herstellung dieser Medikamente vorsah und an der sowohl die Apotheker als auch die verordnenden Onkologen Geschäftsanteile hielten. In einer Entscheidung des BGH aus dem Jahr 2002 wurde § 31 BO-Ä Hessen bei der Zusammenarbeit mit einem Hörgeräteakustikunternehmen zunächst erörtert und im Ergebnis lediglich wegen des Fehlens der Voraussetzung Entgelt „für" die Zuweisung abgelehnt.[432]

Hingegen verneinte das OLG Celle im Verhältnis zu einer auf Hörgeräteversorgung spezialisierten Firma eine Zuweisung i. S. v. § 31 MBO-Ä a. F., wenn es den Patienten wie in dem zugrundeliegenden Fall überlassen bleibt, ob sie der Empfehlung des HNO-Arztes folgen wollen.[433] Denn nach Ansicht des Gerichts erfülle die Empfehlung nicht die für die Zuweisung aufzustellende Voraussetzung, dass jene an einen konkreten Leistungserbringer erfolgt.[434] Von diesem Standpunkt aus kann bei einer Zuführung des Patienten an nichtärztliche Dritte mittels Empfehlung dementsprechend keine Zuweisung i. S. v. § 31 Abs. 1 Var. 1 MBO-Ä in Betracht gezogen werden.

Unterdessen bejahte das LG Münster in einer späteren Entscheidung die Rechtswidrigkeit einer solchen Konstellation wegen Verwirklichung der parallelen Landesvorschrift von § 31 Abs. 1 Var. 1 MBO-Ä.[435] Der BGH sah schließlich zuletzt in der Zusammenarbeit eines HNO-Arztes mit einem im Bereich der Hörgeräteversorgung tätigem Aktienunternehmen eine Verletzung des § 31 BO-Ä Niedersachen und erkannte ausdrücklich die Anwendbarkeit des § 31 MBO-Ä a. F. auf jede Patientenzuführung an die in § 34 Abs. 5 MBO-Ä a. F. genannten Leistungserbringer an.[436] Dieser Ansicht schloss sich das Landesberufsgericht für Heilberufe Münster im Folgenden für eine Kooperation zwischen Ärzten und Apothekern an.[437]

---

[430] Urt. v. 5.6.2009 – 35 K 563/09, BeckRS 2011, 47760, dort auch zum folgenden Text.
[431] Urt. v. 6.7.2011 – 6t A 1816/09.T, juris.
[432] NJW 2002, 962, 964. Ob darin bereits die eindeutige Feststellung zu sehen ist, dass § 31 Abs. 1 Var. 1 MBO-Ä grundsätzlich auch im Verhältnis zu Hörgeräteakustikern (und somit bei Nicht-Ärzten) gilt, dürfte allerdings zu bezweifeln sein, da sich das Gericht in der Entscheidung mit dem Merkmal Zuweisung gar nicht explizit auseinandersetzte. Eine abweichende Auffassung vertritt diesbezüglich aber offenbar BGH GRUR 2011, 345, 351.
[433] NJOZ 2008, 3495, 3500.
[434] Vgl. OLG Celle NJOZ 2008, 3495, 3500.
[435] Urt. v. 21.1.2008 – 16 O 1/08, BeckRS 2008, 12764.
[436] Vgl. BGH GRUR 2011, 345, 351.

§ 3 Unerlaubte Zuweisung von Patienten gegen Entgelt 91

In der Literatur finden sich ebenfalls Andeutungen, dass einzelne Formen der Zusammenarbeit des Arztes mit nichtärztlichen Dritten an § 31 Abs. 1 Var. 1 MBO-Ä zu messen seien. Schulenburg nennt in diesem Zusammenhang etwa die Beteiligung des Arztes an Hilfsmittelunternehmen, wie Sanitätshäusern, Hörgeräteakustikern und Orthopädieschuhmachermeistern.[438] Bonvie bezeichnet das Zuführen von Patienten zu Hörgeräteakustikern und ambulanten Rehabilitationseinrichtungen als deren Zuweisung.[439] Auch Vergünstigungen für ein bestimmtes Arzneimittelverordnungsverhalten werden im Zusammenhang mit dem Zuweisungsverbot erörtert.[440] Einige führen sogar explizit aus, dass jenes nicht auf die Beziehungen von Ärzten untereinander zu beschränken sei, sondern auch die „Zuweisung" von Nichtärzten oder an Nichtärzte erfasst werden könne.[441] Eine Zuweisung sei dementsprechend in jeder Einwirkung auf den Patienten zu sehen, die dessen Wahl unter Ärzten und anderen Leistungserbringern beeinflusst.[442] Diese offene Formulierung legt es unterdessen nahe, entgegen der zuvor erörterten Auffassung des OLG Celle als Form der Zuweisung auch die Empfehlung zu erfassen. Denn wie bereits aufgezeigt wurde[443], ist diese gleichfalls geeignet, auf die Entscheidung des Patienten Einfluss zu nehmen.

Insgesamt lassen sich damit Ansätze für ein eher weites Zuweisungsverständnis erkennen, welches jede Art der Patientenzuführung beinhalten könnte und damit auch die Verordnung und Empfehlung einschließen würde. Da diese Zuführungsformen das einzige Mittel für eine Vermittlung des Patienten zwischen Arzt und Nichtarzt darstellen[444], könnte eine Zuweisung folglich im Verhältnis zu jedem Leistungserbringer im Gesundheitswesen erfolgen.

Ein solch offenes Verständnis des § 31 Abs. 1 Var. 1 MBO-Ä ist allerdings nicht von vornherein frei von jeglichen Bedenken. Einerseits muss sowohl die Vereinbarkeit mit den anderen Varianten des § 31 Abs. 1 MBO-Ä, insbesondere mit § 31 Abs. 1 Var. 2 MBO-Ä, andererseits auch die mit § 31 Abs. 2 MBO-Ä

---

[437] Urt. v. 6.07.2011 – 6t A 1816/09.T, Rn. 68 ff. juris.
[438] Rheinisches Ärzteblatt 2009, 18.
[439] *Bonvie*, MedR 1999, 64.
[440] *Bonvie*, in: Arbeitsgemeinschaft Medizinrecht, S. 827, 835; *Wollersheim*, in: Terbille, MAH Medizinrecht, § 5 Rn. 182, 186 mit der Besonderheit, dass die Vorteile nicht von Anbietern im Gesundheitswesen, sondern durch die Boni- und Rabattregelungen des SGB V gewährt werden.
[441] BGH GRUR 2011, 345; 351; OLG Hamm NJW 1985, 679, 680; *Scholz*, in: Spickhoff, Medizinrecht, § 31 MBO Rn. 2; *Taupitz*, MedR 1993, 367, 373, wohl auch *Bonvie*, MedR 1999, 64; *ders.*, in: Arbeitsgemeinschaft Medizinrecht, S. 827, 835 f.; *Köber*, A/ZusR 2004, 33, 34; *Schulenburg*, Rheinisches Ärzteblatt 2009, 18; *Stumpf/Voigts*, MedR 2009, 205, 209; offen *Ratzel/Lippert*, MBO-Ä, § 31 Rn. 3 ff., 35 ff., der sich zunächst nur auf ärztliche Kooperationen bezieht, dann aber als weitere Einzelfälle des § 31 MBO-Ä auch die Zusammenarbeit mit Nicht-Ärzten nennt.
[442] *Scholz*, in: Spickhoff, Medizinrecht, § 31 MBO Rn. 2.
[443] Teil 2: § 4.
[444] Siehe Teil 2: § 2.

und § 34 Abs. 1 MBO-Ä hinterfragt werden, die durch die Benennung von Verordnung und Empfehlung ebenfalls bestimmte Formen der Patientenzuführung betreffen. Denn deren Existenz könnte möglicherweise bei einem zu weit gesteckten Zuweisungsbegriff hinfällig sein. Ein solches Ergebnis dürfte jedoch gerade mit Blick auf die jüngste Einfügung in § 31 MBO-Ä eher fernliegen. Zudem könnte eine Patientenvermittlung im Sinne der eingangs benannten Zweckumschreibung andererseits voraussetzen, dass der Überantwortete aus der Sicht beider Kooperationspartner als Patient zu bezeichnen sein muss. Wird als Prämisse vorausgesetzt, dass eine überantwortete Person nicht aus der Sicht aller erdenklichen Empfänger im Gesundheitswesen mit dem Attribut Patient zu versehen ist, könnte sodann wiederum eine enger gefasste Interpretation vorzuziehen sein.

Da diejenigen, die den Zweck des § 31 MBO-Ä a. F. mit der zu verhindernden Patientenvermittlung beschreiben[445], die diesbezüglich gewollte Lesart zumeist nicht erhellen, bleibt letztlich offen, welche Lenkungsformen die Zuweisung erfasst. Ungeklärt verbleibt somit, ob § 31 Abs. 1 Var. 1 MBO-Ä auch die Vermittlung von Patienten von und an Nichtärzte sowie die Vermittlungsvarianten Empfehlung und Verordnung erfasst. Es ist daher geboten, den Inhalt der Zuweisung mit Hilfe der Auslegungsmethoden näher zu ermitteln.

I. Grammatikalische Interpretation

Die Basis und zugleich den begrenzenden Rahmen einer jeden Auslegung bildet der Wortsinn der Norm.[446] Sofern bereits auf diesem Weg ein zweifelfreies und eindeutiges Ergebnis erlangt werden kann, ist jeder Raum für weitere Auslegungsschritte genommen.[447]

Die „Zuweisung von Patienten[448] oder Untersuchungsmaterial" wird ebenso wie die übrigen Merkmale des § 31 MBO-Ä durch die Musterberufsordnung der Ärzte nicht eigens definiert. Maßgebend für die weitere Deutung des Begriffs ist damit der allgemeine Sprachgebrauch. „Zuweisung" beschreibt in diesem Sinne als Substantivierung des Verbs „zuweisen"[449] einen Vorgang, bei dem jemand „als befugte Instanz (mit einem diesbezüglichen Hinweis) zuteilt".[450] Synonym können diesbezüglich auch die Begriffe „überantworten" oder „zuschieben" herangezogen werden.[451]

---

[445] Vgl. Fn. 428.
[446] BGHZ 46, 74, 76; *Larenz/Canaris,* Methodenlehre, S. 141, 163 f.; *Looschelders/ Roth,* Juristische Methodik, S. 130.
[447] BVerfGE 78, 350, 357; *Schmalz,* Methodenlehre, Rn. 234 f.
[448] Zur Abkürzung wird der Begriff „Patient" fortan im geschlechtsneutralen Sinne verwendet.
[449] *Duden,* Deutsches Universalwörterbuch, *Zuweisung.*
[450] *Duden,* Deutsches Universalwörterbuch, *zuweisen.*
[451] *Duden,* Das Synonymwörterbuch, *zuweisen.*

Als „befugte Instanz" könnte der Arzt unterdessen insofern zu betrachten sein, als dass ihm die Approbation gem. § 1 Abs. 1, 5 BÄO die Befugnis zur Ausübung der Heilkunde unter der Berufsbezeichnung „Arzt" verleiht.[452] Nach der Legaldefinition § 1 Abs. 2 HeilPraktG ist unter Heilkunde „jede berufs- oder gewerbsmäßig vorgenommene Tätigkeit zur Feststellung, Heilung oder Linderung von Krankheiten, Leiden oder Körperschäden bei Menschen" zu verstehen, „auch wenn sie im Dienste von anderen ausgeübt wird."[453] Eine Heilbehandlung erschöpft sich allerdings nicht allein in solchen Maßnahmen, die der Arzt selbst erbringen kann, wie etwa die Untersuchung oder bestimmte Formen der Therapie. Denn als wesentlicher Bestandteil einer auf Feststellung, Heilung oder Linderung gerichteten Behandlung ist vielmehr auch die Veranlassung weiterer Gesundheitsleistungen[454] und somit die Übermittlung an andere Leistungserbringer anzusehen.[455]

Wie vorstehend bereits festgestellt, kann diese Zuführung jedoch nicht nur durch eine Überweisung, sondern auch durch eine Verordnung geschehen.[456] Die Ermächtigung des Arztes zur Vornahme dieser Vermittlungsformen, lässt sich dabei zum einen aus dem Arztvertrag und zum anderen aus den Normen herleiten, die eben diese Zuführungsarten regeln.[457] Für die Empfehlung existiert zwar keine solche gesetzliche Grundlage. Aus dem Behandlungsvertrag ergeben sich jedoch ebenfalls eine entsprechende Berechtigung und gegebenenfalls sogar die Pflicht zum Aussprechen einer solchen Empfehlung.[458] Da der Arzt somit jeweils über die Befugnis zur Vornahme der angesprochenen Übermittlungsarten verfügt, könnte deren Ausführung zugleich als „Zuteilen durch eine befugte Instanz" im Sinne des allgemeinen Sprachgebrauchs aufgefasst werden.

Möglicherweise gebieten die Ausdrücke „zuweisen" und „zuteilen" gleichwohl eine einschränkende Interpretation der Art und Weise der Überantwortung von Patienten, die bestimmte Formen ausschließen könnte. Diese Richtung deutet ein Urteil des OLG Celle an, welches die Subsumtion einer Empfehlung unter das Merkmal der Zuweisung mit der Begründung ablehnte, dass dem Patienten „anders als bei der Zuweisung an einen konkreten Leistungserbringer" bei der Emp-

---

[452] Vgl. zudem *Deutsch/Spickhoff,* Medizinrecht, Rn. 25 ff.; *Narr,* Ärztliches Berufsrecht, A 1; *Schelling,* in: Spickhoff, Medizinrecht, § 2 BÄO Rn. 1.
[453] Zur Eignung dieser Definition zur Beschreibung der ärztlichen Tätigkeit *Narr,* Ärztliches Berufsrecht, A 3 ff.
[454] Vgl. diesbezüglich die Auflistung in Teil 1: § 1 A.I.2.
[455] So erfasst nach *Schelling,* in: Spickhoff, Medizinrecht, § 1 HeilPraktG Rn. 8 die Feststellung i. S. d. der Norm „*alle Tätigkeiten,* die die Entscheidung über das Vorliegen einer Krankheit ermöglichen sollen, [...]."
[456] Teil 2.
[457] *Deutsch/Spickhoff,* Medizinrecht, Rn. 114; *Kern,* in: Laufs/Kern, Hdb Arztrecht, § 52 Rn. 3 ff. (für die Verschreibung); siehe zu den jeweiligen Normen Teil 2.
[458] BGH GRUR 2011, 345, 348.

fehlung die Entscheidung überlassen bleibe, ob er dieser nachkommen wolle.[459] Für eine Zuweisung könnte somit ein gewisses Verbindlichkeitsmoment in der Hinsicht zu verlangen sein, dass die der Zuteilung innewohnende Entscheidung von dem Empfänger hingenommen werden muss. Als charakteristisch für eine Zuweisung wäre dann anzusehen, dass dem Patienten anderweitige Entscheidungsalternativen verschlossen bleiben.[460]

Innerhalb des Vergleichs der nach der Interpretation des OLG Celle aus dem Zuweisungsbegriff auszunehmenden Empfehlung mit der wohl unstreitig dem Merkmal unterfallenden Überweisung kann allerdings in Frage gestellt werden, ob sich beide Varianten im Hinblick auf ihre Verbindlichkeit tatsächlich in dem von dem Gericht angenommenen Sinne unterscheiden. Zwar ist dem OLG Celle zuzugeben, dass der Patient durch eine Empfehlung in rechtlicher Hinsicht nicht an einen Leistungserbringer gebunden werden kann.[461] Bei der Überweisung untersagen hingegen § 24 Abs. 5 S. 1 BMV-Ä und § 27 Abs. 5 S. 1 EKV dem Arzt von speziellen Ausnahmen abgesehen, den Überweisungsempfänger in dem Überweisungsschein namentlich vorschreiben.[462] Dies dient nach dem Wortlaut der Vorschriften gerade dem Zweck, das freie Arztwahlrecht zu gewährleisten.[463] Unterdessen darf nicht verkannt werden, dass der Patient sich bei einer Empfehlung aufgrund seines Vertrauens in die ärztliche Autorität in Gesundheitsfragen ebenfalls dazu veranlasst sehen kann, Vorgaben des Arztes zu befolgen. Dies gilt umso mehr, wenn der Patient von sich aus darum gebeten hat. Wird ihm gar ein Beratungsbedarf von dem Arzt aufgezeigt, kann die Entstehung einer Drucksituation für einen nicht unerheblichen Teil der Patienten kaum von der Hand gewiesen werden.[464] Denn es gilt insofern zu berücksichtigen, dass sich Patienten im Hinblick auf ihre Gesundheit und die ihrer Angehörigen häufig auf den Arzt angewiesen fühlen. Es ist daher davon auszugehen, dass Patienten in besonderem Maße um das Wohlwollen ihres Arztes bemüht sind und folglich versuchen werden, alles zu vermeiden, wodurch sie eine Verärgerung des Arztes hervorrufen könnten. Nicht zuletzt auch Dankbarkeit kann sie infolgedessen dazu veranlassen, solcherart sachfremde Motive in ihren Entscheidungsprozess über die Auswahl eines Leistungserbringers einfließen zu lassen. Es lässt sich mithin feststellen, dass zumindest in qualitativer Hinsicht bei der Überweisung und der Empfehlung keine Unterschiede in der Effektivität der Patientenlenkung be-

---

[459] NJOZ 2008, 3495, 3500.
[460] Siehe zu der Frage einer Beeinträchtigung des freien Arzt- bzw. Leistungserbringerwahlrechts durch eine pekuniär veranlasste Lenkung des Patienten Teil 3: § 3 A. IV.1.e).
[461] Vgl. Teil 2: § 4.
[462] Siehe Teil 2: § 1 A.I.
[463] Dazu Teil 2: § 1 A.II.
[464] So ausdrücklich für eine Empfehlung von Krankenhäusern OLG Düsseldorf MedR 2009, 664, 667; ferner OLG Stuttgart GRUR-RR 2008, 429, 434 für die Empfehlung eines Brillenherstellers, dort jeweils auch zum folgenden Text.

§ 3 Unerlaubte Zuweisung von Patienten gegen Entgelt

stehen. Die vom OLG Celle offenbar geforderte rechtliche Verbindlichkeit erscheint deswegen als eine zu formale Betrachtungsweise. Sie kann mithin kein geeignetes Kriterium begründen, um die Empfehlung auszuklammern.[465]

Schließlich kann ohnehin in Frage gestellt werden, ob dem Begriff des Zuweisens nur der eingangs erörterte Wortsinn einer jede Alternative ausschließenden Zuteilung beigemessen werden kann. Denn wird das „zu" in zuweisen lediglich als Indikator für die Angabe einer bestimmten Richtung aufgefasst[466], kann daraus auch abgeleitet werden, dass die Zuweisung nur generell den Fall einer auf einen personifizierten Empfänger ausgerichteten Zuführung beschreibt.[467] Ausschließlich diese Konstellation lässt im Übrigen die Gewährung materieller Vorteile nachvollziehbar erscheinen, da kein Anlass dafür denkbar ist, eine Gegenleistung für eine nicht an die eigene Person gebundene Überantwortung des Patienten zu erbringen. Die isolierte Betrachtung des Wortes „Zuweisung" führt mithin zu mehreren Deutungsmöglichkeiten und gebietet folglich keine Einengung auf eine bestimmte Vermittlungsart. Sie erschöpft sich damit nicht von vorneherein in der Überweisung.[468]

Gegebenenfalls zwingt jedoch die zusammenhängende Betrachtung der Zuweisung mit den Bezugspunkten Patient und Untersuchungsmaterial dazu, diese auf die Vermittlungsformen Überweisung und Einweisung einzuschränken. So könnte, wie bereits eingangs angedeutet, die Zuweisung von Patienten voraussetzen, dass der Zugewiesene auch aus Sicht des Empfängers als Patient zu bezeichnen ist.

Dies erfordert zunächst die Feststellung, wie der Begriff des Patienten überhaupt zu verstehen ist, da diese Voraussetzung durch die Musterberufsordnung der Ärzte ebenfalls nicht definiert wird. Im wortsprachlichen Sinne wird als Patient unterdessen allgemein eine von einem Arzt oder Angehörigen anderer Heilberufe behandelte oder betreute Person bezeichnet.[469] Patient ist somit generell jemand, der eine Heilbehandlung erfährt.[470] Verwendet wird die Beschreibung dabei aus der Sicht desjenigen, der die Person behandelt oder betreut bzw. diese Perspektive einnimmt.[471]

Aus der obigen Definition folgt einerseits, dass mit dem Attribut Patient nicht nur ausschließlich derjenige versehen werden kann, der sich in der Behandlung

---

[465] Ohne nähere Begründung im Ergebnis auch BGH GRUR 2011, 345, 351.
[466] *Duden*, Das große Wörterbuch der deutschen Sprache, *zu*.
[467] So dann auch OLG Celle NJOZ 2008, 3495, 3500.
[468] Siehe auch Berufsgericht für Heilberufe beim VG Köln Urt. v. 5.6.2009 – 35 K 563/09, BeckRS 2011, 47760.
[469] *Duden*, Wörterbuch der deutschen Sprache, *Patient*.
[470] OLG Hamm NJW 1985, 679; 680; *Scholz*, in: Spickhoff, Medizinrecht, § 31 MBO Rn. 2 unter Bezugnahme auf. § 1 Abs. 2 HPG; *Taupitz*, MedR 1993, 365, 373.
[471] *Duden*, Wörterbuch der deutschen Sprache, *Patient*.

eines Arztes befindet. Die Wendung Patient gebietet mithin aus sich heraus keine Beschränkung auf rein ärztliche Kooperationen. Auf der anderen Seite bedeutet sie jedoch zugleich, dass eine Person, die Dienste von jemandem in Anspruch nimmt, der keinen Heilberuf ausübt, nicht als dessen Patient begriffen werden kann.

Die Ausübung eines Heilberufs ist unterdessen, ohne auf deren im Einzelnen schwer zu bestimmenden Inhalt[472] und die damit zusammenhängende Spezifizierung der Berufsgruppen dezidiert eingehen zu wollen, nur einem durch die gesetzlichen Ermächtigungen eingegrenzten Personenkreis vorbehalten.[473] Wird nunmehr die Zuführung an alle Leistungserbringer im Gesundheitswesen durch eine Verordnung oder Empfehlung als Zuweisung erachtet, hat dies jedenfalls zur Konsequenz, dass zu Empfängern einer Patientenzuweisung damit auch Personen werden, aus deren Sicht der Überantwortete nicht Patient im Sinne der obigen Definition ist. Es muss demzufolge erörtert werden, ob die Verwendung des Begriffs Zuweisung von Patienten tatsächlich nur die Deutung zulässt, dass aus der Perspektive beider Kooperationspartner diese Bezeichnung zu verwenden ist.

Dass andere Sichtweisen zumindest denkbar sind, zeigt unterdessen ein Urteil des OLG Hamm[474], welches u.a. die Bewertung entgeltlicher Patientenvermittlungsverträge zwischen Fachärzten für kosmetische Chirurgie und einem nicht unter ärztlicher Mitwirkung geführten Institut für Haarkosmetik zum Gegenstand hatte. Das Gericht betonte im Rahmen der Beurteilung, ob eine Zuweisung gegen Entgelt[475] vorliegt, zwar den Umstand, dass die durch den Zuweisungsempfänger erbrachten Dienste eine Heilbehandlung darstellten und es sich somit bei den vermittelten Personen auch um Patienten im Sinne des Zuweisungsverbots handelte. Das OLG Hamm setzte jedoch gerade nicht voraus, dass die an Haarkosmetik interessierten Personen auch aus der Perspektive des empfangenden Instituts Patienten sein mussten. Das Gericht bewertete vielmehr auch eine Zuführung von Patienten durch einen Nichtarzt ausdrücklich als Zuweisung. Keine Aussage enthält die Entscheidung allerdings dazu, ob eine Zuweisung zugleich dann vorliegt, wenn der Empfänger einer solchen kein Arzt ist.

Nach Taupitz kann eine Patientenzuweisung ebenfalls nur dann vorliegen, wenn an der in Rede stehenden Person die Heilkunde ausgeübt wird.[476] Wann der Zugeführte diese Eigenschaft aufweise, sei jedoch unerheblich. Als Zuwei-

---

[472] Vgl. zu dem Begriff des Heilberufs *Schnitzler,* Recht der Heilberufe, S. 119 ff.
[473] Vgl. § 1 HeilPraktG.
[474] NJW 1985, 679, 680.
[475] § 17 HessBO-Ä enthielt zu dem Zeitpunkt der Entscheidung einen von der damaligen Fassung des heutigen § 31 MBO-Ä (vgl. dazu S. 111 f.) abweichenden Wortlaut. So wurde nur die Zuweisung durch einen Arzt an einen anderen Arzt, eine Krankenanstalt oder ein diagnostisches Institut erfasst. Zudem wurde der Begriff des Kranken offenbar anstatt von Patient verwendet.
[476] MedR 1993, 367, 373, dort auch zum folgenden Text.

§ 3 Unerlaubte Zuweisung von Patienten gegen Entgelt

sung könne deshalb sowohl die Übermittlung an als auch die von einem Arzt beschrieben werden. Daraus ist zu schließen, dass seiner Auffassung nach allein maßgeblich ist, dass die zugeführte Person zu irgendeinem Zeitpunkt eine Heilbehandlung erfährt. Um eine Zuweisung von Patienten anzunehmen, kann sie mithin auch vor der Übermittlung erfolgen.

Diese beiden Betrachtungsweisen legen nahe, dass die Verwendung des Begriffspaars Zuweisung von Patienten sprachlich nicht ausschließlich eine Einengung auf die Überantwortung von Personen zwischen Heilbehandlern gebietet.

Kein anderes Ergebnis ergibt sich im Übrigen aus der Berücksichtigung des Untersuchungsmaterials als weiteren Bezugspunkt der Zuweisung. Da sich die Zuweisung von Untersuchungsmaterial nur als Unterfall der Patientenzuweisung begreifen lässt[477], können aus der damit einhergehenden weiteren Eingrenzung auf deren denkbare Empfänger ohnehin keine verallgemeinerungsfähigen Schlüsse für die Gesamtbetrachtung des Zuweisungsbegriffs gezogen werden.

Die grammatische Auslegung steht somit trotz des ersten Anscheins einem weiten, die Kooperationen von Ärzten und Nichtärzten als auch die unterschiedlichen Vermittlungsformen erfassenden Zuweisungsverständnis nicht von vorneherein entgegen. Möglicherweise zwingen jedoch die weiteren Auslegungsmethoden zu einer eher restriktiven Interpretation.

II. Systematische Interpretation

Um den Vorstellungsinhalt zu ermitteln, den der „Satzungsgeber"[478] dem Tatbestandsmerkmal „Zuweisung" beigemessen hat, ist die Norm im Rahmen der systematischen Auslegung in Beziehung zu den mit ihr zusammenhängenden Vorschriften zusetzen.[479] Die systematische Auslegung baut dabei auf der Annahme auf, dass einzelne Rechtssätze, die der Normgeber in einen sachlichen Zusammenhang gestellt hat, regelmäßig in der Weise zu interpretieren sind, dass sie nach den Gesetzen der Logik miteinander vereinbart werden können.[480] Da somit unterstellt werden kann, dass sachlich Zusammenhängendes so geregelt worden ist, dass die gesamte Regelung einen durchgehenden, verbindlichen Sinn ergibt[481], ist einerseits zu vermuten, dass Tatbestandsmerkmale mit identischer

---

[477] Vgl. dazu S. 85.

[478] Dies sind die jeweiligen Landesärztekammern, wobei zu berücksichtigen ist, dass sich jene wiederum an den Vorgaben der Bundesärztekammer orientieren, die diese mit der Musterberufsordnung für die Ärzte vorzeichnet, vgl. dazu Teil 3: § 1 B. und Teil 3: § 1 C.

[479] *Schmalz*, Methodenlehre, Rn. 239; *Wank*, Auslegung von Gesetzen, S. 55.

[480] *Larenz/Canaris*, Methodenlehre, S. 145 ff.; *Looschelders/Roth*, Juristische Methodik, S. 149.

[481] BVerfGE 48, 246, 257.

Formulierung zumindest innerhalb eines Gesetzes den gleichen Sinngehalt beinhalten.[482] Der Begriff der Zuweisung wird indes in der Musterberufsordnung der Ärzte ausschließlich in § 31 Abs. 1 Var. 1 MBO-Ä verwendet, so dass auf diesem Wege keine weitere Erkenntnis gewonnen werden kann.

Andererseits sollte im Umkehrschluss grundsätzlich davon auszugehen sein, dass der Normgeber mit der Verwendung unterschiedlicher Formulierungen auch einen jeweils voneinander abweichenden Vorstellungsinhalt zum Ausdruck bringen möchte. Eine Konkretisierung des Terminus „Zuweisung" i. S. v. § 31 Abs. 1 Var. 1 MBO-Ä lässt sich somit möglicherweise im Wege einer negativen Abgrenzung zu den anderen Normbestandteilen des § 31 MBO-Ä erreichen, soweit deren Tatbestandselemente im Wesentlichen vergleichbar sind. Denn es lässt sich, wie eingangs schon dargestellt, annehmen, dass der Satzungsgeber keine überflüssige Regelung treffen würde. Sollte sich somit im Rahmen der systematischen Auslegung ergeben, dass für die strukturell mit § 31 Abs. 1 Var. 1 MBO-Ä verwandten Normbestandteile bei einem weit gefassten Zuweisungsbegriff kein eigenständiger Regelungsbereich verbleibt, müsste das Verständnis der Zuweisung entsprechend eingeschränkt werden.

Über den gemeinsamen Anknüpfungspunkt der Zuführung von Patienten im weiteren Sinne kann ein solcher sachlicher Zusammenhang einerseits innerhalb von § 31 Abs. 1 MBO-Ä zu den übrigen neu eingefügten Varianten und andererseits zu dem ebenfalls neu eingegliederten § 31 Abs. 2 MBO-Ä hergestellt werden. Zu untersuchen ist daher, ob das „Verordnen" (§ 31 Abs. 1 Var. 2 MBO-Ä), der „Bezug" (§ 31 Abs. 1 Var. 3 MBO-Ä) oder das „Verweisen" und „Empfehlen" (§ 31 Abs. 2 MBO-Ä) eine Einschränkung des Zuweisungsbegriffs gebieten.

1. Abgrenzung der Zuweisung von der Verordnung
i. S. d. § 31 Abs. 1 Var. 2 MBO-Ä

Durch die Zusammenfassung in einem Absatz aufgrund der Novellierung der Musterberufsordnung wurden die bis dahin bestehenden geringfügigen Abweichungen bei der Formulierung der „Gegenleistung" als auch bei den Varianten der „Entgegennahme" zwischen § 31 MBO-Ä a. F., § 34 Abs. 1 MBO-Ä a. F. und § 33 Abs. 3 MBO-Ä a. F. harmonisiert.[483] Die Zuführungsarten der Zuweisung, der Verordnung und des Bezugs weisen nunmehr eine einheitliche Grundstruktur auf. Es ist damit in Anbetracht der zuvor formulierten Prämisse zu unterstellen, dass der Inhalt der jeweiligen Zuführungsform voneinander abweichen muss, da sich ansonsten einzelne Varianten des § 31 Abs. 1 MBO-Ä von vornherein erübrigen würden. Sofern also die Übermittlung des Patienten über eine Verordnung im Sinne des § 31 Abs. 1 Var. 2 MBO-Ä oder einen Bezug im Sinne von § 31

---

[482] *Zippelius*, Methodenlehre, S. 53.
[483] Vgl. zu den Unterschieden die Ausführungen in Teil 3: § 3 D.

Abs. 1 Var. 3 MBO-Ä erfolgt, kann es sich dabei nicht zugleich um eine Zuweisung im Sinne des § 31 Abs. 1 Var. 1 MBO-Ä handeln. Denn wäre jede Verordnung oder jeder Bezug zugleich eine Zuweisung, könnte kein eigener, über § 31 Abs. 1 Var. 1 MBO-Ä hinausgehender Anwendungsbereich des § 31 Abs. 1 Var. 2, 3 MBO-Ä festgestellt werden.[484] Von dem Zuweisungsbegriff sind folglich die von § 31 Abs. 1 Var. 2, 3 MBO-Ä genannten Verordnungs- und Bezugsmöglichkeiten auszunehmen.

Als Empfänger einer Zuweisung kommen dementsprechend auch die jeweils zu assoziierenden Leistungserbringer nicht in Betracht. Der Anwendungsbereich des § 31 Abs. 1 Var. 1 MBO-Ä könnte insofern doch auf Kooperationen zu Ärzten und Krankenhäusern beschränkt sein. Allerdings kann diese Annahme nur dann Geltung beanspruchen, wenn die Verordnungs- oder Bezugsadressaten nur über eben jene Zuführungsmöglichkeiten durch den Arzt erreicht werden können. Um diese näher zu bestimmen, bedarf es deshalb der Feststellung des Anwendungsbereiches von § 31 Abs. 1 Var. 2 MBO-Ä und § 31 Abs. 1 Var. 3 MBO-Ä.

a) Verordnungsvarianten des § 31 Abs. 1 Var. 2 MBO-Ä

Da sich der Wortlaut des § 31 Abs. 1 Var. 2 MBO-Ä darauf beschränkt, einzelne verordnungsfähige Mittel und Produkte aufzuzählen, ergibt sich zunächst, dass § 31 Abs. 1 Var. 2 MBO-Ä nicht jede allgemein erdenkliche Verordnungsart erfasst. Dies verdeutlicht insbesondere der Vergleich mit den einzelnen Verordnungsformen des § 73 Abs. 2 SGB V.[485] Von § 31 Abs. 1 Var. 2 MBO-Ä nicht berührt werden damit insbesondere die in § 73 Abs. 2 SGB V aufgelisteten Verordnung von Krankenhausbehandlung, Behandlung in einer Vorsorge- oder Rehabilitationseinrichtung, Krankentransport, häuslicher Krankenpflege und Soziotherapie. Im Hinblick auf diese Verordnungsmöglichkeiten und die dahinterstehenden Empfänger besteht somit kein sich aus § 31 Abs. 1 Var. 2 MBO-Ä ergebendes Einschränkungsbedürfnis des § 31 Abs. 1 Var. 1 MBO-Ä.

Hingegen lässt sich die in § 73 Abs. 2 Nr. 7 SGB V geregelte Verordnung von Verbandmitteln, die § 31 Abs. 1 Var. 2 MBO-Ä nicht explizit benennt, unter das Merkmal „Medizinprodukt" subsumieren.[486]

---

[484] Anders aber offenbar das Berufsgericht für die Heilberufe beim VG Köln Urt. v. 5.6.2009 – 35 K 563/09, BeckRS 2011, 47760, S. 5 ff., welches die Abgabe von Zytostatika-Rezepten an bestimmte Apotheken, die diese dann wiederum stets bei der Gesellschaft herstellen ließen, an der auch die Ärzte beteiligt waren, sowohl als Verstoß gegen § 34 Abs. 1 MBO-Ä als auch gegen § 31 MBO-Ä bewertete. Siehe zur rechtlichen Beurteilung ferner Teil 3: § 3 E.IV.
[485] Siehe dazu ausführlich Teil 2: § 2 A.
[486] Vgl. zu der Bewertung von Verbandmitteln als Medizinprodukt *Kügel*, in: Terbille, MAH Medizinrecht, § 9 Rn. 64.

b) Empfängerkreis einer Verordnung nach § 31 Abs. 1 Var. 2 MBO-Ä

Der durch § 31 Abs. 1 Var. 2 MBO-Ä in den Blick genommene Empfängerkreis einer Patientenüberantwortung wird im Gegensatz zu einer früheren Fassung der Norm, die diesbezüglich noch Hersteller und Händler im Normtext ausdrücklich benannte[487], nicht mehr angegeben. Die Adressaten können somit nur indirekt über die in § 31 Abs. 1 Var. 2 MBO-Ä aufgelisteten Verordnungsvarianten bestimmt werden. Bei Betrachtung des Bezugspunktes der Verordnung ist dabei festzustellen, dass § 31 Abs. 1 Var. 2 MBO-Ä nunmehr ausschließlich Mittel benennt, die eindeutig als rein sächlich zu bewerten sind.[488] Wie bereits ausführlich dargelegt wurde, kommen bei einer gegenständlichen Verschreibung als potenziell auf den Arzt einflussnehmende Gruppierungen zum einen die Hersteller der Präparate und zum anderen die jeweiligen Distributoren in Betracht.[489]

Zu den von § 31 Abs. 1 Var. 2 MBO-Ä umfassten Adressaten werden dementsprechend zunächst die Hersteller der betreffenden Produkte gezählt[490], wobei der Schwerpunkt in dieser Beziehung insbesondere bei der pharmazeutischen Industrie liegt.[491] Zum anderen soll ein Verstoß gegen § 34 Abs. 1 MBO-Ä a. F. – und damit im Prinzip auch bei § 31 Abs. 1 Var. 2 MBO-Ä – in Betracht zu ziehen sein, wenn die Vorteilsgewährung durch Handelsgeschäfte von Gesundheitsprodukten und Gesundheitshandwerkern erfolgt.[492]

Es muss allerdings beachtet werden, dass nicht jede entgeltliche Überantwortung von Patienten an die genannten Leistungserbringer ausschließlich § 31 Abs. 1 Var. 2 MBO-Ä unterfällt und folglich nach der eingangs aufgestellten Prämisse von Anwendungsbereich des § 31 Abs. 1 Var. 1 MBO-Ä auszunehmen wäre. Denn § 31 Abs. 1 Var. 2 MBO-Ä setzt voraus, dass die Vorteile „für" die

---

[487] In § 24 Abs. 1 MBO-Ä in der Fassung vom 14. Mai 1983, bestätigt durch den 100. Deutschen Ärztetag von 1997, hieß es: Dem Arzt ist es nicht gestattet, für die Verordnung von Arznei-, Heil- und Hilfsmitteln von dem *Hersteller* oder *Händler* eine Vergütung oder sonstige wirtschaftliche Vergünstigung zu fordern oder anzunehmen; vgl. *Bundesärztekammer*, Stenografischer Wortbericht des 86. Deutschen Ärztetages vom 10. bis 14. Mai 1983 in Kassel, B 18; *Bonvie*, MedR 1999, 64.

[488] § 34 Abs. 1 MBO-Ä nannte darüber hinaus noch die Verordnung von Heilmitteln, deren sächliche Eigenschaft in Frage gestellt werden kann; vgl. dazu nachfolgend Teil 3: § 3 A.II.1.c).

[489] Siehe dazu Teil 2: § 2 A.II.

[490] So zu § 34 Abs. 1 MBO-Ä a. F. *Bundesärztekammer*, DÄBl. 2007, S. A-1607, A-1608; *Bonvie*, MedR 1999, 64, 65 unter Hinweis auf OLG Hamburg, Urt. v. 12.3.1992 – 3 U 126/91; *Schlegel/Marcus*, Der Kassenarzt 2007, 52.

[491] Ebenfalls noch zu § 34 Abs. 1 MBO-Ä a. F. *Frehse/Kalb*, Arzt und Industrie, S. 36.

[492] OLG Hamburg Urt. v. 12.3.1992 – 3 U 126/91 bei Bonvie, MedR 1999, 64, 65; *Bonvie*, in: Arbeitsgemeinschaft Medizinrecht, S. 827, 835 f.; *Frehse/Kalb*, Arzt und Industrie, S. 36.

spezielle Zuführungsweise der Verordnung gewährt wurden. Es muss daher stets das aus diesem Merkmal abgeleitete Erfordernis einer Unrechtsvereinbarung vorliegen.[493] Ohne bereits an dieser Stelle auf die Ausgestaltung dieses speziellen Zusammenhangs zwischen Verordnung und Vorteil dezidiert eingehen zu wollen[494], kann indes vorausgeschickt werden, dass die notwendige Verknüpfung jedenfalls dann nicht gegeben ist, wenn der Vorteil für eine Empfehlung[495] und somit für eine andere Leistung als eine Verordnung gewährt wird.

Aus der Sicht der Hersteller ist es unter dem Gesichtspunkt der Rentabilität naheliegend, „für" die Verordnung ein Entgelt zu zahlen, wenn jene das eigene Mittel oder Produkt beinhaltet. Denn dadurch wird er mittelbar ausgewählt und gegenüber seinen Konkurrenten bevorzugt.[496] Mit dieser Betrachtungsweise stimmt auch die Ansicht des Berufsordnungsgremiums der Bundesärztekammer überein. Diese sah den Zweck des § 34 Abs. 1 MBO-Ä a. F. vor allem darin begründet, dass der Hersteller eines bestimmten Präparates den Arzt nicht durch die Gewährung von Vorteilen zur Verschreibung seines Mittels bewegt.[497]

Allerdings kann eine Besserstellung des einzelnen Unternehmens bei den Händlern nicht ohne weiteres durch eine spezifische Einzelproduktverschreibung erreicht werden. Denn zwischen dem Präparat und dem Distributor besteht gerade nicht stets jene unbedingte Verbindung, wie sie der Beziehung von Hersteller und Produkt eigen ist. Die Verordnung eines bestimmten Produktes ist damit für den Distributor nur dann von Interesse, wenn er für dieses über ein exklusives Vertriebsfeld verfügt und dann gleichermaßen wie der Hersteller über das Mittel definiert werden kann. Möglich ist aber auch, dass Hersteller und Lieferant ohnehin in einem Unternehmen zusammenfallen, wie beispielsweise bei Hörgeräteakustikbetrieben, die ihre Produkte im verkürzten Versorgungsweg direkt vertreiben.[498]

Wird das in Rede stehende Mittel hingegen durch mehrere Händler abgegeben, lässt sich eine Bevorteilung des Einzelnen allein dadurch erzielen, dass er selbst als abgebende Stelle dem Patienten angeraten wird. Dies könnte zum einen dadurch geschehen, dass die Verordnung nur auf die konkret benannte Stelle ausge-

---

[493] *Scholz,* in: Spickhoff, Medizinrecht, § 34 MBO Rn. 2, § 33 MBO Rn. 7; vgl. ferner allgemein zur Unrechtsvereinbarung BGH NJW 2002, 2801, 2804; *Dahm,* MedR 1992, 250, 255; *ders., MedR 2010, 597, 610 f.; *Frehse/Kalb,* Arzt und Industrie, S. 39; *Kern,* NJW 2000, 833, 835.
[494] Vgl. dazu im Zusammenhang mit § 31 MBO-Ä Teil 3: § 3 E.I.
[495] *Scholz,* in: Spickhoff, Medizinrecht, § 34 MBO Rn. 2.
[496] Vgl. auch Teil 1: § 1 A.II. und Teil 2: § 2 A.II.1.b).
[497] *Bundesärztekammer,* DÄBl. 2007, S. A-1607, A-1608; vgl. ferner *Schlegel/Marcus,* Der Kassenarzt 2007, 52 (die den Vorteilsbegriff des § 34 Abs. 1 MBO-Ä noch um die durch das SGB V vorgesehenen Rabatte und Boni für eine wirtschaftliche Verordnungsweise erweitern); *Ratzel,* MedR 1998, 98, 100.
[498] OLG Nürnberg MedR 1998, 522, 526.

stellt wird. Allerdings ist diese Herangehensweise im Gegensatz zu der Verordnung eines konkreten Produkts in den einschlägigen Vorschriften nicht vorgesehen[499] und dürfte im Übrigen auch nicht der gängigen Praxis entsprechen. Zudem müsste der Normtext des § 31 Abs. 1 Var. 2 MBO-Ä letztlich dahingehend ausgedehnt werden, dass der Vorteil für die Verordnung eines durch eine bestimmte Person zu erbringenden Mittels gewährt wird.[500] Dieses Verständnis dürfte jedoch vor dem Hintergrund, dass es sich in der Sache eigentlich um die Gewährung eines Vorteils für die Empfehlung der Person handelt, zu weitreichend sein.

Diese Vorauswahl wird daher wahrscheinlicher durch den Ausspruch einer Empfehlung erfolgen. Dann würde allerdings der Vorteil nicht mehr für die Verordnung der in § 31 Abs. 1 Var. 2 MBO-Ä aufgezählten Mittel, sondern vielmehr für die Empfehlung und damit nur anlässlich der Verordnung hingegeben.[501] Es ist damit insbesondere bei den Händlern, aber auch bei den Herstellern ein gesondertes Augenmerk darauf zu richten, ob das Synallagma zu dem Vorteil auch tatsächlich in einer Verordnung liegt. Nur dann besteht eine vollständige Überschneidung zwischen § 31 Abs. 1 Var. 1 MBO-Ä und § 31 Abs. 1 Var. 2 MBO-Ä, die zu einer Begrenzung des Zuweisungsbegriffs führen muss.

c) Empfängerkreis bei der Verordnung eines Heilmittels

§ 34 Abs. 1 MBO-Ä a. F. erfasste neben der Verordnung von Arzneimitteln, Hilfsmitteln und Medizinprodukten auch die Verschreibung von Heilmitteln. Dies war jedenfalls insofern problematisch, als dass dessen sächliche Eigenschaft im Gegensatz zu den übrigen in § 34 Abs. 1 MBO-Ä a. F. genannten Mitteln nicht von sich aus vorausgesetzt werden konnte. Da die Musterberufsordnung der Ärzte nach wie vor keine eigene Definition des Heilmittels enthält, wurde zur Begriffsbestimmung regelmäßig auf die im Recht der gesetzlichen Krankenversicherung verwendete Definition verwiesen.[502] Diese versteht das Heilmittel jedoch nicht sächlich, sondern als eine persönlich zu erbringende Dienstleistung.[503] Auch in anderen Gesetzen wird das Heilmittel zumindest nicht in einem

---

[499] Siehe dazu Teil 2: § 2 A.II.1.a) und Teil 2: § 2 A.II.1.c).
[500] *Bonvie*, MedR 1999, 64, 65 lässt offen, ob dieser Fall § 31 MBO-Ä, § 34 Abs. 1 MBO-Ä oder § 34 Abs. 5 MBO-Ä zuzuordnen ist.
[501] Vgl. insofern auch *Scholz*, in: Spickhoff, Medizinrecht, § 34 MBO Rn. 2.
[502] *Frehse/Kalb*, Arzt und Industrie, S. 29; *Ratzel/Lippert*, MBO-Ä, § 34 Rn. 4; *Scholz*, in: Spickhoff, Medizinrecht, § 34 MBO Rn. 4.
[503] Vgl. zu dem Begriff des Heilmittels im Recht der gesetzlichen Krankenversicherung S. 51; unzutreffend insofern *Frehse/Kalb*, Arzt und Industrie, S. 29; *Ratzel/Lippert*, MBO-Ä, § 34 Rn. 4. Die Autoren beziehen sich auf eine im Recht der gesetzlichen Krankenversicherung verwendete Definition, die mittlerweile überholt sein dürfte. Denn wurden nach einem früheren Verständnis sächliche Mittel von dem Heilmittelbe-

§ 3 Unerlaubte Zuweisung von Patienten gegen Entgelt   103

ausschließlich gegenständlichen Sinne begriffen. So erstreckt sich etwa der Anwendungsbereich des § 1 HWG neben Gegenständen und Mitteln auch auf Verfahren und Behandlungen. Es lag mithin nahe, dass mit dem Heilmittel auch Dienstleistungen zu erfassen waren.[504]

Eine nicht ausschließlich dingliche Interpretation des Heilmittels hätte allerdings in einem systematischen Widerspruch zu den übrigen in § 34 Abs. 1 MBO-Ä a. F. aufgezählten verordnungsfähigen Mitteln gestanden, die ausschließlich im gegenständlichen Sinne verstanden werden.[505] Zudem wäre bei einem Verständnis des Heilmittels als Dienstleistung auch die Gewährung eines Vorteils „für" dessen Verordnung kaum zu erwarten gewesen. Da die Verordnung eines Heilmittels durch die bloße Bezeichnung nach dem Heilmittelkatalog erfolgt, wird ein Erbringer von Heilmitteln wie beispielsweise Ergotherapeuten oder Logopäden in aller Regel weniger die Verordnung eines „allgemein bestimmten" Mittels, sondern vielmehr die konkrete Benennung des eigenen Unternehmens anlässlich einer Verordnung anstreben.[506] Dann hätte jedoch den vorstehenden Ausführungen zum Hilfsmittel entsprechend kein Unrechtsverhältnis zwischen der Verordnung und dem Entgelt, sondern allenfalls zwischen Empfehlung und Entgelt vorgelegen.[507] Bei einem rein sächlichen Verständnis des Heilmittels[508] hätte allerdings wiederum kaum eine eigenständige Bedeutung gegenüber den übrigen Verordnungsvarianten festgestellt werden können.

Die Novellierung von § 34 Abs. 1 MBO-Ä a. F. hat diesen Widerspruch nunmehr dadurch behoben, dass bei § 31 Abs. 1 Var. 2 MBO-Ä „aus redaktionellen Gründen"[509] die Verordnung des Heilmittels nicht mehr aufgezählt wird. Einer Verortung der Heilmittelverschreibung unter dem Zuweisungsbegriff steht § 31 Abs. 1 Var. 2 MBO-Ä damit wie auch bei den anderen nicht erfassten Verordnungsvarianten nicht entgegen.

---

griff erfasst, werden Heilmittel im Sinne des § 32 MBO-Ä nunmehr in Abgrenzung zum Hilfsmittel gem. Nr. 6 S. 1 HeilM-RL als persönlich zu erbringende Dienstleistungen beschrieben, vgl. *Butzer*, in: Becker/Kingreen, SGB V, § 32 Rn. 4 ff.

[504] In diese Richtung wohl *Frehse/Kalb*, Arzt und Industrie, S. 29, die sich dabei allerdings auch nur auf die sozialrechtliche Definition beziehen. Unklar insofern Ratzel/*Lippert*, MBO-Ä, § 34 Rn. 4, der einerseits die Definition des sächlichen Mittels verwendet, dann aber als Beispiel auch Bäder und Massagen nennt.

[505] Vgl. für das Medizinprodukt etwa *Lücker*, in: Spickhoff, Medizinrecht, § 3 MPG Rn. 1 ff.

[506] Vgl. hierzu schon Teil 2: § 2 A.II.1.c).

[507] Teil 3: § 3 A.II.1.b).

[508] Dafür sprach zudem, dass eine Vorgängerversion von § 34 Abs. 1 MBO-Ä a. F., als Empfänger ausdrücklich Hersteller oder Händler benannte (s. o. Fn. 487). Sowohl Hersteller als auch Händler sind jedoch Begrifflichkeiten, die nicht zur Beschreibung von Erbringern einer Dienstleistung verwendet werden.

[509] Vgl. *Bundesärztekammer*, in: Novellierung einzelner Bestimmungen der Musterberufsordnung, Anm. zu § 31 MBO-Ä, dort auch zu folgendem Text.

d) Zwischenergebnis

Die Fälle einer Verordnung der in § 31 Abs. 1 Var. 2 MBO-Ä genannten Arzneimittel, Hilfsmittel und Medizinprodukte sind von dem Begriff der Zuweisung auszunehmen. Zu beachten ist in diesem Zusammenhang allerdings, ob der Vorteil für oder nur anlässlich der Verordnung gewährt wird. Erfolgt die Bereicherung somit für die Empfehlung des Herstellers oder Distributors, besteht kein Bedürfnis für eine Eingrenzung des Anwendungsbereichs. Es bedarf mithin einer sorgfältigen Überprüfung, wofür der Vorteil letztlich hingegeben wird.[510]

Festzustellen ist ferner, dass der Arzt durch die Verordnung oder den Bezug nur als Patientenvermittler agieren kann, da er die aufgezählten Mittel und Produkte nicht selbst erbringen kann. § 31 Abs. 1 Var. 2, 3 MBO-Ä gebietet mithin ebenfalls keine systematische Einschränkung des Zuweisungsbegriffs, wenn der Arzt selbst finanzielle Aufwendungen tätigen sollte, um Patienten von den Verordnungs- oder Bezugsadressaten i. S. d. § 31 Abs. 1 Var. 2, 3 MBO-Ä zu akquirieren.

2. Abgrenzung der Zuweisung von dem Bezug i. S. v. § 31 Abs. 1 Var. 3 MBO-Ä

Beschafft sich der Arzt die in § 31 Abs. 1 MBO-Ä genannten Arzneimittel, Hilfsmittel oder Medizinprodukte und erhält er für diesen Bezug ein Entgelt oder einen Vorteil, kann in diesem Vorgang zugleich keine Zuweisung i. S. v. § 31 Abs. 1 Var. 1 MBO-Ä liegen. Beim Bezug kommt allerdings als potenziell Vorteilsgewährender auch der Distributor des Produkts wie beispielsweise der Apotheker in Betracht, der nicht gleichzeitig Hersteller des Produktes ist. Denn dem Bezug ist es im Gegensatz zur Verordnung immanent, dass durch ihn neben dem Produkt auch die abgebende Stelle konkret bestimmt werden kann.

3. Abgrenzung der Zuweisung von der Verweisung und der Empfehlung i. S. v. § 31 Abs. 2 MBO-Ä

§ 31 Abs. 2 MBO-Ä untersagt dem Arzt, seinen Patienten bestimmte Ärzte, Apotheken, Heil- und Hilfsmittelerbringer oder sonstige Anbieter gesundheitlicher Leistungen ohne hinreichenden Grund zu empfehlen oder an diese zu verweisen. Durch die Einfügung der Gruppe der Ärzte ist der Kreis der Verweisungsempfänger gegenüber § 34 Abs. 5 MBO-Ä a. F. erweitert worden. Die Aufnahme der Heil- und Hilfsmittelerbringer konkretisierte die unscharfe Beschrei-

---

[510] Die Schwierigkeit dieser Abgrenzung wird unterdessen in dem zuvor bereits zitierten Urteil des Berufsgerichts für die Heilberufe beim VG Köln Urt. v. 5.6.2009 – 35 K 563/09, BeckRS 2011, 47760, S. 5 ff. deutlich, welches entgegen den aufgezeigten Bedenken einen kumulativen Verstoß gegen § 34 Abs. 1 MBO-Ä a. F. und § 31 MBO-Ä a. F. annahm. Siehe zu der Frage der Einordnung nachfolgend Teil 3: § 3 E.IV.

§ 3 Unerlaubte Zuweisung von Patienten gegen Entgelt

bung der „Geschäfte und sonstigen Anbieter gesundheitlicher Leistungen", mit der bisher unter anderem orthopädische Fachgeschäfte, Optiker, Hörgeräteakustiker, Sanitätshäuser sowie Hersteller medizinischer Produkte erfasst wurden.[511] Die Neufassung des § 31 Abs. 2 MBO-Ä verdeutlicht damit noch mehr den umfassenden Geltungsanspruch gegenüber sämtlichen Leistungserbringern.

Gem. § 31 Abs. 2 MBO-Ä ist es dem Arzt einerseits untersagt, seinen Patienten an die benannten Adressaten zu verweisen. Unter Verweisen wurde bereits im Sinne von § 34 Abs. 5 MBO-Ä a. F. jedenfalls die verbale, unter Umständen die durch weitere Maßnahmen[512] unterstützte Information des Patienten mit dem Ziel verstanden, dadurch dessen Auswahl zugunsten eines bestimmten Anbieters oder einer speziellen Anbietergruppe zu beeinflussen.[513]

Darüber hinaus wird im Normtext als weitere dem Arzt untersagte Handlung nunmehr ausdrücklich die Empfehlung angesprochen. Der Unterschied zur Verweisung, die sich ohnehin als Synonym zu dem Begriff der Empfehlung darstellt[514], erschließt sich dabei in Anbetracht indes nicht auf den ersten Blick. Die Gründe für diese Einfügung werden auch in der Synopse[515] nicht näher erläutert. Die Empfehlung wurde zudem schon bei § 34 Abs. 5 MBO-Ä a. F. dem Merkmal des Verweisens entlehnt.[516] Zur Begründung wurde insbesondere die Überschrift des § 34 MBO-Ä a. F. herangezogen, der neben der Verordnung und Begutachtung von Arznei-, Heil- und Hilfsmitteln auch die Empfehlung benannte.[517] Für

---

[511] Vgl. *Dahm,* MedR 1998, 70, 74; *Frehse/Kalb,* Arzt und Industrie, S. 40; *Ratzel,* MedR 1998, 98, 100; *Scholz,* in: Spickhoff, Medizinrecht, § 34 MBO Rn. 9 nennt das Beispiel eines Herstellers nicht verschreibungspflichtiger Medikamente.

[512] Als solche kommen zum einem Plakate, Flyer, Visitenkarten und Gutscheine, vgl. OLG Hamm Urt. v. 22.11.2007 – 4 U 113/07, Rn. 22, juris und zum anderen Rezeptaufdrucke mit dem Hinweis auf eine bestimmte Apotheke in Betracht, vgl. OLG Koblenz MMR 2006, 312; ferner OLG Koblenz Beschl. v. 11.7.2007 – 4 U 155/07, juris.

[513] OLG Koblenz Beschl. v. 4.5.2007 – 4 U 155/07, 2BeckRS 2008, 01523 (für die Gruppe von Anbietern); OLG Düsseldorf GRUR-RR 2009, 179, 180; LG München MedR 2008, 507; *Scholz,* in: Spickhoff, Medizinrecht, § 34 MBO Rn. 9. Für ein weitergehendes Verständnis LG Osnabrück MedR 2006, 660, 661; *Buchner/König,* ZMGR 2005, 335, 339 („Verweisen ist zu verstehen als *Werbung* i. S. v. bewusstem oder unbewusstem Beeinflussen des Patienten mit dem Ziel, dadurch den Absatz bestimmter Produkte oder Dienstleistungen zu fördern."). Keine Verweisung soll hingegen vorliegen, wenn der Patient über die Möglichkeit des Bezugs über eine bestimmte Apotheke hingewiesen wird, *Bundesärztekammer,* DÄBl. 2007, A-1607, A-1609; das LG Dessau-Roßlau, Urt. v. 31.7.2013 – 3 O 63/12, Rn. 38 lässt es hingegen genügen, wenn der Arzt von sich aus und ohne Aufforderung oder Bitte des Patienten tätig wird und Hilfsmittelanbieter „benennt"; vgl. ferner LG Dortmund, Urt. v. 21.11.2012 – 25 O 209/12, Rn. 32.

[514] *Duden,* Das Synonymwörterbuch, *verweisen.*

[515] *Bundesärztekammer,* in: Novellierung einzelner Bestimmungen der Musterberufsordnung.

[516] BGH GRUR 2011, 345, 347; OLG Koblenz MedR 2005, 723, 725; *Scholz,* in: Spickhoff, Medizinrecht, § 34 MBO Rn. 8.

[517] BGH GRUR 2011, 345, 348.

die Erweiterung des § 31 Abs. 2 MBO-Ä dürften damit vor allem Klarstellungsgesichtspunkte maßgeblich gewesen sein.

Unabhängig davon, ob die Verweisung nunmehr gegebenenfalls als stärkere Form der Empfehlung zu verstehen ist, soll eine Verweisung eines Leistungserbringers nur dann vorliegen, wenn der Arzt diese bei einer Gesamtbetrachtung der Umstände von sich aus erteilt.[518] Keine Verweisung i. S. v. § 31 Abs. 2 MBO-Ä liegt demgemäß vor, wenn der Patient aus eigenem Antrieb um eine Empfehlung bittet, etwa weil ihm die Kenntnis eines Leistungserbringers fehlt oder aber er noch eine weitere Alternative wünscht. Maßgeblich ist damit, dass dem Patienten die Entscheidung überlassen bleibt, bei wem er sich beispielsweise eine ärztliche Verordnung besorgen möchte[519] und dadurch seine Wahlfreiheit gewahrt bleibt.[520] Entsprechendes wird nunmehr auch für die Empfehlung gelten müssen.

§ 31 Abs. 2 MBO-Ä verbietet mit der Empfehlung i. w. S. demzufolge ebenfalls eine der am Anfang dieser Bearbeitung[521] untersuchten Patientenvermittlungsformen.[522] Es ist daher in Erwägung zu ziehen, dass mit der Beschreibung der Patientenzuführung zum einen als „Verweisen" sowie „Empfehlen" und zum anderen als „Zuweisen" ein inhaltlicher Unterschied in dem Sinne ausgedrückt werden soll, dass das „Verweisen" bzw. das „Empfehlen" eine andere Form der Überantwortung beinhaltet als das „Zuweisen"[523]. Daraus könnten sich wiederum eine Begrenzung der umfassenden Zuweisungsdefinition und ein Argument für die anfängliche enge Interpretation ergeben. Sofern sich mithin die Voraussetzungen des § 31 Abs. 1 Var. 1 MBO-Ä und des § 31 Abs. 2 MBO-Ä im Übrigen decken und bei dem ausgedehnten Zuweisungsverständnis deshalb für § 31 Abs. 2 MBO-Ä kein Anwendungsbereich mehr verbleiben würde, müsste wie schon bei § 31 Abs. 1 Var. 2 MBO-Ä der Schluss gezogen werden, dass von § 31 Abs. 2 MBO-Ä geregelte Fälle von dem Begriff der Zuweisung auszunehmen sind.

Allerdings sind § 31 Abs. 1 Var. 1 MBO-Ä und § 31 Abs. 2 MBO-Ä strukturell nur bedingt vergleichbar, da § 31 Abs. 2 MBO-Ä anders als § 31 Abs. 1 Var. 1 MBO-Ä kein Tatbestandsmerkmal enthält, welches die Verknüpfung eines Vorteils mit der Zuführungsform beschreibt. § 31 Abs. 2 MBO-Ä verbietet gerade nicht ausdrücklich „die Verweisung gegen Entgelt" oder die „Empfehlung

---

[518] BGH GRUR 2011, 345, 348 (noch zu § 34 Abs. 5 MBO-Ä a. F.), dort auch zum folgenden Text; vgl. außerdem *Bundesärztekammer,* DÄBl. 2013, S. A 2226; *Oldenburger,* jurisPR-MedizinR 4/2011 Anm. 4; LG Dessau-Roßlau, Urt. v. 31.7.2013 – 3 O 63/12, Rn. 38; ferner LG Dortmund, Urt. v. 21.11.2012 – 25 O 209/12, Rn. 27, 32.
[519] *Frehse/Kalb,* Arzt und Industrie, S. 40.
[520] BGH GRUR 2011, 345, 348.
[521] Teil 2: § 4.
[522] Vgl. auch *Stumpf/Voigts,* MedR 2009, 205, 207.
[523] Alle Begriffe gleichsetzend hingegen *Peters,* Kopfpauschalen, S. 40.

§ 3 Unerlaubte Zuweisung von Patienten gegen Entgelt

gegen Entgelt". Gemäß § 34 Abs. 5 MBO-Ä a. F. hatte vielmehr bereits die in der Verweisung oder Empfehlung liegende ärztliche „Lenkungsleistung" unabhängig davon zu unterbleiben, ob dem Arzt finanzielle Vorteile zufließen, sofern für eine solche nicht ausnahmsweise ein hinreichender Grund besteht.[524] Wegen der diesbezüglich identischen Formulierung mit § 34 Abs. 5 MBO-Ä a. F. und mangels entgegenstehender Anhaltspunkte in der Synopse ist anzunehmen, dass dieses Verständnis auch für § 31 Abs. 2 MBO-Ä gilt. Die Vorschrift ist damit im Prinzip als Verbot mit Erlaubnisvorbehalt ausgestaltet.[525] § 31 Abs. 1 Var. 1 MBO-Ä verbietet hingegen die Zuweisung allein deswegen, weil sie durch materielle Motive bedingt ist. Dementsprechend erblicken auch *Stumpf* und *Voigts* den Unterschied zwischen § 31 MBO-Ä a. F. und § 34 Abs. 5 MBO-Ä a. F. vor allem darin, dass bei § 31 MBO-Ä ein direkter Vorteil bewirkt wird.[526]

Ein Gebot zur einschränkenden Auslegung der Zuweisung kann schließlich auch nicht unter dem Gesichtspunkt hergeleitet werden, dass kein Bedürfnis für eine Erfassung solcher Konstellationen besteht, die als „Empfehlung gegen Entgelt" bezeichnet werden könnten, weil diese von § 31 Abs. 2 MBO-Ä trotz der vorherigen Feststellungen dennoch untersagt werden.

Sofern eine Verweisung vorliegt, ist in einem zweiten Schritt zu fragen, ob für diese ein hinreichender Grund gegeben ist[527]. Einen rechtfertigenden Anlass für eine Verweisung können unter anderem die Ausführung von Rezepturen des Arztes oder das vorrätig halten bestimmter Medikamente begründen.[528] Als weitere Beispiele sind die Qualität der Versorgung, das Vermeiden von Wegen bei gehbehinderten Patienten oder schlechte Erfahrungen, die Patienten bei anderen Anbietern gemacht haben, zu nennen.[529] Schließlich kann auch die Beachtung des Wirtschaftlichkeitsgebots zu berücksichtigen sein.[530] Maßgebend ist folglich, ob die Verweisung im Interesse des Patienten geschieht.[531]

---

[524] Noch zu § 34 Abs. 5 MBO-Ä a. F. BGH GRUR 2010, 850; BGH NJW 2009, 3582, 3583; BGH NJW 1981, 2007; 2008; OLG Hamm Urt. v. 22.11.2007 – 4 U 113/07, Rn. 22 f., juris; OLG Koblenz MMR 2006, 312, 312; OLG Schleswig NJW 1995, 3064, 3065.

[525] Der BGH GRUR 2011, 345, 349 beschreibt § 34 Abs. 5 MBO-Ä a. F. als „Ausnahmevorschrift".

[526] MedR 2009, 205, 209.

[527] Vgl. dazu die umfangreiche Kasuistik bei Bundesärztekammer, DÄBl. 2013, A. 2226, A 2230 f.

[528] Ratzel/*Lippert*, MBO-Ä, § 34 Rn. 13.

[529] Zuletzt BGH GRUR 2011, 345, 348; *Thünken*, MedR 2007, 578, 581; präzisierend *Oldenburger*, jurisPR-MedizinR 4/2011 Anm. 4, wonach allgemeine, generelle, gute oder positive Erfahrungen nicht ausreichen.

[530] BGH NJW 2000, 2745, 2747.

[531] *Bundesärztekammer*, DÄBl. 2007, S. A-1607, A-1609; LG Dessau-Roßlau, Urt. v. 31.7.2013 – 3 O 63/12, Rn. 45 lässt auch die fehlende Kenntnis eines geeigneten Anbieters genügen; LG Dortmund, Urt. v. 21.11.2012 – 25 O 209/12, Rn. 27, ferner Braun, MedR 2013, 350, 352 zum Entlassungsmanagement der Krankenhäuser.

Sollte dem Arzt eine Entlohnung gewährt werden, wird dies somit zwar einerseits keineswegs als hinreichender Grund für eine Verweisung herangezogen werden können.[532] In diesem Sinne ist wohl auch die Auffassung des OLG Saarbrücken zu verstehen, dass § 34 Abs. 5 MBO-Ä a. F. ebenfalls[533] der Trennung des ärztlichen Heilauftrags von merkantilen Gesichtspunkten diene.[534] Andererseits soll die Vorteilhaftigkeit der Verweisung für den Arzt aber auch nicht zwingend das Bestehen eines hinreichenden Anlasses ausschließen[535], da der Arzt dann seine wirtschaftliche Besserstellung in jedem Fall vermeiden müsste.[536] Dies könnte jedoch wiederum auch zum Nachteil des Patienten gereichen.

Sofern eine Empfehlung ausschließlich aufgrund ihrer Einträglichkeit erfolgt, wird sie von § 31 Abs. 2 MBO-Ä mithin nicht erst aus diesem Grunde, sondern schon per se verboten, weil zugleich nicht ausnahmsweise ein hinreichender Grund vorliegt. Die Frage, ob ein Verdienst gewährt wurde, ist damit für die Beurteilung eines Verstoßes gegen § 31 Abs. 2 MBO-Ä anders als bei § 31 Abs. 1 Var. 1 MBO-Ä nicht konstitutiv.[537] Gleichwohl wird in einer Bereicherung des Arztes im Regelfall ein Indiz dafür zu erblicken sein, dass keine andere rechtfertigende Veranlassung des Arztes besteht.

§ 31 Abs. 1 Var. 1 MBO-Ä und § 31 Abs. 2 MBO-Ä enthalten somit eigenständige Verbote[538], die eine wesentliche Vergleichbarkeit in dem Sinne ausschließen, dass aus der andersartigen Beschreibung der Patientenzuführung in § 31 Abs. 2 MBO-Ä als Verweisung eine Beschränkung des Zuweisungsbegriffs abzuleiten wäre.

4. Ergebnis der systematischen Auslegung

Die Untersuchung zur systematischen Einordnung des § 31 Abs. 1 Var. 1 MBO-Ä hat ergeben, dass Zuweisung nicht vollkommen unbeschränkt dahingehend verstanden werden kann, dass durch sie jede Art der Patientenvermittlung untersagt wird. Denn von dieser Umschreibung werden auch die Verordnung so-

---

[532] OLG Düsseldorf GRUR-RR 2009, 179, 180; OLG Stuttgart NJWE-WettbR 1997, 43, 44; LG Osnabrück MedR 2006, 660, 661; *Buchner/Jäkel,* in: Stellpflug/Meier/Tadayon, Hdb Medizinrecht, B 1000, Rn. 339; *Frehse/Kalb,* Arzt und Industrie, S. 41; siehe zudem *Dahm,* MedR 1998, 70, 74.
[533] Vgl. zu diesem Zweck bei § 31 MBO-Ä Teil 3: § 3 A.IV.1.a).
[534] GRUR-RR 2008, 84, 85 f.
[535] BGH GRUR 2011, 345, 351.
[536] *Stumpf/Voigts,* MedR 2009, 205, 209, dort auch zum folgenden Text.
[537] So noch zu § 31 MBO-Ä a. F. und § 34 Abs. 5 MBO-Ä a. F. auch BGH GRUR 2011, 345, 351, wenn er ausführt, dass die durch die gesellschaftsrechtliche Beteiligung entstehende Vorteilhaftigkeit der Verweisung den Tatbestand des § 34 Abs. 5 MBO-Ä a. F. nicht erfüllt.
[538] Noch zu § 31 MBO-Ä a. F. und § 34 Abs. 5 MBO-Ä a. F. BGH GRUR 2011, 345, 351.

wie der Bezug von Arzneimitteln, Hilfsmitteln und Medizinprodukten erfasst, deren eigenständige Regelung in § 31 Abs. 1 Var. 2, 3 MBO-Ä dann obsolet wäre. Die Systematik spricht mithin dafür, diese Vermittlungsvarianten von dem Begriff der Zuweisung auszuklammern.

Die Empfehlung wird zwar von § 31 Abs. 2 MBO-Ä geregelt, jedoch nicht im Hinblick auf eine wirtschaftliche Besserstellung des Arztes verboten. Der tatsächliche Verwirklichungsumfang ist somit bei § 31 Abs. 1 Var. 1 MBO-Ä und § 31 Abs. 2 MBO-Ä auch bei einem weiten Verständnis der Zuweisung nicht vollkommen identisch. Da die Existenz des § 31 Abs. 2 MBO-Ä folglich auch bei dem weiten Zuweisungsverständnis nicht als überflüssig bewertet werden kann, steht die Systematik im Übrigen einem solchen nicht entgegen.

Zur Beseitigung verbleibender Bedenken an dem gefundenen Ergebnis ist es unterdessen angezeigt, dieses mit Hilfe der textexternen Auslegung weiter zu verfestigen.

III. Historische und genetische Interpretation

Im Rahmen der historischen und der genetischen Auslegung soll durch die Betrachtung der Entwicklungs- und Entstehungsgeschichte der Norm und des jeweils beigelegten Verständnisses weiterer Aufschluss darüber erlangt werden, welcher Bedeutungsgehalt dem in Rede stehenden Merkmal nunmehr beizumessen ist.[539] Im Rahmen der Entwicklungsgeschichte sind dazu insbesondere die Vorgänger der heutigen Norm in Augenschein zu nehmen.[540]

Als eine der ersten Vorläufer heutiger Berufsordnungen erachtete bereits die Standesordnung für die Mitglieder des Ärztlichen Kreisvereins Karlsruhe von 1876[541] unter dem 1. Kapitel „Pflichten des Arztes gegeneinander und gegen den ärztlichen Stand im Allgemeinen" in § 2[542] „[...] das Anbieten von Vorteilen aller Art an dritte Personen, Apotheker, Heilgehilfen, Hebammen und dergleichen mehr, um sich dadurch Praxis zu verschaffen, als unstatthaft." Eine ähnliche Regelung beinhalteten auch die 1889 vom deutschen Ärztetag beschlossenen „Grundsätze einer ärztlichen Standesordnung".[543] Dieser erste einheitliche Ko-

---

[539] Vgl. zur Unterscheidung zwischen historischer und genetischer Auslegung *Looschelders/Roth,* Juristische Methodik, S. 155 ff.

[540] Vgl. BGHSt 28, 224, 230; zudem *Wank,* Auslegung von Gesetzen, S. 65 f. („Vorgeschichte").

[541] Diese Standesordnung beruhte dabei ebenfalls wie die Münchner Standesordnung von 1875 auf dem Vorbild des New Yorker Code of medical ethics, vgl. *Brand,* Ärztliche Ethik, S. 52; ferner *Marx,* Entwicklung des ärztlichen Standes, S. 65.

[542] Abgedruckt bei *Marx,* Entwicklung des ärztlichen Standes, S. 147.

[543] In A. 3. wurde u. a. bestimmt: „Es ist unstatthaft: [...] das Anbieten von Vorteilen aller Art an dritte Personen, um sich hierdurch Praxis zu verschaffen"; vgl. dazu *Graf,* Das ärztliche Vereinswesen, S. 52 f. Zwischenzeitlich wurde auch die folgende Fassung erörtert, schlussendlich aber verworfen: „Ebenso ist es unzulässig, sich durch Bezah-

dex, welcher auf den Standesvorschriften von München[544] und Karlsruhe basierte[545], sollte für alle ärztlichen Vereine Geltung beanspruchen.[546]

Diese vorrangig gegen die sog. Hebammenbestechung gerichtete Untersagung[547] sehen Krafcyzk und Lietz als erste Kodifizierung des Zuweisungsverbots an.[548] Allerdings sprach der Wortlaut dieser Regelung aus der Sicht des adressierten Arztes ausschließlich den Aspekt des „Ankaufens", nicht hingegen den des „Verkaufens" von Patienten an. Die Versagung der Vorteilsgewährung war zudem in nachfolgenden Standesordnungen auch dann noch enthalten, als mit „Zuweisung gegen Entgelt" überschriebene Verbotsnormen unlängst aufgenommen waren.[549] Diese Indikatoren deuten damit eher auf einen inkongruenten Anwendungsbereich der beiden Vorschriften hin. Infolgedessen kann wohl nur von einem thematischen Zusammenhang der Normen ausgegangen werden, aus dem heraus sich keine Schlüsse für das gegenwärtige Verständnis des § 31 Abs. 1 Var. 1 MBO-Ä ableiten lassen.

Das Verbot der Zuweisung gegen Entgelt wurde in einer an die derzeitige Formulierung stark angenäherten Form erstmals in einem auf dem 44. Deutschen Ärztetag 1925 vorgestellten „Entwurf einer Standesordnung" erwähnt, welcher aufgrund des verbreitet festgestellten Bedürfnisses nach einer einheitlichen Musterstandesordnung erarbeitet worden war.[550] Dessen § 9 S. 2 bestimmte, dass „die Zuweisung an einen Facharzt gegen Entgelt, auch in der Form nachheriger Honorarteilung, unzulässig ist".[551] In der nach weiterer Beratung zwischen dem Geschäftsausschuss des Deutschen Ärztevereinsbundes mit den ärztlichen Vereinen und der Abstimmung auf dem 45. Deutschen Ärztetag 1926 abschließend entwickelten Fassung vom 5. September 1926[552] hieß es schließlich in § 16

---

lung oder Darbietung anderer Vortheile gegenüber Hebammen, Heilgehilfen etc. Praxis zu verschaffen. Desgleichen sollen gegenseitige Übereinkommen zwischen Ärzten und Apothekern zur Erzielung materieller Vorteile als unerlaubt gelten."; vgl. *Deutscher Ärztevereinsbund*, ÄVBl. 1889, 237, 273, 288; ders., ÄVBl. 1889, 321, 332 f.

[544] Text bei *von Lindwurm*, Der ärztliche Stand und das Publikum, S. 1 ff.

[545] Siehe dazu *Brand*, Ärztliche Ethik, S. 52 m.w. N.

[546] Diese Grundsätze waren zwar nicht verbindlich, fanden jedoch häufig Eingang in die Standesordnungen der privaten Vereine und auch einiger Kammern, vgl. *Taupitz*, Standesordnungen, S. 282 f.

[547] *Grandhomme-Höchst*, in: ÄVBl. 1889, 321, 332.

[548] *Krafcyzk/Lietz*, ZMGR 2010, 24, 25; ferner *Krafczyk*, in: FS Mehle, 2009, S. 325, 336.

[549] Vgl. in dem Entwurf einer Standesordnung von 1925 für den 44. Deutschen Ärztetag § 9 Abs. 1 und 2, ÄVBl. 1925, 11, 13 sowie in der endgültigen Fassung von 1926 § 16 Abs. 4 und § 20, ÄVBl. 1926, 417, 421 f., ferner noch § 18 und § 27 der Berufsordnung von 1937, vgl. DÄBl. 1937, 1031, 1034.

[550] Weiterführend *Taupitz*, Standesordnungen, S. 285.

[551] ÄVBl. 1925, 11, 13.

[552] Vgl. zu der Entwicklung *Knüpling*, Vorgeschichte der Deutschen Ärzteordnung, S. 19 f.

§ 3 Unerlaubte Zuweisung von Patienten gegen Entgelt 111

Abs. 4 der Standesordnung für die deutschen Ärzte, dass „es verboten ist, gegen Entgelt, auch in der Form der Honorarteilung, Kranke einem anderen Arzt, einem Krankenhaus, einer Klinik oder Privatklinik zuzuweisen."[553] Sowohl der Entwurf als auch die endgültige Fassung enthielten damit zunächst eine Beschränkung auf (Fach-)Ärzte und später auch Krankenhäuser im weiteren Sinne als mögliche Zuweisungsempfänger. Zumindest in ihrem Ursprung war damit der Anwendungsbereich des Zuweisungsverbotes begrenzt. Allerdings setzte auch die damalige Standesordnung „Zuweisen" nicht mit „Überweisen" gleich, wie die kumulative Verwendung der beiden Begriffe in § 16 Abs. 2 der Standesordnung ersichtlich werden lässt.[554] Die Formulierung „zuweisen" legte damit schon nach damaligem Verständnis zumindest keine Einschränkung auf Überweisungen nahe.

Eine Begrenzung des Empfängerkreises wurde bei späteren Neufassungen der Norm zunächst beibehalten. So enthielt § 18 der erstmals unmittelbar geltendes Recht darstellenden[555] Berufsordnung für die deutschen Ärzte vom 5. November 1937[556] eine auf Ärzte und Krankenanstalten komprimierte, aber „im Wesen" unveränderte Version.[557] Im Jahr 1950 wurde das Verbot der Zuweisung gegen Entgelt in § 18 der Berufs- und Facharztordnung für die deutschen Ärzte noch dahingehend erweitert, dass die Vorschrift sinngemäß auch für diagnostische Untersuchungen gelten sollte.[558] Später wurde dieser Zusatz dadurch ersetzt, dass der Empfängerkreis des Zuweisungsverbots um die diagnostischen Institute ergänzt wurde.[559]

Die explizite Benennung bestimmter Zuweisungsadressaten unterblieb erstmals in der auf dem 72. Deutschen Ärztetag 1969 neu beschlossenen Fassung des Zuweisungsverbots in § 17 der Berufsordnung für die deutschen Ärzte. Nach dem

---

[553] ÄVBl. 1926, 417, 420 f.

[554] „Wenn ein Facharzt es aus wissenschaftlichen und technischen Gründen für richtig hält, einen ihm zugewiesenen Kranken an einen anderen Facharzt für dasselbe oder ein anders Gebiet zu überweisen, so soll er sich außer in dringenden Fällen vorher mit dem Arzt verständigen, der ihm den Kranken zugewiesen hat."

[555] BVerfGE 33, 125, 129; *Brand,* Ärztliche Ethik, S. 50; *Taupitz,* Standesordnungen, S. 289.

[556] Danach war „es [...] unzulässig, Kranke einem anderen Arzt oder einer Krankenanstalt gegen Entgelt, auch in verschleierter Form, zuzuweisen.", DÄBl. 1937, 1031, 1033.

[557] *Reichsärztekammer* (Hrsg.), DÄBl. 1937, 1038, 1039; *Krafcyzk/Lietz,* ZMGR 2010, 24, 25.

[558] *Bundesärztekammer,* ÄM 1950, 410, 411: „Es ist den Ärzten nicht gestattet, Kranke einem anderen Arzte oder einer Krankenanstalt gegen Entgelt, auch in verschleierter Form, zuzuweisen oder sich zuweisen zu lassen. Dieses gilt sinngemäß auch für diagnostische Untersuchungen."

[559] *Bundesärztekammer,* ÄM 1962, 2323, 2326: Es ist dem Arzt nicht gestattet, sich für die Zuweisung von Kranken an einen anderen Arzt, eine Krankenanstalt oder ein diagnostisches Institut ein Entgelt oder andere Vorteile versprechen, gewähren zu lassen oder zu gewähren.

nunmehr aktuellen Wortlaut war es dem Arzt nicht „gestattet, für die Zuweisung von Patienten ein Entgelt oder andere Vorteile sich versprechen oder gewähren zu lassen oder selbst zu gewähren."[560] Da allerdings die Motive für diese Änderung auf dem Ärztetag nicht zur Sprache gebracht wurden[561], können diesbezüglich nur Mutmaßungen angestellt werden. Insofern ist sowohl denkbar, dass die Streichung des Empfängerkreises nur aus Vereinfachungsgründen ohne signifikante inhaltliche Neuausrichtung erfolgte. In gewisser Hinsicht spricht dafür auch der Umstand, dass dieser Aspekt auf dem Ärztetag unerörtert geblieben ist. Andererseits könnte mit der Aufhebung der wörtlichen Beschränkung auch gerade die Erweiterung des Anwendungsbereichs der Norm bezweckt worden sein. Für die höhere Wahrscheinlichkeit dieser Variante könnte angeführt werden, dass sie den nachvollziehbareren Anlass für ein Tätigwerden des Berufsordnungsgremiums bietet. Die Vielgestalt der denkbaren Anlässe verbietet somit eine eindeutige Schlussfolgerung im Hinblick auf die Auslegungsfrage.

Die Gründe für die Änderung werden unterdessen auch bei späteren Änderungen bzw. Ergänzungen des Zuweisungsverbots, wie beispielsweise 1983 bei der Erweiterung um das Merkmal „Untersuchungsmaterial" wegen missbräuchlicher Absprachen zwischen Laborärzten und zusendenden Ärzten[562] oder 1988 bei der Einfügung des Merkmals „Selbst zu versprechen"[563], nicht näher erläutert.

Näherer Erkenntnisgewinn könnte sich jedoch aus den Materialien zur Entstehungsgeschichte[564] des § 31 Abs. 1 Var. 1 MBO-Ä ergeben. Die Norm beruht auf der während des 100. Deutschen Ärztetages 1997 beschlossenen Musterberufsordnung für die in Deutschland tätigen Ärztinnen und Ärzte[565] in der novellierten Fassung der Beschlüsse vom 114. Deutschen Ärztetag 2011.[566] Wenig Aufschluss zu der in Rede stehenden Frage lässt sich aus den zu der Version von 1997 erhältlichen Materialien ziehen.[567] Aus der Anmerkung in der Synopse zu der letzten Änderung des § 31 Abs.1 Var.1 MBO-Ä ergibt sich allerdings, dass die Heilmittel (bzw. genauer deren Verordnung) auch[568] deshalb gestrichen wur-

---

[560] *Bundesärztekammer,* Wortbericht des 72. Deutschen Ärztetages, S. 114.
[561] Vgl. *Bundesärztekammer,* Wortbericht des 72. Deutschen Ärztetages, S. 6 ff., 35.
[562] *Bundesärztekammer,* Stenografischer Wortbericht des 86. Deutschen Ärztetages 1983, S. 271, Anhang B S. 15.
[563] *Bundesärztekammer,* DÄBl. 1988, B-2547, B-2549.
[564] Zu der Entstehungsgeschichte eines Gesetzes als Kriterium der Auslegung *Larenz/Canaris,* Methodenlehre, S. 150 f.; *Wank,* Auslegung von Gesetzen, S. 66 f.
[565] *Bundesärztekammer* (Hrsg.), Stenografischer Wortbericht des 100. Deutschen Ärztetages 1997, S. A 54.
[566] Vgl. Musterberufsordnung für die in Deutschland tätigen Ärztinnen und Ärzte – MBO-Ä 1997 – in der Fassung der Beschlüsse des 114. Deutschen Ärztetages in Kiel, abrufbar unter http://www.bundesaerztekammer.de/downloads/MBO_08_20111.pdf.
[567] Diese erschöpfen sich in dem Stenografischen Wortbericht zum 100. Deutschen Ärztetag 1997.
[568] Zu weiteren Gründen vgl. vorstehend Teil 3: § 3 A.II.1.c).

§ 3 Unerlaubte Zuweisung von Patienten gegen Entgelt 113

den, weil sie nach Auffassung der Bundesärztekammer „bereits über die Zuweisung von Patienten erfasst sind".[569] § 31 Abs. 1 Var. 1 MBO-Ä muss demzufolge dahingehend verstanden werden, dass mit der Zuweisung von Patienten auch die „Zuweisung" an einen Heilmittelerbringer untersagt wird. Dies bedeutet für die Auslegungsfrage zunächst, dass die Zuweisung in § 31 Abs. 1 Var. 1 MBO-Ä nicht ausschließlich im technischen Sinne einer „Überweisung" oder „Einweisung" zu verstehen ist. Denn ein Heilmittel wird dem Patienten nur auf der Grundlage einer Verordnung angediehen.[570] Daraus erschließt sich ferner, dass nicht ausschließlich Ärzte oder Krankenhäuser durch das Zuweisungsverbot des § 31 Abs. 1 Var. 1 MBO-Ä adressiert werden, sondern zumindest „auch" Heilmittelerbringer. Zum anderen deutet diese Anmerkung in der Synopse darauf hin, dass die „Zuweisung" prinzipiell auch die Zuführungsform der Empfehlung enthält und somit eher offen zu verstehen ist. Denn die Zuführung des Patienten an einen bestimmten Heilmittelerbringer kann nur auf Empfehlung erfolgen.[571] Unklar bleibt allerdings, wie die Zuführung des Patienten mittels Empfehlung an andere Leistungserbringer wie beispielsweise Pharmazeutische Unternehmen, Herstellern von Medizinprodukten oder Hilfsmittelerbringern zu beurteilen ist.

Die historische und genetische Interpretation vermag somit im Ergebnis ebenfalls nicht die Auslegungsfrage vollumfänglich zu klären. Um zu einem endgültigen Ergebnis zu gelangen, ist daher abschließend Sinn und Zweck des § 31 Abs. 1 Var. 1 MBO-Ä zu ermitteln.

IV. Teleologische Interpretation

Die bisherigen Interpretationskanoes haben ergeben, dass, abgesehen von der Verordnung i. S. d. § 31 Abs. 1 Var. 2 MBO-Ä, ein weites Verständnis der Zuweisung nicht von vorneherein auszuschließen ist, ohne dass dieses jedoch als zwingend bestätigt werden könnte. Ein enges Verständnis, welches nur die zu Ärzten und Krankenhäusern praktizierten Patientenlenkungsmethoden erfasst, steht damit nach wie vor im Raum.

Im Rahmen der teleologischen Auslegungsmethode soll daher abschließend ermittelt werden, welche der beiden Verständnisvarianten dem mutmaßlichen Willen des Normgebers am ehesten entspricht. Den Ansatzpunkt dieser Interpretationsmethode bildet die zugrunde zu legende Prämisse, dass der Gesetzgeber mit dem Erlass einer Vorschrift stets einen bestimmten Regelungszweck verfolgt[572], der darin besteht, einen erkannten Interessenkonflikt nach seiner Vorstellung zu

---

[569] *Bundesärztekammer,* in: Novellierung einzelner Bestimmungen der Musterberufsordnung, Anm. zu § 31 MBO-Ä.
[570] Vgl. Teil 2: § 2 A.II.1. und Teil 2: § 2 B.
[571] Siehe Teil 2: § 2 A.II.1.c) und Teil 3: § 3 A.II.1.c).
[572] *Wank,* Auslegung von Gesetzen, S. 69; *Zippelius,* Methodenlehre, S. 49 f.

bereinigen.[573] Aufgabe der teleologischen Auslegung ist es demzufolge, den mit § 31 Abs. 1 Var. 1 MBO-Ä verfolgten Zweck zu eruieren und zu untersuchen, welche der beiden Auslegungsmöglichkeiten am ehesten mit der ermittelten Wertentscheidung des Normgebers vereinbar ist.[574]

1. Schutzzwecke des § 31 Abs. 1 Var. 1 MBO-Ä

§ 31 Abs. 1 Var. 1 MBO-Ä dient ebenso wie die anderen Vorschriften des 4. Abschnittes der Musterberufsordnung vornehmlich dem Schutz des Patienten durch Wahrung der ärztlichen Unabhängigkeit gegenüber Dritten. Dies ergab sich vor der letzten Novellierung noch ausdrücklich aus dem Wortlaut des § 30 Abs. 1 MBO-Ä a. F.[575] Die als Auslegungs- und Anwendungsregel zu begreifende Vorschrift stellte damit klar, dass das Patientenwohl bei der Zusammenarbeit von Ärzten mit Dritten die maßgebliche Leitlinie ärztlichen Handelns vorgibt.[576] Mit der Wahrung der ärztlichen Unabhängigkeit gegenüber Dritten wurde in § 30 Abs. 1 MBO-Ä a. F. gleichsam das Mittel bezeichnet, mit dem dieses Schutzanliegen gewährleistet werden sollte. Zudem wurde die Sphäre angedeutet, aus der heraus die zu vermeidenden Gefahren für den Patienten erwachsen können.

Durch die Novellierung des § 30 MBO-Ä sollte die ärztliche Unabhängigkeit „als wesentliche Grundlage für die Patienten-Arzt-Beziehung" noch weiter „klarstellend hervorgehoben" werden.[577] § 30 MBO-Ä statuiert deshalb die „Verpflichtung der Ärzte, in allen vertraglichen und sonstigen beruflichen Beziehungen zu Dritten ihre ärztliche Unabhängigkeit für die Behandlung der Patientinnen und Patienten zu wahren." Der Zweck des § 31 Abs. 1 Var. 1 MBO-Ä, der Schutz des Patienten durch die Wahrung der ärztlichen Unabhängigkeit, ist durch die Neufassung des § 30 MBO-Ä folglich nicht entfallen, sondern eher noch betont worden. Die Bestimmung der Schutzrichtung erfordert es damit zunächst, den Bedeutungsgehalt der ärztlichen Unabhängigkeit genauer zu konkretisieren.

Darüber hinaus werden im Zusammenhang mit § 31 Abs. 1 Var. 1 MBO-Ä als weitere Regelungs- und Schutzvorhaben die Bewahrung der freien Arztwahl[578],

---

[573] *Looschelders/Roth,* Juristische Methodik, S. 165.
[574] Vgl. *Looschelders/Roth,* Juristische Methodik, S. 165 ff., 173 f.
[575] § 30 Abs. 1 MBO-Ä a. F.: Die nachstehenden Vorschriften dienen dem Patientenschutz durch Wahrung der ärztlichen Unabhängigkeit gegenüber Dritten.
[576] *Flenker,* Stenografischer Wortbericht 106. Deutscher Ärztetag.
[577] *Bundesärztekammer,* in: Novellierung einzelner Bestimmungen der Musterberufsordnung, Anm. zu § 30 MBO-Ä; *Hartmannbund,* Hartmannbund Magazin 2010 (1), 8, 9; *Osterloh,* DÄBl. 2011, A-684.
[578] Noch zu § 31 MBO-Ä a. F. *Ahrens,* MedR 1992, 141, 145; *Reiling,* MedR 1998, 273.

der ärztlichen Dignität[579] und zudem Gesichtspunkte des Konkurrenzschutzes[580] erörtert. Inwiefern es sich hierbei um Ergänzungen oder bloße Konkretisierungen der vorangestellten Anliegen handelt, bleibt ebenfalls der weiteren Darstellung überlassen.

a) Schutz des Patienten durch die Bewahrung der ärztlichen Unabhängigkeit

Bereits die Überschrift des 4. Abschnitts bringt zum Ausdruck, dass das zentrale Ziel der Vorschriften um § 31 MBO-Ä in der Erhaltung der ärztlichen Unabhängigkeit liegt. Diese ist nicht nur um ihrer selbst willen zu schützen, sondern, wie es § 30 Abs. 1 MBO-Ä a. F. noch ausdrücklich zum Ausdruck brachte, zugleich Voraussetzung dafür, dass die Interessen des Patienten behütet werden.[581] Der Begriff der Unabhängigkeit erschließt sich allerdings nicht aus sich selbst heraus und bedarf aufgrund seines vielschichtigen Bedeutungsgehalts näherer Erläuterung.

aa) Bedeutungsgehalt des Begriffs der ärztlichen Unabhängigkeit

Mit dem Begriff kann zum einen die zugleich als äußere Unabhängigkeit bezeichnete Freiheit von staatlicher Einflussnahme beschrieben werden.[582] Im Sinne der Musterberufsordnung wird mit der „Ärztlichen Unabhängigkeit" hingegen vor allem die berufliche Autonomie des Arztes angesprochen. Unter professioneller Souveränität ist das Gebot an den Arzt zu verstehen, seine Tätigkeit unbeeinflusst von Berufsfremden allein nach den Maßstäben seines Berufes auszurichten.[583] Dieser Grundsatz charakterisiert alle freien Berufe[584] und findet sich in der Musterberufsordnung auch außerhalb des vierten Abschnitts etwa in § 3 MBO-Ä[585] wieder. Aus berufsrechtlicher Perspektive ergeben sich ebenfalls un-

---

[579] Ebenfalls noch zu § 31 MBO-Ä a. F. *Schirmer* bei Bundesärztekammer, Stenografischer Wortbericht des 100. Deutschen Ärztetages 1997, S. 231.
[580] *Bundesärztekammer,* DÄBl. 2013, S. A 2226, A 2227.
[581] Gem. § 30 Abs. 1 MBO-Ä a. F. dienten die nachstehenden Vorschriften dem Patientenschutz *durch* Wahrung der ärztlichen Unabhängigkeit gegenüber Dritten. Vgl. zudem *Frehse/Kalb,* Arzt und Industrie, S. 27; *Wollersheim,* in: Terbille, MAH Medizinrecht § 5 Rn. 180; ohne Darstellung dieser Verbindung hingegen *Clausen/Schroeder-Printzen,* ZMGR 2010, 3, 19.
[582] Zur Staatsunabhängigkeit und Weisungsunabhängigkeit bei freien Berufen allgemein *Michalski,* Der Begriff des freien Berufs, S. 97 ff., 128 ff. Im Übrigen *Ahrens,* AnwBl. 1992, 247, 252 (für den Anwalt).
[583] *Ahrens,* MedR 1992, 141, 145; ferner *Taupitz,* MedR 1993, 367, 368. Ähnlich *Lippert/Ratzel,* NJW 2003, 3301.
[584] *Ahrens,* MedR 1992, 141, 145.
[585] *Ratzel*/Lippert, MBO-Ä, § 3 Rn. 1; zu § 3 Abs. 2 MBO-Ä außerdem *Köber,* A/ZusR 2004, 33.

terschiedliche Facetten bei der ärztlichen Unabhängigkeit, wie die der fachlichen Weisungsfreiheit in Therapieangelegenheiten von Nichtärzten[586], der Sicherstellung professioneller Standards durch die Trennung von nicht-ärztlicher Tätigkeit[587] und der in § 32 MBO-Ä niedergelegten Wahrung der persönlichen Distanz zum Patienten.[588] Im verallgemeinerten Sinne darf der Arzt mithin keinen Vorgaben nachkommen, die mit seinem Heilauftrag nicht vereinbar sind und für deren Befolgung er nicht die Verantwortung übernehmen kann.[589]

Die ärztliche Unabhängigkeit richtet sich zudem gegen Einflüsse, die durch überwiegend eigenes oder drittgesteuertes Gewinnstreben motiviert sind.[590] § 31 Abs. 1 Var. 1 MBO-Ä umschreibt dabei als spezielle Gefahr für die ärztliche Unabhängigkeit die durch Entgelt bewirkte Selbstbindung des Arztes bei der Entscheidung, wem er einen Patienten zuweist.[591] Betont wird mithin die innere Freiheit ärztlichem Handelns von Verpflichtungen, die aus merkantilen Gesichtspunkten erwachsen.[592]

Aus der Sicht des Patienten beschrieben bedeutet die professionelle ärztliche Unabhängigkeit vor allem die unter Ausschaltung von Fremdeinflüssen loyale Bewahrung seiner Interessen.[593] Diese bestehen zuvörderst darin, dass der Arzt bei der Behandlung die zur Wiederherstellung oder Bewahrung des körperlichen Wohlbefindens und der Gesundheit optimale Entscheidung trifft[594]. Fließen nunmehr andere als rein medizinische Erwägungen in den ärztlichen Entschließungsprozess ein, steht grundsätzlich zu befürchten, dass der Arzt aufgrund materieller Vorteile auch eine weniger geeignete Behandlung in Kauf nehmen würde, die im schlimmsten Fall dem Patienten sogar schaden könnte. Patientenschutz bedeutet damit zunächst einmal Schutz seiner Gesundheit und seines allgemeinen Wohls vor derartigen Beeinträchtigungen.

Der Schutzumfang des § 31 Abs. 1 Var. 1 MBO-Ä erschöpft sich nach verbreiteter Auffassung allerdings nicht ausschließlich in den genannten Gütern. Mit

---

[586] *Ahrens*, MedR 1992, 141, 145; *Taupitz*, Standesordnungen, S. 44 ff.

[587] Ausführlich *Taupitz*, Standesordnungen, S. 14, 49 ff., 52 ff., 59 ff.

[588] Noch zu § 32 MBO-Ä a. F. Ratzel/*Lippert*, MBO-Ä, § 32 Rn. 1.

[589] Siehe § 2 Abs. 1 MBO-Ä; zu der Ausprägung der ärztlichen Unabhängigkeit in dieser Vorschrift außerdem *Taupitz*, MedR 1993, 367, 368.

[590] *Ahrens*, AnwBl. 1992, 247, 250; *Bundesärztekammer*, DÄBl. 2013, S. A 2226, A 2227; *Frehse/Kalb*, Arzt und Industrie, S. 27; *Schröder/Taupitz*, Menschliches Blut, S. 58 f.; vgl. auch OLG Nürnberg MDR 1988, 861 (für das insoweit vergleichbare Standesrecht der Zahnärzte).

[591] Noch zu § 31 MBO-Ä a. F. BGH NJW 1986, 2360, 2361; BGH MedR 2003, 459, 460; Landtag NRW Drucks. 14/10405, S. 7; *Ahrens*, MedR 1992, 141, 145; *Ries/Schnieder/Althaus/Bölting*, Arztrecht, S. 129; *Taupitz*, MedR 1993, 367, 373; *Weimer*, Der Urologe 2009, 1546.

[592] Vgl. *Ahrens*, MedR 1992, 141, 145 zu dem Begriff der „inneren Unabhängigkeit".

[593] *Ahrens*, MedR 1992, 141, 145; *ders.*, AnwBl. 1992, 247, 250.

[594] Vgl. auch *Peters*, Kopfpauschalen, S. 19 f.

§ 3 Unerlaubte Zuweisung von Patienten gegen Entgelt 117

einbezogen wird zusätzlich das von dem Patienten in den Arzt gesetzte Vertrauen, dass er sein Handeln nicht an eigenen oder dritten wirtschaftlichen Interessen, sondern allein an medizinischen Erwägungen ausrichtet.[595] Die außerordentliche Bedeutung der Bewahrung des von Seiten des Patienten dem Arzt entgegengebrachten Vertrauens hebt bereits die Präambel der Musterberufsordnung und nachfolgend des weiteren § 2 Abs. 2 MBO-Ä hervor.[596] Darüber hinaus untersagt § 11 Abs. 2 S. 1 MBO-Ä den Missbrauch des Vertrauens bei der Anwendung therapeutischer oder diagnostischer Methoden.[597]

Das besondere Gewicht der Erhaltung des Vertrauens liegt darin begründet, dass jenes die unerlässliche Basis für die Funktionsfähigkeit des Arzt-Patienten-Verhältnisses bildet, indem es das zwischen den Parteien bestehende Wissensgefälle kompensiert.[598] Denn der Patient kann aufgrund seiner fehlenden Fachkenntnis gerade nicht selbst beurteilen, welche Behandlungsmaßnahme notwendig ist, um sein Leiden zu kurieren. Folglich kann er auch die Wahl einer bestimmten Behandlungsmethode nicht anhand dieser Maßstäbe überprüfen. Um sich dennoch auf eine Therapie einlassen zu können, ist deswegen das Vertrauen des Patienten notwendig, dass der Arzt aufgrund seiner medizinischen Kompetenz die richtige Entscheidung treffen wird und ihn sachgerecht berät.[599]

Die materielle Vorteilhaftigkeit einer Heilungsmethode muss zwar nicht zwingend bedeuten, dass diese Voraussetzung nicht erfüllt wird.[600] Es erscheint zumindest in der Theorie denkbar, dass eine lukrative Behandlungsweise im Vergleich zu den übrigen zur Verfügung stehenden, allerdings materiell weniger attraktiven Vorgehensalternativen im gleichen Maße den medizinischen Anforderungen entspricht. In der Realität wird allerdings in Rechnung zu stellen sein, dass finanzielle Mittel wohl vor allem deswegen gewährt werden, damit qualitative Schwächen des Produkts oder der Dienstleistung ausgeglichen werden. Unabhängig von den vorstehenden Erwägungen kann jedenfalls nicht von der Hand gewiesen werden, dass der lukrative Aspekt grundsätzlich einen Anreiz dafür ge-

---

[595] *Bundesärztekammer,* DÄBl. 2013, S. A 2226, A 2227; noch zu § 31 MBO-Ä a. F. *Bundesärztekammer,* DÄBl. 2007, A-1607; *Kalb,* ZMGR 2005, 291, 292; *Krafcyzk/ Lietz,* ZMGR 2010, 24, 25; *Peters,* Kopfpauschalen, S. 20.
[596] Vgl. zudem S. 37 f.
[597] Beispielsweise um einen Vorteil persönlicher oder finanzieller Natur zu erlangen, vgl. *Ratzel*/Lippert, MBO-Ä, § 11 Rn. 2.
[598] *Deutsch,* ArztR 1980, 289, 290; *Taupitz,* Standesordnungen, S. 54 f.; ferner *Hartmannbund,* Hartmannbund Magazin 2010 (1), 8.
[599] OLG Hamm MedR 1985, 181, 182.
[600] Vgl. insofern auch Berufsgericht für die Heilberufe beim VG Köln Urt. v. 5.06.2009 – 35 K 563/09, BeckRS 2011, 47760: „Diese Vorschriften [§§ 31, 34 Abs. 1 MBO-Ä] bezwecken somit, „den bösen Schein zu vermeiden", der Arzt könne sich bei seinem Zuweisungs-/Verordnungsverhalten u. a. von anderen Motiven – nämlich seinem Gewinnstreben – leiten lassen als von medizinisch indizierten und am Wohl des Patienten orientierten Gründen."

ben kann, Nachteile für den Patienten in Kauf zu nehmen.[601] Die entsprechende Annahme einer Verfälschung der ärztlichen Entscheidung oder Beratung ist damit prinzipiell berechtigt.[602]

Unabhängig davon, ob eine für den Arzt profitable Behandlungsmethode diesen Makel aufweisen sollte oder nicht, steht es jedoch aus den genannten Gründen gerade nicht in der Macht des Patienten, dieses zu beurteilen. Erhält der Arzt hingegen einen Vorteil, kann der Patient nicht mehr ohne weiteres davon ausgehen, dass allein in seinem Interesse gehandelt wird. Er wird sich vielmehr „verkauft" fühlen und den Glauben in die Sachlichkeit der Entscheidung verlieren.[603]

Als Folge dieses Vertrauensverlustes steht zu befürchten, dass der Patient entweder jegliche ärztliche Maßnahme in Frage stellt[604] und versucht sein könnte, dem durch die verstärkte Einholung zweiter Meinungen zu begegnen. Dies würde wiederum zusätzlich eine finanzielle Mehrbelastung des Gesundheitssystems nach sich ziehen. Oder der Patient meidet die Konsultation ärztlicher Hilfe gänzlich und beeinträchtigt damit seine eigene Gesundheit. Sollte das Vertrauen unter den Patienten gar verbreitet abnehmen, könnte die Bevölkerungsgesundheit insgesamt gefährdet werden.[605] Der Schutz dieses hohen Gemeinwohlbelangs rechtfertigt mithin den mit dem Verbot des § 31 Abs. 1 MBO-Ä einhergehenden Eingriff in die durch die allgemeine Handlungsfreiheit geschützte Berufsausübungsfreiheit.[606]

Nicht zuletzt die Stellung des Arztes als Angehöriger eines freien Berufes (vgl. § 1 Abs. 1 S. 2, 3 MBO-Ä; § 1 Abs. 2 BÄO), der im Gegensatz zum Gewerbetreibenden vornehmlich fremde Interessen wahrzunehmen hat[607] und dem Gemeinwohl verpflichtet ist[608], gebietet ihm, seine eigenen ökonomischen Belange nicht in den Vordergrund zu stellen.[609] Dabei wäre zwar das Verlangen als illusorisch zu bezeichnen, dass der Arzt solche Aspekte vollkommen ausklammert.

---

[601] Vgl. auch Landtag NRW Drucks. 14/10405, S. 7 zu den Zuweisungsprämien.
[602] So zusammenfassend *Ahrens,* AnwBl 1992, 247, 251; *Bundesärztekammer,* DÄBl. 2007, A-1607, A-1611; *Taupitz,* MedR 1993, 367, 370.
[603] *Deutsche Gesellschaft für Urologie,* Der verkaufte Patient; *Köber,* A/ZusR 2004, 33, 34.
[604] Vgl. dazu das bei den Bestechungsdelikten zur Begründung des Schutzzwecks herangezogene Phänomen der abnehmenden Bereitschaft zur Akzeptanz der Verwaltungsentscheidungen, *Loos,* in: Welzel-FS, 1974, 879, 890.
[605] Siehe zu dem Schutzzweck der Volksgesundheit auch OLG Koblenz MedR 2003, 580, 581.
[606] *Kalb,* ZMGR 2005, 291 f.
[607] Vgl. OLG Nürnberg MDR 1988, 861 (für Zahnärzte); *Ahrens,* AnwBl. 1992, 247, 248; *Scholz,* in: Spickhoff, Medizinrecht, § 1 MBO Rn. 1.
[608] *Ruffert,* in: Kluth, Hdb Kammerrecht, § 9 Rn. 21.
[609] BayObLG MedR 2001, 206, 208; *Narr,* Ärztliches Berufsrecht, A 2, 24 f.; *Ratzel/Knüpper,* in: Ratzel/Luxenburger, Hdb Medizinrecht, § 5 Rn. 15; *Schelling,* in: Spickhoff, Medizinrecht, § 1 BÄO Rn. 3, 5; *Taupitz,* Standesordnungen, S. 59 ff., 63 ff.

§ 3 Unerlaubte Zuweisung von Patienten gegen Entgelt 119

Denn auch seine Tätigkeit ist letztlich auf den Erwerb und die Beschaffung eines Lebensunterhalts ausgerichtet. Entscheidend ist jedoch, dass er diese Belange nicht vor die Interessen des Patienten stellt.[610]

Der Patient kann deshalb erwarten, dass das gesetzlich vorgegebene oder vereinbarte Honorar den einzigen wirtschaftlichen Vorteil bildet, den der Arzt mit der Behandlung erzielt.[611] Um dies zu gewährleisten, darf der Arzt sich mithin bei einer Therapieentscheidung nicht von dem Ziel der eigenen Gewinnmaximierung, sondern ausschließlich von medizinischen Erwägungen leiten lassen.[612]

Handelt der Arzt diesem Gebot zuwider, wird schließlich auch eine Verletzung des Selbstbestimmungsrechts des Patienten in Erwägung gezogen[613], wobei jedoch zumeist unerörtert bleibt, worin diese erblickt werden kann.

Das Selbstbestimmungsrecht beinhaltet zunächst das autonome Verfügungsrecht des Patienten über den eigenen Körper[614] und bedingt, dass der Patient als selbstständiger Partner und nicht als bloßes Objekt im beiderseitigen Behandlungsvertrag auftritt.[615] Jede ärztliche Behandlung bedarf deshalb der Zustimmung des Patienten.[616] Umstritten ist die verfassungsrechtliche Verankerung des Selbstbestimmungsrechts, die manche in der körperlichen Unversehrtheit gem. Art. 2 Abs. 2 S. 1 GG[617], andere hingegen im allgemeinen Persönlichkeitsrecht gem. Art. 2 Abs. 1 GG i.V.m. Art. 1 Abs. 1 GG[618] erblicken.[619]

Die Notwendigkeit der Wahrung des Selbstbestimmungsrechts des Patienten hat unterdessen zu einer umfassenden Kasuistik von Aufklärungspflichten geführt, die der Arzt gegenüber dem Patienten im Behandlungsverhältnis wahrzu-

---

[610] Zu diesem bei allen freien Berufen maßgebenden Grundsatz *Ahrens,* AnwBl. 1992, 247, 249; *Taupitz,* Standesordnungen, S. 63 ff.
[611] *Ahrens,* AnwBl 1992, 247, 250; *Schröder/Taupitz,* Menschliches Blut, S. 59.
[612] BGH NJW 1986, 2360, 2361; OLG Nürnberg MDR 1988, 861; Landtag NRW Drucks. 14/10405, S. 7; *Frehse/Kalb,* Arzt und Industrie, S. 2; *Pflugmacher,* Ärzte Zeitung 2009 (159), 14; *Krafczyk,* in: FS Mehle, 2009, S. 325, 336, der diesbezüglich das Gewissen des als Maßstab benennt.
[613] Bayerische Landesärztekammer, becklink 288470; Deutsche Gesellschaft für Urologie, Der verkaufte Patient.
[614] *Di Fabio,* in: Maunz/Dürig, GG, Art. 2 Rn. 204; *Voll,* Einwilligung im Arztrecht, S. 47 f.
[615] BVerfG NJW 2005, 1103, 1104; *Laufs,* in: Laufs/Kern, Hdb Arztrecht, § 57 Rn. 14; *Wellner,* in: Geigel, Haftpflichtprozess, 14. Kap. Rn. 213.
[616] *Wollersheim,* in: Terbille, Hdb Medizinrecht, § 5 Rn. 104.
[617] *Barth,* Mediziner-Marketing, S. 177 f.; *Hartmannsgruber,* in: Ratzel/Luxenburger, Hdb Medizinrecht, § 7 Rn. 219; *Lang,* in: Epping/Hillgruber, BeckOK GG, Art. 2 GG Rn. 6; *Voll,* Einwilligung im Arztrecht, S. 49 ff.
[618] *Di Fabio,* in: Maunz/Dürig, GG, Art. 2 Rn. 128, 204 ff.; *Lang,* in: Becker/Kingreen, SGB V, § 76 Rn. 4 (allerdings nur mittelbar über die freie Arztwahl, die jedoch ihrerseits als Ausprägung des Selbstbestimmungsrechts erachtet wird).
[619] Ausführliche Darstellung des Meinungsstandes bei *Voll,* Einwilligung im Arztrecht, S. 48 ff.

nehmen hat.[620] Eine fehlerhafte oder unvollständige Aufklärung bedingt demzufolge eine Beeinträchtigung des Selbstbestimmungsrechts.

Die Körper- und Gesundheitsinteressen des Patienten und folglich sein Selbstbestimmungsrecht werden indes durch die Beratung, an wen er sich für eine weitere Behandlung oder sonstige medizinische Maßnahmen wenden kann, ebenfalls berührt. Steht nunmehr die Empfehlung eines Arztes unter dem Eindruck materieller Vorteile, kann unterstellt werden, dass dem Patienten diese Beweggründe im Regelfall vorenthalten bleiben. Der Patient vertraut indes darauf, dass etwaige Ratschläge ausschließlich aus medizinischen Erwägungen geleistet werden. Das Verhalten des Arztes führt deshalb dazu, dass der Patient bei seiner Auswahlentscheidung von einer unzureichenden Tatsachengrundlage ausgeht. In Anbetracht der eingangs dargestellten Verpflichtung des Arztes, die eigenen pekuniären Interessen stets den Bedürfnissen seines Patienten unterzuordnen und sein Verhalten dementsprechend auszurichten[621], wird der Patient jedoch zumindest erwarten dürfen, dass er über Motive wie eine Entgeltzahlung, die er aufgrund des zuvor Gesagten gerade nicht in Rechnung stellen muss, aufgeklärt wird.[622] Indem der Arzt einen entsprechenden Hinweis unterlässt, kann folglich wie auch bei einer fehlerhaften Aufklärung eine entsprechende Beeinträchtigung des Selbstbestimmungsrechts angenommen werden. Das Gebot der Wahrung ärztlicher Unabhängigkeit dient damit auch dem Schutz des Selbstbestimmungsrechts des Patienten.

§ 31 Abs. 1 Var. 1 MBO-Ä verbietet folglich den Erhalt eines über diese Bezahlung hinausgehenden Vorteils für die Zuweisung eines Patienten, um die Gesundheit, das Vertrauen und die Selbstbestimmung des Patienten zu schützen. Nach der Ratio von (§ 30 MBO-Ä a.F. i.V.m.) § 31 Abs. 1 Var. 1 MBO-Ä obliegt es dem Arzt infolgedessen, seine Entscheidungen über die Vermittlung des Patienten zuvörderst an dessen Wohl auszurichten.[623]

bb) Vereinbarkeit des Schutzzwecks mit den Auslegungsvarianten

Das Gebot zur Bewahrung der ärztlichen Unabhängigkeit löst den zwischen Ärzten und Patienten bestehenden Interessenkonflikt zugunsten des Patienten dahingehend auf, dass das kommerzielle Interesse des Arztes an der Verwertung

---

[620] Laufs/*Katzenmeier*/Lipp, Arztrecht, Kap. V Rn. 5; *Laufs,* in: Laufs/Kern, Hdb Arztrecht, § 57 Rn 15 ff., dort wird im Folgenden auch ein Überblick über die einzelnen Aufklärungsarten und -pflichten gegeben.
[621] Siehe Fn. 609.
[622] *Barth,* Mediziner-Marketing, S. 187 ff. leitet aus dem Selbstbestimmungsrecht gar allgemein dezidierte Hinweispflichten des behandelnden Arztes in Bezug auf die von dem Patienten zu treffende Arztwahl ab.
[623] Vgl. auch BGH MedR 2003, 459, 460; *Bundesärztekammer,* DÄBl. 2007, A-1607; *Kalb,* ZMGR 2005, 291, 292; *Krafcyzk/Lietz,* ZMGR 2010, 24, 25.

§ 3 Unerlaubte Zuweisung von Patienten gegen Entgelt 121

seines Patientenstamms[624] hinter dem Interesse des Patienten an der Bewahrung seiner Gesundheit und seines Wohls zurückzustehen hat. Gleiches gilt für die materiellen Interessen des Zuweisungsempfängers, dem die Gewinnung zusätzlicher Patienten auf dem von § 31 Abs. 1 Var. 1 MBO-Ä beschriebenen Weg untersagt wird.

Fraglich ist nunmehr, wie sich die Interessengewichtung verhält, wenn diese Gesichtspunkte auf die beiden Auslegungsvarianten übertragen werden. Da die Zuweisungsbegriffe zueinander in einem Stufenverhältnis stehen, erfassen beide die Konstellation, dass der Arzt seinen Patienten gegen Entgelt entweder einem anderen Arzt überweist oder in ein Krankenhaus einweist. Durch das Verbot des § 31 Abs. 1 Var. 1 MBO-Ä wird somit unabhängig von der darüber hinausgehenden unterschiedlichen Auffassung von dem Inhalt der Zuweisung jedenfalls bestimmt, dass das Interesse des Arztes, die Vermittlung seiner Patienten gewinnbringend zu nutzen, im Verhältnis zu diesen beiden Adressaten zurückzustehen hat.

Die sich zugleich in dieser Fallkonstellation erschöpfende enge Auslegungsvariante bedeutet mithin, dass die Rechtsgüter des Patienten mittels Bewahrung der ärztlichen Unabhängigkeit durch § 31 Abs. 1 Var. 1 MBO-Ä ebenfalls nur in der Beziehung zu diesen Zuweisungsadressaten zu schützen sind. Dagegen unterbindet das weite Zuweisungsverständnis auch ein beim Arzt vorhandenes Vermarktungsinteresse gegenüber weiteren Leistungserbringern. Der Arzt wird in seinen kommerziellen Betätigungsmöglichkeiten dementsprechend weitergehend eingeschränkt. Dies hat spiegelbildlich zur Folge, dass auch das entsprechende Akquisitionsinteresse bei einem größeren Umfang der Leistungserbringer betroffen ist.

Entscheidend ist mithin, ob die Gründe, welche in der unstreitig erfassten eingangs erörterten Sachverhaltskonstellation einen Schutz des Patienten erfordern, auch bei darüber hinausgehenden Kooperationen im Wesentlichen zum Tragen kommen würden. Die durch Bewahrung der ärztlichen Unabhängigkeit abzuwendenden Gefahren für den Patienten bei der Zusammenarbeit des Arztes mit Ärzten bzw. Krankenhäusern müssten folglich mit denen im Wesentlichen vergleichbar sind, die dem Patienten bei einer Kooperation des Arztes mit anderen Leistungserbringern drohen. Denn sollten sich diese nicht entsprechen, kann angenommen werden, dass der Normgeber diese Konstellationen nicht in den Regelungsbereich des § 31 Abs. 1 Var. 1 MBO-Ä aufnehmen wollte. Die weite Interpretation der Zuweisung wäre dann in der Folge abzulehnen.

---

[624] Bezeichnung der akquirierten und nachhaltig betreuten Patienten als „Betriebsmittel" zur Beteiligung am Erfolg anderer Dienstleister im Gesundheitswesen bei *Bonvie*, in: Arbeitsgemeinschaft Medizinrecht, S. 827, 828.

Bei Vergegenwärtigung der mit § 31 Abs. 1 Var. 1 MBO-Ä verfolgten Ziele des Gesundheits- und Vertrauensschutzes beim Patienten wird unterdessen offenbar, dass diese in gleichem Maße wie im Verhältnis zu anderen (Fach-)Ärzten und Krankenhäusern auch bei der Zusammenarbeit des Arztes mit sonstigen Leistungserbringern zu verfolgen sind.[625] Denn wie der Patient ein Interesse daran hat, dass die Ärzte und Krankenhäuser, an die er verwiesen wird, aus Gründen ihrer Qualifikation in medizinischen Belangen ausgewählt werden, lässt sich unterstellen, dass ihm aus Besorgnis um seine Gesundheit in gleichem Maße daran gelegen ist, dass andere Leistungserbringer nach diesem Maßstab ausersehen werden.

Der BGH, der den Schutz des Patienten desgleichen als wesentliches Kriterium für eine Gleichbehandlung in dieser Frage erachtet, bezog in den Adressatenkreis des § 31 MBO-Ä a. F. deshalb ausdrücklich die in § 34 Abs. 5 MBO-Ä a. F. genannten Apotheken, Geschäfte oder Anbieter von gesundheitlichen Leistungen mit ein.[626] Offen bleibt in der Urteilsbegründung allerdings, ob der BGH damit zugleich eine Einschränkung auf die in § 34 Abs. 5 MBO-Ä a. F. aufgeführten Leistungserbringer zum Ausdruck bringen wollte. Allerdings kann nicht ausgeschlossen werden, dass sich der BGH nur deshalb auf § 34 Abs. 5 MBO-Ä a. F. gestützt hat, weil der zu Grunde liegende Fall ohnehin einen Hörgeräteakustiker betraf, der als Hilfsmittelhersteller unproblematisch als Anbieter gesundheitlicher Leistungen zu bezeichnen ist.[627]

Letztlich ist jedoch innerhalb der Gruppe der Angehörigen von Gesundheitsberufen keine weitere Differenzierung geboten.[628] Denn unabhängig davon lässt sich ein Interesse des Patienten an der Unabhängigkeit des Arztes generell bei allen Personen oder Organisationen unterstellen, deren Tätigkeit die Gesundheit des Patienten berührt.[629] Selbst wenn in Rechnung gestellt wird, dass dieses Interesse abhängig von der Kategorie des Leistungserbringers in unterschiedlicher Intensität betroffen sein kann, weil die Tätigkeit eines Arztes für die Gesundheit

---

[625] So im Ergebnis schon zu § 31 MBO-Ä a.F. auch BGH GRUR 2011, 345, 351; Berufsgericht für Heilberufe beim VG Köln Urt. v. 5.6.2009, BeckRS 2011, 47760, Nr. III 1.

[626] GRUR 2011, 345, 351.

[627] Vgl. Nachweise in Fn. 511.

[628] Nicht von dem Rahmen dieser Bearbeitung erfasst wird die Frage, ob die ärztliche Empfehlung von Personen, die nicht zum Kreis der Anbieter von Gesundheitsleistungen zählen, ebenfalls frei von eigenen kommerziellen Interessen sein müssen. Gegen eine Erfassung von § 31 MBO-Ä spricht im Hinblick auf den Schutzzweck jedenfalls, dass die Bewahrung der medizinischen Belange und damit die Kompetenz des Arztes in keiner Weise durch eine derartige Empfehlung berührt würden. Es könnte jedoch unter Umständen und abhängig vom Ausmaß dem Ansehen des Arztberufs widersprechen und damit mit anderen Normen der Berufsordnung unvereinbar sein.

[629] Diese Richtung andeutend auch *Bundesärztekammer,* Wahrung der ärztlichen Unabhängigkeit, DÄBl. 2007, A-1607.

eines Patienten als essentieller empfunden werden könnte als beispielsweise die eines Sanitätshändlers, gebietet jedoch zumindest das auch im Interesse des Arztes zu schützende Vertrauensverhältnis zum Patienten eine Gleichbehandlung dieser Fälle. Denn dieses wird bei einer durch Gesichtspunkte des Erwerbs motivierten Vermittlung des Patienten unabhängig von der Art des Empfängers stets missbraucht und damit gefährdet. Keine andere Bewertung ergibt sich schließlich im Hinblick auf eine Verletzung des Selbstbestimmungsrechts des Patienten bei Verschweigen der Provisionszahlungen. Die Belange des Patienten sprechen schlussendlich dafür, dass die ärztliche Unabhängigkeit gegenüber jedem Leistungserbringer gewahrt werden muss, der bereit ist, für die Vermittlung des Patienten materielle Vorteile zu gewähren.[630]

cc) Zwischenergebnis

Die von dem Satzungsgeber getroffene Wertentscheidung, die Gesundheitsinteressen des Patienten durch Bewahrung der ärztlichen Unabhängigkeit über die kommerziellen Interessen des Arztes zu stellen, harmoniert infolge der getätigten Ausführungen mehr mit dem weiten Zuweisungsverständnis. Denn die Gründe, die für ein Verbot entgeltlicher Zuweisung an Ärzte und Krankenhäuser streiten, stimmen im Wesentlichen mit denjenigen überein, die für eine Untersagung des entsprechenden Verhaltens gegenüber Dritten anzuführen sind. Ein Anlass für eine Differenzierung und damit für die enge Auslegung ist hingegen nicht ersichtlich.

b) Schutz des Gesundheitssystems durch die Bewahrung der Wirtschaftlichkeit

Durch monetäre Anreize könnte der Arzt sich jedoch nicht nur dazu veranlasst sehen, die Interessen des Patienten zu vernachlässigen. Es steht zu befürchten, dass der behandelnde Arzt durch materielle Verlockungen zugleich einen geringeren Zwang zur Befolgung des Wirtschaftlichkeitsgebots verspüren könnte[631], wodurch wiederum das Gesundheitssystem finanziell belastet wird. Indem § 31 Abs. 1 MBO-Ä die Gewährung von Vorteilen verbietet, dient die Norm desgleichen der Vermeidung ökonomischer Schäden für die Gesundheitskassen.

Die Möglichkeit zu unwirtschaftlichen Entscheidungen ist zudem nicht auf das Verhältnis zu bestimmten Leistungserbringern beschränkt, so dass auch dieser Gesichtspunkt eher ein weites Zuweisungsverständnis stützt.

---

[630] So im Ergebnis auch Berufsgericht für Heilberufe beim VG Köln Urt. v. 5.6. 2009, BeckRS 2011, 47760, Nr. III 1, welches allerdings ohne nähere Erläuterung auf den Sinn und Zweck abstellt.
[631] *Dahm*, in: Anm. zu OLG Koblenz Urt. v. 20.5.2003, MedR 2003, 580.

c) Schutz des Patienten und der Konkurrenten
durch Vermeidung ungerechtfertigter Wettbewerbsvorteile

Als weiteres Anliegen des § 31 Abs. 1 Var. 1 MBO-Ä könnte der Schutz des Patienten und der Konkurrenten vor ungerechtfertigten Wettbewerbsvorteilen in Betracht zu ziehen sein.[632]

aa) Regelungszweck des § 31 MBO-Ä?

Einige bewerten die Verhinderung ungerechtfertigter Wettbewerbsvorteile gegenüber den Berufskollegen ebenfalls als Regelungsabsicht des § 31 Abs. 1 Var. 1 MBO-Ä.[633] Dabei bleibt indes häufig unklar, ob dieses Ziel neben den Schutz des Patienten durch die Bewahrung der ärztlichen Unabhängigkeit tritt[634] oder durch § 31 Abs. 1 Var. 1 MBO-Ä gar ausschließlich verfolgt wird.[635] Gegen die letztere Sichtweise spricht allerdings schon die Vorgabe des § 30 Abs. 1 MBO-Ä a.F., der als Schutzzweck des § 31 MBO-Ä ausdrücklich die ärztliche Unabhängigkeit benannte und dessen Auslegungsregel auch durch § 30 MBO-Ä (n. F.) nicht beseitigt wurde.

Während die Gewährleistung eines fairen und freien Wettbewerbs als mögliches Regelungsziel in anderen Stellungnahmen schlicht unerwähnt bleibt[636], wendet *Bonvie* sich explizit gegen eine entsprechende Zielsetzung des § 31 Abs. 1 Var. 1 MBO-Ä und sieht diese einzig im Patientenschutz verwirklicht.[637] Er begründet seine Auffassung damit, dass Normen wie § 31 Abs. 1 Var. 1 MBO-Ä und § 31 Abs. 2 MBO-Ä erst eine Wettbewerbsverzerrung bewirken würden. Denn wäre die wirtschaftliche Verwertung des Patientenstamms erlaubt, könne auch eine Chancengleichheit zwischen den Ärzten angenommen werden. Erst durch die Regelung des § 31 Abs. 1 Var. 1 MBO-Ä würden jedoch risikobewusste Ärzte aufgrund des „Vollzugsdefizits" bevorteilt, womit sich Bonvie höchst wahrscheinlich auf die häufig bemängelte unzureichende Verfolgungstätigkeit der Ärztekammern[638] bezieht.

---

[632] Vgl. zu den durch Zuweisung gegen Entgelt verursachten Schäden im Wettbewerb *Bussmann,* Unzulässige Zusammenarbeit, S. 8.
[633] *Bundesärztekammer,* DÄBl. 2013, S. A 2226, A 2227; noch zu § 31 MBO-Ä a.F. BGH MedR 2003, 459, 460; OLG Düsseldorf MedR 2009, 664, 669; OLG Schleswig-Holstein MedR 2004, 270, 273; OLG Hamm NJW 1985, 679, 680; *Kalb,* ZMGR 2005, 291, 292, 295; *Ratzel*/Lippert, MBO-Ä, § 31, Rn. 3; ferner *Krafcyzk,* in: FS Mehle, 2009, S. 325, 336; unklar *Ahrens,* AnwBl 1992, 247, 251.
[634] So ausdrücklich *Bundesärztekammer,* DÄBl. 2013, S. A 2226, A 2227; ferner *Bäune,* jurisPR-MedizinR 7/2010, Anm. 5, C; wohl auch *Ratzel*/Lippert, MBO-Ä, § 31, Rn. 3.
[635] In diese Richtung anscheinend OLG Hamm NJW 1985, 679, 680.
[636] Vgl. bspw. *Bundesärztekammer,* DÄBl. 2007, A-1607 ff.; *Krafcyzk/Lietz,* ZMGR 2010, 24, 25.
[637] *Bonvie,* Arbeitsgemeinschaft Medizinrecht, S. 827, 829.

§ 3 Unerlaubte Zuweisung von Patienten gegen Entgelt

Die Ansicht Bonvie's vermag jedoch aus mehreren Gründen nicht zu überzeugen. Wie sich zunächst schon aus § 4 Nr. 11 UWG ergibt, dient eine Norm auch dann dem Wettbewerb, wenn sie Regeln definiert, an denen sich das Verhalten der Marktteilnehmer auszurichten hat.[639] Der Wettbewerb verbietet somit entgegen dem Standpunkt von Bonvie nicht die Existenz von Normen, die von allen Marktteilnehmern einzuhaltende Anforderungen stellen. § 31 Abs. 1 Var. 1 MBO-Ä bestimmt in diesem Sinne, dass alle Ärzte ihre Zuweisungsentscheidung allein nach ärztlichen Gesichtspunkten zu treffen haben. Damit werden zur Grundlage des Wettbewerbs vorrangig die fachliche Qualifikation, der Service und gegebenenfalls der Preis, nicht jedoch das Vorhandensein finanzieller Mittel zum „Kauf von Patienten" bestimmt.[640] Dies dient zum einem dem Schutz der Verbraucher und begründet zum anderen auch die Voraussetzung für ein gleichförmiges Auftreten der Ärzte am Markt, welches wiederum den Qualitätswettbewerb erst ermöglicht.[641] Die § 31 Abs. 1 Var. 1 MBO-Ä in den Landessatzungen entsprechenden Normen werden demgemäß auch als gesetzliche Vorschriften im Sinne des § 4 Nr. 11 UWG bewertet, die dazu bestimmt sind, im Interesse der Marktteilnehmer das Marktverhalten zu regeln.[642]

Zum anderen ist aber auch der geschichtliche Hintergrund der Berufsordnungen zu beachten, die primär geschaffen wurden, um die aus der Konkurrenz der Ärzte herrührenden Missstände zu beseitigen.[643] Entgegen der heutigen Situation stand damit noch nicht der Patient im Fokus, sondern die Kodifizierung von Verhaltensregeln, durch die die Ärzte zur Kollegialität untereinander angehalten werden sollten. Diese Regelwerke waren damit im Ausgangspunkt zunächst Wettbewerbsrecht.[644] Die verstärkte Ausrichtung der Berufsordnungen auf den Patientenschutz zwingt indes nicht dazu, dieses ursprüngliche Anliegen als verdrängt anzusehen[645]. Es spricht damit einiges dafür, den Zweck des § 31 Abs. 1 Var. 1 MBO-Ä zusätzlich in der Regelung des Wettbewerbs zum Schutz des Patienten in seiner Eigenschaft als Verbraucher und zum Schutz der Ärzte zu erblicken.

---

[638] Vgl. dazu ausführlich Teil 3: § 3 I.II.
[639] Vgl. OLG Düsseldorf MedR 2009, 664, 669; ferner BGH MedR 2009, 728, 729.
[640] Vgl. *Frehse/Kalb,* Arzt und Industrie, S. 58.
[641] OLG Düsseldorf MedR 2009, 664, 669.
[642] BGH GRUR 2009, 700, 701; OLG Düsseldorf MedR 2009, 664, 669; OLG Stuttgart MedR 2007, 543, 546; OLG Karlsruhe, Urt. v. 27.6.2012 – 6 U 15/11, Rn. 54 zu § 18 Abs. 1 S. 3 Alt. 1 MBO-Ä; *Fritsche,* in: Spickhoff, Medizinrecht, § 4 UWG Rn. 26; *Krafcyzk/Lietz,* ZMGR 2010, 24, 30. Vgl. allgemein zu der rechtlichen Charakterisierung der §§ 17–35 BO-Ä als Marktverhaltensregel *Frehse/Kalb,* Arzt und Industrie, S. 58; *Köhler*/Bornkamm, UWG, § 4 Rn. 11.74.
[643] Vgl. Teil 3: § 1 A.
[644] So ausdrücklich *Krafczyk,* in: FS Mehle, 2009, S. 325, 336; vgl. zudem Teil 3: § 1 A.
[645] A.A. *Peters,* Kopfpauschalen, S. 20.

bb) Vereinbarkeit des Schutzzwecks mit den Auslegungsvarianten

Unter der Prämisse, den Wettbewerbsschutz als Anliegen des § 31 Abs. 1 Var. 1 MBO-Ä anzuerkennen, ist nunmehr zu untersuchen, welche Bedeutung sich daraus für die Auslegungsfrage ergibt.

§ 31 Abs. 1 Var. 1 MBO-Ä legt fest, dass ausschließlich medizinische Belange den entscheidenden Wettbewerbsparameter bilden. Dies liegt zum einem im Interesse des Patienten, für den die Wahrung seiner Gesundheit im Vordergrund steht. Es entspricht zum anderen dem Interesse der Ärzte, da dadurch eine einheitliche Ausgangsposition geschaffen wird.

Diese Anliegen werden indes nicht nur im Verhältnis der Patientenvermittlung zu anderen Ärzten oder Krankenhäusern berührt. Einerseits dürfte die Konkurrenz keinen Unterschied darin erblicken, an wen der in Rede stehende Arzt Vorteile bewirkt, um zusätzliche eigene Patienten zu generieren, da diese Methode unabhängig von der Profession des Zuweisenden nicht als wettbewerbskonform bezeichnet werden kann. Wie im vorhergehenden Abschnitt bereits dargestellt wurde, ist auch dem Patienten in der Beziehung zu jedem Leistungserbringer daran gelegen, dass nicht finanzielle Gesichtspunkte darüber entscheiden, durch wen weitere Gesundheitsleistungen erfolgen. Dieser (zusätzliche) Schutzzweck gebietet es mithin ebenfalls, eine materiell motivierte Zuführung von Patienten im Verhältnis zu jedem Leistungserbringer zu unterbinden.[646]

cc) Zwischenergebnis

Auch dieser Schutzzweck legt ein Verständnis des § 31 Abs. 1 Var. 1 MBO-Ä nahe, welches eher der engen Auslegungsvariante entgegensteht.

d) Wahrung der ärztlichen Dignität

Bei der Zweckbeschreibung des § 31 Abs. 1 Var. 1 MBO-Ä wird neben der Unabhängigkeit gelegentlich auch die Bewahrung der ärztlichen Würde im Umgang mit kommerziell tätigen Dritten hervorgehoben.[647] Die Erhaltung des ärztlichen Ansehens stellt bereits die Präambel der Musterberufsordnung als ein wesentliches Ziel heraus. Die Verwirklichung dieses Anliegens begründete zudem aus historischer Perspektive ein wichtiges Motiv zur Erschaffung einer Berufsordnung.[648] Daraus ergibt sich, dass die Dignität des Arztes mit der Erhaltung des in den ärztlichen Beruf gesetzten Vertrauens in enger Verbindung steht. Mit

---

[646] Im Ergebnis auch OLG Hamm NJW 1985, 679, 680.
[647] *Schirmer*, in: Bundesärztekammer, Stenografischer Wortbericht des 100. Deutschen Ärztetages 1997, S. 231.
[648] Siehe dazu S. 76.

der ärztlichen Würde ist damit insbesondere ein an die Erwartungen der Allgemeinheit der Patienten ausgerichtetes Verhalten angesprochen, welches schon in der ärztlichen Unabhängigkeit zum Ausdruck kommt. Mit der Dignität wird mithin kein eigenständiger Schutzzweck beschrieben, der möglicherweise zu einer andersartigen Bewertung der Auslegungsfrage führen könnte. Denn sofern anhand dieses Schutzzwecks das „Verkaufen" von Patienten an Ärzte als würdelos bezeichnet werden müsste, ließe sich im Verhältnis zu anderen Leistungserbringern kaum ein anders Ergebnis finden.

e) Gewährleistung der freien Arzt-/Krankenhauswahl

Im Zusammenhang mit der Betrachtung der Schutzzwecke des § 31 Abs. 1 Var. 1 MBO-Ä wird schließlich der Aspekt der freien Arzt-[649] bzw. Krankenhauswahl[650] erörtert. Dieses in der Musterberufsordnung jedenfalls für die freie Arztwahl in § 7 Abs. 2 S. 1 MBO-Ä explizit niedergelegte Prinzip bildet neben der ärztlichen Unabhängigkeit ebenfalls eine elementare Säule für das Entstehen eines von Vertrauen getragenem Arzt-Patientenverhältnisses.[651] Ungeachtet dessen ist jedoch fraglich, ob § 31 Abs. 1 Var. 1 MBO-Ä deshalb auch der Gewährleistung der freien Arzt-/Krankenhauswahl dient.

aa) Regelungszweck des § 31 Abs. 1 Var. 1 MBO-Ä?

Eine entsprechende Zweckrichtung des § 31 Abs. 1 Var. 1 MBO-Ä müsste dann ausgeschlossen werden, wenn sich nicht feststellen lässt, dass ein als Zuweisung gegen Entgelt zu bewertendes Verhalten eben diesen Grundsatz verletzt.

Dies erfordert zunächst, den Inhalt der freien Arztwahl im berufsrechtlichen Sinne zu bestimmen. Dies begegnet einer gewissen Schwierigkeit, da die freie Arztwahl zumeist keine vertiefte Auseinandersetzung erfährt. Barth[652] weist insofern zutreffend daraufhin, dass sie scheinbar als „selbstverständlich und unproblematisch vorausgesetzt" wird. Dementsprechend wird die freie Arztwahl aus der Perspektive des Berufsrechts überwiegend lediglich als das Recht des Patienten beschrieben, den behandelnden Arzt selbst frei zu wählen.[653] Diese im Wesentlichen auf die Wiedergabe des Wortlauts beschränkte Definition gibt jedoch

---

[649] OLG Koblenz MedR 2003, 580, 581; *Ahrens*, MedR 1992, 141, 146; *Bundesärztekammer*, DÄBl. 2007, A-1607, A-1610; *Reiling*, MedR 1998, 273; *Wollersheim*, in: Terbille, MAH Medizinrecht, § 5 Rn. 188.

[650] Clausen/Schroeder-Printzen, ZMGR 2010, 3, 20.

[651] Vgl. dazu die Ausführungen und Nachweise auf S. 37 f.; ferner Ratzel/*Lippert*, MBO-Ä, § 7 Rn. 46.

[652] Mediziner-Marketing, S. 186.

[653] Ratzel/*Lippert*, MBO-Ä, § 31 Rn. 46; *Scholz*, in: Spickhoff, Medizinrecht, § 7 MBO, Rn. 6.

keinen weiteren Aufschluss darüber, welche Anforderungen an das „selbst frei wählen" zu stellen sind, und bedarf mithin weiterer Konkretisierung.

Unter Berücksichtigung der verfassungsrechtlichen Verankerung der freien Arztwahl in der aus Art. 2 Abs. 1 GG folgenden allgemeinen Handlungsfreiheit[654] sind nach den bereits im sozialrechtlichen Zusammenhang getätigten Feststellungen solche Verhaltensweisen mit dem Recht der freien Arztwahl unvereinbar, die dem Patienten in irgendeiner Weise vorschreiben, welchen Arzt er aufzusuchen hat.[655] Allerdings wird dadurch noch nicht beantwortet, welche Qualität eine Verhaltensweise haben muss, um als vorschreiben aufgefasst werden zu können.

Im strengsten Sinne könnte damit jedenfalls gemeint sein, dass dem Patienten von dritter Seite keine rechtlich verbindlichen Vorgaben gemacht werden dürfen. Ein in diese Richtung weisendes Verständnis kommt in einer Entscheidung des BGH zum Ausdruck, die zu dem mit dem Recht auf freie Arztwahl in der Essenz vergleichbaren Recht der freien Anwaltswahl ergangen ist.[656] In dem zugrundeliegenden Fall nahm der BGH eine Verletzung des letzteren Grundsatzes an, weil im Rahmen eines Versicherungsvertrages die Auswahl des Anwalts ausschließlich einem Mieterverein übertragen wurde und damit nicht mehr demjenigen überlassen war, dessen Interessen letztlich wahrzunehmen waren. Das Verbot rechtlicher Vorgaben bestätigen schließlich die Vorschriften § 24 Abs. 5 S. 1 BMV-Ä und § 27 Abs. 5 S. 1 EKV, welche bestimmen, dass der Arzt gerade zur Wahrung der freien Arztwahl die Überweisung im Grundsatz nicht auf einen bestimmten Arzt ausstellen soll.[657] Die Vorschriften bringen damit zum Ausdruck, dass die namentliche Benennung in einer Überweisung die freie Arztwahl prinzipiell verletzt. Die in § 24 Abs. 5 S. 2 BMV-Ä/§ 27 Abs. 5 S. 2 EKV jeweils geregelte Ausnahme deutet allerdings zugleich an, dass die freie Arztwahl aus berechtigten Gründen eingeschränkt werden kann.

Derlei rechtliche Vorgaben können indes nur innerhalb einer Überweisung bewirkt werden. Die anlässlich der Überweisung ausgesprochene Empfehlung eines bestimmten Facharztes erfüllt dieses Kriterium hingegen nicht, da es dem Patienten in diesem Fall im Hinblick auf rechtliche Zwänge unbenommen bleibt, sich trotzdem für einen anderen Arzt zu entscheiden. Auf der Basis dieses Verständnisses verletzt eine Zuweisung gegen Entgelt die freie Arztwahl nur dann, wenn die Zuweisung durch eine auf einen bestimmten Arzt namentlich ausgestellte Überweisung erfolgt.

Entsprechendes dürfte indes auch für eine Beeinträchtigung der freien Krankenhauswahl gelten. Allerdings ist in diesem Zusammenhang die Besonderheit

---

[654] Siehe Fn. 114.
[655] Vgl. Fn. 113.
[656] NJW 1990, 578, 580, dort auch zum folgenden Text.
[657] Vgl. S. 36 f.

zu beachten, dass das Gesetz die Angabe der beiden nächsterreichbaren und geeigneten Krankenhäuser gegenüber einem gesetzlich versicherten Patienten als zulässige Einschränkung dieses Wahlrechts erachtet.[658] Als legitime Beschränkungen des Wahlrechts können derartige ärztliche Vorgaben jedoch nur dann betrachtet werden, wenn sie die von Gesetzes wegen aufgestellten Voraussetzungen erfüllen. Aufgrund der rechtlichen Erheblichkeit dieser Angabe kann deshalb eine Verletzung des freien Krankenhauswahlrechts angenommen werden, wenn sich die Benennung der Krankenhäuser in der Einweisung nicht an den gesetzlichen Anforderungen orientiert.

Da der Gewährung eines finanziellen Vorteils die generelle Eignung innewohnt, eine derartige gezielte Überweisung oder Einweisung zu bewirken[659], dient § 31 Abs. 1 Var. 1 MBO-Ä mit dem Verbot derselben in diesen Fällen zugleich der Wahrung der freien Arzt- bzw. Krankenhauswahl. Sofern ein rechtlich verbindliches Vorschreiben gefordert wird, beeinträchtigt eine entgeltlich motivierte Lenkung des Arztes jedoch nur in einem sehr eng gesteckten Rahmen die freie Arzt- bzw. Krankenhauswahl. Denn es dürfte zumeist die von Barth für das Beispiel der Überweisung getätigte Beobachtung eingreifen, dass Ärzte zwar eine namentliche Überweisung häufig nicht durch eine schriftliche Fixierung auf dem Überweisungsformular vornehmen, jedoch zumeist einen konkreten Arzt nennen, an den sich der Patient wenden soll.[660]

Fraglich ist daher, ob gegebenenfalls darüber hinaus aus anderen Gesichtspunkten und damit in einem weiteren Sinne eine Verletzung der freien Arzt-/ Krankenhauswahl angenommen werden kann, die dann beispielsweise auch bei einer durch den Arzt ausgesprochenen entgeltlich motivierten Empfehlung greifen würde.

In diese Richtung deutet zunächst das von Hencke zu § 76 SGB V vertretene Verständnis der freien Arztwahl, der jenes dahingehend beschreibt, dass es Dritten, wie Krankenkassen, Kassenärztlichen Vereinigungen oder Ärzten untersagt sei, auf die Wahlentscheidung des Patienten Einfluss zu nehmen.[661] Da eine Empfehlung ohne weiteres als Beeinflussung aufgefasst werden kann, wäre in der Folge bei unbefangenem Verständnis stets auch eine Verletzung der freien Arztwahl zu bejahen. Andere Stellungnahmen in Literatur und Rechtsprechung schließen ebenfalls eine Betrachtungsweise der freien Arztwahl nicht aus, die möglicherweise über den zuvor erörterten formalen Aspekt der namentlichen Benennung in der Überweisung oder Einweisung hinausgeht. So bewerten das LG

---

[658] Dazu eingehend S. 57 ff.
[659] Wohl auch *Bundesärztekammer,* DÄBl. 2007, S. A-1607, A-1611.
[660] Mediziner-Marketing, S. 283 f.
[661] *Hencke,* in: Peters, Handbuch KV SGB V, § 76 Rn. 3. Missverständlich in dieser Richtung zunächst auch *Barth,* Mediziner-Marketing, S. 202.

Heidelberg und Rieger die ausdrückliche Benennung eines anderen Arztes als Beeinträchtigung der freien Arztwahl, ohne jedoch klarzustellen, ob damit nur die zuvor erörterte Fallgruppe einer rechtlichen Vorgabe innerhalb einer Überweisung oder auch eine aus dem Anlass der Überweisung heraus getätigte Empfehlung gemeint sein soll.[662] Insgesamt könnte daher der Schluss naheliegen, dass dem Arzt jegliche namentliche Benennung wegen der darin liegenden Beeinflussung zu untersagen sein könnte.

Die Skizzierung des Rechts auf freie Arztwahl als Verbot der Einflussnahme wirft allerdings erhebliche Bedenken auf. Denn auf den Patienten wird auch dann Einfluss genommen, wenn er von sich aus um einen Ratschlag bittet und der Arzt ihm daraufhin einen anderen Facharzt empfiehlt. Wie der BGH in Bezug auf die in § 34 Abs. 5 MBO-Ä a. F. aufgezählten Leistungserbringer explizit festgestellt hat, gebietet dem Arzt gerade die aus dem Behandlungsvertrag herrührende Fürsorgepflicht, dem Auskunftsverlangen seines Patienten nachzukommen.[663] Ein entsprechendes Gebot sei nicht zuletzt aus dem in § 7 Abs. 1 MBO-Ä niedergelegten Selbstbestimmungsrecht des Patienten zu folgern. Diese Erwägungen werden indes erst recht für die Empfehlung anderer Ärzte zu gelten haben[664], zumal dem Arzt aus dem Arztvertrag generell die Pflicht obliegt, den Patienten entsprechend seiner Bedürfnisse zu beraten[665] und in diesem Sinne dann auch zu beeinflussen. Dies bedingt allerdings zugleich, dass die Belange des Patienten bei Ratschlägen zur Auswahl eines anderen Arztes tatsächlich im Vordergrund stehen. Liegen hingegen keine besonderen Gründe vor, die aus Patientensicht die Empfehlung eines bestimmten Arztes erfordern, dürfte der gleichwohl mit deren Ausspruch erzeugte Druck zur Befolgung eben jener[666] nicht mit dem Selbstbestimmungsrecht des Patienten vereinbar sein.[667] Das Fehlen eines solchen Grundes wird dabei vor allem dann als naheliegend erachtet, wenn die Initiative zu der Beratung nicht von dem Patienten ausgeht.[668] Soweit die Beeinflussung jedoch wie im oben dargestellten Maß als zulässig erachtet werden kann, kann dieses Verhalten nicht zugleich als Verstoß gegen die freie Arztwahl aufgefasst werden. Da eine Einflussnahme mithin nicht schlechterdings unzulässig ist, kann der bloße Umstand einer solchen nicht als entscheidender Abgrenzungsfaktor herangezogen werden.

---

[662] Vgl. LG Heidelberg MedR 1998, 273, 275; *Rieger*, Lexikon des Arztrechts, Rn. 644 – Freie Arztwahl.
[663] GRUR 2011, 345, 348, dort auch zum folgenden Text.
[664] So auch *Barth*, Mediziner-Marketing, S. 204 f., 206 f., 216, 482.
[665] Laufs/Katzenmeier/*Lipp*, Arztrecht, Kap. III Rn. 32.
[666] Vgl. dazu schon S. 94 f.
[667] Vgl. allgemein zu dem durch das Selbstbestimmungsrecht gewährleisteten Schutz vor Zwang bei der Arztwahl *Barth*, Mediziner-Marketing, S. 182, 186 f.
[668] Diese Richtung andeutend *Barth*, Mediziner-Marketing, S. 482; für andere Leistungserbringer ferner BGH GRUR 2011, 345, 348.

§ 3 Unerlaubte Zuweisung von Patienten gegen Entgelt   131

Einige Autoren vertreten indes, dass die freie Arztwahl ohnehin (auch) als Ausprägung des Selbstbestimmungsrechts des Patienten zu begreifen sei.[669] Wie schon im Rahmen der ärztlichen Unabhängigkeit erörtert wurde[670], kann eine entgeltlich motivierte Beratung des Arztes mit dem Selbstbestimmungsrecht des Patienten nicht vereinbart werden. Wird nunmehr die freie Arztwahl als Ausfluss des Selbstbestimmungsrechts bewertet, kann folglich eine Beeinträchtigung derselben zugleich damit begründet werden, dass der Patient bei einer auf pekuniären Umständen beruhenden Empfehlung keine „freie" Wahlentscheidung trifft.

Denn unter Berücksichtigung des zutreffenden Hinweises von Barth[671] auf Art. 38 Abs. 1 GG, der neben der allgemeinen, unmittelbaren, gleichen und direkten Wahl auch den Grundsatz der freien Wahl normiert, kann eine Wahl dann nicht mehr als „frei" erachtet werden, wenn sie unter „Zwang, Druck [oder unter sonstigen] die Willensentscheidung ernstlich beeinträchtigenden Beeinflussungen" zustande gekommen ist.[672] Als eine ernstlich beeinträchtigende Beeinflussung wird insbesondere die Täuschung des Patienten zu bewerten sein. Dies verdeutlicht auch die im Strafrecht durchgängig vertretene Ansicht, dass die Täuschung des Patienten der Freiheit von Willensmängeln entgegen steht und zumindest die rechtsgutsbezogene Täuschung zur Unwirksamkeit der Einwilligung führt.[673] Eine Täuschung des Patienten liegt bei einer entgeltlich motivierten Zuweisung unterdessen zumeist in dem Umstand begründet, dass der Arzt ihn über den tatsächlichen Anlass für das Aussprechen einer Empfehlung nicht unterrichtet, obwohl das Behandlungsverhältnis eine solche gebietet.[674]

Eine Verletzung der freien Arztwahl ist demzufolge in einem weiten Sinne über den zuvor erörterten Aspekt einer rechtlichen Bindung auch dann anzunehmen, wenn das Selbstbestimmungsrecht des Patienten in Bezug auf die Arztwahl beeinträchtigt wird. Das Selbstbestimmungsrecht gibt damit zugleich den Rahmen vor, in dem eine zulässige Einwirkung auf den Patienten erfolgen kann. Der Patient ist durch die freie Arztwahl demzufolge nicht vor einer „Einwirkung schlechthin"[675] zu schützen[676], sondern nur vor solchen Einflussnahmen, die in der zuvor beschriebenen unredlichen Weise erfolgen. § 31 Abs. 1 Var. 1 MBO-Ä bringt diesbezüglich zum Ausdruck, dass die Beeinflussung der Wahlentschei-

---

[669] Siehe dazu die Nachweise bei Fn. 117.
[670] Vgl. S. 119.
[671] Mediziner-Marketing, S. 182.
[672] BVerfGE *7*, 63, 69; *15*, 165, 166; *44*, 125, 139; *47*, 253, 282; *66*, 369, 380.
[673] Nach der wohl h.M. verhindert gar jede Täuschung eine wirksame Einwilligung. Vgl. zum Meinungsstand *Rengier,* Strafrecht AT, § 23 Rn. 25 ff.
[674] Vgl. dazu bereits die Ausführungen auf S. 120 f.
[675] *Barth,* Mediziner-Marketing, S. 183.
[676] *Barth,* Mediziner-Marketing, S. 210 weist weiterführend daraufhin, dass insbes. auch der Arzt im Sinne eines Sicherstellungsauftrags dazu aufgerufen sei, diesen Schutz zu gewährleisten.

dung des Patienten vor allem deshalb als unlauter zu bewerten ist, weil die Bereicherungsoption des Arztes sie veranlasst.

Sofern das freie Arzt- bzw. Krankenhauswahlrecht mithin als ein Aspekt des Selbstbestimmungsrechts des Patienten angesehen wird, beeinträchtigt im Ergebnis jede in Absicht einer verschwiegenen Entgelterwartung vorgenommene Patientenlenkung diese Rechte. Indem § 31 Abs. 1 Var. 1 MBO-Ä dem Arzt untersagt, seine Zuführungsentscheidung allein an materiellen Motiven auszurichten[677], dient die Norm somit auch dem Schutz dieser Wahlrechte.

bb) Bedeutung für die Auslegungsfrage

Eine Beeinträchtigung der freien Arzt- bzw. Krankenhauswahl erlangt unabhängig von den im Einzelnen zu stellenden Anforderungen allerdings nur Relevanz, wenn ein Kooperationsverhältnis zu Ärzten oder Krankenhäusern in Rede steht. Sofern dafür zudem eine rechtliche Vorgabe zu verlangen ist, kann eine Verletzung von Wahlrechten gar ausschließlich durch eine Überweisung oder Einweisung erfolgen.

Da im Verhältnis zu den übrigen Leistungserbringern zur Lenkung des Patienten nur die rechtlich unverbindliche Empfehlung zu Verfügung steht, kann die Verletzung potenziell in dieser Beziehung bestehender Wahlrechte des Patienten unter dem Gesichtspunkt einer materiellen Motivation somit nur unter der Annahme in Betracht gezogen werden, dass dadurch dem Selbstbestimmungsrecht des Patienten zuwidergehandelt wird.

Das Bestehen von Wahlrechten gegenüber anderen im Gesundheitswesen tätigen Personen oder Gemeinschaften bestätigt unterdessen die zu § 34 Abs. 5 MBO-Ä a. F. vertretene Auffassung des BGH, wonach durch die Norm „die unbeeinflusste Wahlfreiheit" des Patienten in Bezug auf die aufgezählten Leistungserbringer gewährleistet werden soll.[678] Da durch die Auswahl eines Anbieters gesundheitlicher Leistungen zudem die Gesundheitsinteressen des Patienten im weiteren Sinne berührt werden, muss in dieser Beziehung ebenfalls eine selbstbestimmte Auswahlentscheidung des Patienten gefordert werden. Eine solche wird jedoch, wie zuvor aufgezeigt, bei einer auf pekuniären Motiven beruhenden Beratung des Arztes ausgeschlossen. Denn auch im Verhältnis zu sonstigen Leistungserbringern im Gesundheitswesen ist an den Arzt die Erwartung zu stellen, dass er aufgrund seiner Pflicht, fremde Interessen wahrzunehmen, bei der Beratung des Patienten materielle Anreize außer Betracht lässt.

§ 31 Abs. 1 Var. 1 MBO-Ä erfordert es schließlich aber auch nicht, dass jede Zuweisung gegen Entgelt ein Wahlrecht des Patienten verletzt, da dessen Zweck

---

[677] Siehe S. 116.
[678] GRUR 2011, 345, 348.

nicht ausschließlich darin liegt, eben diese Rechte zu bewahren. Jede andere Betrachtungsweise wäre mit der ausdrücklichen Vorgabe des § 30 Abs. 1 MBO-Ä a. F. unvereinbar. Die Gewährleistung der Wahlrechte kann somit nur als zusätzlicher Schutzzweck des § 31 Abs. 1 Var. 1 MBO-Ä betrachtet werden.

Daraus ergibt sich für die Auslegungsfrage, dass nicht nur solche Verhaltensweisen als Zuweisung bewertet werden können, die die Verletzung eines Wahlrechts beinhalten. Dies beinhaltet zugleich, dass unter diesem Gesichtspunkt keinem bestimmten Verständnis der Zuweisung zwingend der Vorzug gegeben werden muss. Unabhängig davon, ob Wahlrechte auf das Selbstbestimmungsrecht des Patienten zu stützen sind, spricht jedoch die Verletzbarkeit des Selbstbestimmungsrechts durch jede Form einer auf einem materiellen Hintergrund beruhenden Beratung[679] dafür, dem weiten Verständnis den Vorrang einzuräumen.

2. Ergebnis der teleologischen Auslegung

Die teleologische Auslegung hat ergeben, dass nach den festgestellten Zwecken des § 31 Abs. 1 Var. 1 MBO-Ä das weite Zuweisungsverständnis vorzugswürdig ist.[680] Denn unabhängig davon, ob § 31 Abs. 1 Var. 1 MBO-Ä zusätzlich dem Schutz des Wettbewerbs dient, gebietet allein schon der beabsichtigte Schutz des Patienten durch die Wahrung der ärztlichen Unabhängigkeit eine vollständige Erfassung aller Leistungserbringer durch den Zuweisungsbegriff. Unterdessen sprechen sowohl das Wettbewerbsverständnis als die Historie dafür, dass § 31 Abs. 1 Var. 1 MBO-Ä zugleich der Gewährleistung eines Qualitätswettbewerbs dient, welcher auch im Interesse des Patienten zu verfolgen ist. Dieser Wettbewerb wird indes ebenfalls nicht nur im Verhältnis zu Ärzten oder Krankenhäusern, sondern zu allen Leistungserbringern berührt. Das zu der ärztlichen Unabhängigkeit gefundene Ergebnis kann demzufolge noch zusätzlich untermauert werden. Die Untersuchung hat außerdem ergeben, dass die ärztliche Würde kein selbstständiges Regelungsanliegen des § 31 Abs. 1 Var. 1 MBO-Ä bildet, sondern ihre Aspekte bereits in der ärztlichen Unabhängigkeit enthalten sind. Der Schutz der ärztlichen Dignität ist damit für die Vorzugswürdigkeit eines bestimmten Zuweisungsverständnisses ohne weiterreichende Bedeutung. Eine durch Entgelt motivierte Beratung des Arztes stellt sich schließlich als unlautere Einflussahme auf den Patienten dar, die eine selbstbestimmte Entscheidung darüber vereitelt, welchen Arzt er aufzusuchen gedenkt. Da diese Erwägungen im Verhältnis zu anderen Leistungserbringern gleichermaßen gelten, spricht auch der letzte Gesichtspunkt für ein weites Zuweisungsverständnis.

---

[679] Vgl. dazu schon S. 120 f.
[680] So im Ergebnis, allerdings ohne weitere Begründung, auch BGH GRUR 2011, 345, 351; OLG Hamm NJW 1985, 679, 680; Berufsgericht für die Heilberufe beim VG Köln Urt. v. 5.6.2009, 35 K 563, 09, BeckRS 2011, 47760.

V. Ergebnis zum Begriff der Zuweisung von Patienten oder Untersuchungsmaterial

Bereits die in der Überschrift des 4. Abschnitts der Musterberufsordnung angesprochene Wahrung der ärztlichen Unabhängigkeit bei der Zusammenarbeit mit Dritten deutet dem Grunde nach an, dass der Arzt diese gleich bei welcher Art der Vermittlungstätigkeit im Verhältnis zu jedem Leistungserbringer verfolgen muss.[681] Bestätigt wird dieses Ergebnis durch die einzelnen Auslegungsstufen. Schon der Wortlaut des § 31 Abs. 1 Var. 1 MBO-Ä zwingt nicht zu einem auf eine bestimmte Zuführungsform beschränktes Verständnis der Zuweisung. Nach der Systematik der Normen ist wegen § 31 Abs. 1 Var. 2 MBO-Ä und § 31 Abs. 1 Var. 3 MBO-Ä allein die Herausnahme der Verordnung oder des Bezugs eines in der Vorschrift genannten Mittels geboten. Im Übrigen bestehen insbesondere im Hinblick auf die Vermittlungsform der Empfehlung keine Beschränkungen. Aus dem geschichtlichen Hintergrund des § 31 Abs. 1 Var. 1 MBO-Ä konnte zumindest die Erkenntnis gewonnen werden, dass zwar zu einem früheren Zeitpunkt die Zuweisung im Sinne der Vorschrift nur im Verhältnis zu Ärzten und Krankenhäuser erfolgen konnte, diese Begrenzung jedoch zumindest ausdrücklich nicht mehr besteht.[682] Eindeutig sprechen schließlich Sinn und Zweck des § 31 Abs. 1 Var. 1 MBO-Ä dafür, als Zuweisung im Sinne des § 31 Abs. 1 Var. 1 MBO-Ä jede Art der Patientenvermittlung an jeden erdenklichen Leistungserbringer im Gesundheitswesen zu erfassen. Eine Zuweisung kommt damit nicht nur gegenüber Ärzten und Krankenhäusern in Betracht und ist folglich auch nicht auf den Weg der Überweisung oder Einweisung beschränkt.

Die Zuweisung erfasst damit jede Form der Patientenüberantwortung, es sei denn, sie erfolgt durch eine Verordnung oder den Bezug der in § 31 Abs. 1 Var. 2, 3 MBO-Ä aufgeführten Mittel. Da die Bestimmung des Leistungserbringers bei einer Verordnung i. S. d. § 31 Abs. 1 Var. 2 MBO-Ä und die Zuführung des Patienten beim Bezug i. S. d. § 31 Abs. 1 Var. 3 MBO-Ä indirekt erfolgen, beschreibt die Zuweisung konkretisiert jede Art der unmittelbaren Patientenvermittlung.

Als Patient ist jede Person zu bezeichnen, die eine Heilbehandlung erfährt. Für eine Zuweisung von Patienten ist es dabei ausreichend, wenn die übermittelte Person aus der Sicht nur eines Kooperationspartners mit diesem Attribut zu versehen ist. Es genügt damit die Beteiligung eines Arztes oder sonstigen Angehörigen eines Heilberufs entweder in mittelnder oder empfangender Funktion.

---

[681] Vgl. insofern auch BGH GRUR 2011, 345, 351.
[682] Was im Übrigen das OLG Hamm zu einem Zeitpunkt, als diese Einschränkung noch in der zu § 31 MBO-Ä äquivalenten Norm der damaligen Hessischen Berufsordnung enthalten war, nicht daran hinderte, mit dem Argument des Zwecks der Norm eine Zuweisung auch im Verhältnis zu Nichtärzten zu bejahen, vgl. NJW 1985, 679, 680.

§ 3 Unerlaubte Zuweisung von Patienten gegen Entgelt

Die Zuweisung von Untersuchungsmaterial erfolgt im Regelfall durch die Zusendung von Köpermaterial des Patienten. Als Empfänger kommen damit Ärzte in Betracht, die diagnostischen Fächern angehören. Da sich die Zuweisung von Untersuchungsmaterial als spezieller Unterfall der Patientenzuweisung darstellt, hat die Aufnahme dieses Merkmals in § 31 Abs. 1 Var. 1 MBO-Ä lediglich eine klarstellende Aufgabe.

B. „Verordnung oder Bezug von Arznei- oder Hilfsmitteln oder Medizinprodukten"

§ 31 Abs. 1 Var. 2 MBO-Ä und § 31 Abs. 1 Var. 3 MBO-Ä untersagen als weitere Modalitäten der Patientenzuführung die Verordnung – d.h. die Verschreibung mittels Rezept – oder den Bezug der in § 31 Abs. 1 MBO-Ä genannten Mittel und Produkte gegen Entgelt oder sonstige Vorteile. Im Hinblick auf die Einzelheiten kann auf die vorstehenden Ausführungen verwiesen werden.

Klärungsbedürftig ist allein, welcher der beiden Varianten die Beschaffung von Praxisbedarf durch Vertragsärzte zuzuordnen ist. Denn der inhaltlich naheliegenden Erfassung durch die Bezugsvariante des § 31 Abs. 1 Var. 3 MBO-Ä könnte entgegenstehen, dass Praxisbedarf nach den vertraglichen Vereinbarungen zwischen den Kassenärztlichen Vereinigungen und den Krankenkassen per Verordnung abgerechnet wird.[683] Wären entsprechende Sachverhalte im Falle einer Vorteilsgewährung dementsprechend unter die Verordnungsvariante des § 31 Abs. 1 Var. 2 MBO-Ä zu subsumieren, verbliebe für die Modalität des Bezugs gem. § 31 Abs. 1 Var. 3 MBO-Ä nur der Einkauf solcher Artikel, die vertragsarztrechtlich nicht als Sprechstundenbedarf mittels Verordnung abgerechnet werden können[684] oder die gegenüber Privatpatienten angewendet werden.[685]

Allerdings trifft der Arzt die Auswahlentscheidung über einen Hersteller oder Distributor bereits im Rahmen der Beschaffung, weil der Arzt hierbei bestimmt, wem er die Verordnung zukommen lässt. Da die Bestimmung des Lieferanten für den Praxisbedarf den eigentlichen Anknüpfungspunkt für die materielle Einflussnahme bildet, die durch § 31 Abs. 1 MBO-Ä unterbunden werden soll[686], liegt es näher, mit der Bezugsvariante des § 31 Abs. 1 Var. 3 MBO-Ä auch die Beschaffung von Praxisbedarf zu erfassen.

---

[683] Siehe dazu schon Teil 2: § 3.

[684] Siehe dazu beispielsweise II. Nr. 1 S. 3 der Vereinbarung über die ärztliche Verordnung von Sprechstundenbedarf zwischen der Kassenärztlichen Vereinigung Nordrhein und der AOK Rheinland/Hamburg (u.a.), Rheinisches Ärzteblatt 2011, 60, 61.

[685] Übersicht bei *Miebach*, in: Uleer/Miebach/Patt, Abrechnung, § 10 GOÄ Rn. 1 ff.

[686] Vgl. BGH NStZ 2004, 568, 569. Die „Kick-back"-Zahlungen gewährte der Großhändler für die Bestellung der Medikamente durch die Augenärzte und nicht dafür, dass der liefernde Apotheker diese gegenüber der Kassenärztlichen Vereinigung aufgrund des durch die Ärzte ausgestellten Rezepts abrechnete.

C. Der „Arzt" als Normadressat

Der Normbefehl des § 31 Abs. 1 MBO-Ä richtet sich nach dessen Wortlaut gegen „Ärztinnen und Ärzte".

I. In seiner Eigenschaft als natürliche Einzelperson

Unter Berücksichtigung der Rechtsqualität der Berufsordnungen als unmittelbar geltendes Recht in Form der Satzung, die die Landesärztekammern zur Regelung ihrer ureigenen Angelegenheiten erlassen, werden durch die ärztlichen Berufsordnungen jedenfalls die Mitglieder der Landesärztekammern angesprochen.[687] Zur Mitgliedschaft wird durch die Kammer- und Heilberufsgesetze der Länder dem Grunde nach jeder Arzt verpflichtet, der entweder seinen Beruf in dem Gebiet der betreffenden Landesärztekammer ausübt oder dort seinen Wohnsitz hat.[688] Da die Beteiligung des Arztes an einer Zuweisung gegen Entgelt gleichsam die praktische Berufsausübung des Arztes voraussetzt, ist letztlich kaum ein Fall denkbar, bei dem die Vorschriften der einzelnen Berufsordnungen möglicherweise nicht zur Geltung gelangen könnten. Die Frage nach der Verbindlichkeit der Berufsordnung für Ärzte, die von Gesetzes wegen von der Pflichtmitgliedschaft ausgenommen sind und die zudem nicht auf freiwilliger Basis die Mitgliedschaft beibehalten, ist aufgrund des marginalen Anwendungsbereiches damit von untergeordneter Natur.[689]

Etwaige Begrenzungen des persönlichen Geltungsbereiches abhängig von der Art und Weise der Tätigkeit ergeben sich weder aus § 31 Abs. 1 MBO-Ä selbst noch aus der Musterberufsordnung im Allgemeinen. Zwar setzen die Normen der Musterberufsordnung als Grundtypus ärztlicher Berufsausübung in erster Linie die ambulante Tätigkeit in niedergelassener Praxis gem. § 17 Abs. 1 MBO-Ä voraus.[690] Allerdings stellt § 23 Abs. 1 MBO-Ä ausdrücklich fest, dass die Regeln dieser Berufsordnung, also auch § 31 Abs. 1 MBO-Ä, ebenfalls für Ärzte gelten, die ihre ärztliche Tätigkeit im Rahmen eines privatrechtlichen Arbeitsverhältnisses oder öffentlich-rechtlichen Dienstverhältnisses ausüben. Für die Anwendbar-

---

[687] Dazu ausführlich Teil 3: § 1 B.; vgl. ferner *Taupitz*, Standesordnungen, S. 1253.

[688] Vgl. beispielsweise § 2 Abs. 1 HeilBG Hessen, der die Pflichtmitgliedschaft daran knüpft, dass der Beruf in Hessen ausgeübt wird. § 2 Abs. 1 HeilBerG NW erweitert den Kreis der Kammerangehörigen zudem auf Ärzte, die, auch wenn sie ihren Beruf nicht ausüben, ihren gewöhnlichen Aufenthalt im Land Nordrhein-Westfalen haben. Siehe außerdem *Taupitz*, Standesordnungen, S. 1257 und ferner die Nachweise in Fn. 368.

[689] Vgl. weiterführend zu der Frage, welche rechtlichen Wirkungen Standesordnungen im Allgemeinen auf Nichtmitglieder entfalten können *Taupitz*, Standesordnungen, S. 1258 ff.

[690] *Ratzel*/Lippert, MBO-Ä, § 23 Rn. 1; *Scholz*, in: Spickhoff, Medizinrecht, § 23 MBO Rn. 1. Aus dem Wortlaut des § 31 MBO-Ä ergibt sich eine derartige Ausrichtung des § 31 MBO-Ä jedoch nicht. Andere Auffassung diesbezüglich aber *Krafcyzk/Lietz*, ZMGR 2010, 24, 27.

keit des § 31 Abs. 1 MBO-Ä ist es folglich sowohl ohne Belang, ob der Arzt als Freiberufler oder Angestellter agiert, als auch, ob er ambulant oder stationär beschäftigt ist.

Uneingeschränkt kann diese Bewertung nach dem Wortlaut des § 31 Abs. 1 MBO-Ä allerdings nur dann Geltung beanspruchen, wenn die Verletzung des Zuweisungsverbots durch einen Arzt als einzelne und natürliche Person in Rede steht. Eine differenziertere Betrachtungsweise verlangen hingegen möglicherweise Konstellationen, in denen eine ärztliche Gemeinschaft oder Organisation mit ärztlicher Beteiligung Vorteile für die Vermittlung von Patienten gewährt oder empfängt.

II. Gesellschaften mit ärztlicher Beteiligung

Ärzte bilden den Anforderungen eines modernen Gesundheitswesens entsprechend zunehmend Kooperationen mit anderen Berufsträgern, etwa in Form von Berufsausübungsgemeinschaften gem. § 18 Abs. 1 S. 1 MBO-Ä.[691] Da diese Kollektive zumeist in der Rechtsform einer Gesellschaft bürgerlichen Rechts oder auch als Gesellschaft mit beschränkter Haftung agieren[692], können sie als rechtsfähige Personengesellschaft[693] bzw. juristische Person[694] selbst Träger von Rechten und Pflichten sein.[695] Es ist damit zu erwägen, ob auch die Gesellschaft als Rechtssubjekt gegen § 31 Abs. 1 MBO-Ä verstoßen kann, wenn die ärztlichen Gesellschafter im Namen der Gesellschaft Handlungen vornehmen, die eine Zuführung von Patienten gegen Entgelt begünstigen. Diese Fragestellung erlangt zudem für die Beurteilung der Praxis mancher Krankenhäuser[696] Relevanz, die durch die Gewährung sog. Kopfpauschalen in der Vergangenheit in negativer Weise öffentliche Aufmerksamkeit erlangt haben.[697]

---

[691] Vgl. ausführlich zu den Berufsausübungsgemeinschaften und anderen Formen ärztlicher Kooperationen nachfolgend Teil 3: § 4 D.

[692] *Halbe/Rothfuß*, in: Halbe/Schirmer, HBKG, A 1100 Rn. 68 f.

[693] Vgl. zu der nach ganz h. M. bestehenden Rechtsfähigkeit der Außen-GbR statt aller *Ulmer*, in: Säcker/Rixecker, MüKo-BGB, § 705 Rn. 299 ff., 303.

[694] *Michalski/Funke*, in: Michalski, GmbHG, § 13 Rn. 1.

[695] Dazu weiterführend bei der GbR *Ulmer*, in: Säcker/Rixecker, MüKo-BGB, § 705 Rn. 310. Vgl. für die GmbH § 13 Abs. 1 GmbHG.

[696] Dabei ist zu beachten, dass der Begriff des Krankenhauses nicht ohne weiteres mit einer juristischen Person gleichgesetzt werden kann, *Stollmann*, GesR 2011, 136, 137. Denn mit dem Ausdruck „Krankenhaus" werden sowohl die bauliche und betriebliche Einheit, die Rechts- und Betriebsform, als auch der Krankenhausträger bezeichnet, vgl. *Stollmann*, in: Huster/Kaltenborn, Krankenhausrecht, § 4 Rn. 2; *Quaas/Zuck*, Medizinrecht, § 24 Rn. 61. Juristische Personen können diesbezüglich zum einen die Träger eines Krankenhauses beschrieben, zum anderen wird durch sie die Rechtsform des Krankenhauses beschrieben, *Genzel/Degener-Hencke*, in: Laufs/Kern, Hdb Arztrecht, § 79 Rn. 51; *Stollmann*, in: Huster/Kaltenborn, Krankenhausrecht, § 4 Rn. 24. *Quaas/Zuck*, Medizinrecht, § 24 Rn. 62 f.

[697] *Makoski*, MedR 2009, 376, 386; *Schneider/Gottschaldt*, wistra 2009, 133.

1. Krankenhäuser und Medizinische Versorgungszentren

Eine mögliche Erstreckung des persönlichen Anwendungsbereiches des § 31 Abs. 1 MBO-Ä auf Krankenhäuser deutet ein Urteil des OLG Koblenz an, in dem festgestellt wird, dass die beklagte Universitätsklinik in mehrfacher Hinsicht – unter anderem gegen § 31 MBO-Ä a. F. – verstoße.[698] Als weiteres Beispiel kann zudem ein Urteil des OLG Schleswig-Holstein[699] herangezogen werden.[700] Hierbei stellte das Gericht fest, dass „die von der beklagten Universitätsklinik für die postoperative Nachbetreuung von Katarakt-Patienten angebotene Betreuungspauschale gegen § 32 BO[701] verstoße".[702]

Ob aus diesen Entscheidungen die persönliche Anwendbarkeit der Berufsordnung auf Krankenhäuser zwingend herauszulesen ist, kann allerdings bezweifelt werden. Denn die Urteile, die sich mit dieser konkreten Fragestellung nicht explizit auseinandergesetzt haben, sind vor dem Hintergrund ergangen, dass wettbewerbsrechtliche Unterlassungsansprüche gem. § 8 UWG in Rede standen. Da im Wettbewerbsrecht ein Anspruch auf Unterlassung auch auf eine bloße Verantwortlichkeit als Teilnehmer an einem berufsrechtlichen Verstoß gestützt werden kann[703], müssen die Gerichte die Krankenhäuser folglich nicht zwingend als unmittelbare Adressaten des Zuweisungsverbots bewertet haben.

Einer Erfassung von Gesellschaften als Rechtssubjekt durch § 31 Abs. 1 MBO-Ä steht zudem der Wortlaut entgegen, der eindeutig „Ärztinnen" und „Ärzte" adressiert. Selbst wenn in Rechnung gestellt wird, dass die Norm die Pluralform verwendet, können mehrere Ärzte nicht ohne weiteres mit einer rechtsfähigen Personengesellschaft oder einer juristischen Person gleichgesetzt werden.[704] Dies gilt umso mehr, wenn es sich, wie bei einem Krankenhaus oder einem Medizinischen Versorgungszentrum, ohnehin um eine Organisation handelt, an der nicht ausschließlich Ärzte als Träger oder Angestellte beteiligt sind.[705] Das OLG Düsseldorf betont in dieser Beziehung zudem die Eigenschaft von Krankenhäusern als Wirtschaftsbetriebe, da sie neben ärztlichen Leistungen

---

[698] MedR 2003, 580 f. Vgl. zu der ausführlichen Darstellung des Urteils nachfolgend unter Teil 3: § 4 A.I.1.
[699] MedR 2004, 270 ff. Vgl. ausführlich zu dieser Entscheidung Teil 3: § 4 A.I.2.
[700] So *Krafcyzk/Lietz*, MedR 2003, 580, 581.
[701] Entspricht § 31 Abs. 1 Var. 1 MBO-Ä.
[702] OLG Schleswig-Holstein MedR 2004, 270, 272.
[703] Zur Teilnehmerhaftung allgemein *Köhler*/Bornkamm, UWG, § 8 Rn. 2.15a; vgl. für das Beispiel der Betreuungspauschalen OLG Düsseldorf MedR 2009, 664, 669; OLG Düsseldorf MedR 2005, 169, 171; OLG Köln GRUR 2006, 600, 601.
[704] OLG Düsseldorf MedR 2005, 169, 170.
[705] Siehe zu den möglichen Trägern eines Krankenhauses *Genzel/Degener-Hencke*, in: Laufs/Kern, Hdb Arztrecht, § 79 Rn. 51; zu denen eines Medizinischen Versorgungszentrums BT-Drucks.15/1525, 107 f.; *Steinhilper*, Hdb Arztrecht, § 31 Rn. 27.

§ 3 Unerlaubte Zuweisung von Patienten gegen Entgelt 139

mit der Unterkunft und Verpflegung auch gewerbliche Leistungen erbringen.[706] Dies bilde einen weiteren Grund dafür, dass eine Klinik nicht als ein bloßer Zusammenschluss von Ärzten begriffen werden könne. Ein Krankenhaus kann somit als juristische Person[707] nicht selbst gegen die Berufsordnung und somit gegen § 31 Abs. 1 Var. 1 MBO-Ä verstoßen.[708]

Aus denselben Gründen wird daher dem Medizinischen Versorgungszentrum (§ 95 SGB V) als juristischer Person[709] ebenfalls die Qualität eines Normadressaten im Sinne der Berufsordnung abgesprochen.[710]

Ob dadurch im Hinblick auf die vornehmlich bei den Krankenhäusern zu beobachtende Praxis eine wenig zufriedenstellende Situation entsteht[711], ist davon abhängig, wie die Ausgestaltung der übrigen rechtlichen Instrumentarien zur Bekämpfung von „Kopfpauschalen" bewertet wird.[712] Zumindest in Nordrhein-Westfalen wurde der Unzulänglichkeit der § 31 Abs. 1 MBO-Ä entsprechenden Landesberufsordnungen durch die Implementierung des § 31a KHGG NRW begegnet, der es Krankenhäusern und ihren Trägern im Wege des Aufsichtsrechts untersagt, für die Zuweisung von Patientinnen und Patienten ein Entgelt oder andere Vorteile zu gewähren, zu versprechen, sich gewähren oder versprechen zu lassen.[713] Insoweit besteht mitunter kein weitergehendes Bedürfnis, die Krankenhäuser durch die Berufsordnung zu erfassen. Da die Landesärztekammern durch die Kammer- und Heilberufsgesetze schließlich nur zur Regelung ärztlicher Angelegenheiten berufen sind, dürfte ihnen ohnehin die Normsetzungskompetenz fehlen.[714]

*2. Ärztliche Kooperationen in der Form
einer rechtsfähigen Gesellschaft*

Nicht alle der zuvor im Zusammenhang mit den Krankenhäusern geäußerten Bedenken kommen auch bei einer rechtsfähigen Gesellschaft oder juristischen Person, an der nur Ärzte gesellschaftsrechtlich beteiligt sind, im gleichen Maße zum Tragen. Allerdings können auch in dieser Beziehung mehrere natürliche Personen nicht ohne weiteres mit dem Kollektiv der juristischen Person gleichge-

---

[706] OLG Düsseldorf MedR 2005, 169, 170, dort auch zum folgenden Text.
[707] Vgl. die Ausführungen in Fn. 696.
[708] Ferner *Peters*, Kopfpauschalen, S. 33; *Stollmann*, GesR 2011, 136, 140; *Taupitz*, Standesordnungen, S. 1287.
[709] *Wollersheim*, Terbille, MAH Medizinrecht, § 5 Rn. 261.
[710] So im Ergebnis auch *Ratzel*, in: Spickhoff, Medizinrecht, § 705 BGB Rn. 21; *Wollersheim*, Terbille, MAH Medizinrecht, § 5 Rn. 259; *Scholz*, MedR 2012, 741, 742.
[711] So *Krafcyzk/Lietz*, ZMGR 2010, 24, 27 f.
[712] *Stollmann*, GesR 2011, 136, 137 f.
[713] Ausführlich *Stollmann*, GesR 2011, 136 f.
[714] Siehe dazu Teil 3: § 1 B.; weiterführend dazu außerdem BVerfG NJW 1972, 1504, 1506; *Taupitz*, MedR 1992, 2317, 2321.

setzt werden. Dies verdeutlicht der Vergleich mit dem Strafrecht, das als taugliche Täter ausschließlich die natürliche Person betrachtet.[715] Um die Strafbarkeit von juristischen Personen zu begründen, bedarf es allerdings einer besonderen, bisher nicht vorhandenen Regelung.[716] In der Musterberufsordnung fehlt eine entsprechende Vorschrift ebenfalls. Ob die Implementierung einer solchen Norm erforderlich wäre[717], kann allerdings dahinstehen. Denn es kann jedenfalls stets gegen den einzelnen Arzt vorgegangen werden.

3. Zwischenergebnis

§ 31 Abs. 1 MBO-Ä adressiert somit nicht die juristische Person, sondern nur deren ärztlichen Träger, Geschäftsführer, Gesellschafter oder Angestellten als Individuum. Allerdings erlangen die Verbote der Berufsordnung gleichwohl mittelbare Bedeutung für die juristische Person, da sie ihre Tätigkeit so gestalten muss, dass die angestellten Ärzte ihren Beruf unter Berücksichtigung des ärztlichen Berufsrechts ausüben können.[718] Ärzte dürfen wiederum gem. § 2 Abs. 1 S. 2 MBO-Ä keine Anweisungen beachten, die mit ihren beruflichen Aufgaben nicht vereinbar sind oder deren Befolgung sie nicht verantworten können. Eine entsprechende Verpflichtung ergibt sich aus der beamten- oder arbeitsrechtlichen Fürsorgepflicht des Trägers und besteht demzufolge auch (nur) im Innenverhältnis zum Arzt.[719]

III. Ergebnis zum Normadressaten

Obwohl § 31 Abs. 1 MBO-Ä sich sowohl gegen den Vorteilsempfänger als auch gegen den Vorteilsgewährenden richtet, ergibt sich somit aus dem auf Ärzte beschränkten persönlichen Anwendungsbereich, dass die Berufsordnung im Gegensatz zu den strafrechtlichen „Bestechungstatbeständen" nicht stets gegen beide Seiten einer Zuweisungskooperation zur Anwendung gebracht werden kann. Allerdings kann es – wie eingangs angedeutet – beispielsweise wettbewerbsrechtliche Folgen für den nicht-ärztlichen Zuweisungspartner nach sich ziehen, wenn an Handlungen mitgewirkt wird, die eine Zuweisung gegen Entgelt bewirken können.[720]

---

[715] *Alberring*, Strafbarkeit von Verbänden, S. 26 ff.
[716] *Alberring*, Strafbarkeit von Verbänden, S. 33.
[717] Das Berufsrecht der Ärzte ist materielles Disziplinarrecht; vgl. dazu ausführlich Teil 3: § 3 I.I. Das Disziplinarrecht ist allerdings kein Strafrecht, *Roxin*, Strafrecht AT 1, § 1 Rn. 5 f.
[718] BGHZ 70, 158, 167; *Taupitz*, NJW 1996, 3033, 3038; *ders.*, NJW 1992, 2317, 2324; *Wollersheim*, in: Terbille, MAH Medizinrecht, § 5 Rn. 263 – unter Hinweis auf die Rechtsprechung zur Heilkunde GmbH: OLG Hamburg MedR 1994, 451.
[719] *Taupitz*, Standesordnungen, S. 1287 f.
[720] Vgl. dazu ferner *Dahm*, MedR 2010, 597, 600; *Taupitz*, NJW 1996, 3033, 3038 m.w.N.

D. „Ein Entgelt oder andere Vorteile"

Dem Regelungsgedanken des § 31 Abs. 1 MBO-Ä liegt ein Austauschverhältnis zwischen Arzt und einem anderen Leistungserbringer zugrunde, bei dem zumeist ein Arzt für seine in der Zuweisung, Verordnung oder Bezug liegende Vermittlungstätigkeit „ein Entgelt oder andere Vorteile" erhält. Als Vorteil wird allgemein eine Lage beschrieben, die gegenüber anderen Umständen als günstig zu bezeichnen ist und somit einen Nutzen oder Gewinn begründet.[721]

Als „Vorteil" im Sinne der Musterberufsordnung ist damit zunächst jede Zuwendung an den Zuweisenden zu erfassen, die seine wirtschaftlichen Verhältnisse verbessert.[722] Der Begriff des „Entgelts" findet als Synonym für die Bezahlung oder Vergütung einer geleisteten Arbeit Anwendung.[723] Er betont damit mehr als der Vorteil den Gegenseitigkeitscharakter der dargebotenen finanziellen Entlohnung für die Patientenvermittlung. § 34 Abs. 1 MBO-Ä a. F. gebrauchte statt „Entgelt" den Ausdruck „Vergütung". Allerdings war schon bei § 31 MBO-Ä a. F. und § 34 Abs. 1 MBO-Ä a. F. nicht ersichtlich, dass mit der abweichenden Wortwahl auch ein inhaltlicher Unterschied ausgedrückt werden sollte.

Da ein Entgelt ebenfalls eine Verbesserung der materiellen Umstände mit sich bringt, erfolgt zwischen Entgelt und Vorteil keine weitere Differenzierung.[724] Abgestellt werden kann folglich allein auf den Vorteilsbegriff, der unter Rekurs auf die Schutzzwecke des § 31 Abs. 1 MBO-Ä denkbar weit gefasst wird.[725]

I. Einzelne Modalitäten eines Vorteils

Der Vorteil schließt aufgrund der zuvor getroffenen Feststellungen neben reinen Geldzahlungen die Gewährung von Sachgütern ein.[726]

1. Geldwerte Güter

Im vorangehenden Sinne ist beispielsweise die unentgeltliche Zurverfügungstellung geldwerter Güter wie Geräte, Personal oder Laborleistungen zu nen-

---

[721] *Duden,* Deutsches Universalwörterbuch – *Vorteil.*
[722] *Buchner/Jäkel,* in: Stellpflug/Meier/Tadayon, Hdb Medizinrecht, B 1000, Rn. 292; *Scholz,* in: Spickhoff, Medizinrecht, § 31 MBO-Ä Rn. 4.
[723] *Duden,* Das große Wörterbuch der deutschen Sprache – *Entgelt.*
[724] Vgl. diesbezüglich *Buchner/Jäkel,* in: Stellpflug/Meier/Tadayon, Hdb Medizinrecht, B 1000, Rn. 292; *Krafcyzk/Lietz,* ZMGR 2010, 24, 26; *Scholz,* in: Spickhoff, Medizinrecht, § 31 MBO-Ä Rn. 4.
[725] *Buchner/Jäkel,* in: Stellpflug/Meier/Tadayon, Hdb Medizinrecht, B 1000, Rn. 292; *Burgardt,* A/ZusR 2005, 83, 85 (noch zu § 34 Abs. 1 MBO-Ä a. F.); *Krafcyzk/Lietz,* ZMGR 2010, 24, 26.
[726] *Burgardt,* A/ZusR 2005, 83, 85 (noch zu § 34 Abs. 1 MBO-Ä a. F.), dort auch zum folgenden Text.

nen.[727] Diese sog. „Quersubventionierung" kann etwa dadurch betrieben werden, dass die Kosten für die bezeichneten Leistungen übernommen werden oder die Belieferung mit Praxisbedarf nicht in Rechnung gestellt wird.[728] Ein Anwendungsbeispiel aus der Praxis liegt beispielsweise in der kostenlosen Zurverfügungstellung von Kontrastmittelinjektoren, um dadurch den Bezug von Kontrastmitteln des betreffenden Herstellers oder Vertreibers zu fördern.[729] Eine als Vorteil zu bewertende Kostenersparnis kann ferner dadurch erreicht werden, dass beispielsweise ein Apotheker für die in der eigenen Immobilie unterhaltenen Praxisräumlichkeiten Mieterleichterungen an den Arzt gewährt.[730]

2. Rückvergütung und „Kick-back"

Eine spezielle Form der Vorteilsgewährung hat in letzter Zeit den modern gewordenen Begriff des „Kick-back" geprägt. Mit diesem ursprünglich aus der Immobilien- und Finanzbranche stammenden Begriff werden Rabattzahlungen beschrieben, die dem Auftragsvermittler zugestanden werden.[731] Dabei entnimmt der Geschäftspartner die wirtschaftlichen Vorteile, die er dem Vertreter der anderen vertragsschließenden Partei im Zusammenhang mit dem Vertragsschluss oder der Vertragsdurchführung zukommen lässt, in der Regel den Leistungen, die die vertretene Partei gegenüber dem Geschäftspartner erbringt.[732] Im Gesundheitswesen lässt sich diese Konstellation insofern übertragen, dass der Zuweisungsempfänger die an den Zuweiser gewährten Rabatte durch seine Entgeltansprüche gegenüber der gesetzlichen Krankenkasse bzw. dem Privatpatienten finanziert.

a) „Kick-back" bei dem Bezug von Produkten im Sinne von § 31 Abs. 1 Var. 3 MBO-Ä

Der Ausdruck des „Kick-back" wird zunächst für die Beschreibung ärztlicher Rückvergütungsmodelle verwendet, bei denen der Arzt im Zusammenhang mit der Bestellung von Medikamenten, Hilfsmitteln und sonstigem gegenüber dem jeweiligen Kostenträger abrechenbaren Sprechstundenbedarf einen umsatzabhängigen Rabatt vom Hersteller erhält.[733] Der Vorteil liegt hierbei allerdings nicht

---

[727] Vgl. diesbezüglich auch die Definition der „wirtschaftlichen Vorteile" in § 128 Abs. 2 S. 3 SBG V; ferner *Bundesärztekammer,* DÄBl. 2004, S. A-297; *Bussmann,* Unzulässige Zusammenarbeit, S. 8; *Dahm,* MedR 2010, 597, 611.

[728] BGH GRUR 1989, 758.

[729] *Frehse/Kalb,* Arzt und Industrie, S. 34; *Halbe/Jahn,* Wirtschaftsmagazin für den Allgemeinarzt 2004, 6, 7.

[730] *Burgardt,* A/ZusR 2005, 83, 88.

[731] *Duden,* Das Fremdwörterbuch, *Kick-back.*

[732] *Bernsmann/Schoß,* GesR 2005, 193; *Kölbel,* wistra 2009, 129, 130.

[733] BGH NStZ 2004, 568; *Dieners/Taschke,* PharmR 2000, 309, 316; *Halbe/Jahn,* Wirtschaftsmagazin für den Allgemeinarzt 2004, S. 6–9; *Kölbel,* wistra 2009, 129, 130; *Neupert,* NJW 2006, 2811.

§ 3 Unerlaubte Zuweisung von Patienten gegen Entgelt

bereits in der Ersparung von Aufwendungen durch den Rabatt. Denn die Sachkosten für den Bezug von Waren werden durch die Abrechnung gegenüber dem Patienten oder der Kassenärztliche Vereinigung bei einer saldierenden Betrachtungsweise letztendlich neutralisiert.

Eine Besserstellung des Arztes wird vielmehr dadurch erreicht, dass der Rabatt nicht an den eigentlichen Kostenträger weitergereicht wird. Eine entsprechende Verpflichtung des Vertragsarztes bei der Behandlung von gesetzlich versicherten Patienten ergibt sich für Materialien außerhalb des Sprechstundenbedarfs aus der speziellen Regelung des § 44 Abs. 5 S. 4 BMV-Ä.[734] Dieses Prinzip soll nach allgemeiner Ansicht als Konsequenz des Wirtschaftlichkeitsgebotes jedoch auch generell Anwendung finden.[735] Im privatärztlichen Bereich hält § 10 Abs. 1 GOÄ den Arzt ebenfalls dazu an, nur die tatsächlich entstanden Auslagen zu berechnen.[736] Eine „Kick-back"-Konstellation ist nunmehr dadurch gekennzeichnet, dass der Arzt nicht darauf hinwirkt, dass die ihm gewährten Rabatte im Rahmen der Abrechnung gegenüber dem Kostenträger berücksichtigt werden.[737] In der praktischen Umsetzung stellt der Geschäftspartner des Arztes dazu häufig die nicht um den Rabattanteil gekürzte Summe offiziell in Rechnung und zahlt dem Arzt sodann den eigentlichen Rabatt nachträglich in Bargeld aus.[738] Diese Zahlung beinhaltet damit letztlich den Vorteil, der im Sinne des § 31 Abs. 1 Var. 3 MBO-Ä für den Bezug[739] eines Produktes gewährt wird.

Ein „Rabatt" kann zudem dadurch eingeräumt werden, dass beispielsweise eine Firma, die Röntgenkontrastmittel liefert, die kostenverursachende Entsorgung unentgeltlich übernimmt. Der Arzt verschafft sich daraufhin einen verbotswidrigen Vorteil, indem er die Beseitigungskosten dem Kostenträger gleichwohl in Rechnung stellt.[740]

---

[734] „Der Vertragsarzt ist verpflichtet, die tatsächlich realisierten Preise in Rechnung zu stellen und ggfs. vom Hersteller bzw. Lieferanten gewährte Rückvergütungen, wie Preisnachlässe, Rabatte, Umsatzbeteiligungen, Bonifikationen und rückvergütungsgleiche Gewinnbeteiligungen mit Ausnahme von Barzahlungsrabatten bis zu 3 % weiterzugeben."
[735] BGH NStZ 2004, 568, 569; *Buchner/Jäkel*, in: Stellpflug/Meier/Tadayon, Hdb Medizinrecht, B 1000 Rn. 321; *Dahm*, MedR 2003, 460 f.; *Halbe/Jahn*, Wirtschaftsmagazin für den Allgemeinarzt 2004, 6, 7 unter Hinweis auf die bei den Kassen allgemein vorherrschende Auffassung; *Kölbel*, wistra 2009, 129, 130. Vgl. zudem *Krafcyzk*, in: FS Mehle, 2009, S. 325, 331.
[736] *Halbe/Jahn*, Wirtschaftsmagazin für den Allgemeinarzt 2004, 6, 9.
[737] Vgl. BGH NStZ 2004, 568 ff. zu den unterschiedlichen Abrechnungsverfahren von Augenlinsen und Medikamenten für ambulant durchgeführte Augenoperationen; dort auch zum folgenden Text.
[738] Vgl. schließlich für das Beispiel einer „überteuerten" Rechnung *Scholz*, in: Spickhoff, Medizinrecht, § 33 Rn. 7.
[739] Zur Abgrenzung der Vorteilserlangung im Verhältnis zu der Zuführungsart Verordnung Teil 3: § 3 B. Siehe zudem allgemein zur Bestimmung der Anknüpfungshandlung Teil 3: § 3 E.IV.
[740] Vgl. OLG Hamm NStZ-RR 2006, 13.

Diese Formen der materiellen Beeinflussung der Beschaffungsentscheidung verstoßen eindeutig gegen § 31 Abs. 1 Var. 3 MBO-Ä.[741] Dem Regelungszweck des § 31 Abs. 1 Var. 3 MBO-Ä widerspricht hingegen nicht die „tatsächliche" Gewährung von weitergereichten Rabatten oder branchenüblichen Skonti.[742]

b) „Kick-back" bei der Beauftragung mit Laboruntersuchungen

Als „Kick-back" werden ferner spezielle Formen der Kooperation von niedergelassenen Ärzten mit Anbietern von Laborleistungen bezeichnet.[743] Während die niedergelassenen Ärzte sog. Basislaborleistungen[744] selbst durchführen und abrechnen dürfen, sind Speziallaborleistungen Fachärzten für Labormedizin vorbehalten.[745] Zur Kostenersparnis lassen niedergelassene Ärzte die Untersuchungen des Basislabors zumeist durch sog. Laborgemeinschaften[746] erbringen. Denn diese berechnen nur den Selbstkostenpreis, der regelmäßig geringer ist als der Abrechnungsbetrag nach der GOÄ oder dem EBM.[747] Da die Speziallaborleistungen überweisungsabhängig sind[748], „belohnen" manche Laborärzte eine Zuweisung von entsprechendem Untersuchungsmaterial mit umsatzabhängigen „Rabatten" auf die Basislaborleistungen bis unter den Selbstkostenpreis.[749]

Bis zur Änderung durch die Laborreform vom 1.10.2008[750] konnten neben den Privatärzten auch Kassenärzte die durch eine Laborgemeinschaft erbrachten Laboruntersuchungen gegenüber dem Kostenträger selbst abrechnen.[751] Da die niedergelassenen Vertragsärzte die übertragenen Laborleistungen von den gesetzlichen Krankenkassen nach dem einheitlichen Bewertungsmaßstab vergütet beka-

---

[741] *Bundesärztekammer,* DÄBl. 2004, A-297, A-298.

[742] *Buchner/Jäkel,* in: Stellpflug/Meier/Tadayon, Hdb Medizinrecht, B 1000 Rn. 321; *Scholz,* in: Spickhoff, Medizinrecht, § 33 Rn. 7.

[743] *Kölbel,* wistra 2009, 129, 130; *Krafczyk,* in: FS Mehle, 2009, S. 325, 329; *Rieser,* DÄBl. 2008, A-1654.

[744] Laborleistungen der Kategorie O-I und O-II in Abschnitt O des Einheitlichen Bewertungsmaßstabs (vgl. dazu § 87 SGB V), bzw. nach § 4 Abs. 2 GOÄ.

[745] Vgl. BGH GRUR 2010, 365, 366; BGH NJW 2005, 3718 ff.; *Schulenburg,* Rheinisches Ärzteblatt 2009, 20.

[746] Weiterführend zur Laborgemeinschaft nachstehend Teil 3: § 4 D.III.1.

[747] Ausführlich *Imbeck,* MedR 2009, 10; *Schulenburg,* Rheinisches Ärzteblatt 2009, 20.

[748] Vgl. dazu Teil 2: § 1 A.

[749] BGH NJW-RR 1989, 1313, 1314; BGH NJW 2005, 3718 ff.; *Badle,* NJW 2008, 1028, 1033; *Dahm,* MedR 1994, 13, 16; ausführlich *Peikert,* in: Rieger/Dahm/Steinhilper, HK-AKM, Nr. 3300 Rn. 60; *Rieser,* DÄBl. 2008, S-1654; *Schulenburg,* Rheinisches Ärzteblatt 2006, 20; vgl. auch BGH GesR 2010, 197, 198 (hierbei fehlte es allerdings an der Konnexität zwischen der Zuweisung und der Vergünstigung).

[750] Beschluss des Spitzenverbandes Bund der Krankenkassen und der KBV v. 4.3. 2008, abgedruckt in DÄBl. 2008, A-1682; dazu ferner *Rieser,* DÄBl. 2008, A-1654.

[751] *Imbeck,* MedR 2009, 10; *Krafczyk,* in: FS Mehle, 2009, S. 325, 331.

§ 3 Unerlaubte Zuweisung von Patienten gegen Entgelt

men[752], ergab sich wiederum die bereits im vorhergehenden Abschnitt beschriebene „Kick-back"-Konstellation. Um Kosten zugunsten der gesetzlichen Krankenversicherungen einsparen zu können, wurde mit der Laborreform bei den Kassenärzten die Direktabrechnung durch die Laborgemeinschaft eingeführt.[753] Ein „Kick-back" kann in Bezug auf Laboruntersuchungen mithin nicht mehr durch die Abrechnung des Arztes erfolgen, der den Auftrag erteilt hat.

Dadurch wird die Möglichkeit, im Laborbereich gegen § 31 Abs. 1 Var. 1 MBO-Ä zu verstoßen, nicht generell beseitigt.[754] Denn ein Vorteil im Sinne der Norm für die Zuweisung von Untersuchungsmaterial kann stets noch durch andere Formen umsatzabhängiger Rückvergütungen[755] bewirkt werden.

c) „Kick-back" in anderen Rückvergütungskonstellationen

Die Bezeichnung als „Kick-back", bzw. „Cash-Back"[756] beschränkt sich derweil nicht auf Rabattzahlungen bei dem Bezug von Produkten oder Dienstleistungen im vorbezeichneten Sinne. Der Begriff wird vielmehr bei sämtlichen Provisionszahlungen für bereits gewährte Wettbewerbsvorteile verwendet.[757] Auch umsatzabhängige Rückvergütungen für die Einweisung in ein Krankenhaus[758], die Verordnung bestimmter Medikamente[759], die Vermittlung einer Brillenbestellung[760] oder sonstige Formen der Honorierung einer Patientenvermittlung[761] werden als „Kick-back"-Methode beschrieben.

*3. Kopplungsgeschäfte, Quersubventionierung,
Umsatzgeschäfte und Beteiligung am Liquidationserlös*

Die Begriffe Kopplungsgeschäft und Quersubventionierung umschreiben lediglich bestimmte „Anknüpfungspunkte" für die Vorteilsgewährung. So wird das vorbezeichnete Beispiel, in dem Laborfachärzten den Preis für bestimmte Laborleistungen in Abhängigkeit von der Beauftragung mit überweisungsabhängigen

---

[752] BGH NJW 2005, 3718, 3719.
[753] *Steinhilper*, in: Laufs/Kern, Hdb Arztrecht, § 31 Rn. 47. Zur Änderung des § 25 Abs. 3 BMV-Ä und § 28 BMV-EK ausführlich *Imbeck*, MedR 2009, 10 ff.
[754] Vgl. *Krafczyk*, in: FS Mehle, 2009, S. 325, 332.
[755] Vgl. beispielsweise OLG Köln MedR 2003, 460, 461 für die Zusammenarbeit eines Zahnarztes mit einem Dentallabor, welches dem Zahnarzt für sämtliche Umsätze 7 % in bar zurückgewährte; ferner ausführlich *Dahm*, MedR 1994, 13, 16.
[756] Vgl. *Gummert/Meier*, MedR 2007, 75, 84; *Ries/Schnieder/Althaus/Bölting*, Arztrecht, S. 126, 128 f.
[757] *Badle*, NJW 2008, 1028, 1033; *Krafczyk*, in: FS Mehle, 2009, S. 325, 326, 328.
[758] *Krafczyk*, in: FS Mehle, 2009, S. 325, 326.
[759] *Kölbel*, wistra 2009, 129, 131.
[760] *Kazemi*, GRUR-Prax 2010, 372.
[761] *Gummert/Meier*, MedR 2007, 75, 84; *Ries/Schnieder/Althaus/Bölting*, Arztrecht, S. 126, 128 f.; *Schulenburg*, Rheinisches Ärzteblatt 2002, 17; *Wigge*, NZS 2007, 393.

Leistungen kalkulieren, auch als Kopplungsgeschäft[762] oder Quersubventionierung[763] bezeichnet. Eine weitere Umschreibung ist das Umsatzgeschäft, bei denen die Höhe der Zuwendung an einen Umsatz gekoppelt wird.[764]

Als Honorarbeteiligung werden Vergütungen bezeichnet, die ein im Krankenhaus angestellter Laborarzt für solche Leistungen bezieht, die ihm von anderen angestellten Krankenhausärzten im gleichen Krankenhaus in Auftrag gegeben wurden.[765] Die Beteiligung des Arztes am Liquidationserlös[766] ist zudem ebenfalls nur die Beschreibung eines Phänomens.

4. Quersubventionierung durch gegenseitige Patientenüberweisung

Als Vorteil im Sinne der Norm ist ferner die auf Absprache beruhende gegenseitige Patientenzuweisung zwischen Ärzten unterschiedlicher Fachbereiche zu bewerten.[767] Denn diese Ringüberweisungen eröffnen den beteiligten Ärzten die Möglichkeit, zusätzliche Vergütungsansprüche zu erzielen.[768]

5. Gesellschaftsrechtliche Gewinnbeteiligung

Ein Vorteil im Sinne der Vorschrift kann schließlich auch über die Gewinnbeteiligung an einer Gesellschaft oder über sonstige Einnahmen aus der gesellschaftsrechtlichen Stellung vermittelt werden.[769]

II. Sonstige Vorteile

Die einzelnen Wege zur Besserstellung des Arztes unterliegen dem unbegrenzten Einfallsreichtum der Beteiligten und sind damit letztlich unerschöpflich.[770]

---

[762] BGH NJW-RR 1989, 1313, 1314; *Dahm,* MedR 1994, 13, 16; *Ries/Schnieder/Althaus/Bölting,* Arztrecht, S. 129.

[763] *Schulenburg,* Rheinisches Ärzteblatt 2009, 20.

[764] Zu Umsatzgeschäften *Frehse/Kalb,* Arzt und Industrie, S. 34; Ratzel/*Lippert,* MBO-Ä, § 33 Rn. 16.

[765] *Taupitz,* MedR 1993, 367, 373.

[766] OLG Stuttgart MedR 2007, 543, 544; *Ries/Schnieder/Althaus/Bölting,* Arztrecht, S. 128; *Taupitz,* MedR 1993, 367, 373.

[767] LG Heidelberg MedR 1998, 273, 275; *Ahrens,* MedR 1992, 141, 145 f.; *Barth,* Mediziner-Marketing, S. 288; *Ries/Schnieder/Althaus/Bölting,* Arztrecht, S. 128 f.; *Taupitz,* MedR 1993, 367, 373; *Schäfer-Gölz,* in: Halbe/Schirmer, HBKG, A 1200 Rn. 27.

[768] LG Heidelberg MedR 1998, 273, 275.

[769] BGH GRUR 2011, 345, 351; OLG Stuttgart MedR 2007, 543, 545; Landesberufsgericht für Heilberufe Münster Urt. v. 6.07.2011 – 6t A 1816/09.T, juris; Braun/Püschel. MedR 2013, 655, 656; *Schulenburg,* Rheinisches Ärzteblatt 2009, 18; *Wollersheim,* in: Terbille, MAH Medizinrecht, § 5 Rn. 183, 189; vgl. zudem § 128 Abs. 2 S. 3 SGB V.

[770] OLG Stuttgart MedR 2007, 543, 544.

Die Schwierigkeit besteht zumeist darin, den wirtschaftlichen Nutzen aufzudecken. Eine Besserstellung kann sich beispielsweise auch daraus ergeben, dass dem Arzt die Option zur Abrechnung nach der GOÄ statt dem EBM gegeben wird, da die Gebührenhöhe der GOÄ in der Regel höher ist.[771] Bei den Kooperationsverträgen zur prä- und postoperativen Versorgung, in deren Rahmen Ärzte Pauschalen für bestimmte Leistungen erhalten, kann sich zudem der Umstand der Vergütung durch das Krankenhaus als vorteilhafter für den Kassenarzt erweisen. Denn bei einer Abrechnung gegenüber der Kassenärztlichen Vereinigung könnte der Arzt wegen Überschreitung des Regelleistungsvolumens dieselbe Leistung möglicherweise nur zu einem „deutlich" reduzierten Punktwert bezahlt bekommen.[772]

III. Begrenzung auf materielle Vorteile

Die vorangehend dargestellten Varianten weisen die Gemeinsamkeit auf, dass es sich stets um geldwerte Vorteile handelt, die die wirtschaftliche Lage des Arztes verbessern. Es stellt sich daher die Frage nach der Bewertung von immateriellen Zuwendungen, wie beispielsweise Einladungen zu exklusiven gesellschaftlichen Veranstaltungen, Maßnahmen zur Verbesserung der Karrierechancen oder besondere Ehrungen.[773]

Bei den mit § 31 Abs. 1 MBO-Ä strukturell eng verwandten Bestechungsdelikten gehört es zu einem der andauernden Diskussionspunkte, inwiefern auch eine immaterielle Begünstigung als Vorteil im Sinne der §§ 331 ff. StGB begriffen werden kann.[774] Die wohl herrschende Meinung im Strafrecht vertritt diesbezüglich eine zurückhaltende Auffassung und verlangt einen objektiv messbaren Inhalt des Vorteils, durch den der Amtsträger besser gestellt wird.[775] Fischer differenziert etwa, ob sich der Vorteil als „emotionales Internum" (Freude, Dankbarkeit) oder als soziale Besserstellung (Macht, berufliches Ansehen) begreifen lässt.[776] Nur im letzteren Fall sei ein Vorteil im Sinne der Bestechungsdelikte zu bejahen.[777]

Das berufsrechtliche Verständnis des Vorteils wird in dieser Beziehung zumeist entweder offen gelassen oder es bleibt unklar[778]. Nach Buchner und Jäkel

---

[771] Vgl. OLG Düsseldorf MedR 2009, 664, 667.
[772] *Nösser,* das Krankenhaus 2005, 501, 502.
[773] Beispiele nach *Dieners/Taschke,* PharmR 2000, 309, 312; *Korte,* in: Joecks/Miebach, MK-StGB, § 331 Rn. 71.
[774] Vgl. zu dem Diskussionsstand *Korte,* in: Joecks/Miebach, MK-StGB, § 331 Rn. 67 ff.
[775] BGH NJW 2002, 2801, 2804; BGH NJW 2003, 763, 764; *Korte,* in: Joecks/Miebach, MK-StGB, § 331 Rn. 68 m.w.N.
[776] *Fischer,* StGB, § 331 Rn. 11 f.
[777] Siehe dazu auch OLG Karlsruhe NJW 2001, 907, 908 m.w.N.

soll etwa „jede Art von (jedenfalls wirtschaftlichen) Vorteilen" erfasst sein.[779] Das Landesberufsgericht für Heilberufe Münster definiert als Vorteil im Sinne des § 31 Abs. 1 MBO-Ä hingegen jede „entgeltliche" Leistung materieller oder immaterieller Art, welche die wirtschaftliche, rechtliche oder persönliche Lage des Empfängers objektiv verbessere.[780]

Anders verhält es sich bei denjenigen Autoren, die bei der Bestimmung des Vorteils im Sinne der Berufsordnung die zum strafrechtlichen Vorteilsbegriff von der Rechtsprechung getätigten Erörterungen heranziehen und scheinbar ohne Einschränkung übertragen.[781] Da auch die Strafgerichte mittlerweile in restriktiver Weise immaterielle Vorteile erfassen[782], läge es in der Konsequenz der Sache, diese Rechtsprechung auch auf das Berufsrecht anzuwenden.[783] Unabhängig davon, ob die betreffenden Autoren tatsächlich in dieser Weise zu interpretieren sind[784], gibt es jedoch auch Stimmen, die ausdrücklich von einem auf materielle Vorteile beschränkten Begriff des Vorteils ausgehen.

Nach Ansicht von Scholz seien im Unterschied zu den Bestechungsdelikten des Strafgesetzbuches von § 31 Abs. 1 MBO-Ä und § 32 Abs. 1, 2 MBO-Ä ebenfalls nur rein wirtschaftliche Vorteile zu erfassen.[785] Zur Begründung verweist Scholz dabei auf eine ursprüngliche Fassung des § 31 Abs. 1 Var. 1 MBO-Ä aus dem Jahr 1937, dessen Wortlaut die Zuweisung zunächst nur gegen „Entgelt, auch in verschleierter Form" untersagte.[786] Bereits in der Standesordnung für die deutschen Ärzte aus dem Jahr 1926 war es Ärzten gem. § 16 Abs. 4 verboten, „gegen Entgelt, auch in Form der Honorarteilung" zuzuweisen.[787]

Dass der Normgeber jedenfalls im Ausgangspunkt ausschließlich wirtschaftlich messbare Gegenleistungen für die Vermittlungstätigkeiten des Arztes bedacht hatte und abwenden wollte, deuten zudem die Vorgänger des Verordnungs-

---

[778] Vgl. insofern *Bundesärztekammer*, DÄBl. 2013, S. A 2226, A 2229, wonach im Zusammenhang mit dem Vorteilsbegriff nur auf die wirtschaftliche Besserstellung Bezug genommen wird; *Peters*, Kopfpauschalen, S. 35.
[779] In: Stellpflug/Meier/Tadayon, Hdb Medizinrecht, B 1000 Rn. 292: „[...] jede Art von (jedenfalls wirtschaftlichen) Vorteilen".
[780] Urt. v. 6.07.2011 – 6t A 1816/09.T, juris; vgl. ferner Braun/Püschel, MedR 2013, 655, 656.
[781] *Dahm*, MedR 2011, 597, 610; Ratzel/*Lippert*, MBO-Ä, Vorbemerkungen vor §§ 30 ff. Rn. 3 ff.
[782] BGH NJW 2002, 2801, 2804. Zu der Entwicklung der Rechtsprechung *Schuhr*, in: Spickhoff, Medizinrecht, § 338 Rn. 29 f.
[783] Unklar diesbezüglich Ratzel/*Lippert*, MBO-Ä, Vorbemerkungen vor §§ 30 ff. Rn. 4.
[784] Zweifelnd dann auch Ratzel/*Lippert*, MBO-Ä, § 34 Rn. 7.
[785] In: Spickhoff, Medizinrecht, § 31 Rn. 4, § 32 Rn. 2, dort auch jeweils zum folgenden Text.
[786] DÄBl. 1937, 1031, 1033 – § 18.
[787] ÄVBl. 1926, 417, 420 f.

§ 3 Unerlaubte Zuweisung von Patienten gegen Entgelt 149

verbots gegen Entgelt (§ 31 Abs. 1 Var. 2 MBO-Ä) an: § 24 der Berufsordnung für die deutschen Ärzte vom 5. November 1937 untersagte dem Arzt, „für die Verordnung oder Empfehlung von Heilmitteln irgendwelche Vergütungen oder sonstige Vergünstigungen (Provisionen, Lizenzen od. dergl.) zu fordern oder sich gewähren zu lassen".[788] Später wurden die Vergünstigungen zudem ausdrücklich um den Zusatz „wirtschaftliche" ergänzt.[789]

Um die „anderen Vorteile" wurde die Gegenleistung für die Zuweisung im Sinne des § 31 MBO-Ä a. F. im Jahr 1962 ergänzt.[790] Ob damit eine Ausweitung auf immaterielle Vorteile bezweckt war, lässt sich im Nachhinein nicht mehr feststellen. In die gegenteilige Richtung weist, dass bei dem früher eigenständigen Verbot der Verordnung gegen Entgelt das Merkmal der wirtschaftlichen Vergünstigung durch die „anderen Vorteile" erst auf dem 106. Deutschen Ärztetag 2003 ersetzt wurde.[791] Ausschlaggebend waren allerdings nur terminologische Gründe[792], die wahrscheinlich in der gewollten Anpassung an das Zuweisungsverbot des § 31 MBO-Ä a. F. begründet lagen. Da immaterielle Vorteile im berufsrechtlichen Zusammenhang schließlich mangels besonderer praktischer Relevanz nie problematisiert wurden, ist schließlich nicht davon auszugehen, dass der Normgeber dies zu einem Tätigwerden veranlasst haben könnte.

Der Schutzzweck des § 31 Abs. 1 MBO-Ä, der den Erhalt des Patientenvertrauens zum hauptsächlichen Anliegen hat, würde indessen einer Erfassung solcher immateriellen Vorteile, wie sie im Strafrecht erörtert werden, nicht entgegenstehen. Denn sofern sich der Patient darauf verlassen soll, dass bei einer seine Behandlung betreffenden Entscheidung keine sachfremden Einflüsse erfolgen, kann dieses Interesse auch bei einem immateriellen Vorteil verletzt werden. Verfolgt der Arzt die Erlangung eines immateriellen Vorteils, handelt er schließlich nicht ausschließlich aus medizinischen Erwägungen.

IV. Wegfall des Vorteils bei Bestehen eines Rechtsanspruchs?

Bei der Definition des Vorteils wird nicht nur von denjenigen Autoren, die eine strafrechtliche Perspektive einnehmen, regelmäßig als Voraussetzung formuliert, dass der Arzt auf den Vorteil keinen (durch eine Gegenleistung gedeckten[793]) rechtlich begründeten Anspruch hat.[794] Bei der Anwendung des § 31

---

[788] DÄBl. 1937, 1031, 1033.
[789] Vgl. Wortbericht des 72. Deutschen Ärztetages vom 12. Mai bis 14. Mai 1969 in Hannover, Anhang A. Anträge – § 21 z. Z. geltende Fassung.
[790] *Bundesärztekammer,* ÄM 1962, 2323, 2326 – § 17.
[791] *Bundesärztekammer,* Beschlussprotokoll 106. Deutscher Ärztetag 2003, Abstimmung zu § 34 Abs. 1.
[792] *Flenker,* Stenografischer Wortbericht 106. Deutscher Ärztetag.
[793] *Scholz,* in: Spickhoff, Medizinrecht, § 31 Rn. 4.

Abs. 1 MBO-Ä bleibt dieser potenzielle Hinderungsgrund für die Annahme eines Vorteils allerdings regelmäßig unerörtert. Dies vermag zunächst deshalb zu verwundern, weil die Einräumung eines vertraglichen Anspruchs auf ein Entgelt oder sonstige Vorteile für etwaig von dem Arzt erbrachte Leistungen seitens des Kooperationspartners durchaus der gängigen Praxis entspricht.[795] Allerdings darf der Aspekt eines rechtlichen Anspruchs auch bei dem Vorteilsbegriff des § 31 Abs. 1 MBO-Ä nicht dahingehend missverstanden werden, dass dadurch das Vorhandensein eines Vorteils gänzlich ausgeschlossen und ein Verstoß gegen die Norm stets ausscheiden würde. Denn nach der im Strafrecht zum Vorteilsbegriff überwiegend vertretenen Auffassung kann als Vorteil auch der Abschluss des Vertrages selbst bewertet werden, welcher Leistungen an den Amtsträger zur Folge hat.[796] Andernfalls könnte bei einseitigen Zuwendungen eine Strafbarkeit stets dadurch ausgehebelt werden, dass die kollaborierenden Parteien einen Vertrag schließen.[797] Diese Grundsätze sollen nach h. M. sogar dann gelten, wenn die Leistungen nur das angemessene Entgelt für die von dem Täter selbst aufgrund des Vertrages geschuldeten Leistungen darstellen.[798]

Diese Überlegungen werden, sofern diese Einschränkung des Vorteilsbegriffs aufgrund seiner geringen tatsächlichen Relevanz überhaupt anzuerkennen ist[799], jedenfalls im Berufsrecht genauso gelten müssen. Der in den vorstehenden Ausführungen angedeutete Einfluss einer etwaig erbrachten Gegenleistung als mögliche Kompensation des Vorteils wird nachfolgend gesondert erörtert.

V. Berücksichtigung einer Gegenleistung des zuweisenden Arztes beim Vorteilsbegriff?

Eine wirtschaftliche Besserstellung des Arztes durch irgendeine Zuwendung seitens des Zuweisungsempfängers lässt sich jedenfalls immer dann problemlos feststellen, wenn der Arzt neben der Zuweisung i. w. S. keine sonstigen Leistungen an Letzteren erbringt. Nicht zuletzt um unlautere Vermittlungspraktiken zu

---

[794] *Dahm,* MedR 2010, 597, 610; *Ratzel/Lippert,* MBO-Ä, Vorbem. §§ 30 ff. Vgl. zu dieser von den §§ 331 ff. StGB übernommenen und von der h. M. im Strafrecht vertretenen Definition nur *Heine,* in: Schönke/Schröder, StGB, § 331 Rn. 17 m.w. N.

[795] Man denke etwa an die viel zitierten Beraterverträge zwischen Ärzten und anderen Leistungserbringern, vgl. *Burgardt,* A/ZusR 2005, 83, 88 (Arzt und Apotheker); *Frehse/Kalb,* Arzt und Industrie, S. 3 (Arzt und Industrieunternehmen); *Pflugmacher,* Ärztezeitung.de v. 25.3.2009 (Arzt und Hilfsmittelerbringer).

[796] BGHSt 31, 264, 279 m.w. N.; *Erlinger,* MedR 2002, 60, 61; *Heine,* in: Schönke/Schröder, StGB, § 331 Rn. 18a m.w. N. Einen Überblick über abweichende Ansichten gibt *Kuhlen,* in: Kindhäuser/Neumann/Paeffgen, StGB, § 331 Rn. 50 f.

[797] BGHSt 31, 264, 280.

[798] BGHSt 31, 264, 280; *Korte,* in: Joecks/Miebach, MüKo-StGB, § 331 Rn. 73 f. m.w. N.; a. A. *Günter,* MedR 2001, 457, 458; *Verrel,* MedR 2003, 319, 322.

[799] Zur Einengung des Vorteilsbegriffs im Strafrecht grundsätzlich krit. *Kuhlen,* in: Kindhäuser/Neumann/Paeffgen, StGB, § 331 Rn. 55 ff.

verschleiern, vereinbaren die Kooperationspartner vielfach ein Austauschverhältnis, bei dem der von dem Zuweisungsbegünstigten gewährte Vorteil durch eine Gegenleistung des Arztes kompensiert werden soll. Diese kann beispielsweise in der Übernahme der prä- oder poststationären Versorgung, der Qualitätssicherung und Dokumentation[800], einer Anwendungsbeobachtung oder in der Erstellung von Gutachten durch den Mediziner liegen. Sofern die für diese Leistungen des Arztes angebotene Vergütung überhöht ist, weil der wirtschaftliche Wert der Leistung geringer ist oder diese nur zum Schein erbracht wurde[801], besteht kaum eine Veranlassung, einen wirtschaftlichen Nutzen und damit das Bestehen eines Vorteils in Frage zu stellen.[802] Allerdings können die Abmachungen auch so ausgestaltet sein, dass sich der Wert der gegenüberstehenden Leistungen entspricht.

Liegt eine solche gegenseitige Kompensation vor, deutet manche Stimme in Literatur und Rechtsprechung an, dass bereits das Bestehen eines Vorteils zu verneinen wäre.[803] Der BGH bewertete etwa Zahlungen, die ihren Grund in der Behandlung des Patienten selbst haben, nicht als „Entgelt" oder „anderen Vorteil", soweit diese im Verhältnis zu der Gegenleistung – in dem zugrundeliegenden Fall ging es um die Zurverfügungstellung eines Operationszimmers – angemessen waren.[804] Scholz definiert, wie zuvor schon angedeutet, als „Vorteil jede Leistung des Zuwendenden, auf die der Empfänger keinen durch eine Gegenleistung gedeckten Anspruch hat [...]."[805]

Ein derartiges Verständnis des Vorteils würde voraussetzen, dass bereits bei dessen Ermittlung eine saldierende Betrachtungsweise geboten ist. Dem steht allerdings die Normsystematik entgegen. Denn käme es für die Annahme eines Vorteils allein auf das Verhältnis zu einer Gegenleistung an, müsste letztlich auch die Zuweisung selbst in diese Kalkulation mit einbezogen werden, die, wie bereits dargestellt, ebenfalls eine wirtschaftliche Besserstellung des Zuweisungsempfängers begründet. Dies entspricht jedoch offensichtlich nicht der Intention der Verbotsnorm.

---

[800] *Scholz,* in: Spickhoff, Medizinrecht, § 31 MBO-Ä Rn. 9.

[801] Ries/Schnieder/Althaus/Bölting, Arztrecht, S. 128.

[802] Dazu auch die Anmerkung der *Bundesärztekammer* zum Vorliegen eines Vorteils i. S. v. § 32 MBO-Ä, in: Novellierung einzelner Bestimmungen der Musterberufsordnung.

[803] Vgl. für das Strafrecht insbesondere zu dem Bereich der Drittmittelforschung *Günter,* MedR 2001, 457, 458; *Verrel,* MedR 2003, 319, 322; den Prüfungsstandort bei § 31 Abs. 1 MBO-Ä offen lassend *Bundesärztekammer,* DÄBl. 2007, A 1607, Nr. 4; *Dahm,* MedR 2010, 597, 610; *Makoski,* MedR 2009, 376, 378; *Krafcyzk/Lietz,* ZMGR 2010, 24, 26; *Schirmer,* Vertragsarztrecht kompakt, Kap H, 7.4.2; *Wollersheim,* in: Terbille, MAH Medizinrecht, § 5 Rn. 187.

[804] MedR 2003, 459, 460.

[805] In: Spickhoff, Medizinrecht, § 31 Rn. 4. Die Konstellationen, bei denen eine Gegenleistung des Arztes in Rede steht, werden allerdings erst bei der Kommentierung zu dem Merkmal „für" unter der Rn. 7–9 erörtert.

Damit bildet nicht das Merkmal des Vorteils für sich allein, sondern, wie es im Ergebnis auch von der wohl überwiegenden Ansicht vertreten wird[806], erst das Merkmal des Vorteils „für" die Zuweisung den richtigen Ansatzpunkt zur Berücksichtigung weiterer, neben der Zuweisung erbrachter Gegenleistungen des Arztes. Ein von dem Arzt erbrachter Gegendienst führt mithin nicht zu einer Aufhebung des Vorteils.

VI. Zusammenfassung

Ein Vorteil ist dann unstreitig gegeben, wenn auf irgendeine Weise jedenfalls eine wirtschaftliche Besserstellung des Arztes erzielt wird, auf die er keinen außerhalb der Zuweisungsabrede begründeten Anspruch hat. Das Entgelt stellt sich insofern nur als Unterfall des Vorteils dar. Mit dem Schutzzweck des Zuweisungsverbots ließe sich ferner die Wertung tragen, dass als Vorteil im Sinne des § 31 Abs. 1 MBO-Ä darüber hinaus immaterielle Begünstigungen zu erfassen seien. Die historische Entwicklung der Norm legt allerdings nahe, dass der Normgeber bisher nur wirtschaftliche Vorteile berücksichtigen wollte. Durch eine Gegenleistung des Arztes, mit der er seine Honorierung kompensiert, entfällt schließlich noch nicht das Tatbestandsmerkmal des Vorteils.

E. Ein Entgelt oder anderer Vorteil „für" die Zuweisung, die Verordnung oder den Bezug

Nach dem festgestellten Zweck des § 31 Abs. 1 MBO-Ä soll die Unabhängigkeit der ärztlichen Entscheidung den Schutz des Patienten gewährleisten. Sie darf mithin nicht durch monetäre Anreize untergraben werden. Die Norm stellt damit die unwiderlegliche Vermutung auf, dass eine derartige unerwünschte Einflussnahme vorliegt, wenn ein Vorteil „für" die Zuweisung, Verordnung oder den Bezug der genannten Produkte hingegeben wird.[807] Unter welchen Voraussetzungen dieses Merkmal verwirklicht wird, ist Gegenstand der nachfolgenden Darstellung.

I. Allgemein

Das Merkmal „für" beschreibt die Notwendigkeit einer rechtlichen Kopplung des Vorteils an die Zuweisung.[808] Dies setzt wenigstens voraus, dass ein Kausal-

---

[806] Vgl. BGH MedR 2002, 256, 257; *Buchner/Jäkel*, in: Stellpflug/Meier/Tadayon, Hdb Medizinrecht, B 1000, Rn. 296 ff.; *Weimer,* Der Urologe 2009, 1546. Vermengend hingegen *Dahm,* MedR 2010, 597, 610.

[807] Vgl. *Scholz*, in: Spickhoff, Medizinrecht, § 34 MBO Rn. 2 zu der Vorgängervorschrift § 34 Abs. 1 MBO-Ä a. F.

[808] BGH NJW 2005, 3718, 3720; *Buchner/Jäkel*, in: Stellpflug/Meier/Tadayon, B 1000 Rn. 295; *Krafcyzk/Lietz*, ZMGR 2010, 24, 26; *Ratzel*/Lippert, MBO-Ä, § 31 Rn. 2 (direkter Zusammenhang).

§ 3 Unerlaubte Zuweisung von Patienten gegen Entgelt

zusammenhang zwischen der Vermittlungshandlung und dem dafür gewährten Entgelt besteht.[809]

Demzufolge fehlt es an dem Konnexitätserfordernis[810], wenn ein Vorteil unabhängig davon gewährt wird, ob eine Zuweisung erfolgt.[811] In einem vom BGH[812] entschiedenen Fall bot ein Laborarzt niedergelassenen Ärzten Basislaborleistungen unter dem Selbstkostenpreis an.[813] Die Vorteilgewährung sollte dem Zweck dienen, die Ärzte dazu zu bewegen, auch das überweisungsabhängige Speziallabor bei diesem Laborarzt durchführen zu lassen. Da der günstige Preis für das Basislabor jedoch nicht nur dann gewährt wurde, wenn Patienten für Leistungen der letzten Kategorie überwiesen wurden, war der notwendige Ursachenzusammenhang zwischen Zuweisung und Vorteil zu verneinen.[814]

Nach dem Wortlaut des § 31 Abs. 1 Var. 1 MBO-Ä (für die Zuweisung von *Patientinnen* und *Patienten* oder *Untersuchungsmaterial*) ist zudem gleichgültig, ob ein Vorteil jeweils für den Zuweisungsvorgang eines Patienten bzw. für einen Untersuchungsmaterialauftrag oder für eine Gesamtheit derselben gewährt wird.

In Anlehnung an die Bestechungsdelikte des Strafrechts[815] wird die in dem Merkmal „für" zum Ausdruck gebrachte Verknüpfung auch als Unrechtsvereinbarung bezeichnet.[816] Mit einer „Unrechtsvereinbarung" wird im Strafrecht das angestrebte ausdrückliche oder stillschweigende Einvernehmen von Geber und Nehmer beschrieben, dass in einem Gegenseitigkeitsverhältnis der Vorteil seinen Grund gerade in dem erwarteten Verhalten findet, welches Ziel der Vorteilszuwendung ist."[817] Es genügt deshalb nicht bereits der bloße Austausch von Vorteilen. Erforderlich ist vielmehr ein Einvernehmen der Parteien über die Regelwidrigkeit des Abkommens.[818] Eine Einigung über einen Regelverstoß ist folglich gegeben, wenn durch die Abmachung die Schutzzwecke des § 31 Abs. 1 MBO-Ä beeinträchtigt werden.[819] Erforderlich ist dabei eine Gesamtwürdigung anhand normativer Kriterien.[820]

---

[809] *Weimer,* Der Urologe 2009, 1546; ferner *Reese/Stallberg,* PharmR 2008, 221, 222.
[810] *Krafcyzk/Lietz,* ZMGR 2010, 24, 26.
[811] *Krafcyzk,* in: FS Mehle, 2009, S. 325, 329; *Scholz,* in: Spickhoff, Medizinrecht, § 31 MBO Rn. 7.
[812] NJW 2005, 3718 ff. Vgl. ferner BGH GRUR 2010, 365 f.
[813] Vgl. zu dem Vorteil bei der Zusammenarbeit zwischen niedergelassenen Ärzten und Laborärzten Teil 3: § 3 D.I.2.b).
[814] BGH GRUR 2010, 365, 366; BGH NJW 2005, 3718, 3720.
[815] *Dahm,* MedR 2010, 597, 610; *Peters,* Kopfpauschalen, S. 45 ff.
[816] *Dahm,* MedR 2010, 597, 610; *Scholz,* in: Spickhoff, Medizinrecht, § 34 MBO Rn. 2, § 33 MBO Rn. 7.
[817] BGH NJW 2008, 3580; *Dieners/Taschke,* PharmR 2000, 307, 313 ff., 316 f. (für §§ 331 ff. StGB); *Dahm,* MedR 2010, 597, 610 f.
[818] *Fürsen,* Drittmittelforschung, S. 121 f.; *Kuhlen,* in: Kindhäuser/Neumann/Paeffgen, StGB, § 331 Rn. 76 ff.
[819] *Wittmann/Koch,* MedR 2011, 476, 483.

Offen bleibt allerdings in Bezug auf § 31 Abs. 1 MBO-Ä, ob mit der Bezeichnung als Unrechtsvereinbarung eine Erweiterung der an die Konnexität zu stellenden Anforderungen zum Ausdruck gebracht werden soll[821] oder ob es sich dabei nur um eine spezielle Umschreibung eben jener Verknüpfung handelt.[822]

II. Parameter für die tatsächliche Feststellung der Konnexität

Die Verknüpfung zwischen der Vermittlung des Patienten und der Besserstellung des Arztes hängt nach dem Vorhergesagten von einem entsprechenden Willen der Beteiligten ab. Da derartige Absprachen allerdings aus der Natur der Sache heraus zumeist ein Internum der Kooperationspartner bleibt, bereitet dieses Merkmal vor allem in Hinsicht auf den prozessualen Nachweis erhöhte Schwierigkeiten.[823]

In der Rechtsprechung zu den thematisch verwandten Korruptionsdelikten des Strafrechts haben sich seit den Änderungen durch das Antikorruptionsbekämpfungsgesetz vom 13.08.1997 unterdessen bestimmte Grundsätze hervorgetan[824], deren mangelnde Einhaltung auf eine rechtliche Verkettung von Vorteil und Zuweisung hindeuten kann. Nach diesen auch im „Gemeinsamen Standpunkt zur strafrechtlichen Bewertung der Zusammenarbeit zwischen Industrie, medizinischen Einrichtungen und deren Mitarbeitern"[825] niedergelegten Maßstäben[826] kann dem Anschein einer unzulässigen Absprache durch die Wahrung von Transparenz, Dokumentation, Äquivalenz und Trennung von Beschaffungs- und Zuwendungsentscheidung entgegengetreten werden. Die fehlende Beachtung dieser Prinzipien kann auch im Berufsrecht als Hinweis herangezogen werden, dass eine Kopplung im Sinne von § 31 Abs. 1 MBO-Ä vorliegt.[827]

---

[820] BGH NJW 2008, 3580, 3583; *Fürsen*, Drittmittelforschung, S. 121 f.

[821] *Dahm*, MedR 2010, 597, 610, *Wittmann/Koch*, MedR 2011, 476, 483 f.

[822] In diese Richtung wohl *Scholz*, in: Spickhoff, Medizinrecht, § 34 MBO Rn. 2, § 33 MBO Rn. 7. Vgl. zudem nachfolgend Teil 3: § 4 C.II.3.b)cc).

[823] *Ratzel/Möller/Michels*, MedR 2006, 377, 384, die bei dem Beispiel der Teilgemeinschaftspraxis darauf hinweisen, dass diese das Verbot des § 31 MBO-Ä zwar nicht außer Kraft setzt, durch sie aber die „Entlarvung" unzulässiger Zuwendungen schwieriger wird; ferner auch *Halbe/Jahn*, Wirtschaftsmagazin für Ärzte 2004, 6, 9, die ebenfalls konstatieren, „dass oftmals nicht erkennbar ist, ob eine Kooperation die Anforderungen erfüllt". Zu dieser auch im Korruptionsstrafrecht bestehenden Problematik *Verrel*, MedR 2003, 319, 322 m.w.N.

[824] *Dieners/Taschke*, PharmR 2000, 307, 316 ff.; *Wollersheim*, in: Terbille, MAH Medizinrecht § 5 Rn. 181.

[825] Abrufbar unter http://www.fs-arzneimittelindusrie.de/FSA.nsf/0/6DAD38360537C21E80256EA9004AA51B/$file/Gemeinsamer%20Standpunkt.pdf.

[826] *Halbe/Jahn*, Wirtschaftsmagazin für den Allgemeinarzt 2004, 6, 7.

[827] *Bundesärztekammer*, DÄBl. 2004 (22), A 297.

Die fehlende Transparenz der Finanzflüsse kann stets ein entsprechendes Anzeichen begründen. Denn sowohl Heimlichtuerei als auch unnötig verkomplizierte Vertragswerke dienen zumeist ausschließlich dem Ziel, den einseitigen Charakter der Zuwendung bei einem gegenseitigen Leistungsaustausch zu verbergen.[828] Der durch die Kooperationspartner nach außen dargestellte Zweck einer Absprache oder Gesellschaft muss vor diesem Hintergrund daher stets mit einem gewissen Argwohn betrachtet werden. Auch die fehlende Durchschaubarkeit des Systems für den Patienten kann ein gewichtiges Anzeichen für die Regelwidrigkeit desselben sein.[829] Dem Transparenzprinzip kann zumeist dadurch Rechnung getragen werden, dass die Kooperationsabsprache der zuständigen Landesärztekammer zur Überprüfung vorgelegt wird.[830] Während § 33 S. 2 MBO-Ä dies für die von der Norm betroffenen Verträge ausdrücklich bestimmt, ist eine entsprechende Soll-Vorschrift für alle Verträge darüber hinaus in § 24 MBO-Ä vorgesehen.

Eine umfassende schriftliche Dokumentation der Zusammenarbeit vermag ebenfalls die Entstehung des Eindrucks vermeiden, dass die Kooperation letztlich nur der Vertuschung unzulässiger Prämien dient.[831] Einem korrupten Anschein kann darüber hinaus nach dem sog. Trennungsprinzip durch die Separation von Beschaffungsentscheidung und Zuwendungsempfang begegnet werden.[832] Denn dann entsteht gar nicht erst der Eindruck, dass Zuwendungen von der Vermittlungsentscheidung des Arztes abhängig sind.[833] Das Trennungsprinzip bringt damit allerdings nur die in § 31 Abs. 1 MBO-Ä ohnehin niedergelegte Ratio zum Ausdruck. Denn ob eine Verknüpfung zwischen Zuwendung und Beschaffung bzw. Zuweisung oder Verordnung besteht, ist gerade Gegenstand der Untersuchung des Merkmals „für". Das schließlich zu beachtende Kriterium der Äquivalenz erlangt vor allem dann Bedeutung, wenn weitere Leistungen des Zuweisenden in Rede stehen.

Neben diesen allgemeinen Regeln sind in Rechtsprechung und Literatur zahlreiche weitere Anzeichen herausgearbeitet worden, die vor allem in Abhängigkeit von speziellen Konstellationen zum Tragen kommen. Auf die Absprache einer unzulässigen Zusammenarbeit können beispielsweise die Stellung des Vertragsarztes und seine Möglichkeiten zur Einflussnahme sowie die Beziehung des Vor-

---

[828] Zu den besonderen Fragestellungen bei ärztlichen Leistungen neben der Zuweisung nachfolgend ausführlich Teil 3: § 3 E.V.
[829] *Bundesärztekammer*, DÄBl. 2007, A 1607 Nr. 2; *Spoerr*, zit. nach Makoski, ZMGR 2010, 56, 59.
[830] *Frehse/Kalb*, Arzt und Industrie, S. 44.
[831] *Dieners/Taschke*, PharmR 2000, 307, 317; *Frehse/Kalb*, Arzt und Industrie, S. 45.
[832] *Halbe/Jahn*, Wirtschaftsmagazin für den Allgemeinarzt 2004, 6, 8.
[833] *Frehse/Kalb*, Arzt und Industrie, S. 44.

teilsgebers zu den Aufgaben des Vertragsarztes hinweisen.[834] Ferner kann die Vorgehensweise bei der Vertragsanbahnung Bedeutung erlangen, etwa, wenn Ärzte sich zusammenschließen, um gemeinsam Druck auf Krankenhäuser auszuüben.

Die Bewertung, ob die Zuweisungsentscheidung mit materiellen Aspekten vermengt wird, erfordert folglich stets eine umfassende Gesamtschau aller Umstände.

III. Geringfügigkeit des Vorteils als Ausschlussgrund der Konnexität

Im Strafrecht kann der Unrechtsvereinbarung die Sozialadäquanz des Vorteils entgegenstehen, nämlich dann, wenn der Vorteil so minimal ist, dass bei vernünftiger Betrachtungsweise nicht der Eindruck entstehen kann, dass der Nehmer sich dem Geber durch die Annahme der Zuwendung verpflichtet.[835] Auch die Normen der Berufsordnung über die Zusammenarbeit mit Dritten sahen in § 32 S. 2 MBO-Ä a. F. und § 33 Abs. 2, 3 S. 2 MBO-Ä a. F. Ausnahmen zugunsten geringfügiger Vorteile (Wertgrenze 50 EUR[836]) vor, die allerdings im Zuge der letzten Novellierung generell aufgegeben wurden.[837] Da der Regelungsgehalt des § 33 Abs. 3 MBO-Ä a. F. in § 31 Abs. 1 3.Var. MBO-Ä integriert wurde, besteht für die Bestimmung der Konnexität bei § 31 Abs. 1 MBO-Ä damit insgesamt keine Geringwertigkeitsgrenze mehr.[838]

Bei der Beurteilung einer Vorteilsgewährung kann allerdings § 32 Abs. 1 MBO-Ä herangezogen werden. Die Norm erhebt zur Grundregel einer jeden Zusammenarbeit zwischen Arzt und anderen Leistungserbringern im Gesundheitswesen, dass sie unterbleiben muss, wenn hierdurch „der Eindruck erweckt wird, dass die Unabhängigkeit der ärztlichen Entscheidung beeinflusst wird."[839] Die Konnexität entfällt demzufolge, wenn der Wert des Vorteils so minimal ist, dass der Patient nicht ernsthaft befürchten muss, dass der Arzt bei der Zuweisung deswegen Nachteile für seine Gesundheit in Kauf nehmen würde.[840]

---

[834] *Dahm,* MedR 2010, 597, 611.
[835] Siehe dazu OLG Frankfurt NJW 2074, 2075, *Goedel,* PharmR 2001, 2, 8.
[836] *Bundesärztekammer,* DÄBl. 2004, A-297, A-298.
[837] *Bundesärztekammer,* Erläuterung zu § 32 MBO-Ä und § 33 MBO-Ä, in: Novellierung einzelner Bestimmungen der Musterberufsordnung.
[838] Vgl. auch *Bundesärztekammer,* Erläuterung zu § 31 MBO-Ä und § 33 MBO-Ä, in: Novellierung einzelner Bestimmungen der Musterberufsordnung; so im Ergebnis zu der Rechtslage vor der Novellierung der Berufsordnung *Peters,* Kopfpauschalen, S. 39.
[839] Vgl. *Dieners,* in: Dieners, Hdb Compliance, Kap. 2 Rn. 71.
[840] Siehe insofern auch *Schulenburg,* Rheinisches Ärzteblatt 2008, 16.

IV. Bestimmung der Verknüpfung im Verhältnis zu den einzelnen Zuführungsarten Zuweisung, Verordnung und Bezug

Der Vorteil kann für die Zuweisung, die Verordnung oder für den Bezug von Waren hingegeben werden. Im Einzelfall kann unterdessen die Bestimmung des genauen Bezugspunktes Schwierigkeiten bereiten, wie sich in dem bereits erörterten[841] Urteil des Berufsgerichts für die Heilberufe beim VG Köln[842] offenbart. Hierbei gaben Onkologen Verschreibungen über Zytostatika Zubereitungen an Apotheker ab, die die Arzneimittel wiederum von einer Gesellschaft bezogen, an der neben den Apothekern auch die Onkologen beteiligt waren.

Entgegen der in dieser Bearbeitung aufgezeigten Unterscheidungskriterien[843] nahm das Gericht einen kumulativen Verstoß gegen § 34 Abs. 1 MBO-Ä a. F. (§ 31 Abs. 1, Var. 2 MBO-Ä n. F.) und § 31 MBO-Ä a. F. (§ 31 Abs. 1, Var. 1 MBO-Ä n. F.) an. Diese Bewertung ist im Ansatz insofern nachvollziehbar, als dass die Patientenlenkung sowohl Zuweisungs- als auch Verordnungselemente enthielt. Denn einerseits verschrieben die Onkologen eine Zytostatikazubereitung, andererseits wiesen sie ihre Patienten durch die Abgabe der Rezepte den Apothekern zu, die ebenfalls an der gemeinsamen Gesellschaft beteiligt waren.

Allerdings bedingte die Verschreibung für sich genommen keinen materiellen Vorteil. Denn durch die bloße Verordnung einer nicht individuell auf einen bestimmten Hersteller bezogenen Zytostatikazubereitung wird kein bestimmter Hersteller bevorzugt.

Eine wirtschaftliche Besserstellung ergab sich vielmehr erst aus der Erhöhung der gesellschaftsrechtlichen Gewinnbeteiligung[844] durch den zusätzlichen Umsatz mit Zytostatikazubereitungen. Dieser hing wiederum davon ab, dass die Apotheker die Medikamente exklusiv durch die gemeinsame Gesellschaft herstellen ließen, wovon die Onkologen aufgrund des gewinnorientierten Ansatzes des Gesamtmodells ausgehen konnten.[845] Der materielle Vorteil konnte somit nur dadurch bewirkt werden, dass die Onkologen die Rezepte an die in der Gesellschaft

---

[841] S. 90 f.

[842] Urt. v. 5.6.2009 – 35 K 563/09, BeckRS 2011, 47760, S. 5 ff.

[843] Teil 3: § 3 A.II.1.

[844] Vgl. vertiefend zu der Problematik der Verknüpfung von Vorteil und Zuweisung bei einer gesellschaftsrechtlichen Einbindung unter Einsatz von Kapital nachfolgend Teil 3: § 4 C.II.

[845] Vgl. insofern für einen vergleichbaren Fall auch die entsprechenden Feststellungen des Landesberufsgerichts für Heilberufe Münster Urt. v. 6.7.2011 – 6t A 1816/09.T, juris, Rn. 75: „Dass es den [an der GmbH] beteiligten Apothekern rechtlich freisteht, die Zytostatika bei einem anderen Unternehmen zu beziehen, ist zwar zutreffend, nach dem gewinnorientierten Ansatz [der GmbH], dem sich die Beschuldigten [die Ärzte] und die an der GmbH gesellschaftsrechtlich beteiligten Apotheker durch den Abschluss des Gesellschaftsvertrags unterworfen haben, aber lebensfremd."

verbundenen Apotheker abgaben. Der Vorteil wurde dann jedoch „für" die Zuweisung und nicht „für" die Verordnung erlangt, weshalb ein Fall des § 31 Abs. 1, Var. 1 MBO-Ä und nicht des § 31 Abs. 1. Var. 2 MBO-Ä vorlag.[846]

Eine Abgrenzungsproblematik kann sich ferner ergeben, wenn ein Gerät kostenlos zur Verfügung gestellt wird. Denn einerseits kann sich die Gebrauchsüberlassung als Vorteil für die Vornahme einer Zuweisung von Patienten darstellen. Andererseits kann das Unterlassen einer Entgeltforderung für die Überlassung eines Medizinproduktes auch eine Vorteilsgewährung für den Bezug desselben ausdrücken.[847]

V. Beurteilung der Konnexität bei einer weiteren Gegenleistung des Arztes

Dass ein Entgelt oder Vorteil „für" die Zuweisung oder Verordnung hingegeben wird, lässt sich abgesehen von den angedeuteten tatsächlichen Schwierigkeiten der Aufdeckung einer solchen Vereinbarung regelmäßig einfach feststellen, wenn der vermittelnde Arzt außer der Zuweisung keine weiteren (Dienst-)Leistungen erbringt. Eine solche einseitige Zuwendung liegt beispielsweise bei Kopplungsgeschäften zwischen niedergelassenen Ärzten und Laborfachärzten vor, bei denen die Höhe der gewährten Vergünstigung von der Anzahl der zugesendeten Untersuchungsmaterialien abhängig gemacht wird.[848] Denn die Ersparnis der Aufwendungen wird allein für die Zuweisung bewilligt.

Einer differenzierteren Betrachtungsweise bedarf die Feststellung der Konnexität hingegen, wenn der Arzt neben der Zuweisung weitere Leistungen erbringt. Denn nach einhelliger Auffassung wird die Kopplung von Vorteil und Zuweisung ausgeschlossen, wenn der Vorteil *„seinen Grund und seine Rechtfertigung in der ärztlichen Behandlung selbst findet."*[849] Nach h.M. sei dafür Voraussetzung, dass die Zuwendung (ausschließlich) *„für zusätzlich erbrachte Dienste"* hingegeben werde[850], die im Zusammenhang mit der Behandlung des Patienten stehe[851] und die die wirtschaftliche Besserstellung des Arztes kompensiere.[852]

---

[846] So im Ergebnis auch Landesberufsgerichts für Heilberufe Münster Urt. v. 6.7. 2011 – 6t A 1816/09.T, juris, Rn. 68 ff., 75.

[847] Vgl. *Bundesärztekammer,* DÄBl. 2004, S. A-297 zu § 33 Abs. 3 a.F.

[848] Vgl. Teil 3: § 3 D.I.2.b).

[849] BGH MedR 2003, 459, 460; OLG Stuttgart MedR 2007, 543, 544; *Buchner/Jäkel,* in: Stellpflug/Meier/Tadayon, Hdb Medizinrecht, B 1000 Rn. 296; *Krafcyzk/Lietz,* ZMGR 2010, 24, 26; *Pflugmacher,* Ärzte Zeitung 2009 (159), 14; *Ratzel*/Lippert, MBO-Ä, § 31 Rn. 3 f.; *Ratzel/Knüpper,* in: Ratzel/Luxenburger, Hdb Medizinrecht, § 5 Rn. 155; *Scholz,* in: Spickhoff, Medizinrecht, § 31 MBO Rn. 7; *Weimer,* Der Urologe 2009, 1546.

[850] Siehe *Buchner/Jäkel,* in: Stellpflug/Meier/Tadayon, Hdb Medizinrecht, B 1000 Rn. 306.

[851] Vgl. BGH NJW 2002, 962, 964; *Krafcyzk/Lietz,* ZMGR 2010, 24, 26.

1. Zusammenhang mit der Behandlung des Patienten

Voraussetzung ist damit zunächst, dass das Entgelt für eine „konkrete medizinische Leistung"[853] erbracht wird, die „dem Patienten dient"[854]. Der Vorteil wird demzufolge dann nicht für die Zuweisung gewährt, wenn der Arzt ihn dafür erhält, dass er Apparate, Räumlichkeiten oder Dienste[855] zur Verfügung stellt, die der gemeinsamen Versorgung des Patienten mit dem Zuweisungsempfänger von Nutzen sind.[856] Um nicht selbst einen Vorteil zu gewähren, muss der Inhaber dieser Mittel unter Umständen sogar einen Kostenausgleich verlangen.[857] Nicht zu beanstanden sei es deshalb, wenn der Anästhesist sich bei gemeinsam durchgeführten Operationen an den Unkosten eines von dem Operateur als potenziellen Zuweiser unterhaltenen Operationsraumes beteilige.[858]

Der BGH ließ dabei in dem zugrundeliegenden Fall im Ergebnis offen, ob die Hinzuziehung eines Anästhesisten durch einen Operateur als Zuweisung im Sinne des § 31 Abs. 1 MBO-Ä aufgefasst werden könne.[859] Für das Vorliegen einer Zuweisung spricht allerdings, dass auch in dieser Konstellation der Patient an den anderen Arzt im Sinne des aufgezeigten weiten Verständnisses[860] vermittelt wird. Der Annahme einer Zuweisung steht ebenfalls nicht entgegen, dass in dieser Situation typischerweise nicht der Patient den Anästhesisten wählt. Denn auch in anderen Fallkonstellationen, bei denen der erstbehandelnde Arzt faktisch die Person des weiterbehandelnden Arztes bestimmt, wird die Zuweisung des Patienten nicht weiter problematisiert. Genannt sei in diesem Zusammenhang das Beispiel der Laboruntersuchungen[861], bei denen regelmäßig der Arzt und nicht der Patient den Laborarzt mit der Untersuchung der Proben beauftragt.[862] Schließlich zwingt der Schutzzweck des § 31 Abs. 1 MBO-Ä dazu, dass, wenn

---

[852] Vgl. BGH MedR 2002, 256, 257; *Buchner/Jäkel*, in: Stellpflug/Meier/Tadayon, Hdb Medizinrecht, B 1000 Rn. 296 ff.; *Bundesärztekammer*, DÄBl. 2007, A 1607, Nr. 4; *Dahm*, MedR 2010, 597, 610; *Makoski*, MedR 2009, 376, 378; *Krafcyzk/Lietz*, ZMGR 2010, 24, 26; *Scholz*, in: Spickhoff, Medizinrecht, § 31 Rn. 7; *Wollersheim*, in: Terbille, MAH Medizinrecht, § 5 Rn. 187.
[853] *Krafcyzk/Lietz*, ZMGR 2010, 24, 26.
[854] *Pflugmacher*, Ärzte Zeitung 2009 (159), 14.
[855] Allgemein zu der Zulässigkeit der Honorarteilung von Durchgangsarzt und Radiologe OLG Hamm MedR 1995, 405 ff.; OLG Frankfurt MedR 1990, 86 ff.
[856] *Ratzel*/Lippert, MBO-Ä, § 31 Rn. 4; *Ratzel/Knüpper*, in: Ratzel/Luxenburger, Hdb Medizinrecht, § 5 Rn. 155; *Scholz*, in: Spickhoff, Medizinrecht, § 31 MBO-Ä Rn. 8.
[857] *Scholz*, in: Spickhoff, Medizinrecht, § 31 MBO-Ä Rn. 7.
[858] BGH MedR 2003, 459, 460; vgl. zu einem weiteren Beispiel ferner *Scholz*, in: Spickhoff, Medizinrecht, § 31 MBO-Ä Rn. 7.
[859] MedR 2003, 459 f.; ablehnend LG Düsseldorf MedR 2002, 203.
[860] Vgl. Teil 3: § 3 A.V.
[861] Vgl. die einzelnen Beispiele unter Teil 3: § 3 D.I.2.b).
[862] Dazu vorstehend S. 37.

schon bei der Einflussnahme auf den Patienten keine materielle Motivation bestehen darf, eine solche erst recht bei der unmittelbaren Auswahl durch den Mediziner gewahrt werden muss.

2. Äquivalenz im weiteren Sinne

„Um seinen Grund und seine Rechtfertigung in der ärztlichen Behandlung zu haben", muss der Vorteil zudem die Leistung des Arztes kompensieren.[863] Damit gewinnt bei den in Rede stehenden Konstellationen das bereits angesprochene Kriterium der Äquivalenz besondere Bedeutung, welches erfordert, dass die in dem Vorteil liegende Leistung der Gegenleistung des zuweisenden Arztes entspricht. Die Einhaltung dieses Maßstabs verlangt die Musterberufsordnung explizit in § 33 MBO-Ä für die Zusammenarbeit des Arztes mit Herstellern von Arzneimitteln, Hilfsmitteln und Medizinprodukten sowie Erbringern von Heilmittelversorgung, wenn deren Gegenstand nicht unmittelbar in der Behandlung des Patienten selbst liegt.[864] Dieser Grundsatz beansprucht nach Ansicht der *Bundesärztekammer* bei jeglichen Austauschbeziehungen Geltung[865] und muss daher erst Recht im Zusammenhang mit der Ausübung der Heilkunde gelten. § 33 MBO-Ä bestätigt zudem grundsätzlich die Legitimation einer derartigen Zusammenarbeit zwischen Ärzten und anderen Leistungserbringern.[866] Es bestehen damit keine Einwendungen, dass der Arzt eine zusätzliche Wertschöpfung gesondert vergütet bekommt.[867]

Um ein „Entsprechen" von Leistung und Gegenleistung im Sinne des Erfordernisses der Äquivalenz feststellen zu können, bedarf es allerdings der Beachtung weiterer Einzelaspekte.

a) Tatsächliche Erbringung einer werthaltigen Zusatzleistung

Zunächst schließen selbstverständlich solche ärztlichen Dienste die Konnexität von Vorteil und Zuweisung i. w. S. nicht aus, die nur auf dem Papier vereinbart worden sind.[868] Wird hingegen tatsächlich eine Leistung erbracht, die jedoch für

---

[863] Zur Nachrangigkeit dieses Kriteriums gegenüber der Voraussetzung „im Zusammenhang mit der ärztlichen Behandlung" *Buchner/Jäkel,* in: Stellpflug/Meier/Tadayon, Hdb Medizinrecht, B 1000 Rn. 306.
[864] *Bundesärztekammer,* Anm. zu § 33 MBO-Ä, in: Novellierung einzelner Bestimmungen der Musterberufsordnung.
[865] In: Wahrung der ärztlichen Unabhängigkeit, DÄBl. 2007, A 1607, A-1612, Prüfkriterium Nr. 7.
[866] *Bundesärztekammer,* DÄBl. 2007, A-1607, A-1610; *Halbe/Jahn,* Der Allgemeinarzt 2004, 6, 8.
[867] BGH MedR 2003, 459, 460; BGH MedR 2002, 256, 257; *Buchner/Jäkel,* in: Stellpflug/Meier/Tadayon, Hdb Medizinrecht, B 1000 Rn. 297.
[868] *Buchner/Jäkel,* in: Stellpflug/Meier/Tadayon, Hdb Medizinrecht, B 1000 Rn. 298.

§ 3 Unerlaubte Zuweisung von Patienten gegen Entgelt   161

sich genommen keinen wirtschaftlichen Zusatzwert darstellt, ist der bewilligte Verdienst ebenfalls „für" die Vermittlung des Patienten zugestanden.[869]

Kein besonderer Nutzen ist beispielsweise bei der Hinzuziehung eines zu entlohnenden Konsiliararztes erkennbar, wenn der Zuweisungsempfänger selbst über die notwendigen Kenntnisse verfügt.[870] Liegt demgemäß eine unter wirtschaftlichen Gesichtspunkten nicht nachvollziehbare Vorteilsgewährung vor, dürfte letztere regelmäßig für die Patientenzuführung bestimmt gewesen sein.

Über den Gesichtspunkt der Wirtschaftlichkeit hinausgehend ist die Konnexität zudem als verwirklicht anzusehen, wenn die Gegenleistung keinen medizinischen Zusatzwert beinhaltet[871], wie es beispielsweise bei Pseudostudien der Fall ist.[872] Angezweifelt werden kann das Bestehen eines tatsächlichen Mehrwertes bei der Anfertigung von Evaluierungsbögen[873] oder sonstigen Beratungsleistungen[874], wenn diese später nicht ausgewertet werden.

Schwierigkeiten bei der Beurteilung offenbaren sich allerdings im Einzelfall, wie das Beispiel der u.a. für die Dokumentation von prä- und postoperativen Leistungen gewährten Pauschalen durch Krankenhäuser veranschaulicht. Während das OLG Düsseldorf die damit verfolgten Zwecke der Qualitätssicherung und Absicherung gegen Kunstfehlerprozesse in dem zugrundeliegenden Fall als werthaltigen Nutzen beurteilte[875], stellte der klagende Wettbewerbsverein in einer vom OLG Schleswig-Holstein zu entscheidenden Sache die Sinnhaftigkeit erst nach der Nachuntersuchung überstellter Dokumentationsbögen in Frage.[876] Das OLG Schleswig-Holstein ließ die Frage im Ergebnis jedoch offen, weil es die Zulässigkeit der Zuweisungspauschale aus anderen Gründen verneinte.

Ein vergütungsfähiger Mehrwert wird zudem nicht geschaffen, wenn der Arzt rechtlich zur Erbringung der Leistung ohnehin verpflichtet ist.[877] Beispielsweise kann für Dokumentationsleistungen kein gesonderter Lohn verlangt werden, wenn diese nicht über die gesetzlichen Erfordernisse hinausreichen.[878] Damit

---

[869] Vgl. *Bundesärztekammer,* DÄBl. 2007, A-1607, A-1611; *Clausen/Schröder-Printzen,* ZMGR 2010, 3, 20; *Makoski,* MedR 2009, 376, 378; *Scholz,* in: Spickhoff, Medizinrecht, § 31 MBO Rn. 9.
[870] *Scholz,* in: Spickhoff, Medizinrecht, § 31 MBO Rn. 8.
[871] Vgl. *Spoerr,* zit. mach Makoski, ZMGR 2010, 56, 59.
[872] *Halbe/Jahn,* Wirtschaftsmagazin für den Allgemeinarzt 2004, 6, 8; *Ratzel/Knüpper,* in. Ratzel/Luxenburger, Hdb Medizinrecht, § 5 Rn. 145.
[873] *Makoski,* MedR 2009, 376, 378.
[874] *Dahm,* MedR 1998, 70, 73; *Pflugmacher,* Ärzte Zeitung 2009 (159), 14; *Ratzel,* GesR 2008, 623, 624; *Ratzel/Lippert,* MBO-Ä, § 31 Rn. 4.
[875] MedR 2005, 169, 171 f.
[876] MedR 2003, 580, 581, dort auch zum folgenden Text.
[877] *Ratzel/Knüpper,* in: Hdb Medizinrecht, § 5 Rn. 161; vgl. im Übrigen unten Teil 3: § 4 A.I.5.b).
[878] *Bundesärztekammer,* DÄBl. 2007, A-1607, A-1610.

geht der Aspekt einher, dass eine „Zusatzleistung" des Einweisers für den Kooperationspartner nicht vorliegt, wenn deren Liquidation durch das Gesetz bereits unmittelbar bei dem Kostenträger oder dem Patienten vorgesehen ist.[879]

b) Angemessenheit im engeren Sinne

Sind die vorangehenden Voraussetzungen erfüllt, müssen sich Vorteil und Gegenleistung auch im engeren Sinne entsprechen, d.h. angemessen sein.[880] Bei der im konkreten Einzelfall gelegentlich schwierigen Beurteilung[881], ob der Wert des Vorteils dem der ärztlichen Leistung entspricht, können weitere Parameter wie die aufgewendete Zeit[882], der Schwierigkeitsgrad und die individuelle Kompetenz[883] herangezogen werden. Zulässig ist etwa eine Staffelung des Honorars proportional zum Mehraufwand.[884] Orientierung können bei klassischen ärztlichen Leistungen die gesetzlichen Gebührenvorschriften (GOÄ) geben[885], wobei ein Abweichen nicht zwingend die Unangemessenheit begründen muss.[886]

Soweit keine Bewertungsgrundsätze festgeschrieben sind, können zum Vergleich die insoweit am Markt üblichen Vergütungssätze herangezogen werden.[887] Allerdings wird stets ein gewisser Spielraum hinzunehmen sein, in dem noch von einer Angemessenheit ausgegangen werden kann.[888] Maßgeblich ist mithin, dass eine unter wirtschaftlichen Gesichtspunkten zu bestimmende Ausgewogenheit besteht. Damit wird ein Vorteil stets „auch für" die Zuweisung hingegeben, wenn dieser im Verhältnis zum Wert der Gegenleistung, beispielsweise der Überlassung eines Hilfsmitteldepots in der Arztpraxis[889], überhöht ist.[890]

---

[879] BGH MedR 2003, 459, 460 (für das Beispiel der Kostenerstattung bei arbeitsteiliger Zusammenarbeit); *Bundesärztekammer,* DÄBl. 2007, A-1607, A-1610. Siehe zu dem Beispiel von Pauschalen anlässlich prä- und poststationär erbrachter Leistungen Teil 3: § 4 A.I.
[880] BGH NJW 2002, 962, 964; BGH NJW 2000, 2745, 2747; *Clausen/Schröder-Printzen,* ZMGR 2010, 3, 20; *Krafcyzk/Lietz,* ZMGR 2010, 24, 26.
[881] *Frehse/Kalb,* Arzt und Industrie, S. 45.
[882] *Halbe/Jahn,* Wirtschaftsmagazin für den Allgemeinarzt 2004, 6, 9.
[883] Vgl. *Buchner/Jäkel,* in: Stellpflug/Meier/Tadayon, Hdb Medizinrecht, B 1000 Rn. 316 (zu § 33 Abs. 1 MBO-Ä a.F.).
[884] LG Münster Urt. v. 21.01.2008 – 16 O 1/08, Rn. 42, juris.
[885] Ausführlich *Halbe/Jahn,* Wirtschaftsmagazin für den Allgemeinarzt 2004, 6, 9; ferner *Wollersheim,* in: Terbille, MAH Medizinrecht § 5 Rn. 189.
[886] BGH GesR 2010, 28, 31 (Unterschreiten des GOÄ-Satzes bei Leistungen, die von einer radiologischen Praxis gegenüber dem „zuweisenden" Krankenhaus erbracht wurden); *Clausen/Schröder-Printzen,* ZMGR 2010, 3, 20. Vgl. ferner OLG Frankfurt MedR 1990, 86, 87.
[887] LG Bonn Urt. v. 9.02.2005 – 16 O 9/04 Rn. 55, juris. Zu dem Kriterium des Drittvergleichs ferner *Krafcyzk/Lietz,* ZMGR 2010, 24, 26; *Spoerr,* zit. nach Makoski, ZMGR 2010, 56, 59.
[888] So auch *Frehse/Kalb,* Arzt und Industrie, S. 45.
[889] Beispiel nach *Scholz,* in: Spickhoff, Medizinrecht, § 31 MBO-Ä Rn. 9.

Auf eine derartige Disproportionalität deutet regelmäßig eine Absprache hin, bei der sich der Wert des Vorteils, wie etwa eine vertraglich versprochene Gewinnbeteiligung, nicht an dem Umfang der ärztlichen Zusatzleistung orientiert.[891] Problematisch ist damit wiederum mit Blick auf die GOÄ die pauschale Abgeltung von Leistungen[892], da naturgemäß nicht der tatsächliche Leistungsumfang genau abgebildet wird. Pauschalen sollen daher nur zulässig sein, wenn sie sich an dem vorab definierten und tatsächlich getätigten Aufwand orientieren.[893]

3. Zwischenergebnis

Die vorhergehenden Ausführungen legen nahe, dass es für einen Ausschluss der rechtlichen Kopplung von Vorteil und Zuweisung bereits ausreicht, wenn eine äquivalente Gegenleistung des Arztes vorliegt, die im Zusammenhang mit der Behandlung des Patienten erbracht wurde.[894] Dahm weist unterdessen darauf hin, dass die Beurteilung der Verknüpfung sich nicht ausschließlich darin erschöpfen könne, dass Leistung und Gegenleistung, d.h. der Vorteil und die ärztliche Zusatztätigkeit zueinander ins Verhältnis gesetzt werden.[895] Ob eine Unrechtsvereinbarung[896] vorliege, könne anhand dessen noch nicht bewertet werden. Die nähere Darstellung der heranzuziehenden Indikatoren unterlässt Dahm allerdings.

Es stellt sich damit die Frage, ob aus dem von der h.M. zur Ablehnung der Kopplung aufgestellten Erfordernis, dass der Vorteil „seinen Grund und seine Rechtfertigung in der ärztlichen Behandlung selbst finden muss"[897], noch weitere Prüfkriterien abzuleiten sind. Insofern vermag unter Umständen eine genauere Betrachtung der Kooperationsformen weiterführen, die nach überwiegender Ansicht als unzulässig bewertet werden. Zum Zwecke der Übersichtlichkeit er-

---

[890] *Bundesärztekammer,* Wahrung der ärztlichen Unabhängigkeit, DÄBl. 2007, A-1607, A-1611.
[891] *Buchner/Jäkel,* in: Stellpflug/Meier/Tadayon, Hdb Medizinrecht, B 1000 Rn. 307. Siehe zu der sich in diesem Zusammenhang stellenden speziellen Problematik der gesellschaftsrechtlichen Beteiligung nachfolgend Teil 3: § 4 C.
[892] *Nösser,* das Krankenhaus 2005, 501, 502; *Krafcyzk/Lietz,* ZMGR 2010, 24, 26.
[893] Vgl. BGH MedR 2003, 459, 460; *Krafcyzk/Lietz,* ZMGR 2010, 24, 26; für ein weiteres Verständnis bei innerhalb von Integrationsvereinbarungen gewährten Pauschalen ferner *Scholz,* in: Spickhoff, Medizinrecht, § 31 MBO-Ä Rn. 7. Demnach müssen sich die Pauschalen nicht zwingend an den Gebührensätzen der GOÄ bemessen; dazu ferner BGH GesR 2010, 28, 29.
[894] Vgl. *Buchner/Jäkel,* in: Stellpflug/Meier/Tadayon, Hdb Medizinrecht, B 1000 Rn. 296 ff.; *Makoski,* MedR 2009, 376, 377; *Schwarz,* das Krankenhaus 2008, 590, 594; *Wienke/Janke,* Hess. ÄBl. 2007, 105, 107.
[895] MedR 2010, 597, 610, dort auch zum folgenden Text.
[896] Vgl. zu der fraglichen Eigenschaft der Unrechtsvereinbarung als Voraussetzung schon S. 153 f.
[897] Vgl. Nachweise unter Fn. 849.

folgt die Darstellung der unterschiedlichen Zusammenarbeitsvarianten in einem späteren Abschnitt gesondert nach Erörterung der übrigen Voraussetzungen des § 31 Abs. 1 MBO-Ä.[898]

VI. Ergebnis zu dem Tatbestandsmerkmal „für"

Ein Verstoß gegen § 31 Abs. 1 MBO-Ä setzt jedenfalls voraus, dass die Zuweisung, die Verordnung oder der Bezug der benannten Produkte nicht hinweggedacht werden kann, ohne dass eine Bevorteilung des Arztes entfiele. Unerheblich ist diesbezüglich eine eventuelle Geringfügigkeit des Vorteils. Die Kombination unterschiedlicher Arten der Patientenlenkung erschwert dabei unter Umständen die zutreffende Verortung innerhalb der drei Varianten von § 31 Abs. 1 MBO-Ä. Da eine entsprechende Verknüpfung jedoch erst durch eine entsprechende Abrede zwischen den Parteien entsteht, gestaltet sich der Nachweis derselben zumeist als problembehaftet. Auf eine legitime Vereinbarung deutet allerdings die Einhaltung der Grundsätze Transparenz, Dokumentation, Äquivalenz und Trennung von Beschaffungs- und Zuwendungsentscheidung hin.

Das Kriterium der Äquivalenz erlangt vor allem bei Austauschverhältnissen Bedeutung, wenn sich der Beitrag des Arztes nicht nur auf die Zuweisung von Patienten beschränkt. Denn nach h. M. ist eine Kopplung von Zuweisung und Vorteil zumindest dann ausgeschlossen, wenn letzterer sich als angemessene Entlohnung für eine von dem Arzt tatsächliche durchgeführte, für den Geschäftspartner wirtschaftlich oder medizinisch werthaltige Leistung darstellt, die im Zusammenhang mit der Behandlung des Patienten erbracht wird. Im Fortgang dieser Untersuchung muss allerdings noch abschließend erörtert werden, ob an den Ausschluss der Konnexität noch weitere Anforderungen zu stellen sind.[899]

F. „Zu fordern, sich oder Dritten versprechen oder gewähren zu lassen oder selbst zu versprechen oder zu gewähren"

§ 31 Abs. 1 MBO-Ä verbietet dem Arzt ein Entgelt oder andere Vorteile für die in der Norm genannten Formen der Patientenzuführung i. w. S. „zu fordern, sich oder Dritten versprechen oder gewähren zu lassen" oder „selbst zu versprechen" oder „zu gewähren".

Die Norm richtet sich durch das „Fordern"[900], „Sich- oder Dritten-Versprechen-Zulassen" bzw. „Sich- oder Dritten-Gewähren-Zulassen"[901] dabei zunächst

---

[898] Teil 3: § 4.
[899] Teil 3: § 4.
[900] Im Zuge der Novellierung wurde das zuvor nur in § 34 Abs. 1 MBO-Ä a. F. und § 33 Abs. 1 MBO-Ä a. F. enthaltene Merkmal auch auf die Zuweisung erstreckt.

an den Arzt in seiner potenziellen Funktion als Patientenvermittler. Mit dem „Selbst-Versprechen" und „Selbst-Gewähren" wird der Arzt andererseits als möglicher Empfänger einer Zuweisung angesprochen.[902]

Sowohl die Erfassung dieser entgegengesetzten „Lager" durch § 31 Abs. 1 MBO-Ä als auch die nahezu identische Formulierung lassen eine strukturelle Verwandtschaft mit den Bestechungsdelikten des Strafgesetzbuches erkennen (§§ 299, 331 ff. StGB). Manche Autoren beziehen sich bei der Erläuterung der einzelnen Handlungsformen deshalb auch auf die strafrechtliche Kommentierung der Begrifflichkeiten.[903]

I. Die einzelnen Handlungsmodalitäten

Während „Fordern" das einseitige Anmahnen einer Leistung beschreibt[904], ist unter einem „Sich-Versprechen-Lassen" die ausdrückliche oder stillschweigende Annahme eines Angebots auf zukünftige, auch nur schlüssig zugesicherte Vorteilgewährung zu verstehen.[905] Ein „Gewähren-Lassen" liegt hingegen dann vor, wenn dem Empfänger die Verfügungsbefugnis über das Entgelt oder den Vorteil eingeräumt wird.[906] „Versprechen" und „Gewähren" beinhalten jeweils das entsprechende Äquivalent der beschriebenen Verhaltensformen[907].

II. „Anbieten" eines Vorteils ebenfalls untersagt?

Der Wortlaut des § 31 Abs. 1 MBO-Ä beschränkt sich auf das „Versprechen" und „Gewähren". Er enthält damit im Gegensatz zu § 299 Abs. 2 StGB und §§ 333 Abs. 1, 2, 334 StGB nicht die Handlung des „Anbietens". Unter einem „Anbieten" wird im strafrechtlichen Sinne die auf den Abschluss einer Unrechtsvereinbarung gerichtete ausdrückliche oder stillschweigende Erklärung verstanden.[908] Das Anbieten stellt sich damit als das Gegenstück zu dem in § 299 Abs. 1 MBO-Ä und §§ 331, 332 StGB enthaltenen Fordern dar.[909]

---

[901] Das „Sich-Gewähren-Lassen" ersetzt den in § 34 Abs. 1 MBO-Ä a. F. und § 33 Abs. 1 MBO-Ä a. F. verwendeten Begriff des „Annehmens".

[902] Ein Arzt kann weder Adressat einer Verordnung noch eines Bezuges sein, vgl. auch Teil 3: § 3 A.II.1.d).

[903] Ratzel/*Lippert,* MBO-Ä, Vorbem. §§ 30 ff., Rn. 8 ff. Zweifelnd im Hinblick auf unterschiedliche Regelungsziele hingegen *Ratzel,* MedR 1998, 98, 100.

[904] Ratzel/*Lippert,* MBO-Ä, Vorbem. §§ 30 ff., Rn. 8.

[905] *Scholz,* in: Spickhoff, Medizinrecht, § 31 MBO, Rn. 3.

[906] *Scholz,* in: Spickhoff, Medizinrecht, § 31 MBO, Rn. 3.

[907] Ausführlich zu den einzelnen in Anlehnung an das Strafrecht ausgelegten Tathandlungen *Peters,* Kopfpauschalen, S. 48 ff.

[908] BGHSt 16, 40, 46; *Heine,* in: Schönke/Schröder, StGB, § 333 Rn. 3.

[909] BGHSt 15, 88, 102, *Fischer,* StGB, § 333 Rn. 4, *Lackner/Kühl,* StGB, § 333 Rn. 3, einschränkend *Korte,* in: Joecks/Miebach, MüKo-StGB, § 333 Rn. 11.

Da das Anbieten in § 31 Abs. 1 MBO-Ä nicht explizit genannt wird, liegt die Vermutung nahe, dass eine entsprechende Handlungsweise den Verbotstatbestand des § 31 Abs. 1 MBO-Ä nicht erfüllen würde[910]. Bereits vor der Novellierung des § 31 MBO-Ä auf dem 114. Deutschen Ärztetag 2011 wurde jedoch in Frage gestellt, ob die Norm auch die Auslobung eines Entgelts oder Vorteils untersagt.[911]

Nach Ansicht des OLG Koblenz schließe die § 31 Abs. 1 Var. 1 MBO-Ä entsprechende landesrechtliche Vorschrift auch das Verbot ein, „den Eindruck zu erwecken", dass ein entsprechendes Entgelt versprochen werde.[912] Der Bewertung durch das Gericht lag ein an niedergelassene Ärzte gerichtetes Schreiben einer Universitätsklinik zugrunde, in dem jenen die Zahlung einer Zuweiserpauschale in Aussicht gestellt wurde. In ähnlicher Weise urteilte zuletzt das Ärztliche Berufsgericht Niedersachsen über das schriftliche Angebot einer zwanzigprozentigen Honorarbeteiligung im Falle der Verschreibung einer medizinischen Kräftigungstherapie.[913] Ob das Angebot eines Zuweisungsentgelts noch unter das Merkmal des Versprechens zu subsumieren ist oder sich als Versuch desselben darstellt, geht aus den Entscheidungen allerdings nicht hervor.

Werden die Handlungsmodalitäten in Anlehnung an die strafrechtlichen Normen interpretiert, erscheint die Subsumtion einer Auslobung unter den Begriff des „Versprechens" allerdings nicht als vollkommen unproblematisch. Denn nach einer in der strafrechtlichen Literatur vertretenen Auffassung beinhaltet das Angebot lediglich die einseitige Vorstufe einer „Unrechtsvereinbarung", während das Versprechen den gegenseitigen Abschluss einer solchen bezeichnet.[914] Wird somit das in den vorstehend dargestellten Schreiben enthaltende Angebot nicht angenommen, würde es nach diesem Verständnis am „vollendeten" Versprechen eines Zuweisungsentgeltes fehlen.[915] Verwirklicht wäre der Tatbestand des § 31 Abs. 1 MBO-Ä bei einer einseitigen Tätigkeit auf der Grundlage einer anderen Ansicht hingegen, wenn der Unterschied zwischen den beiden Handlungsmodalitäten nur darin erblickt wird, dass sich das Versprechen auf künftige Vorteile, das Anbieten hingegen auf gegenwärtige Vorteile beziehe.[916]

---

[910] *Peters,* Kopfpauschalen, S. 48 sieht deshalb das „Anbieten" vom Tatbestand nicht als erfasst an.
[911] Hierzu *Krafcyzk/Lietz,* ZMGR 2010, 24, 26.
[912] MedR 2003, 580, 581. Vgl. ferner *Scholz,* in: Spickhoff, Medizinrecht, § 31 MBO, Rn. 3.
[913] MedR 2011, 197, 198.
[914] *Kindhäuser/Neumann/Paeffgen,* in: Kindhäuser/Neumann/Paeffgen, StGB, § 333 Rn. 5.
[915] Vgl. entsprechend *Heine,* in: Schönke/Schröder, StGB, § 299 Rn. 31.
[916] Vgl. für die strafrechtlichen Bestechungsdelikte *Korte,* in: Joecks/Miebach, MüKo-StGB, § 333 Rn. 11.

§ 3 Unerlaubte Zuweisung von Patienten gegen Entgelt

Im Unterschied zur strafrechtlichen Dogmatik unterscheidet das materielle Berufsrecht allerdings nicht zwischen Versuch und Vollendung.[917] Sofern also im Falle der Auslobung nur ein Versuch des Versprechens angenommen wird[918], steht dies der Annahme eines berufsrechtlichen Pflichtverstoßes nicht entgegen[919]. Denn bereits die versuchte berufliche Verfehlung vermag das Vertrauen des Patienten in die materielle Unabhängigkeit der Entscheidung und somit in die Funktionsfähigkeit des Berufsstandes erheblich zu beeinträchtigen.[920] Bei einem eng an den Wortlaut verhafteten Verständnis besteht darüber hinaus noch der Ausweg, eine Verletzung von Berufspflichten mit der Generalklausel des § 2 Abs. 2 MBO-Ä zu begründen.

Nicht auszuschließen ist ferner, dass das Auslassen des „Anbietens" in der Neufassung des § 31 Abs. 1 MBO-Ä auf ein redaktionelles Versehen zurückzuführen ist. Denn das als Gegenstück zu betrachtende „Fordern" wurde für die vormals in § 31 MBO-Ä a. F. genannten Varianten der Patientenzuführung erstmals im Zuge der Verschmelzung mit § 34 Abs. 1 MBO-Ä a. F. zu § 31 Abs. 1 MBO-Ä aufgenommen. § 34 Abs. 1 MBO-Ä a. F adressierte den Arzt allerdings nur als potenziellen Patientenvermittler, da durch eine Verordnung eine Zuführung von Patienten nur an andere möglich ist. Es bestand daher kein Bedürfnis, bei § 34 Abs. 1 MBO-Ä a. F auch das „Anbieten" eines Vorteils seitens des Arztes zu untersagen. Dieser Umstand ist bei der Novellierung des § 31 Abs. 1 MBO-Ä möglicherweise nicht berücksichtigt worden.

III. Begünstigter des Vorteils

Seit der Novellierung der Musterberufsordnung auf dem 114. Deutschen Ärztetag 2011 erfasst das „Zuweisungsverbot" auch die sogenannten „Drittvorteile". Für die Verwirklichung der Norm reicht deshalb die fremdnützige Motivation des Arztes aus, einem Dritten eine wirtschaftliche Besserstellung zukommen zu lassen.[921] Zuvor hätten diese Konstellationen allenfalls von dem Untersagungstatbestand erfasst werden können, wenn darin zugleich ein mittelbarer Vorteil für den zuweisenden Arzt zu erblicken gewesen wäre[922]. Die seit jeher geübte Kritik an dieser ursprünglich im Strafrecht entwickelten Konstruktion[923] ließ sich somit durch die Erweiterung der Vorschrift um Vorteile für Dritte umgehen.

---

[917] *Ziegenhagen*, Berufsgerichtsbarkeit, S. 207.
[918] So *Rieger*, MedR 2011, 197, 198.
[919] Entgegen *Peters*, Kopfpauschalen, S. 49 ist die Abgrenzung der Tathandlungen des Versprechens und des Anbietens damit nur von dogmatischer Bedeutung.
[920] *Rieger*, MedR 2011, 197, 198; ferner *Ziegenhagen*, Berufsgerichtsbarkeit, S. 207.
[921] Vgl. noch zur alten Rechtslage, die einen unmittelbaren Vorteil für den Arzt erforderte BGH GRUR 2011, 345, 351; *Buchner/Jäkel*, in: Stellpflug/Meier/Tadayon, Hdb Medizinrecht, B 1000 Rn. 292.
[922] So etwa noch *Peters*, Kopfpauschalen, S. 38.
[923] Zu dem mittelbaren Vorteil im Strafrecht *Fürsen*, Drittmitteleinwerbung, S. 96 f.

168　Teil 3: Berufsrechtliche Grenzen einer pekuniären Einflussnahme

Zuvor verwehrte schon § 34 Abs. 1 MBO-Ä a. F. sowohl das Fordern als auch das Versprechenlassen eines Vorteils mit Drittbezug im Zusammenhang mit der Verordnung.[924] Irritierend ist deshalb bei der Neufassung des § 31 Abs. 1 MBO-Ä, dass der Drittvorteil nicht bereits bei dem Fordern, sondern erst bei dem Versprechen lassen eingefügt wurde. Bei strikter Verhaftung an den Wortlaut würde dementsprechend das Fordern eines Vorteils für einen Dritten nicht dem Anwendungsbereich von § 31 Abs. 1 MBO-Ä unterfallen. Nach der auf dem Ärztetag offenbar gewordenen Intention sollte die Regelung des § 34 Abs. 1 MBO-Ä a. F. unterdessen nicht geändert, sondern im Rahmen der Novellierung dieses Abschnittes der Musterberufsordnung in § 31 Abs. 1 MBO-Ä integriert werden.[925] Aufgrund der historischen Entwicklung ist § 31 Abs. 1 MBO-Ä folglich dahingehend zu verstehen, dass auch das Fordern eines Vorteils für einen Dritten erfassen wird.

IV. Personelle Einschränkung der Vorteilsgewährenden i. w. S.?

Naheliegend ist regelmäßig, dass derjenige einen Vorteil in einer der von § 31 Abs. 1 MBO-Ä beschriebenen Weisen „gewährt", der auch als Zuweisungsempfänger davon profitieren wird.[926] Der Wortlaut des § 31 Abs. 1 MBO-Ä steht allerdings einer Verwirklichung des Tatbestandes nicht entgegen, wenn eine andere Person oder Einrichtung einen wirtschaftlichen Anreiz zur Patientenlenkung setzt. Der Normtext verbietet lediglich, dass der Arzt für die Zuweisung i. w. S. ein Entgelt oder sonstigen Vorteil fordert, sich versprechen oder gewähren lässt. Eine sprachliche Einschränkung dahingehend, „von wem" die Besserstellung durchgeführt wird, enthält § 31 Abs. 1 MBO-Ä hingegen gerade nicht. Dementsprechend ist § 31 Abs. 1 MBO-Ä auch dann in Betracht zu ziehen, wenn der Vorteil nicht durch denjenigen gewährt wird, dem der Nutzen einer Patientenzuführung zukommt.[927]

V. Zusammenfassung

Mit den Handlungsvarianten des § 31 Abs. 1 MBO-Ä wird dem Arzt sowohl die entgeltliche Verwertung des eigenen Patientenstamms als auch der Einsatz finanzieller Mittel zur Akquise von Patienten untersagt. Der Umfang des Verbots erfasst dabei bereits das Angebot eines entsprechenden Vorteils und nunmehr zu-

---

[924] Dazu *Burgardt*, A/ZusR 2005, 83, 85.
[925] Erläuterung zu § 34 MBO-Ä a. F., in: Novellierung einzelner Bestimmungen der Musterberufsordnung.
[926] Vgl. jedoch zu dem außerhalb des Untersuchungsgegenstandes dieser Bearbeitung liegenden Problem der Vorteilsgewährung zur Inanspruchnahme bestimmter Leistungserbringer durch die gesetzlichen Krankenkassen Teil 1: § 3 B.III.3.
[927] Übersehen von LG Osnabrück MedR 2006, 660, 661.

§ 3 Unerlaubte Zuweisung von Patienten gegen Entgelt   169

dem ausdrücklich die Begünstigung von Dritten. § 31 Abs. 1 MBO-Ä sieht schließlich keine Einschränkung dahingehend vor, dass nur der Profiteur der Patientenvermittlung keine Vorteilsgewährung vornehmen darf.

G. Rechtswidrige Berufspflichtverletzung

Auch ein Berufsrechtsverstoß kann trotz Verwirklichung der tatbestandlichen Voraussetzungen entfallen, wenn Rechtfertigungsgründe eingreifen.[928] Hierbei können die strafrechtlichen Rechtfertigungsgründe grundsätzlich entsprechend herangezogen werden.[929]

I. Rechtfertigung durch Aufklärung des Patienten?

Naheliegend erscheint es daher, einen Verstoß gegen § 31 Abs. 1 MBO-Ä auszuschließen, wenn der Patient in seine entgeltliche Vermittlung eingewilligt hat. Dann müsste der Arzt den Patienten zunächst eingehend über die Umstände aufklären, die die einzelnen Merkmale des § 31 Abs. 1 MBO-Ä ausfüllen. Selbst wenn sich ein Patient daraufhin tatsächlich mit der Zuführung an einen anderen Leistungserbringer gegen Entgelt einverstanden erklären sollte, bliebe durch das Verhalten des Zuweisers dennoch das Vertrauen anderer Patienten in die Integrität des Arztes beeinträchtigt. Denn gerade die offen dargestellte Käuflichkeit medizinischer Erwägungen dürfte für das Vertrauen der Allgemeinheit in die Unabhängigkeit des Arztes und damit für das Ansehen des ärztlichen Berufstandes in besonderem Maße abträglich sein. Da die Einwilligung des einzelnen Patienten die Verletzung der vom Schutzzweck des § 31 Abs. 1 MBO-Ä umfassten ärztlichen Würde und des darin enthaltenen Vertrauens der Allgemeinheit in die Unabhängigkeit des Arztes[930] nicht beseitigen kann, scheitert dieser Rechtfertigungsgrund schon an der Disponibilität des Rechtguts.[931]

Bonvie äußert den Gedanken, dass in Anlehnung der Rechtsprechung des Bundesverfassungsgerichts zum ärztlichen Werberecht[932] möglicherweise eine Herabstufung der Schutzwürdigkeit des Patienten geboten sei, da dem Patienten zunehmend genügend Selbstbehauptung gegenüber ärztlicher Werbung zugetraut wird.[933] Eine ähnliche Standhaftigkeit könnte daher auch bei dem Patienten zu

---

[928] Vgl. bspw. Landesberufsgericht für Heilberufe Münster Urt. v. 6.7.2011 – 6t A 1816/09.T, juris, Rn. 88 ff.
[929] *Ziegenhagen,* Berufsgerichtsbarkeit, S. 208.
[930] Vgl. zu der Verflechtung beider Gesichtspunkte Teil 3: § 3 A.IV.1.d).
[931] So allgemein auch *Ziegenhagen,* Berufsgerichtsbarkeit, S. 208.
[932] BVerfG MedR 2006, 107 ff.
[933] In: Arbeitsgemeinschaft Medizinrecht, S. 827, 831, dort auch zum folgenden Text.

erwarten sein[934], wenn der Arzt ihm gegenüber den Bestand und Umfang der materiellen Verwertung seines Patientenstamms offenlegen würde. Im Unterschied zur entgeltlichen Verwertung der Beziehung zum Patienten rechtfertige sich die Werbung allerdings durch ein Informationsbedürfnis des Patienten, welches bei ersterem nicht vorherrsche. Die pekuniäre Ausschöpfung der ärztlichen Stellung stehe vielmehr ausschließlich im Interesse des Arztes.

Eine Rechtfertigung der Zuweisung gegen Entgelt mittels Einwilligung des Patienten scheidet damit aus.

II. Rechtfertigung durch einen hinreichenden Grund gem. § 31 Abs. 2 MBO-Ä?

Als „Rechtfertigungsgrund" könnte jedoch das von dem Landesberufsgericht für Heilberufe Münster nach Bejahung eines (tatbestandlichen) Verstoßes gegen § 31 Abs. 1 MBO-Ä herangezogene Empfehlungsverbot des § 31 Abs. 2 MBO-Ä eingreifen.[935] Demnach dürfen Ärzte ihren Patienten nicht *ohne hinreichenden Grund* bestimmte Ärzte, Apotheken, Heil- und Hilfsmittelerbringer oder sonstige Anbieter von Gesundheitsdienstleistungen empfehlen oder an diese verweisen.

Die Qualifikation von § 31 Abs. 2 MBO-Ä als Rechtfertigungsgrund ist allerdings schon nach dem Wortlaut zweifelhaft. Denn im Gegensatz zu anderen (tatbestandlichen) Ausnahmen wie beispielsweise § 32 Abs. 1 S. 2, Abs. 2, 3 MBO-Ä spricht § 31 Abs. 2 MBO-Ä weder von der fehlenden Berufsrechtswidrigkeit eines bestimmten Verhaltens noch erklärt die Regelung ein solches ausdrücklich für erlaubt. Die Norm bestimmt vielmehr ein eigenständiges Verbot („dürfen ... nicht") mit Erlaubnisvorbehalt („hinreichender Grund").[936] Die Empfehlung oder Verweisung kann zwar unter den Begriff der Zuweisung gefasst werden.[937] Der hinreichende Grund vermag jedoch nur den Umstand der Vermittlung des Patienten zu rechtfertigen. Denn § 31 Abs. 2 MBO-Ä spricht gerade nicht davon, dass Ärzte ihre Patienten mit hinreichendem Grund „entgeltlich" an die aufgezählten Anbieter verweisen dürften.

Es ist schließlich nicht ersichtlich, dass mit der Erweiterung des § 31 MBO-Ä eine Möglichkeit zur Legitimation des „Handelns" mit Patienten geschaffen werden sollte. Die Überschrift „Unerlaubte Zuweisung" deutet vielmehr darauf hin, dass sämtliche Formen der unerwünschten Patientenlenkung in einer Norm zusammengefasst werden sollten.

---

[934] Das Selbstbewusstsein des Patienten bei der Frage nach der Gefährdung des Rechts auf freie Arztwahl bei Beauftragung einer Gemeinschaftspraxis betont auch *Gollasch*, Die fachübergreifende Gemeinschaftspraxis, S. 185.
[935] Urt. v. 6.7.2011 – 6t A 1816/09.T, juris, Rn. 88 ff. Das Urteil bezieht sich noch auf die vorhergehende Fassung in § 34 Abs. 5 MBO-Ä.
[936] Vgl. ausführlich Teil 3: § 3 A.II.3.
[937] Vgl. Teil 3: § 3 A.V.

§ 3 Unerlaubte Zuweisung von Patienten gegen Entgelt 171

Auch im Hinblick auf die Schutzzwecke kann der hinreichende Grund nur die in der Verweisung oder Empfehlung liegende Beeinträchtigung der freien Arzt- bzw. Leistungserbringerwahl kompensieren.[938] § 31 Abs. 1 MBO-Ä bezweckt darüber hinaus den Erhalt des Vertrauens in die „materielle" Unabhängigkeit des Arztes. Dieser Glaube des Patienten wird jedoch auch dann erschüttert, wenn der Arzt zwar einen nachvollziehbaren Grund für die Benennung eines bestimmten Leistungserbringers hat, sich aber dennoch für die Vermittlung des Patienten eine Bezahlung gewähren lässt.

§ 31 Abs. 2 MBO-Ä kann damit nur solche finanziellen Besserstellungen des Arztes rechtfertigen, die nicht an eine Vermittlung des Patienten im Sinne von § 31 Abs. 1 MBO-Ä gekoppelt sind.[939] Bezeichnend ist schließlich, dass das Berufsgericht selbst feststellt, dass „die Wirtschaftlichkeit und die Qualität der Versorgung [...] nicht geeignet ist, die wirtschaftliche Beteiligung [...] zu rechtfertigen."[940]

III. Ergebnis

Ein Verstoß gegen § 31 Abs. 1 MBO-Ä kann berufsgerichtlich nur geahndet werden, wenn er rechtswidrig ist. Eine Rechtfertigung durch die Einwilligung des Patienten in die einseitige entgeltliche Patientenvermittlung scheitert allerdings an seiner Dispositionsbefugnis. Die erforderliche Aufklärung dürfte zudem unter rein praktischen Gesichtspunkten kaum im Interesse des Arztes liegen, da er sich dadurch gerade des Vorteils entledigen würde, der den Grund für die Effektivität seiner Empfehlung bildet. § 31 Abs. 2 MBO-Ä ist ebenfalls nicht geeignet, eine ausschließlich aus materiellen Erwägungen veranlasste Verweisung von Patienten an andere Leistungserbringer zu legitimieren.[941]

H. Schuldhafte Berufspflichtverletzung

Der Arzt muss schließlich schuldhaft gegen Pflichten verstoßen, die ihm zur Wahrung des Ansehens seines Berufes obliegen.[942] Dieser Grundsatz ergibt sich unter anderem aus § 58a HeilBerG NRW, wonach der Kammervorstand Kammerangehörige rügen kann, die die ihnen obliegenden Berufspflichten verletzt haben, wenn „die Schuld" gering ist und der Antrag auf Einleitung eines berufsgerichtlichen Verfahrens nicht erforderlich erscheint.

---

[938] Siehe dazu jeweils Teil 3: § 3 A.IV.1.e) und Teil 3: § 3 A.IV.2.
[939] Die materielle Vorteilhaftigkeit schließt einen hinreichenden Grund im Sinne von § 31 Abs. 2 MBO-Ä nicht aus, vgl. S. 108.
[940] Landesberufsgericht für Heilberufe Münster Urt. v. 6.7.2011 – 6t A 1816/09.T, juris, Rn. 97.
[941] Vgl. zur rechtfertigenden Wirkung der Einwilligung und des hinreichenden Grundes bei einem Leistungsaustausch Teil 3: § 4 E.II.
[942] *Frehse/Kalb,* Arzt und Industrie, S. 56; Ratzel/*Lippert,* MBO-Ä, § 2 Rn. 30.

Eine „schuldhafte" Berufspflichtverletzung liegt vor, wenn vorsätzlich gegen Berufspflichten verstoßen oder die im Verkehr erforderliche Sorgfalt zur Einhaltung derselben außer Acht gelassen wird.[943] Unterscheiden lassen sich damit vorsätzliche und fahrlässige Berufspflichtverletzungen.[944]

Das Ärztliche Berufsgericht Niedersachsen hat dabei in Bezug auf § 31 Abs. 1 MBO-Ä ausdrücklich festgestellt, dass einer fahrlässigen Verletzung der entsprechenden Landesvorschrift nicht entgegengehalten werden könne, dass das Verbot nicht bekannt sei.[945] Denn § 2 Abs. 5 MBO-Ä enthalte die Verpflichtung des Arztes, die für die Berufsausübung geltenden Vorschriften zu beachten. Da daraus die Obliegenheit folge, sich über diese zu unterrichten, stehe die Unkenntnis dem Fahrlässigkeitsvorwurf nicht entgegen.

Ein Schuldvorwurf kann jedoch in entsprechender Anwendung des § 17 StGB entfallen, wenn dem Arzt bei Begehung des in Rede stehenden Verhaltens die Einsicht fehlte, Unrecht zu tun und er diesen Irrtum auch nicht vermeiden konnte.[946] Das Landesberufsgericht für Heilberufe Münster verneinte deshalb die Berufspflichtverletzung eines Arztes mit Blick auf § 31 Abs. 1 MBO-Ä, weil die zuständige Landesärztekammer ihm zuvor die rechtlich unzutreffende Auskunft erteilt hatte, dass seine gesellschaftsrechtliche Beteiligung nicht gegen das entgeltliche Zuweisungsverbot verstoße.[947]

I. Berufsrechtliche Folgen eines Verstoßes gegen das Verbot der unerlaubten Zuweisung

Begeht der Arzt eine Verfehlung im Sinne der § 31 Abs. 1 MBO-Ä entsprechenden Landesvorschriften, kann dieses Verhalten berufsrechtliche Konsequenzen der aufsichtführenden Landesärztekammer initiieren, die nachfolgend exemplarisch am nordrhein-westfälischen Landesrecht erörtert werden.[948]

I. Maßnahmenkatalog

Gelangt die Landesärztekammer zu der Überzeugung, dass ein Kammerangehöriger gegen eine berufsrechtliche Pflicht verstoßen hat, steht ihr ein abge-

---

[943] Landesberufsgericht für Heilberufe Münster Urt. v. 6.7.2011 – 6t A 1816/09.T, Rn. 98, juris.

[944] Ärztliches Berufsgericht Niedersachsen MedR 2011, 197, 199; *Rieger,* MedR 2011, 198.

[945] MedR 2011, 197, 199, dort auch zum folgenden Text.

[946] Landesberufsgericht für Heilberufe Münster Urt. v. 6.7.2011 – 6t A 1816/09.T, juris, Rn. 98 ff.; dort auch zur Berücksichtigung des § 17 StGB in anderen Rechtsbereichen.

[947] Urt. v. 6.7.2011 – 6t A 1816/09.T, Rn. 98 ff., juris.

[948] Vgl. weiterführend zu Besonderheiten des berufsgerichtlichen Verfahrens in anderen Bundesländern *Willems,* Verfahren vor den Heilberufsgerichten, Rn. 2, 9 ff.

§ 3 Unerlaubte Zuweisung von Patienten gegen Entgelt   173

stufter Maßnahmenkatalog zur Verfügung.[949] Das mildeste Mittel bildet zunächst die Abmahnung durch den Kammerpräsidenten (arg. ex. § 58a Abs. 5 HeilBerG NRW). Darauf folgt das Rügerecht durch den Vorstand der Ärztekammer gem. § 58a Abs. 1 HeilBerG NRW, deren Ernsthaftigkeit durch die Kombination mit einem Ordnungsgeld in Höhe von bis zu 5.000 EUR (§ 58a Abs. 3 HeilBerG NRW) verdeutlicht werden kann. Sofern diese Maßnahmen nicht ausreichen, kann die Ärztekammer ein berufsgerichtliches Verfahren einleiten.[950] Da es sich bei den Normen der Berufsordnung um materielles Disziplinarrecht handelt[951], ist die Berufsgerichtsbarkeit eine Disziplinargerichtsbarkeit.[952] § 60 Abs. 1 HeilBerG NRW sieht als Sanktionen die Warnung, den Verweis, die Entziehung des passiven Berufswahlrechts, eine Geldbuße bis 50.000 EUR und die Feststellung der Unwürdigkeit zur Ausübung des Berufs[953] vor. Gem. § 60 Abs. 3 HeilBerG NRW kann in besonderen Fällen zudem auf Veröffentlichung der Entscheidung erkannt werden. Wurde die berufsrechtliche Verfehlung bereits straf-, bußgeld- oder anderweitig disziplinarrechtlich geahndet, kann das Berufsgericht dennoch eine der vorstehend erläuterten Maßnahmen verhängen, wenn es einen sog. berufsrechtlichen Überhang feststellt.[954]

II. Effizienz der Verfolgung

Die Anzahl der berufsrechtlichen Reaktionen bei ärztlichen Zuwiderhandlungen wird insgesamt eher als gering eingeschätzt.[955] Im Hinblick auf die Effektivität der Kontrolle berufsrechtlicher Verhaltensweisen wird deshalb wohl auch ein allgemeines Vollzugsdefizit der Ärztekammern bemängelt.[956] Die zurückhaltende Verfolgungstätigkeit mag unterdessen auf den Umstand zurückzuführen sein, dass die Ärztekammern von Verfehlungen lediglich passiv erfahren, da sie von sich aus keine eigenen Untersuchungen durchführen.[957] Kenntnis von einer

---

[949] Vertiefend *Gerst/Hibbeler,* DÄBl. 2011, A-499.

[950] *Frehse/Kalb,* Arzt und Industrie, S. 56; ausführlich zum Verfahren vor den Heilberufsgerichten *Willems,* Verfahren vor den Heilberufsgerichten, Rn. 7 ff.

[951] *Heberer,* Berufs- und Standesrecht, S. 268; *Taupitz,* Standesordnungen, S. 487; anders *Ziegenhagen,* Berufsgerichtsbarkeit, S. 63 ff.

[952] BVerfG NJW 1965, 343, 344; Laufs/Katzenmeier/*Lipp,* Arztrecht, Kap. II Rn. 32.

[953] Krit. hierzu dem Gesichtspunkt der Kompetenz *Rehborn,* GesR 2004, 170, 175.

[954] Zum Inhalt *Frehse/Kalb,* Arzt und Industrie, S. 57; *Willems,* Verfahren vor den Heilberufsgerichten, Rn. 432. Krit. zu dem ausfüllungsbedürftigen Begriffs des berufsrechtlichen Überhangs *Rehborn,* GesR 2004, 170, 174.

[955] *Dahm,* MedR 1992, 250, 255; *ders.* MedR 1994, 13, 18; *Gerst/Hibbeler,* DÄBl. 2011, A-499 (zur geringen Anzahl berufsgerichtlicher Verfahren); krit. auch *Ratzel*/Lippert, MBO-Ä, § 31 Rn. 1.

[956] Vgl. BT-Drucks. 16/10609, S. 58; ferner *Bonvie,* in: Arbeitsgemeinschaft Medizinrecht, S. 827; *Hartmann,* A/ZusR 2006, 57; *Spoerr* zit. nach Makoski, ZMGR 2010, 56, 58; *Bonvie,* jurisPR-MedizinR 7/2012 Anm. 4; allgemein dazu auch *Bussmann,* Unzulässige Zusammenarbeit, S. 10.

[957] *Gerst/Hibbeler,* DÄBl. 2011, A-499, dort auch zum folgenden Text.

möglichen Berufspflichtverletzung erlangen sie nur über entsprechende Anzeigen von Patienten und ärztlichen Kollegen oder über eine Mitteilung in Strafsachen nach Abschluss eines Strafverfahrens.

1. Vorlagepflichten

Da § 31 Abs. 1 MBO-Ä widersprechende Kooperationen zumeist auf einer vertraglichen Abrede beruhen, erscheint die Vorlage der Verträge bei der Ärztekammer als ein adäquater Überprüfungsweg. Die Musterberufsordnung statuiert in § 24 MBO-Ä allerdings nur, dass Verträge über die ärztliche Tätigkeit vor deren Abschluss vorgelegt werden „sollen".[958] Ob aus der „Soll"-Formulierung auch eine Vorlageverpflichtung im Sinne einer Obliegenheit herzuleiten ist[959], kann allerdings dahinstehen. Denn die unterlassene Vorlage führt weder zur zivilrechtlichen Unwirksamkeit des Vertrages[960] noch können bei fehlender ausdrücklicher Verpflichtung auf diesen Umstand nachteilige berufsrechtliche[961] oder berufsgerichtliche Maßnahmen gestützt werden.[962] Die überwiegend im Interesse der Ärzte zur Erlangung von Rechtssicherheit[963] bestehende Norm wird dementsprechend auch in nicht unerheblichem Maße ignoriert.[964] § 33 MBO-Ä, der die Zusammenarbeit des Arztes mit Herstellern von Arznei-, Hilfsmitteln oder Medizinprodukten regelt, sieht in S. 2 ebenfalls nur vor, dass die Verträge vorgelegt werden sollen.[965] Eine echte Vorlagepflicht enthält hingegen § 18 Abs. 1 S. 5 MBO-Ä bei Verträgen über Teilberufsausübungsgemeinschaften. Es ist allerdings zu bezweifeln, dass gegen § 31 Abs. 1 MBO-Ä verstoßende Vereinbarungen in eben dieser Form einer Ärztekammer vorgelegt würden.[966]

2. Ermittlungsbefugnisse der Ärztekammern

Selbst wenn bei einer Ärztekammer ein hinreichender Verdacht für eine berufsrechtliche Verfehlung entstanden sein sollte, stehen ihr zudem nicht in allen

---

[958] In manchen Kammerbezirken müssen die Verträge auch nach deren Abschluss auf Verlangen vorgelegt werden, vgl. Übersicht bei *Ratzel*/Lippert, MBO-Ä, § 24.
[959] *Ratzel*/Lippert, MBO-Ä, § 24 Rn. 1.
[960] *Ratzel*/Lippert, MBO-Ä, § 24 Rn. 1; *Taupitz,* MedR 1993, 367, 378.
[961] *Scholz,* in: Spickhoff, Medizinrecht, § 24 Rn. 1.
[962] *Taupitz,* MedR 1993, 367, 377 m.w.N.
[963] *Frehse/Kalb,* Arzt und Industrie, S. 32; *Scholz,* in: Spickhoff, Medizinrecht, § 24 Rn. 1. Eine Unbedenklichkeitsbescheinigung der Ärztekammer heilt allerdings keine zivilrechtlichen Verstöße, vgl. *Taupitz,* MedR 1993, 367, 378.
[964] *Ratzel*/Lippert, MBO-Ä, § 24 Rn. 1.
[965] Für eine Vorlagepflicht dennoch *Frehse/Kalb,* Arzt und Industrie, S. 32. Missverständlich ebenfalls *Scholz,* in: Spickhoff, Medizinrecht, § 24 Rn. 1.
[966] Vgl. auch *Ratzel*/Lippert, MBO-Ä, § 18 Rn. 11.

§ 3 Unerlaubte Zuweisung von Patienten gegen Entgelt 175

Bundesländern hinreichende Ermittlungsbefugnisse zu.[967] In Nordrhein-Westfalen sind die Ärztekammern etwa auf allgemein zugängliche Informationen und freiwillige Angaben der Betroffenen und des Beschuldigten angewiesen.[968] Über weitreichendere, mit der Untersuchungsgewalt eines Staatsanwalts vergleichbare Aufklärungs- und Beweiserhebungsrechte verfügen sie hingegen nicht.

III. Beweisführung

Sofern die Ärztekammer den Bestimmtheitsanforderungen für den Eröffnungsantrag zur Einleitung eines berufsrechtlichen Verfahrens genügen kann, gilt jedoch wenigstens im Prozess der Amtsermittlungsgrundsatz (§ 88 Abs. 2 HeilBerG) mit entsprechenden strafprozessualen Befugnissen.[969] Die Beweisführung obliegt damit zwar nicht wie nach dem im Zivilprozess geltenden Beibringungsgrundsatz dem Kläger.[970] Die generell bei Korruptionsdelikten i.w.S. bestehende Schwierigkeit, den Inhalt einer mündlich getroffenen Vereinbarung im Zwei-Personen-Verhältnis nachzuweisen, wird dadurch dennoch nicht beseitigt.[971] Sollte im Einzelfall eine Sanktion verhängt werden, wird deren Umfang zudem als vergleichsweise milde bewertet.[972]

IV. Resümee

Für eine Abnahme der effektiven Kontrolle wird neben den vorgenannten Aspekten zudem die Liberalisierung der berufsrechtlich zulässigen Rechtsformen verantwortlich gemacht, die das Vermögen der Ärztekammern zur Bewertung derselben ausreize.[973] Es stellt sich schließlich stets als problembehaftet dar,

---

[967] *Neupert,* NJW 2006, 2811; ausführlich dazu *Willems,* Verfahren vor den Heilberufsgerichten, Rn. 226 ff., jeweils m.w.N.; dort auch zum folgenden Text; kritisch ferner *Scholz,* MedR 2012, 741, 742.
[968] § 29 Abs. 5 HeilBerG NRW ermächtigt ausschließlich zur Erhebung erforderlicher personenbezogener Daten bei öffentlichen Stellen und zu deren Verarbeitung.
[969] *Willems,* Verfahren vor den Heilberufsgerichten, Rn. 225 ff., 374 ff., 402; vgl. zudem § 112 HeilBerG.
[970] Vgl. auch *Willems,* Verfahren vor den Heilberufsgerichten, Rn. 226. Missverständlich zur Beweislast des Arztes im Hinblick auf die wirtschaftliche Äquivalenz eines Beratervertrages insofern *Pflugmacher,* Ärztezeitung.de v. 25.3.2009; vgl. ferner zu der Darlegungs- und Beweislastverteilung im Zivilprozess OLG Karlsruhe, Urt. v. 27.6.2012 – 6 U 15/11, Rn. 41 mit Anmerkung von *Bonvie,* jurisPR-MedizinR 7/2012 Anm. 4
[971] Vgl. dazu die Nachweise unter Fn. 823; ferner *Krafcyzk/Lietz,* ZMGR 2010, 24, 30; Zur Freistellung gem. § 92 Abs. 2b HeilBerG, wenn eine Verletzung von Berufspflichten nicht erwiesen werden kann *Willems,* Verfahren vor den Heilberufsgerichten, Rn. 446 ff.
[972] *Feigen,* MedR 1988, 283, 288.
[973] *Hartmann,* A/ZusR 2006, 57; *Taupitz,* MedR 1993, 367, 378 m.w.N.

wenn die zur Überwachung berufene Institution personell mit dem Überwachten verflochten ist.

J. Zusammenfassung der Ergebnisse zu der Unerlaubten Zuweisung von Patienten gem. § 31 Abs. 1 MBO-Ä

§ 31 Abs. 1 MBO-Ä ist Ausdruck des Grundsatzes der ärztlichen Unabhängigkeit und damit der ärztlichen Würde im Verhältnis zum Patienten. Die Norm schützt vor allem das Vertrauen, dass der Arzt bei einer Zuweisung die Interessen des Patienten vor eigene materielle Erwägungen stellt. § 31 Abs. 1 MBO-Ä wahrt damit das Selbstbestimmungsrecht des Patienten sowie die gesundheitlichen Belange des einzelnen Patienten und der Bevölkerung in ihrer Gesamtheit. Vermieden werden zudem finanzielle Nachteile für das Gesundheitssystem und eine Verzerrung des Qualitätswettbewerbs unter den Leistungserbringern. Das Verbot des § 31 Abs. 1 MBO-Ä bewahrt schließlich das Recht des Patienten, nicht nur weitere Ärzte und Krankenhäuser, sondern auch die übrigen Leistungserbringer frei zu wählen. Denn der Patient trifft seine Wahlentscheidung nur dann frei, wenn er keiner Fehlvorstellung über den Hintergrund einer Zuweisung unterliegt, bei der er davon ausgehen darf, dass sie unabhängig von einer finanziellen Motivation des Arztes ausgesprochen wird.

Eine Zuweisung liegt bei sämtlichen Formen einer direkten Patientenvermittlung durch einen Arzt an andere Leistungserbringer vor. Empfänger können sämtliche Anbieter von Dienst- oder Sachleistungen sein, die der Gesundheitsförderung, -erhaltung oder -versorgung dienen. Keine Einschränkungen ergeben sich zudem im Hinblick auf die Vermittlungsart und die zu fordernde Verbindlichkeit derselben. Eine Zuweisung kann folglich sowohl durch eine Überweisung, Einweisung oder Empfehlung erfolgen. Ausgenommen sind lediglich die in § 31 Abs. 1 Var. 2, 3 MBO-Ä erfassten mittelbaren Zuführungsvarianten der Verordnung oder des Bezugs von Arznei- und Hilfsmitteln sowie Medizinprodukten. Die Beschaffung von Praxisbedarf unterfällt dabei § 31 Abs. 1 Var. 3 MBO-Ä.

Der persönliche Anwendungsbereich des § 31 Abs. 1 MBO-Ä erstreckt sich auf alle Ärzte die Mitglieder einer Ärztekammer sind. Wird der ärztliche Beruf ausgeübt, ist die Mitgliedschaft dabei verpflichtend. Das Berufsrecht adressiert unmittelbar nur den Arzt als natürliche Person, nicht hingegen die juristische Person mit ärztlichen Gesellschaftern oder ärztlichen Angestellten als solche.

Einen Vorteil begründet jede Zuwendung, die die wirtschaftlichen Verhältnisse des Zuweisenden verbessert. Das Entgelt stellt sich insofern nur als eine Modalität der Vorteilsgewährung dar. Die Erfassung einer Besserstellung, die sich nicht nach ökonomischen Parametern messen lässt, entspricht bisher hingegen nicht dem Ansinnen des Normgebers, obwohl auch ein solcher Vorteil sachfremde Erwägungen bei dem Zuweiser entgegen dem Schutzzweck des § 31 Abs. 1 MBO-Ä auslösen könnte.

Die Vorteilsgewährung i. w. S. untersagt § 31 Abs. 1 MBO-Ä nur, wenn sie „für" die Zuweisung erfolgt. Voraussetzung ist damit jedenfalls die ausdrückliche oder stillschweigende Verabredung einer einfachen konditionalen Verknüpfung zwischen den Kooperationspartnern. Erfolgt die Hingabe eines auch nur geringfügigen Vorteils ausschließlich in der Erwartung einer Zuweisung, bereitet allein der tatsächliche Nachweis der Übereinkunft Schwierigkeiten. Dem Vorwurf einer Zuwiderhandlung gegen § 31 Abs. 1 MBO-Ä kann allerdings dadurch begegnet werden, dass die Grundsätze der Transparenz, der Dokumentation und der Trennung von Beschaffungs- und Zuwendungsentscheidung eingehalten werden. Erbringt der Arzt neben der Zuweisung hingegen eine weitere Gegenleistung, ist eine differenzierte Betrachtung der Konnexität erforderlich. Denn der Vorteil wird nicht „für" die Zuweisung, Verordnung oder den Bezug eingeräumt, wenn er seinen Grund und seine Rechtfertigung in der ärztlichen Behandlung selbst findet. Dies setzt nach h. M. voraus, dass der zusätzliche Dienst des zuweisenden Arztes der Heilbehandlung des Patienten dient und er im Verhältnis zur der Entlohnung des Arztes als äquivalent anzusehen ist. Die Äquivalenz scheidet aus, wenn es sich nicht um eine tatsächlich durchgeführte zusätzliche Leistung handelt, die einen wirtschaftlichen oder medizinischen Mehrwert begründet. An der Angemessenheit im engeren Sinne fehlt es ferner, wenn sich der ökonomische Wert von Leistung und Gegenleistung nicht entsprechen. Die Geeignetheit der vorgenannten Kriterien zur abschließenden Beurteilung der Konnexität ist allerdings nicht frei von Bedenken und bedarf daher noch weiterer Überprüfung im Rahmen dieser Bearbeitung.

Die einzelnen Handlungsmodalitäten „fordern, sich oder Dritten versprechen oder gewähren lassen" oder „selbst versprechen" bzw. „selbst gewähren" stellen klar, dass der Arzt weder aktiv eigene Patienten vermitteln noch sich um eine Zuführung von Patienten unter Einsatz von Kapital bemühen darf. Das Anbieten eines Vorteils wird als „versuchtes Versprechen" ebenfalls erfasst. § 31 Abs. 1 MBO-Ä erfordert dabei nicht, dass der Empfänger des überantworteten Patienten die Besserstellung herbeiführt.

Weder ein hinreichender Grund i. S. v. § 31 Abs. 2 MBO-Ä noch die Einwilligung des Patienten sind schließlich geeignet, die Rechtswidrigkeit eines tatbestandlichen Verstoßes entfallen zu lassen. Dem Arzt kann allerdings kein Schuldvorwurf gemacht werden, wenn es an einer vorsätzlichen oder fahrlässigen Berufspflichtverletzung fehlt. Das Argument der fehlenden Kenntnis des § 31 Abs. 1 MBO-Ä kann allerdings nicht entlasten. Anderes gilt bei einer unzutreffenden Auskunft der Ärztekammer über die Vereinbarkeit einer Kooperation mit der Verbotsnorm.

§ 4 Bewertung einzelner Kooperationen am Maßstab von § 31 Abs. 1 MBO-Ä – zugleich nähere Bestimmung des Kriteriums „Grund in der ärztlichen Behandlung selbst" bei gegenseitigen Zuwendungen

Die Vielfältigkeit der Kooperationsmöglichkeiten zwischen den Leistungserbringern bedingt zugleich einen Variationsreichtum zur entgeltlichen Verwertung des eigenen Patientenstamms. Im diesem Abschnitts soll daher die spezifische Anfälligkeit der unterschiedlichen Zusammenarbeitsformen für einen Verstoß gegen § 31 Abs. 1 MBO-Ä und die jeweiligen Besonderheiten bei der Bewertung eruiert werden. Die Untersuchung konzentriert sich dabei vor allem auf die unter Beurteilungsgesichtspunkten problematischen Konstellationen, bei denen der Arzt neben einer Zuweisung i.w.S. gegenüber dem anderen Anbieter von Gesundheitsleistungen weitere ärztliche Leistungen erbringt. Dies bietet zugleich den Rahmen für die Überprüfung der von der h.M. aufgestellten Prämisse, dass die Konnexität auszuschließen sei, wenn der Vorteil für eine äquivalente, im Zusammenhang mit der Behandlung des Patienten erbrachte Gegenleistung des Arztes bewilligt wurde.

A. Kooperationen zwischen Arzt und Krankenhaus

Eindeutig lässt sich ein Verstoß gegen § 31 Abs. 1 Var. 1 MBO-Ä bei einseitiger Vorteilsgewährung durch Krankenhäuser zur näheren „Bindung"[974] der Einweiser begründen.[975] Mit Schwierigkeiten ist die Bewertung hingegen verbunden, wenn neben der Zuweisung ein gegenseitiger Austausch von Leistungen zwischen Arzt und Krankenhaus erfolgt. Die entgeltliche Einbindung des niedergelassenen Arztes in den Krankenhausbetrieb ist dabei für sich genommen grundsätzlich nicht zu beanstanden. Gem. § 2 Abs. 2 S. 2 Nr. 2 KHEntgG handelt es auch bei den durch das Krankenhaus veranlassten Leistungen Dritter um allgemeine Krankenhausleistungen.[976] Dritte im Sinne der Vorschrift sind vor allem externe (niedergelassene) Ärzte als Konsiliarärzte.[977] § 20 Abs. 2 S. 2 Ärzte-ZV bestätigt zudem die Vereinbarkeit der Ausübung vertragsärztlicher Tätigkeit mit einem Beschäftigungsverhältnis zu einem Krankenhaus.[978]

---

[974] Formulierung nach *Bäune*, jurisPR-MedizinR 7/2010 Anm. 5, C; *Nölling*, ArztR 2010, 88, 89; *Ratzel*, GesR 2009, 561; *Weimer*, Der Urologe 2009, 1546, 1547.
[975] Vgl. auch *Wodarz/Sellmann*, NZS 2008, 466, 470.
[976] Zu der Bedeutung als Grundlage für die Kooperation von Krankenhäusern und niedergelassenen Ärzten *Schwarz*, das Krankenhaus 2008, 590.
[977] *Kutlu*, in: Spickhoff, Medizinrecht, § 2 KHEntgG Rn. 10; *Wigge/Harney*, das Krankenhaus 2007, 958, 964.
[978] *Walter*, in: Spickhoff, Medizinrecht, § 20 Ärzte-ZV Rn. 7.

I. Zusammenarbeit im Bereich der prä- und poststationären Behandlung

Besonders intensiv ist die Auseinandersetzung mit der Zuweisungsproblematik bisher bei der Zusammenarbeit zwischen Arzt und Krankenhaus im Bereich der prä- und poststationären Versorgung von Patienten erfolgt.[979] Hierbei weist der niedergelassene Arzt seinen Patienten anlässlich einer ambulant oder stationär durchzuführenden Operation in ein bestimmtes Krankenhaus ein und übernimmt für jenes bestimmte Versorgungs- und Betreuungsleistungen im Vorfeld der Operation oder im Rahmen der Nachbetreuung.[980]

Im vertragsärztlichen Bereich wird die vor- und nachstationäre Behandlung durch § 115a SGB V näher geregelt. Die Norm erlaubt es dem Krankenhaus, Versicherte in medizinisch geeigneten Fällen ohne Unterkunft und Verpflegung zu behandeln, um die Erforderlichkeit einer vollstationären Krankenhausbehandlung zu klären oder die vollstationäre Krankenhausbehandlung vorzubereiten (vorstationäre Behandlung) oder um im Anschluss an eine vollstationäre Krankenhausbehandlung den Behandlungserfolg zu sichern oder zu festigen (nachstationäre Behandlung).

Diese Norm hat vor allem vergütungsrechtliche Bedeutung für die Krankenhäuser. Leistungen nach § 115a SGB V kann das Krankenhaus auf der Grundlage von auf Landesebene geschlossenen Verträgen nach § 115a Abs. 3 SGB V gegenüber der Krankenkasse abrechnen.[981] Wird innerhalb einer Kooperationsabrede die Durchführung der vor- und nachstationären Behandlung auf einen niedergelassenen Arzt übertragen, vergütet das Krankenhaus den Arzt aus dem Krankenhausentgelt zumeist pauschal unter Orientierung an den Maßstäben der GOÄ.[982]

Erbringt ein Vertragsarzt hingegen ambulante Leistungen im Rahmen der vertragsärztlichen Versorgung gem. § 73 SGB V, muss er diese gegenüber der Kassenärztlichen Vereinigung zu Lasten der Gesamtvergütung (§ 85 SGB V) abrechnen.[983] Die Übernahme von Aufgaben des Krankenhauses bietet nunmehr den

---

[979] So auch *Wodarz/Sellmann*, NZS 2008, 466, 470; vgl. zu dieser Vorteilsart auch *Bussmann*, Unzulässige Zusammenarbeit, S. 8.
[980] Vgl. auch *Nölling*, ArztR 2010, 88, 89, dort auch zum folgenden Text.
[981] *Kingreen*, in: BeckOK SGB V, § 115a Rn. 7 ff.; ausführlich zu den einzelnen Voraussetzungen *Wigge/Harney*, das Krankenhaus 2007, 958, 960. Gem. § 8 Abs. 2 S. 3 Nr. 3 KHEntgG können diese Leistungen zudem zusätzlich neben der DRG-Fallpauschale für die stationäre Krankenhausbehandlung abgerechnet werden, wenn die Summe der stationären Belegungstage und der nachstationären Behandlungstage die Grenzverweildauer der DRG-Pauschale überschreitet.
[982] *Wienke/Janke*, Hess. ÄBl. 2007, 105, 106.
[983] *Ratzel*, GesR 2009, 561, 563; *Wienke/Janke*, Hess. ÄBl. 2007, 105, 106; *Wigge/Harney*, das Krankenhaus 2007, 958, 959.

Vorteil, Kassenpatienten außerhalb der budgetierten Gesamtvergütung[984] und damit im Prinzip zum Tarif einer privaten Krankenversicherung zu behandeln.

Abzugrenzen sind Kooperationen im Bereich der vor- und nachstationären Versorgung gem. § 115a SGB V von denjenigen Konstellationen, in denen das Krankenhaus bei an sich gegebener stationärer Behandlungsbedürftigkeit die postoperative Nachsorge auf einen niedergelassenen Arzt überträgt (sog. blutige Entlassung[985]) und der Arzt dafür den durch die DRG-Pauschale vorgesehenen Anteil oder eine individuell an der GOÄ orientierte Vergütung erhält.[986]

Die Rechtsprechung bewertet allerdings mehrere solcher Absprachen, die eine derartige „Betreuungspauschale" beinhalteten, im Ergebnis als Verstoß gegen das Zuweisungsverbot des § 31 Abs. 1 Var. 1 MBO-Ä. Ob damit eine Aussage über die allgemeine Unvereinbarkeit dieser Modelle mit § 31 Abs. 1 MBO-Ä getroffen werden kann[987], kann nur mit Hilfe einer näheren Betrachtung der hierfür maßgebenden Gründe beantwortet werden.

1. Urteil des OLG Koblenz vom 20. Mai 2003

Das erste Urteil im Bereich der sog. „Schnittstellenoptimierung" von ambulanten und stationären Sektor fällte das OLG Koblenz.[988]

a) Sachverhalt

In dem der Entscheidung zugrundeliegendem Sachverhalt versprach eine Universitätsklinik den in der Umgebung niedergelassenen Augenärzten eine durch sie selbst als solche bezeichnete „Zuweiserpauschale" in Höhe von 52,00 EUR für jeden gesetzlich versicherten Patienten, der für eine Kataraktoperation[989] eingewiesen wurde. Durch die Pauschale sollte ausweislich eines an die Ärzte gerichteten Schreibens der erhöhte Aufwand für die Vor- und Nachuntersuchung, die Aufklärung des Patienten und die Dokumentation im Rahmen eines „Qualitätssicherungsprogramms" honoriert werden.

---

[984] *Kölbel,* wistra 2009, 129, 130; *Schneider,* HRRS 2009, 484, 485; *Wigge/Harney,* das Krankenhaus 2007, 958, 959.

[985] *Ratzel/Knüpper,* in: Ratzel/Luxenburger, Hdb Medizinrecht, § 5 Rn. 161.

[986] Dazu *Wienke/Janke,* Hess. ÄBl. 2007, 105, 106. Zur Schwierigkeit der Abgrenzung *Wigge/Harney,* das Krankenhaus 2007, 958, 959 ff.

[987] Differenzierend auch *Ratzel/Knüpper,* in: Ratzel/Luxenburger, Hdb Medizinrecht, § 5 Rn. 161. Grundsätzlich dazu *Dahm,* MedR 2003, 580 f.

[988] MedR 2003, 580 f.

[989] Katarakt ist der medizinische Fachbegriff für eine auch als Grauer Star bezeichnete Trübung der Augenlinse. Bei der Operation wird die getrübte Linse operativ durch ein künstliches Linsenimplantat ersetzt, *Brockhaus,* Enzyklopädie, *Katarakt.*

b) Bewertung im Hinblick auf § 31 Abs. 1 Var. 1 MBO-Ä

Das OLG Koblenz bewertete die ausgelobten 52,00 EUR im Ergebnis als Versprechen eines Entgelts für die Einweisung in das Krankenhaus. Die „Gegenleistung" des Arztes vermochte der Konnexität von Entgelt und Zuweisung dabei nicht entgegenzustehen.

Das Gericht stellte zunächst darauf ab, dass der überwiegende Anteil der von dem Krankenhaus übertragenen Tätigkeiten ohnehin dem originären Aufgabenbereich eines niedergelassenen Augenarztes zuzuordnen seien. Diese Leistungen würden jedoch durch die gesetzliche Krankenkasse honoriert. Ein zusätzlicher Aufwand des Zuweisers, der einen Vergütungsanspruch gegenüber dem Krankenhaus hätte rechtfertigen können, sei hingegen nach den Feststellungen des Gerichts nicht erkennbar gewesen. Eine Gegenleistung des Arztes vermag folglich eine Koppelung von Zuweisung und Vorteil nicht auszuschließen, wenn die vermeintliche Zusatzleistung dem Arzt ohnehin obliegt und von dem Kostenträger abgegolten wird.[990]

Das Gericht stützte sein Ergebnis zudem auf einen weiteren Aspekt. Demnach wären die 52,00 EUR selbst dann als Entgelt „für" die Zuweisung zu bewerten gewesen, wenn es sich um eine angemessene Bezahlung für eine tatsächliche Zusatzleistung gehandelt hätte. Denn allein der zusätzliche Umsatz begründe einen Vorteil, der geeignet sei, entgegen dem Schutzzweck des § 31 Abs. 1 MBO-Ä als sachfremder Gesichtspunkt die Auswahlentscheidung des Arztes unlauter zu beeinflussen.

2. Urteil des OLG Schleswig-Holstein vom 4. November 2003

In der dem Urteil des OLG Schleswig-Holstein[991] zugrundeliegenden Fallgestaltung klagte ein Wettbewerbsverein gegen eine zwischen einem Universitätsklinikum und niedergelassenen „Einweisern" getroffene Vereinbarung, die ähnlich dem Sachverhalt des OLG Koblenz eine Kooperation bei Kataraktoperationen beinhaltete.

a) Sachverhalt

Nach dem Angebot der Universitätsklinik sollten die Augenärzte die Nachversorgung im Anschluss an die im Krankenhaus durchgeführte Kataraktoperation bei den von ihnen eingewiesenen Patienten übernehmen. Die beklagte Universitätsklinik versprach dafür eine „Nachbetreuungspauschale" in Höhe von 51,13 EUR für jeden Patienten. Die postoperative Nachsorge wurde zuvor ebenfalls von den niedergelassenen Ärzten erbracht. Die Honorare beglichen jedoch die

---

[990] Vgl. dazu auch *Wettbewerbszentrale,* in: Unlautere Methoden im Gesundheitswesen, KHuR 2004, 37, 38 f.
[991] MedR 2004, 270 ff.

jeweiligen Kostenträger. Bei der Behandlung eines gesetzlich versicherten Patienten konnte daher nur auf der Grundlage des § 87 Abs. 1 SGB V i.V.m. dem EBM abgerechnet werden.

b) Bewertung im Hinblick auf § 31 Abs. 1 Var. 1 MBO-Ä

In der Fallgestaltung des OLG Schleswig-Holstein stellte sich wiederum die Frage, ob die Pauschale als Gegenleistung für die ärztliche Nachbetreuung die Konnexität zwischen Zuweisung und Entgelt ausschließt. Nach Auffassung des Gerichts war die Pauschale jedoch nicht als angemessenes Honorar für die zusätzlichen Dienste des Arztes zu bewerten, da die von den Augenärzten erbrachten Leistungen gegenüber dem Patienten oder der Krankenkasse hätten abgerechnet werden müssen.[992]

Die Nachbetreuungspauschale könne insbesondere nicht als ein nur weitergeleiteter Teil der Vergütung aufgefasst werden, die das Krankenhaus für die in der durchgeführten Operation liegende Krankenhausleistung von den Krankenkassen erhalte.[993] Zwar dürften Krankenhäuser unter den Voraussetzungen von § 115a SGB V und § 115b SGB V nicht voll- bzw. teilstationär erfolgte Behandlungen durchführen und selbst abrechnen. Bediene sich das Krankenhaus bei einer vor- bzw. nachstationären Behandlung oder ambulanten Operationen eines niedergelassenen Arztes, könne jener folglich auch an der Vergütung beteiligt werden. Erforderlich sei jedoch stets, dass es sich bei den von dem Vertragsarzt übernommenen Aufgaben tatsächlich um eine Krankenhausbehandlung im Sinne der sozialrechtlichen Vorschriften (§§ 27 Abs. 1 S. 2 Nr. 5, 39 Abs. 1 SGB V) handele.

Andernfalls sei eine ambulante ärztliche Behandlung (§§ 27 Abs. 1 S. 2 Nr. 1, 72 ff. SGB V) gegeben, die der Arzt direkt beim Kostenträger liquidiere.[994] Das OLG Schleswig-Holstein sah in der zu beurteilenden Fallkonstellation letzteres unter Hinweis auf die Überschrift des § 115a SGB V a. F.[995] als verwirklicht an, da die Norm von der poststationären Behandlung „im Krankenhaus" spreche und folglich jede „außerhalb" des Krankenhauses erfolgte Behandlung dem Zuständigkeitsbereich der niedergelassenen Ärzte unterfallen würde. Nach Auffassung des Gerichts sei schließlich kein „sachbezogenes Bedürfnis" erkennbar, warum die beklagte Klinik „einerseits von der gesetzlichen Ausnahmeregelung Gebrauch machen möchte, andererseits aber gleichzeitig die damit verbundene Tätigkeit auf den Personenkreis übertragen wollte, der nach der gesetzlichen Sys-

---

[992] MedR 2004, 270, 272 f., dort auch zum folgenden Text.
[993] MedR 2004, 270, 272 f., dort auch zum folgenden Text.
[994] Dazu *Nölling*, ArztR 2010, 88, 89.
[995] Die Entscheidung bezog sich auf die Fassung des § 115a SGB V vor der Änderung durch das GKV-Versorgungsstrukturgesetz vom 22.12.2011. Siehe zu einer möglichen Änderung der Bewertung nachfolgend Teil 3: § 4 A.I.6.a)bb).

§ 4 Bewertung einzelner Kooperationen am Maßstab von § 31 Abs. 1 MBO-Ä 183

tematik ohnehin dafür zuständig wäre". Die „Nachbetreuungspauschale" könne deswegen nur als „Entgelt" für die Zuweisung bewertet werden.

3. Urteil des OLG Düsseldorf vom 16. November 2004

Im Gegensatz zu den vorhergehenden Entscheidungen wies das OLG Düsseldorf[996] in einer ähnlichen Sachverhaltskonstellation den gegen das Krankenhaus geltenden gemachten wettbewerbsrechtlichen Unterlassungsanspruch ab.

a) Sachverhalt

Das Krankenhaus bot den in seinem Einzugsbereich niedergelassenen Augenärzten eine Zusammenarbeit bei der Durchführung von ambulanten Kataraktoperationen an. Die Augenärzte sollten demnach eine „Aufwandsentschädigung" einmal in Höhe von 40,90 EUR für präoperative Leistungen einschließlich Begleitdokumentation und zum anderen für postoperative Leistungen einschließlich Begleitdokumentation in Höhe von 61,36 EUR für jeden eingewiesenen Patient erhalten. Die Begleitdokumentation erforderte das Ausfüllen von Fragebögen über die Indikation für eine Kataraktoperation, die Durchführung entsprechender Vor- bzw. Nachuntersuchungen sowie die notwendigen postoperativen Kontrollen.

Die Offerte erfolgte vor dem Hintergrund, dass zuvor ein Strukturvertrag zwischen der örtlichen Kassenärztlichen Vereinigung und dem Verband operierender Augenärzte unter Einbeziehung der Krankenkassen geschlossen worden war, an dem das in Rede stehende Krankenhaus nicht teilnehmen konnte. Die Abmachung beinhaltete ein Modellvorhaben für eine abgestufte, flächendeckende Versorgung mit (ambulanten) Kataraktoperationen im Landesteil Nordrhein für Ersatzkassen-Patienten. Die niedergelassenen Ärzte sollten danach ihre Patienten bei Kataraktoperationen an die im Vertrag bestimmten Chirurgen für Augenheilkunde überweisen. Die prä- und postoperativen Leistungen der Ärzte wurden außerhalb der gesetzlichen Budgetierung[997] in einer mit den Beträgen des Krankenhauses vergleichbaren Höhe vergütet.

b) Bewertung im Hinblick auf § 31 Abs. 1 Var. 1 MBO-Ä

Das OLG Düsseldorf lehnte einen Verstoß des Krankenhauses gegen Wettbewerbsrecht unter dem Aspekt der Teilnehmerhaftung[998] und folglich einen Unter-

---

[996] MedR 2005, 169 ff.
[997] Vgl. zur Gesamtvergütung gem. § 85 SGB V *Scholz*, in: Becker/Kingreen, SGB V, § 85 Rn. 1 ff. und zu der Bestimmung des auf einen Anteil an der Gesamtvergütung beschränkten Anspruches des Arztes *Vießmann*, in: Spickhoff, Medizinrecht, § 87c Rn. 26 ff.
[998] Vgl. zur wettbewerbsrechtlichen Teilnehmerhaftung vorstehend unter Teil 3: § 3 C.II.1.

lassungsanspruch des klagenden Wettbewerbsvereins ab, da dem Krankenhaus der Vorsatz bezüglich eines berufsrechtswidrigen Verhaltens der einweisenden Ärzte gefehlt habe. Denn das Krankenhaus habe sich ausschließlich an dem Strukturvertrag der Kassenärztlichen Vereinigung orientiert, der bis zu dem in Rede stehenden Zeitpunkt berufsrechtlich nicht beanstandet worden sei. Unabhängig von der Rechtmäßigkeit des Strukturvertrages habe das Krankenhaus deshalb das Recht gehabt, den entstandenen Wettbewerbsnachteil auszugleichen. Im Gegensatz zu der Vorinstanz, die sich ausführlich mit § 31 Abs. 1 Var. 1 MBO-Ä auseinandersetzte und unter dem Eindruck der vom OLG Schleswig-Holstein dargelegten Ausführungen einen Verstoß bejahte[999], konnte es nach Ansicht des OLG Düsseldorf somit dahinstehen, ob die Kooperationsabrede dem berufsrechtlichen Verbot widersprach. Das Gericht deutete jedoch nebenbei an, dass das Krankenhaus die Vergütung seiner Auffassung nach ohnehin nicht „für die Überweisung", sondern diese, ähnlich wie die Krankenkassen bei dem Strukturvertrag, „für die ärztlichen Leistungen" gewähren würde.[1000] Maßgeblich sei insofern, dass das Krankenhaus die Leistungen als zweckdienlich erachtet habe.

Allerdings bezog sich insbesondere die letztere Aussage auf den für die Feststellung des Vorsatzes relevanten Vorstellungsinhalt der Beklagten. Sie sollte zudem nicht dahingehend missverstanden werden, dass es bei der objektiven Bewertung einer Kooperation nach § 31 Abs. 1 Var. 1 MBO-Ä ausschließlich darauf ankommt, dass der Zuweisungsempfänger die vergüteten Leistungen aus seiner Sicht für erforderlich halte. Denn dann ließe sich das Zuweisungsverbot allein mit einer entsprechenden Behauptung aushebeln. Die tatsächliche Werthaltigkeit eines ärztlichen Dienstes muss daher stets nach objektiv sachlichen Erwägungen beurteilt werden.

4. Urteil des OLG Düsseldorf vom 1. September 2009

Ein weiteres Urteil des OLG Düsseldorf[1001] befasste sich schließlich mit der Zusammenarbeit zwischen einer Klinik und niedergelassenen Ärzten auf dem Gebiet der Viszeralchirugie.[1002]

a) Sachverhalt

Der von dem Krankenhaus angebotene Vertrag über eine „sektorenübergreifende Versorgung" versprach den niedergelassenen Ärzten eine Vergütung nach

---

[999] LG Düsseldorf Urt. v. 7.1.2004 – 12 O 477/02.
[1000] OLG Düsseldorf, MedR 2005, 169, 171.
[1001] MedR 2009, 664 ff.
[1002] Das Gericht nennt als Beispiele der Viszeralchirugie die Behandlung der Schilddrüse, Cholezystektomie, inguinale und femorale Hernioplastik, Nabelhernie, Hatushernie, kolorektale Tumore, Divertikulose, Hämorrhoiden, perianale Fisteln und Magenkarzinom.

§ 4 Bewertung einzelner Kooperationen am Maßstab von § 31 Abs. 1 MBO-Ä

der GOÄ für die Erbringung von prä- und post-operativen Leistungen im Rahmen näher bezeichneter Behandlungsfälle. Das vertraglich niedergelegte Prozedere sah vor, dass die Ärzte in geeigneten Fällen ihren Patienten die Vorstellung im Krankenhaus des Vertragspartners empfehlen. Das Krankenhaus verpflichtete sich im Gegenzug, den einweisenden Arzt mit den erforderlich prä- bzw. poststationären Leistungen zu beauftragen.

b) Bewertung im Hinblick auf § 31 Abs. 1 Var. 1 MBO-Ä

Das OLG Düsseldorf bestätigte die schon durch die Vorinstanz[1003] getroffene Bewertung, dass die Empfehlung und anschließende Überweisung der Patienten in das Krankenhaus der Beklagten eine Zuweisung gegen Entgelt und somit einen Verstoß gegen § 31 Abs. 1 Var. 1 MBO-Ä beinhalte.

Den Vorteil sah das Gericht in der „Möglichkeit" begründet, „mit prä- und poststationären Leistungen beauftragt zu werden, die nach der GOÄ abgerechnet werden können".[1004] Eine solche Abrechnung der Behandlung von Kassenpatienten sei für die teilnehmenden Vertragsärzte deshalb attraktiv, weil die gewährte Vergütung zum einen höher sei und zum anderen keine Anrechnung auf das Budget erfolge, wodurch das Risiko einer finanziell nachteiligen Überschreitung desselben vermindert werde.[1005]

Im Hinblick auf das Merkmal der Konnexität stellte das Gericht fest, dass es für die Annahme einer Verknüpfung zwischen den ausgesprochenen Empfehlungen und dem „Zusatzverdienst" genüge, dass der Arzt die Aussicht habe, mit einem erheblichen Teil der Fälle beauftragt zu werden.[1006] Die Erwägung, dass sich die Pauschalen als äquivalente Entlohnung für die „Gegenleistungen" der Ärzte darstellen könnten, stellte das Gericht gar nicht erst an. „Der Kern der vorliegenden Problematik" sei allein „die Verknüpfung von Empfehlung und Vergütung". Nach Ansicht des Gerichts konnte deshalb auch dahinstehen, dass auch in diesem Fall unter Hinweis auf das erörterte Urteil des OLG Schleswig-Holstein[1007] ein Verstoß gegen § 115a SGB V a. F.[1008] naheliegend sei.

5. Gegenüberstellung

Im Vergleich zeigt sich, dass die Gerichte zwar einerseits „überwiegend" einen Verstoß gegen § 31 Abs. 1 Var. 1 MBO-Ä bejahten. Das erste Urteil des OLG

[1003] LG Düsseldorf MedR 2008, 445 ff.
[1004] MedR 2009, 664, 669.
[1005] MedR 2009, 664, 667.
[1006] MedR 2009, 664, 668.
[1007] MedR 2004, 270 ff.
[1008] Vgl. dazu Fn. 995.

Düsseldorf kann dabei aufgrund der besonderen Konstellation weder als Bestätigung noch als Ablehnung dieser Rechtsprechung begriffen werden. Soweit in den Absprachen allerdings eine Zuwiderhandlung gegen § 31 Abs. 1 Var. 1 MBO-Ä durch die Gerichte erblickt wird, weichen die Begründungen des Vorteils und der Konnexität jeweils erheblich voneinander ab.[1009]

a) Feststellungen zum Vorteil

Während das OLG Koblenz, das OLG Schleswig-Holstein und wohl auch das OLG Düsseldorf in seiner ersten Entscheidung den Vorteil bloß mit der Bezahlung an sich begründeten, arbeitete das OLG Düsseldorf in der zweiten Entscheidung vor allem den Aspekt heraus, dass die Vertragsärzte die Möglichkeit erhielten, einen zusätzlichen Verdienst durch die extrabudgetäre Abrechnung nach der GOÄ zu erzielen. Dies setze allerdings voraus, dass es sich bei seinen Leistungen um solche handelt, die der Vertragsarzt auch im Rahmen seines Versorgungsauftrages hätte erbringen können. Nach der Auffassung des OLG Koblenz könne der Vorteil zudem nicht nur darauf gestützt werden, dass der Arzt mit der Betreuungspauschale ein Entgelt erhalte. Ein Vorteil ließe sich ferner auch darin sehen, dass eine weitere Einkommensquelle gewährt werde.

b) Feststellungen zur Konnexität

Auch durch die unterschiedliche Bestimmung des Vorteils bedingt, ergeben sich noch stärkere Abweichungen bei der Subsumtion unter das Merkmal Konnexität.

Das OLG Koblenz und das OLG Schleswig-Holstein hoben, soweit sie den Vorteil auf die Pauschale selbst stützten, vor allem in negativer Hinsicht darauf ab, dass die Gegenleistung des Arztes nicht geeignet sei, die Konnexität zwischen den versprochenen Entgelten und der Patientenvermittlung auszuschließen. Weil die vor- und nachstationäre Betreuung ohnehin zum originären Zuständigkeitsbereich des niedergelassenen Arztes gehöre, sei sie nicht durch das Krankenhaus vergütungsfähig. Das OLG Schleswig-Holstein stützte seine Bewertung dabei maßgeblich auf die Normen § 115a SGB V a. F. und § 115b SGB V a. F.[1010]

Dahingegen begründete das OLG Düsseldorf in der zweiten Entscheidung die Konnexität positiv mit der ausdrücklichen Verknüpfung von Zuweisung und nachträglicher Beauftragung. Der Umstand, dass der Arzt neben der Zuweisung eine weitere Leistung erbrachte, fand dabei gar keine nähere Erörterung. Dies könnte allerdings darauf zurückzuführen sein, dass das OLG Düsseldorf als Vor-

---

[1009] Eine „uneinheitliche" Linie kritisieren auch *Wodarz/Sellmann*, NZS 2008, 466, 471.

[1010] Vgl. dazu schon Fn. 995.

teil die extrabudgetäre Vergütungsmöglichkeit befand. Die Gegenleistung ließ schließlich auch das OLG Koblenz außer Betracht, soweit es auf die zusätzliche Verdienstmöglichkeit als Vorteil abstellte.

6. Schlussfolgerung

Die Gegenüberstellung der Urteile zeigt, dass bei der Bewertung eines Verstoßes gegen § 31 Abs. 1 Var. 1 MBO-Ä verschiedene Anknüpfungspunkte zur Begründung des Vorteils und dementsprechend auch bei der Konnexität in Betracht gezogen werden können.

Wird zunächst der Umstand einer Bezahlung als Vorteil bewertet, muss folglich die Frage beantwortet werden, ob die im Auftrag des Krankenhauses vorgenommenen Dienste des Arztes diesen kompensieren. Die Urteile haben insofern ergeben, dass eine angemessene Vergütung für eine tatsächlich erbrachte Leistung, deren medizinischer Nutzen nicht in Abrede gestellt werden kann, die Feststellung einer regelwidrigen Verknüpfung zwischen materiellen Vorteilen und der Zuführung von Patienten nicht ausschließen muss. Denn die Gerichte lehnten den Ausschluss der Konnexität aufgrund einer Gegenleistung vornehmlich mit dem Argument ab, dass der Arzt für diese Leistungen von dem Kostenträger zu vergüten gewesen sei.

a) § 115a SGB V als Beurteilungsmaßstab?

Während sich die Ausführungen des OLG Koblenz in dieser Beziehung noch eher vage verhielten, präzisierte das OLG Schleswig-Holstein als Kriterium für eine zulässige Kooperation von Krankenhäusern mit Vertragsärzten auf dem Gebiet der prä- und poststationären Versorgung die Erfüllung der Voraussetzungen des § 115a SGB V a. F.[1011] Dies würde bei Übertragung in die Prüfungssystematik des Konnexitätmerkmals bedeuten, dass die ärztliche Gegenleistung die Konnexität nur dann auszuschließen vermag, wenn sie nach den aus dieser Norm abgeleiteten Erfordernissen durch das Krankenhaus honoriert werden darf. Entsprechende Bewertungsansätze finden sich auch in der Literatur.[1012]

Ob Leistungen der vor- bzw. nachstationären Behandlung auch außerhalb des Krankenhauses in der Praxis des niedergelassenen Arztes erbracht und durch das Krankenhaus vergütet werden dürfen, wurde allerdings schon in dem Zeitraum der ergangenen Urteile nicht einhellig bewertet.[1013] Die Diskussion betraf zudem

---

[1011] MedR 2004, 270, 272.
[1012] *Nölling,* ArztR 2010, 8892; *Ratzel/Knüpper,* in: Ratzel/Luxenburger, Hdb Medizinrecht, § 5 Rn. 161; a. A. *Wienke/Jahnke,* Hess. ÄBl. 2007, 105, 106 f.; unklar *Weimer,* Chefärzte Brief 2009, 7.
[1013] *Makoski,* MedR 2009, 376, 383 f.; *Schwarz,* das Krankenhaus 2008, 590, 593 f.

die Rechtslage, die vor der Änderung des § 115a Abs. 1 SGB V durch das GKV-Versorgungsstrukturgesetz[1014] bestand. In dessen Rahmen wurde § 115a Abs. 1 SGB V um einen Satz 2 ergänzt, wonach „das Krankenhaus die Behandlung nach Satz 1 auch durch hierzu ausdrücklich beauftragte niedergelassene Vertragsärzte in den Räumen des Krankenhauses oder der Arztpraxis erbringen kann."[1015] Es stellt sich somit die Frage, welche Folgen sich daraus nunmehr für die Bewertung eines Verstoßes gegen § 31 Abs. 1 MBO-Ä ergeben. Dazu ist es zunächst erforderlich, die Rechtslage vor der Änderung des § 115a Abs. 1 SGB V zu erörtern.

aa) Rechtslage vor der Änderung des § 115a Abs. 1 SGB V durch das GKV-VStG

Vor der Ergänzung des § 115a Abs. 1 SGB V bestand sowohl Streit darüber, ob die in Rede stehende Konstellation die Voraussetzungen des § 115a SGB V erfüllt, als auch über die Frage, inwieweit § 115a SGB V überhaupt als Beurteilungsmaßstab für § 31 Abs. 1 MBO-Ä herangezogen werden kann.

(1) Erfüllung der Normvoraussetzungen des § 115a SGB V
    bei der Einbindung niedergelassener Ärzte außerhalb
    des Krankenhauses

Zum Teil wurde angedeutet, dass sich die Zulässigkeit einer Einbindung niedergelassener Ärzte außerhalb des Krankenhauses daraus ergebe, dass der Gesetzgeber bei der vor- und nachstationären Behandlung alle im Zusammenhang mit dem Krankenhausaufenthalt stehenden Leistungen den Krankenhäusern zuweisen wollte.[1016] Es habe somit im Ermessen der Krankenhäuser gestanden, ob Vertragsärzte eingesetzt werden sollten. Ein Vergütungsanspruch der Vertragsärzte gegenüber der Kassenärztlichen Vereinigung sei dann ausgeschlossen gewesen.[1017] Ob das Krankenhaus den Arzt vergüten durfte, sei nur davon abhängig gewesen, ob die Fristen des § 115a Abs. 2 SGB V[1018] eingehalten worden wä-

---

[1014] Gesetz zur Verbesserung der Versorgungsstrukturen in der gesetzlichen Krankenversicherung vom 22.12.2011.

[1015] BGBl. I 2011, S. 2983, 2998.

[1016] Darstellung bei *Makoski,* MedR 2009, 376, 383 unter Hinweis auf ein Schreiben an das Gesundheitsministerium Schleswig-Holstein v. 15.2.2007, Az. 216-44716-2/1; ferner wohl *Wienke/Janke,* Hess. ÄBl. 2007, 105, 106.

[1017] *Makoski,* MedR 2009, 376, 383 f.

[1018] Die vorstationäre Behandlung ist gem. § 115a Abs. 2 S. 1 SGB V auf längstens drei Behandlungstage innerhalb von fünf Tagen vor Beginn der stationären Behandlung begrenzt. Die nachstationäre Behandlung darf gem. § 115a Abs. 2 S. 2 sieben Behandlungstage innerhalb von 14 Tagen [...] nicht überschreiten. Gem. § 115a Abs. 2 S. 3 kann die Frist von 14 Tagen [...] in medizinisch begründeten Einzelfällen im Einvernehmen mit dem einweisenden Arzt verlängert werden.

§ 4 Bewertung einzelner Kooperationen am Maßstab von § 31 Abs. 1 MBO-Ä   189

ren.[1019] Allein wenn die ambulante Leistung des Vertragsarztes außerhalb des zeitlichen Rahmens des § 115a Abs. 2 SGB V erbracht worden wäre, sei diese zu Lasten der Gesamtvergütung abzurechnen gewesen. Auch der Gesetzgeber ging bei der Ergänzung des § 115a Abs. 1 SGB V schließlich offenbar davon aus, dass die Erbringung prä- und poststationärer Behandlung niedergelassener Vertragsärzte in ihrer Praxis bereits vorher zulässig gewesen sei.[1020]

Für die überwiegende Ansicht war hingegen neben dem bereits durch das OLG Schleswig-Holstein genannten Argument des eindeutigen Wortlauts der Überschrift des § 115a SGB V „im Krankenhaus"[1021] maßgeblich, dass die ambulante Behandlung durch den Vertragsarzt in seiner Praxis gerade die fehlende Erforderlichkeit einer (vor-, bzw. nach-)stationären Behandlung indiziere.[1022] Dann könne das Krankenhaus diese jede auch nicht abrechnen. Eine sektorenübergreifende Kooperation gem. § 115a SGB V sei demgemäß überhaupt nur dann zulässig gewesen, wenn der Vertragsarzt die Leistungen in den Räumlichkeiten des Krankenhauses erbringe.[1023] Da unterdessen das LSG Sachsen den planmäßigen Einsatz von Vertragsärzten durch das Krankenhaus bei ambulanten Operationen (§ 115b SGB V) für unzulässig erachtete[1024], wurde der entsprechende Einsatz von Vertragsärzten im Rahmen der prä- und postoperativen Behandlung grundsätzlich in Zweifel gezogen.[1025] Das BSG bestätigte schließlich das Ergebnis des LSG Sachsen, dass die Durchführung von ambulanten Operationen durch Vertragsärzte im Krankenhaus nicht zulässig sei, wenn sie nicht den Status eines Belegarztes hätten.[1026] Die Beauftragung eines niedergelassenen Vertragsarztes entsprach nach diesem Standpunkt somit nicht den Voraussetzungen des § 115a SGB V a. F.

[1019] In diese Richtung wohl *Wienke/Janke*, Hess. ÄBl. 2007, 105, 106, dort auch zum folgenden Text; a. A. *Wigge/Harney*, das Krankenhaus 2007, 958, 960.

[1020] BT-Drucks. 17/8005, S. 114.

[1021] So auch *Dahm*, MedR 2010, 597, 605; *Nölling*, ArztR 2010, 88, 90 f.; *Ratzel*, GesR 2009, 561, 563; einschränkend *Schneider*, HRRS 2009, 484, 486; wohl auch *Schwarz*, das Krankenhaus 2008, 590, 593 f.; ausführlich zu diesen und weiteren Argumenten *Wigge/Harney*, das Krankenhaus 2007, 958, 960.

[1022] So deutlich *Dahm*, MedR 2010, 597, 605; *Ratzel*, GesR 2009, 561, 563; *Ratzel/Szabados*, GesR 2012, 210, 211; *Wigge/Harney*, das Krankenhaus 2007, 958, 964; dort jeweils auch zum folgenden Text. Zweifelnd hingegen *Nölling*, ArztR 2010, 88, 90 da auch in der Praxis des niedergelassenen Arztes ein „stationärer" Standard grundsätzlich geboten werden könne; ferner *Makoski*, MedR 2009, 376, 384.

[1023] *Clausen/Schröder-Printzen*, ZMGR 2010, 3, 15; *Nölling*, ArztR 2010, 88, 90; *Ratzel*, GesR 2009, 561, 563; *Wigge/Harney*, das Krankenhaus 2007, 958, 964; im Ergebnis auch *Schirmer*, Vertragsarztrecht kompakt, Kap H, 7.4.2.; unklar *Schillhorn*, ZMGR 2008, 304, 306 f.

[1024] MedR 2009, 114; *Becker*, in: Becker/Kingreen, SGB V, § 115b Rn. 13; *Makoski*, MedR 2009, 376, 385, *Schneider*, HRRS 2009, 484, 487; vgl. zur Zulässigkeit des Einsatzes von Vertragsärzten bei ambulanten Operationen Teil 3: § 4 A.II.1.

[1025] So im Ergebnis allerdings ablehnend *Nölling*, ArztR 2010, 88, 90.

[1026] GesR 2011, 542, 548 ff.

Teil 3: Berufsrechtliche Grenzen einer pekuniären Einflussnahme

(2) Eignung als Beurteilungsmaßstab im Berufsrecht

Selbst wenn eine Kooperation zwischen niedergelassenen Ärzten und Krankenhäusern dem Maßstab des (alten) § 115a SGB V nicht genügen sollte, stellt sich die Frage, ob diese sozialrechtlichen Erwägungen überhaupt bei der berufsrechtlichen Prüfung zu berücksichtigen sind. Nach Auffassung von Clausen und Schröder-Printzen sei bei der berufsrechtlichen Betrachtung von Kooperationen zur prä- und postoperativen Versorgung ausschließlich das Berufsrecht der Ärzte heranzuziehen.[1027] Dabei weisen sie unter Bezugnahme auf das zweite Urteil des OLG Düsseldorf[1028] darauf hin, dass eine Kooperation zwischen Krankenhaus und Arzt nicht zwingend zu einem Verstoß gegen § 31 Abs. 1 MBO-Ä führen könne.

Während dem letzteren Gesichtspunkt in dieser Allgemeinheit zwar nichts entgegenzusetzen ist[1029], verfehlt die übrige § 31 Abs. 1 MBO-Ä betreffende Argumentation den Kern der Sache. Denn für die Feststellung eines Verstoßes gegen § 31 Abs. 1 MBO-Ä genügt selbstverständlich nicht bereits der Umstand der Zusammenarbeit, was im Übrigen auch in dem insoweit unzutreffend herangezogenen Urteil des OLG Düsseldorf[1030] nicht behauptet wird. Auch bei einer Kooperation müssen die tatbestandlichen Merkmale der Norm verwirklicht sein.

Zahlungsflüsse zwischen dem potenziellen Zuweiser und Empfänger veranlassen indes, gerade im Hinblick auf eine mögliche Verknüpfung mit einer Zuweisung, deren „Anlass" zu hinterfragen. Der „Zweck" einer Vereinbarung lässt sich dabei zumeist erst erschließen, wenn die Umstände vergegenwärtigt werden, vor deren Hintergrund die Absprache erfolgt. Zu diesen Faktoren gehören jedoch auch einschlägige gesetzliche Regelungen[1031] wie beispielsweise § 115a SGB V, da diese Gegebenheiten erst den potenziellen Unwertgehalt einer Kooperationsabrede erkennen lassen.

Die Begründungsansätze der Urteile haben insofern gezeigt, dass das Vorliegen von Konnexität aus zwei Blickwinkeln bestimmt werden kann. Aus der Sicht des Arztes ist zu fragen, ob sich aus der Kooperationsabrede ein Anreiz zur Vornahme einer Einweisung für ihn ergibt. Hingegen ist bei dem Zuweisungsempfänger maßgebend, ob die Bezahlung des Arztes nur den Zweck haben kann, sich in der bloßen Zuweiserbindung zu erschöpfen. Letzteres ist vor allem dann der Fall, wenn die Hingabe eines Vermögenswertes abgesehen von der Zuweisung in einem ökonomischen Sinne unverständlich ist. So kann etwa bei den anderen im

---

[1027] ZMGR 2010, 3, 20, dort auch zum folgenden Text.
[1028] MedR 2009, 664, 667.
[1029] Vgl. auch *Ihle*, SozSich 2011, 275, 276.
[1030] MedR 2009, 664, 667.
[1031] Vgl. auch *Dahm*, MedR 2010, 597, 610 („vertragsärztliches Vorverständnis").

§ 4 Bewertung einzelner Kooperationen am Maßstab von § 31 Abs. 1 MBO-Ä

Rahmen der Konnexität geprüften Ausschlusskriterien[1032], wie der tatsächlichen Erbringung einer werthaltigen Gegenleistung oder der Angemessenheit im engeren Sinne, das Vorliegen einer Verknüpfung von Vorteil und Zuweisung vor allem mit der wirtschaftlichen Unausgewogenheit erklärt werden. Zweck der Vorteilsgewährung kann mithin nur die Honorierung der Zuweisung sein.

(3) Folgen für die Bewertung nach § 31 Abs. 1 MBO-Ä

Sofern nunmehr mit der herrschenden Ansicht bei der vor- und nachstationären Behandlung in der Arztpraxis davon auszugehen war, dass das Krankenhaus diese Leistung nicht abrechnen durfte, wäre es folglich wirtschaftlich nicht nachvollziehbar gewesen, weshalb das Krankenhaus den Arzt für eine Leistung im Rahmen der prä- oder poststationären Versorgung honorieren sollte. Die aus § 115a SGB V abzuleitende Befugnis des Krankenhauses zur Zahlung eines Honorars entsprach damit den anderen im Rahmen der Äquivalenz erörterten Gesichtspunkten. Denn hat der Arzt bereits einen eigenen Anspruch für seine Leistung[1033], ist nicht erkennbar, warum die Leistung über den Zuweisungsempfänger vergütet werden sollte.

Dieser Erklärungsansatz verfängt selbstverständlich nicht, wenn mit der entgegengesetzten Ansicht eine Abrechnungsbefugnis des Krankenhauses anzunehmen wäre,[1034] denn dann könnte auch der Einsatz externer Ärzte ökonomisch begründet werden.

(4) Zwischenergebnis

Ob eine Kooperation zwischen Arzt und Krankenhaus im Rahmen der vor- und nachstationären Behandlung auch bei einem im engeren Sinne angemessenen Entgelt gegen § 31 Abs. 1 MBO-Ä verstieß, ist somit im Ergebnis davon abhängig gewesen, ob die Voraussetzungen des § 115a SGB V a. F. als erfüllt anzusehen waren. Da eine Beauftragung niedergelassener Ärzte außerhalb des Krankenhauses den Voraussetzungen des § 115a SGB V nach überwiegender Auffassung nicht entsprach und das Krankenhaus den Arzt deshalb nicht vergüten durfte, wäre eine entsprechende Vereinbarung folglich als Widerspruch zu § 31 Abs. 1 MBO-Ä anzusehen gewesen.

Die Diskussion um die Voraussetzungen des §§ 115a SGB V verdeckte allerdings im gewissen Maße den Blick für die eigentliche Ursache des Problems. Das OLG Düsseldorf[1035] betonte insofern, dass das beklagte Krankenhaus letzt-

---

[1032] Teil 3: § 3 E.V.2.
[1033] Vgl. dazu Teil 3: § 3 E.V.2.a).
[1034] Siehe dazu auf S. 188 f.
[1035] MedR 2005, 170 ff.

lich nur versucht habe, den durch die Krankenkassen verursachten Wettbewerbsnachteil auszugleichen.[1036] Ob die von den Krankenkassen gesetzten Anreize zur Zuweisung an bestimmte Leistungserbringer ihrerseits mit dem Schutzzweck des § 31 Abs. 1 MBO-Ä vereinbart werden können[1037], liegt allerdings außerhalb des Untersuchungsauftrages dieser Bearbeitung.[1038]

bb) Rechtslage nach der Änderung des § 115a SGB V

§ 115a Abs. 1 S. 2 SGB V enthält nunmehr die explizite Erlaubnis für das Krankenhaus, eine vor- oder nachstationäre Behandlung durch niedergelassene Vertragsärzte in deren Arztpraxis erbringen zulassen.[1039] Sofern daraus folgt, dass das Krankenhaus diese Leistungen abrechnen kann und die Ärzte folglich auch vergüten darf, entfällt das Argument der fehlenden ökonomischen Veranlassung. Dieser Aspekt bildete im Ergebnis jedoch gerade die Grundlage dafür, weshalb bei einem Fehlen der Voraussetzungen des § 115a SGB V ein Verstoß gegen § 31 Abs. 1 MBO-Ä anzunehmen war. Widersprüchlich ist allerdings, dass § 115a SGB V immer noch die Überschrift „Vor- und nachstationäre Behandlung im Krankenhaus" enthält.[1040]

Während einige § 115a Abs. 1 S. 2 SGB V als äußerst sinnvolle Regelung zur Flexibilisierung der Zusammenarbeitsformen begrüßen[1041], zeigen andere Unverständnis über diesen Schritt des Gesetzgebers, da mit diesen Kooperationen regelmäßig kein anderes Ziel als eine Zuweiserbindung verfolgt würde, die zudem mit der Neufassung des § 73 Abs. 7 SGB V gerade vermieden werden sollte.[1042] Denn § 73 Abs. 7 SGB V bestimmt – der Regelung des § 31 Abs. 1 MBO-Ä entsprechend – nunmehr auch explizit für Vertragsärzte das Verbot, für die Zuweisung von Versicherten ein Entgelt oder sonstige wirtschaftliche Vorteile sich versprechen oder sich gewähren zu lassen oder selbst zu versprechen oder zu gewähren. Die Vereinbarkeit des § 115a Abs. 1 S. 2 SGB V mit dem Zuweisungsverbot wird dementsprechend fortwährend als problematisch betrachtet.[1043] Gefordert wird ohnehin eine restriktive Auslegung des § 115a Abs. 1 S. 2 SGB V dahingehend, dass eine Beauftragung von niedergelassenen Vertragsärzten im Rahmen der nachstationären Behandlung nur erfolgen könne, wenn in der Praxis das Qua-

---

[1036] Vgl. *Nösser,* das Krankenhaus 2005, 501, 502.
[1037] *Dahm,* MedR 2003, 580 f.; *ders.,* MedR 2004, 270 f.; *Walter,* A/ZusR 2006, 97, 100; krit. auch *Ratzel,* GesR 2009, 561.
[1038] Teil 1: § 3 B.III.3.
[1039] BGBl. I 2011, S. 2983, 2998.
[1040] Vgl. insofern auch *Bäune/Dahm/Flasbarth,* MedR 2012, 77, 94.
[1041] *Halbe,* in: Halbe u.a., GKV-VStG, S. 180. Vgl. zu der Flexibilisierung als Anlass für die Änderung zudem BT-Drucks. 17/8005, S. 114.
[1042] *Bäune/Duhm/Flasbarth,* MedR 2012, 77, 93 f.
[1043] *Bäune/Dahm/Flasbarth,* MedR 2012, 77, 94.

litätsniveau gewährleistet sei, welches bei einer Behandlung im Krankenhaus vorgehalten werden müsse.[1044]

cc) Zwischenergebnis

§ 115a SGB V begründet einen geeigneten Maßstab zur Beurteilung, ob eine Vergütung des Arztes durch das Krankenhaus im Rahmen der vor- und nachstationären Behandlung einen § 31 Abs. 1 MBO-Ä wiedersprechenden Vorteil begründet. Nach der Ergänzung des § 115a SGB V um Satz 2 ist nicht mehr ausgeschlossen, dass die Erbringung der in Rede stehenden Leistungen in der Praxis des Arztes die Voraussetzungen des § 115a SGB V erfüllen kann. Genügt eine Kooperation zwischen dem niedergelassenen Arzt und dem Krankenhaus somit den Anforderungen des § 115a SGB V, wäre bereits nach der alten Rechtslage ein Verstoß gegen § 31 Abs. 1 Alt. 1 MBO-Ä nur noch dann in Betracht zu ziehen, wenn andere Umstände wie etwa eine unangemessen hohe Entgeltzahlung hinzutreten würden.[1045]

b) Zusätzliche Verdienstmöglichkeit als Vorteil

Das vorstehend erörterte Ergebnis veranlasst allerdings zu Zweifeln[1046]. Selbst wenn der alte bzw. neue § 115a SGB V im Ergebnis der Zulässigkeit einer Kooperation nicht entgegenstehen sollte, entfällt dadurch – nunmehr aus der Sicht des Arztes – nicht zugleich der Anreiz, Einweisungen in das Krankenhaus zu tätigen. Schließlich erhält der niedergelassene Arzt, wenn er „*im*" Krankenhaus vor- und nachstationäre Leistungen an den von ihm eingewiesenen Patienten durchführt, ebenfalls dadurch die Gelegenheit zur Erbringung einer Leistung, die außerhalb der budgetierten Gesamtvergütung honoriert wird.[1047] Kann er die mögliche Beauftragung mit der prä- und postoperativen Versorgung mithin durch sein Einweisungsverhalten steuern, ist es naheliegend, dass er seine Patienten auch in dieses Krankenhaus einweist.[1048]

Diese Sichtweise gelangt auch in dem Urteil des OLG Koblenz und dem zweiten Urteil des OLG Düsseldorf zum Ausdruck, die den Vorteil (auch) in der zusätzlichen Verdienstmöglichkeit erblickten und anders als die im vorhergehenden Abschnitt dargestellten Entscheidungen keinen Ausschluss der Konnexität durch

---

[1044] *Ratzel/Szabados*, GesR 2012, 210, 211.
[1045] Vgl. *Ratzel/Knüpper*, in: Ratzel/Luxenburger, Hdb Medizinrecht, § 5 Rn. 161; wohl auch *Makoski*, MedR 2009, 376, 384; *Wigge/Harney*, das Krankenhaus 2007, 1118, 1122; ferner *Wienke/Janke*, Hess. ÄBl. 2007, 105, 106 f.; unklar *Schillhorn*, ZMGR 2008, 304, 306 f. Vgl. allgemein dazu Teil 3: § 3 E.V.2.
[1046] Vgl. insofern auch *Peters*, Kopfpauschalen, S. 71 ff.
[1047] Vgl. *Wigge/Harney*, das Krankenhaus 2007, 1118, 1122 die diesen Gesichtspunkt im Hinblick auf § 31 Abs. 1 MBO-Ä (nur) als „äußerst sensibel" bezeichnen.
[1048] So auch deutlich *Wienke/Janke*, Hess. ÄBl. 2007, 105, 106 f.

die Gegenleistung des Arztes prüften. So verdeutlichte das OLG Düsseldorf in seinem zweiten Urteil, dass eine berufsrechtswidrige Verknüpfung zwischen Zuweisung und Beauftragung mit der vor- und nachstationären Behandlung als Vorteil dann gegeben sei, wenn die Anzahl der „lukrativen" Beauftragungen des Arztes ausdrücklich von seinem Einweisungsverhalten abhängig gemacht würden. Das OLG Koblenz betonte ebenfalls die angesprochene Problematik, dass mit der Einweisung die Option eines zusätzlichen Verdienstes verknüpft wird.

Beide Urteile deuten damit in die Richtung, dass unabhängig von der Angemessenheit der ärztlichen Gegenleistung und der Befugnis des Zuweisungsempfängers zur Bezahlung allein der Umstand des Zusatzverdienstes einen § 31 Abs. 1 MBO-Ä widersprechenden Anreiz begründen könnte. Damit wird die herkömmliche Auffassung zum Ausschluss der Konnexität bei gegenseitigen Zuwendungen durch eine äquivalente Gegenleistung des Arztes[1049] zumindest in Frage gestellt. Hierin könnte zudem ein Ansatzpunkt dafür liegen, wie das Merkmal „Grund und Rechtfertigung in der ärztlichen Behandlung selbst" weitergehend auszufüllen ist. Dieser Gesichtspunkt wird daher an späterer Stelle noch einer eingehenderen Betrachtung zu unterziehen sein.[1050]

II. Übrige Zusammenarbeit

Eine Vergütung durch das Krankenhaus kann nach den vorstehenden Erwägungen jedenfalls nur dann als zulässig erachtet werden, wenn der Arzt Aufgaben wahrnimmt, die dem Krankenhaus zugewiesen und von diesem abrechenbar sind.[1051] Ob der Arzt tatsächlich eine Leistung für das Krankenhaus erbringt, ist allerdings nach Parametern zu beurteilen, deren Festlegung nicht den Kooperationspartnern überlassen ist.[1052]

Der Umstand, dass der Arzt zugleich Patienteneinweisungen in das Krankenhaus tätigt, steht der Zulässigkeit einer Kooperation dabei nicht von vorneherein entgegen.[1053] Es muss jedoch ein besonderes Augenmerk auf diejenigen Kooperationen gelegt werden, bei denen der Arzt nicht unabhängig von seinem Einweisungsverhalten mit Leistungen des Krankenhauses beauftragt wird.

1. Ambulante Operationen gem. § 115b SGB V

Gemäß § 115b Abs. 2 S. 1 i.V.m. Abs. 1 SGB V dürfen Krankenhäuser im AOP-Vertrag[1054] genannte ambulante Operationen durchführen. Ambulante Ope-

---

[1049] Dazu Teil 3: § 3 E.V.2.
[1050] Teil 3: § 4 E.
[1051] Vgl. auch *Wollersheim*, in: Terbille, MAH Medizinrecht, § 5 Rn. 187.
[1052] Vgl. dazu die Ausführungen unter Teil 3: § 4 A.I.5.b) und Teil 3: § 4 A.I.6.
[1053] *Dahm*, bei Klein, NZS 2010, 552, 553.

§ 4 Bewertung einzelner Kooperationen am Maßstab von § 31 Abs. 1 MBO-Ä

rationen sind für das Krankenhaus attraktiv, weil sie von den Krankenkassen gem. § 115b Abs. 2 S. 4 SGB V unmittelbar vergütet werden und bisher keiner Budgetierung unterliegen.[1055] Erbringt hingegen der Vertragsarzt eine AOP-Leistung, muss er diese mit der Kassenärztlichen Vereinigung abrechnen.[1056]

Einige Krankenhäuser setzen bei ambulanten Operationen unterdessen auch niedergelassene Ärzte ein. Es stellt sich damit wiederum die Frage, ob das den Ärzten durch das Krankenhaus gewährte Honorar als Vorteil für die Gegenleistung oder für die Zuweisung anzusehen wäre. Werden die bei der prä- und poststationären Versorgung angestellten Überlegungen[1057] konsequent fortgeführt, müsste ein Verstoß gegen § 31 Abs. 1 MBO-Ä bejaht werden, wenn das Krankenhaus die Leistungen niedergelassener Ärzte bei ambulanten Operationen gegenüber dem Kostenträger nicht abrechnen darf. Die Zuweisung könnte zwar nicht mit der Einweisung begründet werden, da eine solche bei ambulanten Operationen im Krankenhaus nicht notwendig ist.[1058] Naheliegend ist jedoch, dass der niedergelassene Arzt dem Patienten empfiehlt, die ambulante Operation in dem betreffenden Krankenhaus vornehmen zu lassen. Dadurch würde er dem Krankenhaus den Patienten ebenfalls „zuführen".[1059] Entscheidend ist somit, ob ambulante Operationen im Krankenhaus auch von niedergelassenen Ärzten erbracht werden dürfen. Diese Berechtigung war lange Zeit bis zu der bereits erörterten Entscheidung[1060] des BSG[1061] umstritten.[1062] Da der in einer zusätzlichen Verdienstmöglichkeit liegende Vorteil jedoch nicht ohne weiteres anerkannt wird[1063], stellt sich jedoch zunächst die Frage, ob die Honorarzahlung durch das Krankenhaus bei der Operation der eigenen Patienten im Krankenhaus den Arzt überhaupt wirtschaftlich besserstellt.

a) Vorteil für den niedergelassenen Arzt

In der Vergangenheit ergab sich ein finanzieller Nutzen aus der Abrechnung gegenüber dem Krankenhaus, weil auf diesem Weg keine Einbußen wegen Über-

---

[1054] Vertrag über ambulantes Operieren und stationsersetzende Eingriffe im Krankenhaus, abrufbar unter http://www.gkv-Spitzenverband.de/upload/AOP-Vertrag_041209_final_10781.pdf, zuletzt besucht am 25.11.2011.
[1055] *Becker*, in: Becker/Kingreen, SGB V, § 115b Rn. 14 ff.; *Ratzel*, GesR 2009, 561, 564; vertiefend *Wodarz/Sellmann*, NZS 2008, 466, 469.
[1056] *Clement*, in: Rieger/Dahm/Steinhilper, HK-AKM, Nr. 60 Rn. 35.
[1057] Teil 3: § 4 A.I.6.
[1058] Vgl. *Nösser/Korthus/Schwarz*, in: Halbe/Schirmer, HBKG, C 1400 Rn. 5.
[1059] Siehe Teil 3: § 3 A.V.
[1060] Vgl. Teil 3: § 4 A.I.6.a)aa)(1).
[1061] GesR 2011, 542, 551 f.
[1062] Dazu Teil 3: § 4 A.II.1.b).
[1063] Vgl. Teil 3: § 4 A.I.6.b).

schreitung des Regelleistungsvolumens durch Reduzierung des Punktwertes hinzunehmen waren.[1064] Die Möglichkeit eine extrabudgetäre Vergütung zu erzielen, begründete folglich einen Anreiz für den Arzt, seine in der Praxis erbrachten Leistungen in den stationären Bereich auszulagern. Die Unzulässigkeit der Einbindung niedergelassener Ärzte bei ambulanten Operationen wurde deshalb auch auf den Umstand gestützt, dass die Krankenhäuser dem Arzt dadurch zu einer Honorierung außerhalb der Gesamtvergütung verhalfen.[1065]

Die Befürworter einer Einbindung des Arztes beriefen sich hingegen darauf, dass dieses in der Vergangenheit vorgebrachte Argument nicht mehr verfangen würde.[1066] Denn § 7 Abs. 1 des AOP-Vertrages sehe nunmehr vor, dass auch die Leistungen der (niedergelassenen) Vertragsärzte außerhalb der budgetierten und pauschalierten Gesamtvergütung honoriert werden.[1067] Sofern eine Besserstellung des Arztes durch eine Auslagerung der ambulanten Operationen in das Krankenhaus folglich nicht mehr erreicht werden könnte, würde unabhängig von der Zulässigkeit einer solchen Konstruktion das Bestehen eines Vorteils im Sinne von § 31 Abs. 1 MBO-Ä nur noch mit einer zusätzlichen Verdienstmöglichkeit begründet werden können.

Allerdings gilt es zu beachten, dass die Regelung des § 7 Abs. 1 AOP-Vertrages durch das LSG Berlin-Brandenburg vorerst suspendiert wurde.[1068] Auf dieser Grundlage wäre demzufolge mit denjenigen, die wegen § 7 Abs. 4 S. 2 AOP-Vertrag die Berechtigung des Krankenhauses zum Einsatz externer Ärzte bei ambulanten Operationen bisher ablehnten[1069], ein Vorteil im Sinne des § 31 Abs. 1 Alt. 1 MBO-Ä durch die Abrechnung gegenüber dem Krankenhaus nach wie vor zu erzielen.

b) Zulässigkeit der Erbringung ambulanter Operationen durch niedergelassene Ärzte gem. § 115b SGB V

Ein Verstoß gegen § 31 Abs. 1 MBO-Ä könnte bei einer Zuweisung des niedergelassenen Arztes demzufolge jedenfalls dann anzunehmen sein, wenn das Krankenhaus gem. § 115b SGB V ambulante Operationen nicht durch eben solche Ärzte erbringen darf. Die bereits angedeutete Entscheidung des BSG hat insofern klargestellt, dass das Krankenhaus in diesem Fall keinen Honoraranspruch

---

[1064] *Dahm*, MedR 2010, 597, 606; *Nösser*, das Krankenhaus 2005, 501, 502; *Schulz/Mertens*, MedR 2006, 191, 197; *v. Stackelberg u. a.*, VSSR 2007, 177, 183.
[1065] *Wodarz/Sellmann*, NZS 2008, 466, 469.
[1066] *Clement*, in: Rieger/Dahm/Steinhilper, HK-AKM, Nr. 60 Rn. 66 (Vorauflage).
[1067] Vgl. dazu *Clement*, in: Rieger/Dahm/Steinhilper, HK-AKM, Nr. 60 Rn. 34 (Vorauflage).
[1068] Beschl. v. 15.7.2009, Az. L 7 B 74/08 KA ER; vgl. ferner *Dahm*, MedR 2010, 597, 607; *Nösser/Korthus/Schwarz*, in: Halbe/Schirmer, HBKG, C 1400 Rn. 62.
[1069] *Dahm*, MedR 2010, 597, 607; *Ratzel*, GesR 2009, 561, 564.

§ 4 Bewertung einzelner Kooperationen am Maßstab von § 31 Abs. 1 MBO-Ä   197

hat.[1070] Das BSG bestätigte damit die bis dahin vorherrschende Auffassung[1071], dass ein Krankenhaus nur solche Leistungen abrechnen dürfe, die durch einen Krankenhausarzt erbracht worden seien.[1072] Als Reaktion auf die Rechtsprechung ergänzte der Gesetzgeber ebenfalls zur „wünschenswerten Flexibilisierung der Zusammenarbeit von Krankenhäusern und Vertragsärzten" durch das GKV-Versorgungsstrukturgesetz auch § 115b Abs. 1 SGB V um einen Satz 4[1073], wonach nunmehr ambulante Operationen durch niedergelassene Vertragsärzte im Krankenhaus ausdrücklich erlaubt werden.[1074] Da mit dieser Regelung auch ein Leistungsanspruch der Krankenhäuser gegenüber den Kostenträgern einhergeht[1075], kann wie bei der prä- und poststationären Versorgung ein Verstoß gegen § 31 Abs. 1 MBO-Ä nicht mit dem Aspekt begründet werden, dass keine wirtschaftliche Veranlassung zur Vergütung der Ärzte besteht.

c) Ergebnis zu den ambulanten Operationen gem. § 115b SGB V

Soweit gegen die Einbindung des niedergelassenen Arztes keine Bedenken zu erheben sind, wird die vereinbarte Vergütung, selbst wenn der niedergelassene Arzt Patienten in das betreffende Krankenhaus einweist, im Falle ihrer Angemessenheit nicht als Entgelt dafür, sondern nur als Honorierung der erbrachten Behandlungsleistungen angesehen.[1076] Eine andere Betrachtungsweise soll sich auch nicht aus dem Umstand ergeben, dass die Vergütung durch das Krankenhaus nach der GOÄ für den Arzt günstiger ist, als sie es bei einer Abrechnung gegenüber der Kassenärztlichen Vereinigung wäre, da dieses Ergebnis Folge einer gesetzlichen Regelung (Anm. der Gebührenordnung) sei.[1077] Selbst wenn der Aspekt der Abrechenbarkeit nach der GOÄ nicht als Vorteil bewertet werden sollte, stellt sich wie schon bei der vor- und nachstationären Behandlung jedoch die Frage, ob ein nach § 31 Abs. 1 Var. 1 MBO-Ä verbotswidriger Anreiz bei einer im Übrigen zulässigen Einbindung externer Ärzte jedenfalls wegen der zusätzlichen Verdienstmöglichkeit zu bejahen ist[1078].

[1070] GesR 2011, 542, 551 f.
[1071] *Becker*, in: Becker/Kingreen, SGB V, § 115b Rn. 13; *Dahm*, MedR 2010, 597, 607; *Makoski*, MedR 2009, 376, 385 unter Hinweis auf BSG SozR 4-2500 § 39 Nr. 4, Rn. 22; ferner *v. Stackelberg u. a.*, VSSR 2007, 177, 183; wohl auch *Schillhorn*, ZMGR 2008, 304, 307 f. Zur Gegenauffassung *Schwarz*, das Krankenhaus 2008, 590, 593; *Quaas*, GesR 2009, 459, 463 ff.; *Wagener/Haag*, MedR 2009, 72 ff.
[1072] LSG Sachsen MedR 2009, 114, 115, dort auch zum folgenden Text.
[1073] Vgl. BT-Drucks. 17, 8005, S. 114 f.
[1074] BGBl. I 2011, S. 2983, 2998.
[1075] Siehe insofern *Halbe*, in: Halbe u. a., GKV-VStG, S. 182.
[1076] LG Berlin Urt. v. 6.11.2003 – 16 O 518/03, Rn. 41, vgl. ferner *Nösser/Korthus/Schwarz*, in: Halbe/Schirmer, HBKG, C 1400 Rn. 104.
[1077] LG Berlin Urt. v. 6.11.2003 – 16 O 518/03, Rn. 41, juris; zweifelnd hingegen *Quaas/Müller*, f&w 2006, 452, 455. Offen *Dahm*, MedR 2010, 597, 607.
[1078] Vgl. insofern auch *Peters*, Kopfpauschalen, S. 82.

Abschließend ist zu beachten, dass diese Konstellation unabhängig von den vorstehenden Erwägungen wie jede andere Kooperation als Plattform für einen Austausch regelwidriger Vorteile im Sinne des § 31 Abs. 1 MBO-Ä dienen kann.[1079] Führt der niedergelassene Arzt im Krankenhaus eine ambulante Operation durch, die er gegenüber der Kassenärztlichen Vereinigung abrechnet, kann eine unzulässige Vorteilsgewährung beispielsweise darin begründet liegen, dass die gegenüber dem Krankenhaus zu leistenden Nutzungsentgelte relativ gering bemessen werden, wenn der niedergelassene Arzt im Gegenzug Patienten einweist.[1080]

2. Belegarzt

Als weitere, im Hinblick auf § 31 Abs. 1 Var. 1 MBO-Ä zu untersuchende Kooperationsform zwischen Arzt und Krankenhaus kommt die Tätigkeit als Belegarzt in Betracht. Gemäß § 121 Abs. 2 SGB V sind Belegärzte nicht am Krankenhaus angestellte Vertragsärzte, die berechtigt sind, ihre Patienten (Belegpatienten) im Krankenhaus unter Inanspruchnahme der hierfür bereitgestellten Dienste, Einrichtungen und Mittel vollstationär oder teilstationär zu behandeln, ohne hierfür vom Krankenhaus eine Vergütung zu erhalten.[1081] Der Belegarzt rechnet seine Leistungen folglich gegenüber dem Patienten oder der Kassenärztlichen Vereinigung zu Lasten der vertragsärztlichen Gesamtvergütung ab.[1082]

Eine Zuweisung an das Krankenhaus kann bei der belegärztlichen Behandlung des Patienten damit begründet werden, dass der Patient dadurch zugleich Leistungen in Anspruch nimmt[1083], die das Krankenhaus neben einer etwaigen Kostenerstattung durch den Belegarzt gem. § 19 Abs. 1 KHEntgG zumeist durch sog. Belegabteilungs-DRGs erstattet bekommt.[1084] Da kein Vergütungsanspruch des Belegarztes gegenüber dem Krankenhausträger besteht[1085], trägt prinzipiell jede trotzdem gewährte Zahlung das Stigma eines Zuweisungsentgeltes in sich.

Eine Vorteilsgewährung erfolgt zudem dadurch, dass das Krankenhaus mit der Zurverfügungstellung von Belegbetten erst die Gelegenheit schafft, dass der Arzt zusätzliche abrechenbare Leistungen erbringen kann. Insofern entsteht auch ein finanzieller Anreiz für den Belegarzt, seine Patienten im Belegkrankenhaus

---

[1079] Angedeutet bei *Clausen/Schröder-Printzen*, ZMGR 2010, 3, 5, 10, 16; vgl. ferner *Halbe,* in: Halbe u. a., GKV-VStG, S. 182; *Quaas/Müller,* f&w 2006, 452, 455.

[1080] *Dahm,* MedR 2010, 597, 607.

[1081] Vgl. *Bohle,* in: Huster, Krankenhausrecht, § 8 Rn. 4; Rn. 24; *Makoski,* MedR 2009, 376, 386.

[1082] *Luxenburger,* in: Ratzel/Luxenburger, Hdb Medizinrecht, § 21 Rn. 10, 13; dort auch zum folgenden Text.

[1083] Vgl. *Pflugmacher,* Ärzte-Zeitung 2009 (159), 14.

[1084] Zu den Einzelheiten der Vergütung *Bohle,* in: Huster, Krankenhausrecht, § 8 Rn. 24; vgl. ferner allgemein zu den DRGs Fn. 222.

[1085] *Makoski,* MedR 2009, 376, 386.

§ 4 Bewertung einzelner Kooperationen am Maßstab von § 31 Abs. 1 MBO-Ä   199

selbst zu behandeln.[1086] Ein Verstoß gegen § 31 Abs. 1 MBO-Ä wird ohne Hinzukommen weiterer Umstände dennoch für ausgeschlossen erachtet.[1087] Denn einerseits sei dem Patienten der Umstand der zusätzlichen Entgelthonorierung bewusst[1088] und zum anderen würden die belegärztliche Tätigkeit und damit die Behandlung durch seinen Arzt in seinem eigenen Interesse liegen.[1089] Es stellt sich damit die Frage, inwieweit diese Argumente auf die zuvor behandelten Konstellationen übertragen werden können, die ebenfalls einen Anreiz durch die zusätzliche Verdienstmöglichkeit beinhalten.

3. Belegarzt mit Honorarvertrag

Eine andere Bewertung der Vereinbarkeit mit § 31 Abs. 1 Var. 1 MBO-Ä könnte sich hingegen wegen der abweichenden Vergütungsstruktur bei dem Belegarzt mit Honorarvertrag (§ 121 Abs. 5 SGB V) ergeben. Hierbei trifft der Arzt eine Honorarvereinbarung mit dem Krankenhaus über die belegärztlichen Leistungen, deren Höhe die Vertragsparteien frei bemessen können.[1090] Das Krankenhaus kann sodann gem. § 18 Abs. 3 KHEntgG die Fallpauschale für Hauptabteilungen in Höhe von 80 % abrechnen.[1091]

Da die Fallpauschale auch das ärztliche Honorar für den niedergelassenen Arzt enthält, diese jedoch, wie aufgezeigt, insgesamt herabgesetzt ist, wird die Attraktivität eines Honorararztvertrages sowohl für den niedergelassenen Arzt als auch für das Krankenhaus nur als gering eingeschätzt.[1092] Demzufolge dürfte das Angebot eines Honorararztvertrages schon von vorneherein keinen verbotswidrigen finanziellen Anreiz zur Einweisung ausüben.

Allerdings kann auch eine Honorararztvereinbarung dafür genutzt werden, zusätzliche, als Entgelt für eine Zuweisung bestimmte Zahlungen zu verschleiern.[1093] Eine bessere finanzielle Vergütung des Honorararztes gegenüber den Krankenhausärzten kann etwa dann eine Vorteilsgewährung i. S. v. § 31 MBO-Ä darstellen, wenn die Besserstellung nicht aus besonderen Gründen wie der Qualifikation des „Honorararztes" oder eines Versorgungsengpasses gerechtfertigt ist.[1094]

[1086] *Pflugmacher*, Ärzte-Zeitung 2009 (159), 14.
[1087] Vgl. auch *Bäune*, jurisPR-MedizinR 7/2010 Anm. 5, C.
[1088] *Bäune*, jurisPR-MedizinR 7/2010 Anm. 5, C.
[1089] *Pflugmacher*, Ärzte-Zeitung 2009 (159), 14.
[1090] *Quaas*, GesR 2009, 459, 461.
[1091] *Luxenburger*, in: Ratzel/Luxenburger, Hdb Medizinrecht, § 21 Rn. 13.
[1092] *Clausen/Schroeder-Printzen*, ZMGR 2010, 3, 7; *Makoski*, GesR 2009, 225, 227; siehe ferner *Ratzel*, GesR 2009, 561, 565.
[1093] *Ihle*, Soziale Sicherheit 2011, 275, 277.
[1094] *Dahm* bei Klein, NZS 2010, 552, 553.

4. Konsiliararzt

Originär beinhaltet das Konsilium die Beratung mehrerer Ärzte nach vorangegangener Untersuchung des Patienten zur Stellung der Diagnose bzw. zur Festlegung des Heilplans.[1095] Weist der Arzt Patienten in ein Krankenhaus ein, indem er selbst als (echter) Konsiliararzt tätig ist, begründet dies für sich genommen regelmäßig noch keinen Verstoß gegen § 31 Abs. 1 MBO-Ä.[1096]

Eine Missachtung des Zuweisungsverbots kann überhaupt nur dann in Betracht gezogen werden, wenn der Arzt durch die Einweisungen in irgendeiner Weise die Häufigkeit seiner konsiliarärztlichen Tätigkeit mit der im Zusammenhang stehenden Vergütung steuern könnte. Allerdings weist Makoski[1097] zum einen darauf hin, dass die Vergütung für Konsile nach der Nr. 60 der Anlage zur GOÄ mit 6,99 EUR ohnehin nur als relativ gering einzustufen sei. Die Aussicht auf eine rein konsiliarische Tätigkeit begründet wegen der niedrigen Vergütung damit allenfalls nur einen minimalen Anreiz, die Zuweisungsentscheidung dadurch beeinflussen zu lassen. Zum anderen stehe – so Makoski – einer Zuweisung des Konsiliararztes in das Krankenhaus für eine durch ihn durchzuführende konsiliarische Tätigkeit zumeist entgegen, dass in diesen Fällen kein Bedarf für ein Konsilium festgestellt werden könne.[1098] Denn eine Zuweisung dürfe nur dann erfolgen, wenn der Versorgungsauftrag des Krankenhauses die zu erbringende Behandlung umfasse. Dies setze aber wiederum voraus, dass das Krankenhaus über das entsprechende Personal verfüge, wodurch die Notwendigkeit eines Konsiliums ausgeschlossen würde.

Sofern keine weiteren Umstände hinzutreten, begründet die Einweisung in ein Krankenhaus bei gleichzeitiger Tätigkeit als echter Konsiliararzt damit keinen Verstoß gegen § 31 Abs. 1 Var. 1 MBO-Ä

5. Unechter Belegarzt/Systematischer Konsiliararzt

Manche Krankenhäuser schließen indes „systematische Konsiliararztverträge", die über die eigentliche konsiliarische Beratung der Krankenhausärzte hinausgehen und auch die Untersuchung und Mitbehandlung des Patienten beinhalten.[1099] Intensive Formen erfassen zudem die regelmäßige Erbringung von Operationen.[1100] Die Grenzen zum sog. „unechten" oder „schwarzen" Konsiliararzt sind

---

[1095] *Quaas*, GesR 2009, 459, 461.
[1096] *Dahm*, in: Problemstellung zu OLG Schleswig-Holstein, MedR 2004, 270, 271.
[1097] MedR 2009, 376, 382.
[1098] MedR 2009, 376, 382, dort auch zum folgenden Text.
[1099] *Quaas*, GesR 2009, 459, 461; *Weimer*, Der Urologe 2009, 1546, 1548.
[1100] *Makoski*, MedR 2009, 376, 382; *Schäfer-Gölz*, in: Halbe/Schirmer, HBKG, C 1300, Rn. 1; *Weimer*, Der Urologe 2009, 1546, 1548.

dabei „fließend".[1101] Letzterer zeichnet sich entweder dadurch aus, dass der niedergelassene Arzt Leistungen seines Fachgebiets erbringt, die außerhalb des Versorgungsauftrages des Krankenhauses liegen.[1102] Als „unechter" oder „falscher Belegarzt" wird er ferner beschrieben, wenn er für seine Leistungen Krankenhausbetten in Anspruch nimmt, ohne dafür sozialrechtlich von der Kassenärztlichen Vereinigung anerkannt zu sein.[1103] Ohne die notwendige Genehmigung können die aufgrund dieser Verträge erbrachten Leistungen nicht als Belegarzttätigkeit abgerechnet werden, mit der Folge, dass dem Krankenhausträger die Vergütung obliegt.

Als allgemein „problematisch" wird dabei die Konstellation bezeichnet, wenn der Vertragsarzt zunächst Patienten in das Krankenhaus einweist, um dann auf Rechnung des Krankenhauses die Behandlung durchzuführen, für die er ein Entgelt vom Krankenhaus erhält.[1104]

Derartige Absprachen sind „trotz" Gegenleistung wegen der unmittelbaren Verknüpfung zwischen Zuweisung und Beauftragung mit ärztlichen Leistungen jedoch auch im Hinblick auf einen Verstoß gegen das Zuweisungsverbot diskussionswürdig. Denn nach der gesetzlichen Begründung zu § 31a KHG NRW, dessen Gesetzestext eine § 31 Abs. 1 Alt. 1 MBO-Ä entsprechende Formulierung enthält, sind gerade solche „Konsiliararzt-Vereinbarungen" als unzulässig anzusehen, die über (echte) Konsiliararzt-Tätigkeiten hinausgehen und insbesondere an Stelle von Leistungen der Krankenhausärztinnen und -ärzte erbracht werden.[1105] Eine entsprechende Konstruktion könne folglich auch nicht mit dem berufsrechtlichen Zuweisungsverbot vereinbart werden.[1106] Zur Begründung eines Verstoßes gegen § 31 Abs. 1 Var. 1 MBO-Ä wird folglich wiederum die Verletzung eines anderen Grundsatzes – wie in diesem Fall der Vereinbarung einer nur formalen Konsiliararzt-Tätigkeit – herangezogen. Davon unabhängig könnte aber auch in diesem Fall allein die zusätzliche Verdienstmöglichkeit schon den Vorwurf einer § 31 Abs. 1 Var. 1 MBO-Ä wiedersprechenden Abmachung stützen.

III. Ergebnis

Die vorstehenden Ausführungen verdeutlichen nochmals, dass selbst der Umstand einer echten Gegenleistung des einweisenden Arztes nicht ausnahmslos Zahlungen unter dem Gesichtspunkt des § 31 Abs. 1 MBO-Ä an ihn zu rechtfer-

---

[1101] *Quaas,* GesR 2009, 459, 461, dort auch zum folgenden Text.
[1102] Dazu *Schwarz,* das Krankenhaus 2008, 590.
[1103] *Makoski,* MedR 2009, 376, 382.
[1104] *Dahm,* MedR 2010, 597, 603; *Makoski,* MedR 2009, 376, 382; *Schäfer-Gölz,* in: Halbe/Schirmer, HBKG, C 1300, Rn. 10; a.A. *Weimer,* Der Urologe 2009, 1546, 1548.
[1105] Nachweis bei *Dahm,* MedR 2010, 587, 600.
[1106] So *Dahm,* MedR 2010, 597, 600, 603.

tigen vermag. Häufig sind Vergütungsregeln und sonstige sozialrechtliche Vorschriften entscheidend dafür, ob eine „andere" Bewertung geboten ist. Im Rahmen der prä- und poststationären Versorgung ist etwa maßgeblich, ob die Voraussetzungen des § 115a SGB V vorliegen. Die Ergänzung um § 115a Abs. 1 S. 2 SGB V im Rahmen des GKV-Versorgungsstrukturgesetzes erlaubt dem Krankenhaus nunmehr auch die nach wie vor als prekär bewertete Beauftragung niedergelassener Ärzte mit solchen Leistungen in deren Praxis. Ähnliches gilt für den Einsatz niedergelassener Ärzte bei ambulanten Operationen im Krankenhaus in Bezug auf die Neuregelung des § 115b Abs. 1 S. 4 SGB V. Es kann allerdings bei den ambulanten Operationen ohnehin an einer Vorteilsgewährung im Sinne des § 31 Abs. 1 MBO-Ä fehlen, wenn die Vergütung durch das Krankenhaus keinen Abrechnungsvorteil für den Arzt entstehen lässt. Da bei Belegärzten eine Vergütung durch das Krankenhaus gerade nicht vorhergesehen ist, die Behandlung im Belegkrankenhaus jedoch stets eine Zuweisung des Patienten an selbiges beinhaltet, müssen etwaige Zahlungsflüsse stets sorgfältig durchleuchtet werden. Belegärzte mit Honorarvertrag können hingegen durch das Krankenhaus entlohnt werden. Ist das Einkommen angemessen, kann als Vorteil i. S. d. § 31 Abs. 1 MBO-Ä nur die zusätzliche Verdienstmöglichkeit selbst in Betracht gezogen werden. Deren Attraktivität ist allerdings begrenzt. Bei der Einbindung eines Konsiliararztes durch das Krankenhaus ist ein Verstoß gegen § 31 Abs. 1 Var. 1 MBO-Ä ausgeschlossen, wenn eine echte konsiliarische Tätigkeit vorliegt. Übernimmt der „Konsiliararzt" hingegen die Behandlung des eingewiesenen gesetzlich versicherten Patienten auf Rechnung des Krankenhauses, indiziert die bloß formale Vereinbarung eines Konsiliums unter Außerachtlassung der gesetzlichen Vorschriften ebenfalls einen Verstoß gegen § 31 Abs. 1 Var. 1 MBO-Ä.

Insgesamt tritt deutlich zu Tage, dass die durch den Gesetzgeber initiierte und forcierte Tendenz zur sektorenübergreifenden Kooperation verschiedener Leistungsträger nur schwerlich mit den restriktiven berufsrechtlichen Normen vereinbart werden kann.[1107] Bei der konkreten Ausgestaltung von Kooperationen zwischen Krankenhäusern und Ärzten muss deshalb vielfach eine Gratwanderung vollzogen werden.[1108]

Jedoch selbst wenn eine Kooperation zwischen Arzt und Krankenhaus die jeweiligen Voraussetzungen erfüllt, begründet nicht zuletzt die extrabudgetäre Vergütung einen materiellen Anreiz, Patienten bevorzugt in das Krankenhaus einzuweisen, mit dem der Arzt eine Kooperationsabrede unterhält.[1109] Diese Verlockung, die von einer in diesem Sinne „rechtmäßigen" zusätzlichen Tätigkeit ausgehen mag, wird – sofern er überhaupt zur Wahrnehmung gelangt – im Hinblick auf § 31 Abs. 1 Var. 1 MBO-Ä zumeist allerdings nicht weitergehend the-

---

[1107] *Walter*, A/ZusR 2006, 97, 103; *Wodarz/Sellmann*, NZS 2008, 466, 471.
[1108] *Wodarz/Sellmann*, NZS 2008, 466, 471.
[1109] *Schneider*, HRRS 2009, 484, 488 f.; *Peters*, Kopfpauschalen, S. 88.

matisiert.[1110] Das Regelungsziel des § 31 Abs. 1 MBO-Ä, die ärztliche Unabhängigkeit von materiellen Erwägungen bei der Behandlung des Patienten zu bewahren, muss indes Zweifel an dieser Sichtweise aufkommen lassen und wenigstens zu einer vertieften Auseinandersetzung anregen. Denn Krankenhäuser werden entsprechende Honorarvereinbarungen vor allem mit den Ärzten treffen, die besonders hohe Einweisungszahlen aufweisen.[1111] Eine solche Praxis steht jedoch dem Interesse des Patienten an der Einbindung des geeignetsten Arztes diametral entgegen.[1112] Die Vereinbarkeit einer erst durch eine Zuweisung entstandenen Verdienstmöglichkeit mit dem Zuweisungsverbot bedarf daher noch einer eingehenderen Untersuchung.[1113] Dabei ist auch auf mögliche Legitimationsansätze einzugehen, wie sie beispielsweise bei der Belegarzttätigkeit hervorgetreten sind.

B. Kooperationen zwischen Arzt und Hilfsmittelerbringern beim verkürzten Versorgungsweg

Unter welchen Voraussetzungen eine vergütete Leistung des Arztes „ihren Grund und ihre Rechtfertigung in der ärztlichen Behandlung selbst findet", lässt sich ferner bei der Zusammenarbeit des Arztes mit Leistungserbringern aus der Hilfsmittelbranche untersuchen. Die Verquickung einer Patientenzuweisung mit der Erbringung einer vom Zuweisungsempfänger vergüteten Dienstleistung des Arztes findet sich dabei insbesondere bei der Kooperationsform des sog. „verkürzten Versorgungsweges".

I. Begriff und Abgrenzung von der bloßen Abgabe von Verbrauchsgütern

Herkömmlich werden Hilfsmittel durch den Arzt verordnet und der Patient begibt sich zu einem Gesundheitshandwerker oder Geschäft seiner Wahl, das neben gegebenenfalls erforderlichen Anpassungsleistungen die Aushändigung des verschriebenen Produkts übernimmt. Der verkürzte Versorgungsweg zeichnet sich nunmehr dadurch aus, dass der Arzt zumeist gegen eine direkte Vergütung durch den Hilfsmittelhersteller oder den Hilfsmittellieferanten für eine ärztliche Leistung in die Hilfsmittelabgabe eingebunden wird.[1114]

[1110] *Dahm*, MedR 2004, 270 f.
[1111] Vgl. zu der Kategorisierung von A-, B- und C-Einweisern *Weimer/Schmidt*, PKR 2010, 13 f.
[1112] *Schneider*, HRRS 2009, 484, 488 f.
[1113] Vgl. nachfolgend Teil 3: § 4 E.
[1114] *Flasbarth*, MedR 2009, 708, 714; *Ratzel*, Anm. zu BGH, Urt. v. 24.6.2010, MedR 2011, 158. Vgl. ferner *Kern*, NJW 2000, 833.

Abzugrenzen ist diese Vertriebsform von der gelegentlich ebenfalls unter den Begriff des verkürzten Versorgungswegs gefassten[1115] einfachen Abgabe von Verbrauchsgütern in der Arztpraxis durch den Arzt oder seine Mitarbeiter.[1116] Als Beispiele aus der Rechtsprechung seien in dieser Beziehung etwa die Versorgung des Patienten mit Air-Cast-Schienen beim Orthopäden[1117], mit Diabetesstreifen in der Arztpraxis[1118] oder der Verkauf von Kontaktlinsen durch den Augenarzt[1119] genannt. Die bloße Abgabe von Verbrauchsgütern beinhalten zudem „Vital Shops"[1120] und sonstige Warenangebote des Arztes, die auch über das Internet offeriert werden können.[1121] Hierbei hält der Arzt die in Rede stehenden Mittel in einem sogenannten Depot oder anderweitig in seiner Praxis vor und versorgt den Patienten damit bei Bedarf. Er ersetzt damit die Tätigkeit des Hilfsmittelerbringers, wie etwa in den erstgenannten Beispielen die des Sanitätshauses, von dem er die Hilfsmittel bezieht.

II. Formen des verkürzten Versorgungsweges

Mit dem Begriff des verkürzten Versorgungsweges werden hingegen die Abgabe von Hörgeräten oder Brillen unter Beteiligung des HNO-Arztes[1122] bzw. Augenarztes[1123] beschrieben.

1. Verkürzter Versorgungsweg mit Hörgeräten

Bei der traditionellen Hörgeräteversorgung beschränkt sich der Beitrag des HNO-Arztes zunächst auf die Verordnung eines im Hinblick auf die Auswahl des Herstellers nicht weiter spezifizierten Hörgerätes.[1124] Der Hörgeräteakustiker nimmt sodann die audiometrische Messung und die Abnahme des Ohrabdrucks vor und passt das Gerät an das Ohr des Patienten an. Der Arzt überprüft abschließend die Funktionstüchtigkeit und erteilt die Freizeichnung, welche wiederum die Grundlage für die Abrechnung des Hörgeräteakustikers mit der Krankenkasse bildet.

[1115] *Butzer*, in: Becker/Kingreen, SGB V, § 128 Rn. 12.
[1116] Vgl. dazu nachfolgend Teil 3: § 4 B.IV.
[1117] OLG Düsseldorf MedR 2005, 528; allgemein zu orthopädischen Hilfsmitteln *Ratzel/Knüpper*, in: Ratzel/Luxenburger, Hdb Medizinrecht, § 5 Rn. 146.
[1118] BGH GesR 2005, 456 ff.
[1119] OLG Stuttgart PharmR 1997, 153 ff.
[1120] OLG Stuttgart NJWE-WettbR 1997, 43 ff.
[1121] OLG Koblenz MedR 1998, 29 ff.
[1122] BGH NJW 2000, 2745, BGH NJW 2002, 962.
[1123] BGH MedR 2011, 158; OLG Stuttgart GRUR-RR 2008, 429 ff.
[1124] BGH NJW 2002, 962; dort auch zum folgenden Text.

Bei dem Modell des verkürzten Versorgungsweges übernimmt demgegenüber der HNO-Arzt die beschriebene Tätigkeit des Hörgeräteakustikers. Nach der Vornahme der Messungen übermittelt der Arzt die Ergebnisse sodann an den Hörgerätehersteller, der das Hörgerät auswählt, entsprechend programmiert und das Ohrpassstück anfertigt. In der Arztpraxis wird das Hörgerät schließlich individuell angepasst und dem Patienten zur Verfügung gestellt. Die Leistung erbringt der Arzt dabei entweder gegenüber einem Hörgeräteakustiker selbst[1125] oder er handelt im Auftrag eines Hörgeräteherstellers.[1126] In der Vergangenheit haben allerdings auch manche Krankenkassen Verträge mit Hilfsmittelherstellern geschlossen, wonach die an den Hersteller entrichtete Gesamtvergütung für die Hörgeräteversorgung auch eine Aufwandsentschädigung für die durch den Arzt erbrachte Tätigkeit enthält.[1127]

2. Verkürzter Versorgungsweg mit Brillen

Nach dem Sachverhalt einer Entscheidung des BGH zum verkürzten Versorgungsweg mit Brillen konnte der Patient aus dem in der Praxis vorhandenen, durch einen Optiker zur Verfügung gestellten Bestand an Musterbrillen ein Modell auswählen und der Augenarzt vermass die für die individuelle Anfertigung erforderlichen Abstände.[1128] Die Ergebnisse der Messung übermittelte er an den Optiker, der die Brille nach Fertigstellung entweder direkt oder über die Arztpraxis zu Kontrollzwecken dem Patienten zukommen ließ. Allerdings verhielt sich das Gericht nicht zu dem hier maßgeblichen Aspekt, ob die Zahlung einer Vergütung seitens des Optikers erfolgte.[1129]

Eine Entlohnung des Arztes erfolgte hingegen in einem anderen durch den BGH[1130] entschiedenen Fall, bei dem der Patient gemeinsam mit dem Augenarzt in dessen Praxis über ein von dem Brillenhersteller zur Verfügung gestelltes Computerprogramm eine Brille auswählen und individuelle Anpassungen vornehmen konnte. Bestellte der Patient schließlich eine Brille, honorierte der Brillenhersteller dem Arzt seine Leistungen wenigstens mit 80 EUR, bei der Order einer Mehrstärkenbrille sogar in Höhe von 160 EUR.

[1125] LG Hamburg Urt. v. 8.02.2011 – 312 O 669/10, Rn. 25, juris.
[1126] BGH NJW 2002, 962; BGH NJW 2000, 2745 ff., OLG Nürnberg MedR 1998, 522, 523 dort jeweils auch zum folgenden Text. Vgl. ferner BGH GRUR 2011, 345, 345, 346; OLG Hamm Urt. v. 12.5.2011 – 4 U 12/11, Rn. 2, juris; OLG Celle GesR 2008, 476 ff.; OLG Köln GRUR 2006, 600.
[1127] OLG Nürnberg MedR 1998, 522, 523; LG Münster Urt. v. 21.01.2008 – 16 O 1/08, Rn. 3, juris.
[1128] MedR 2009, 728 ff., dort auch zum folgenden Text.
[1129] BGH MedR 2009, 728, 731.
[1130] MedR 2011, 158 ff. Zur Vorinstanz OLG Stuttgart GRUR-RR 2008, 429 ff.

III. Berufsrechtliche Bewertung

Nicht zuletzt wegen des „Eingriffs" in das wirtschaftliche Betätigungsfeld der betroffenen Hilfsmittelerbringer[1131] erfuhr die rechtliche Zulässigkeit dieser speziellen Vertriebsform eine recht kontroverse Beurteilung in Literatur und Rechtsprechung, die im vertragsärztlichen Bereich schließlich zur Implementierung des § 128 SGB V führte.[1132]

1. § 3 Abs. 2 MBO-Ä und § 31 Abs. 2 MBO-Ä

Im Rahmen der berufsrechtlichen Bewertung stehen vor allem § 3 Abs. 2 MBO-Ä[1133] und § 31 Abs. 2 MBO-Ä (§ 34 Abs. 5 MBO-Ä a. F.)[1134] im Fokus der Erörterungen.[1135]

Im Hinblick auf diese Normen wird der verkürzte Versorgungsweg mit Hörgeräten von der Rechtsprechung generell für zulässig erachtet.[1136] Starke Abweichungen zeigen sich allerdings im Einzelfall bei der Beurteilung, welche Umstände als hinreichende Gründe für eine Verweisung bei § 31 Abs. 2 MBO-Ä anzuerkennen sind. Während manches Gericht bereits die Bequemlichkeit für den Patienten für ausreichend erachtete[1137], waren nach Auffassung anderer Gerichte höhere Anforderungen zu stellen. Eine Verweisung sei demnach nur dann zu rechtfertigen, wenn es die Qualität der Versorgung, die Vermeidung von Wegen bei gehbehinderten Patienten oder schlechte Erfahrungen mit ortsansässigen Hilfsmittelerbringern erfordere.[1138] Geboten sei zudem stets eine Einzelfallbetrachtung. Die genannten Gründe dürften daher nicht als Legitimation für eine generelle Verweisung an einen bestimmten Anbieter herangezogen werden.[1139]

[1131] *Kern*, NJW 2000, 833.

[1132] Vgl. *Ratzel*, Anm. zu BGH Urt. v. 24.6.2010, MedR 2011, 158; *Makoski*, MedR 2009, 376, 381.

[1133] BGH MedR 2011, 158 ff. (Brillenversorgung); BGH MedR 2009, 728 ff. (Brillenversorgung); OLG Köln GRUR 2006, 600, 601 (Hörgeräteversorgung). *Ratzel*, GesR 2008, 623, 624.

[1134] BGH MedR 2011, 158 ff. (Brillenversorgung); BGH MedR 2009, 728 ff. (Brillenversorgung); BGH NJW 2000, 2745, 2747 (Hörgeräteversorgung); OLG Köln GRUR 2006, 600, 601 (Hörgeräteversorgung), LG Dessau-Roßlau, Urt. v. 31.7.2013 – 3 O 63/12 (Hörgeräteversorgung); LG Dortmund, Urt. v. 21.11.2012 – 25 O 209/12 (Hörgeräteversorgung).

[1135] Darüber hinaus wird auch noch § 30 Abs. 3 MBO-Ä (vgl. OLG Köln GRUR 2006, 600, 601) erörtert, der jedoch für die vorliegende Bearbeitung nicht von Bedeutung ist.

[1136] BGH NJW 2000, 2745, 2747; OLG Köln GRUR 2006, 600, 601; vgl. ferner BGH NJW 2002, 962 ff.

[1137] OLG Celle GesR 2008, 476 ff.

[1138] BGH NJW 2000, 2745, 2747; das LG Dessau-Roßlau, Urt. v. 31.7.2013 – 3 O 63/12, Rn. 45 lässt hingegen bereits die fehlende Kenntnis eines geeigneten Leistungserbringers genügen.

[1139] Ausführlich dazu BGH GRUR 2011, 345, 348 ff.

Die Brillenversorgung im System des verkürzten Versorgungsweges ist nach der Rechtsprechung hingegen weder mit § 3 Abs. 2 MBO-Ä, noch mit § 31 Abs. 2 MBO-Ä zu vereinbaren. Denn im Gegensatz zu der Hörgeräteanpassung durch den HNO-Arzt gehöre die Brillenanpassung und Abgabe der Brille durch den Augenarzt nicht den Anforderungen des § 3 Abs. 2 MBO-Ä entsprechend zu den notwendigen Bestandteilen ärztlicher Therapie.[1140] Bei dem HNO-Arzt stünden die in Rede stehenden Leistungen mit seinem originären Tätigkeitsfeld in einem engen Zusammenhang. Dies ergebe sich unter anderem daraus, dass die GOÄ oder der EBM für diese Maßnahmen ebenfalls eine Vergütung vorsehe.[1141] Der HNO-Arzt sei deswegen ohnehin in den Prozess der Abgabe und Anpassung der Hörhilfe eingebunden.[1142] Bei der Abgabe und Anpassung von Brillen habe der Arzt hingegen keine entsprechende Aufgabe.

Zudem sei ein hinreichender Grund im Sinne von § 31 Abs. 2 MBO-Ä für die bei dem verkürzten Versorgungsweg vorgenommene generelle Verweisung kaum erkennbar.[1143] Insbesondere könne ein solcher nicht mit der Vermeidung einer erneuten Sehschärfenmessung begründet werden.[1144] Die Zulässigkeit des verkürzten Versorgungsweges mit Brillen und Hörgeräten wird damit im Hinblick auf § 3 Abs. 2 MBO-Ä und § 31 Abs. 2 MBO-Ä unterschiedlich bewertet.

2. § 31 Abs. 1 MBO-Ä

Zu der Frage, inwiefern die Vergütung des Arztes bei dem Modell des verkürzten Versorgungsweges mit § 31 Abs. 1 MBO-Ä vereinbart werden kann, hat die Rechtsprechung bisher nur bei der Hörgeräteversorgung in wenigen Entscheidungen Stellung genommen.[1145] Diese Vernachlässigung des § 31 Abs. 1 MBO-Ä könnte dann nachvollzogen werden, wenn diese Kooperationsform offensichtlich die tatbestandlichen Voraussetzungen nicht verwirklicht.

a) Zuweisung im Sinne von § 31 Abs. 1 Var. 1 MBO-Ä

Ein Verstoß gegen § 31 Abs. 1 MBO-Ä könnte etwa schon deshalb ausscheiden, weil die jeweiligen Varianten des verkürzten Versorgungsweges weder eine „Zuweisung" noch eine „Verordnung" oder einen „Bezug" beinhalten.

[1140] BGH MedR 2011, 158, 160 f.; BGH MedR 2009, 728, 731.
[1141] NJW 2000, 2745, 2746; vgl. dazu auch OLG Nürnberg MedR 1998, 522, 525.
[1142] BGH MedR 2011, 158, 160; BGH MedR 2009, 728, 731; dort jeweils auch zum folgenden Text.
[1143] BGH MedR 2011, 158, 160.
[1144] BGH MedR 2009, 728, 731.
[1145] BGH NJW 2002, 962, 964; LG Münster Urt. v. 21.01.2008 – 16 O 1/08, Rn. 42, juris (jeweils zu § 31 Abs. 1 Var. 1 MBO-Ä); ferner OLG Nürnberg MedR 1998, 522, 525 (knapp zu § 31 Abs. 1 Var. 2 MBO-Ä).

Nach der Auffassung von Kern[1146] könne etwa, wenn das Hilfsmittel in der Arztpraxis selbst abgegeben werde, keine „Verweisung" im Sinne von § 34 Abs. 5 MBO-Ä a.F. (§ 31 Abs. 2 MBO-Ä n.F.) vorliegen. Da aufgrund der getroffenen Feststellungen eine Zuweisung auch dann anzunehmen ist, wenn eine Empfehlung oder ein Verweis an die in § 31 Abs. 2 MBO-Ä (§ 34 Abs. 5 MBO-Ä a.F.) genannten Leistungserbringer erfolgt[1147], müsste auf der Grundlage von Kern's Auffassung bei der Abgabe des Mittels durch den Arzt eine Zuweisung ebenfalls ausscheiden. Unklar bleibt nach den Ausführungen von Kern allerdings, ob er diese überhaupt auf den verkürzten Versorgungsweg bei Brillen und Hörgeräten im eigentlichen Sinne bezieht, da das von ihm erörterte Beispiel der Abgabe von Kontaktlinsen ersichtlich keine weitere Beteiligung eines Hilfsmittelerbringers erfordert.[1148]

Zudem besteht entgegen der Ansicht von Kern[1149] bei dem verkürzten Versorgungsweg durchaus die Möglichkeit, den Patienten gezielt zu vermitteln. Hält der Arzt, der in das Vertriebssystem des verkürzten Versorgungswegs eines Hilfsmittelherstellers oder -lieferanten eingebunden ist, die Verordnung einer Brille oder eines Hörgeräts für notwendig, kann er den Patienten anlässlich der Verschreibung auf diese spezielle Bezugsform hinweisen.[1150] Damit empfiehlt er zugleich den dahinterstehenden Leistungserbringer und tätigt folglich auch eine Zuweisung im Sinne des § 31 Abs. 1 Var. 1 MBO-Ä an denselben.[1151] Erfolgt die „Lenkung" des Patienten demgemäß über die Empfehlung, scheidet die Verordnung als Anknüpfungshandlung aus.[1152]

Eine Zuweisung lässt sich bei dem verkürzten Versorgungsweg damit jedenfalls mit einer Empfehlung des in Rede stehenden Vertriebssystems bejahen. Ob mit der Auffassung von Kern zumindest bei der bloßen Abgabe von Hilfsmitteln in der Arztpraxis eine Zuweisung gegen Entgelt ausscheidet, wird nachfolgend noch einer eingehenden Betrachtung unterzogen.[1153]

[1146] NJW 2000, 833, 835, dort auch zum folgenden Text.
[1147] Vgl. Teil 3: § 3 A.V.
[1148] Zu der fälschlichen Verwendung des Begriffs bei der bloßen Abgabe von Hilfsmitteln bereits Teil 3: § 4 B.I.
[1149] NJW 2000, 833, 835.
[1150] BGH MedR 2011, 158, 160; OLG Nürnberg MedR 1998, 522 f.
[1151] Vorausgesetzt in BGH GRUR 2011, 345, 351; BGH NJW 2002, 962, 964; LG Münster Urt. v. 21.01.2008 – 16 O 1/08, Rn. 42, juris.
[1152] Die Verordnungsvariante des § 31 Abs. 1 Alt. 2 MBO-Ä ist nach der hier vertretenen Ansicht nur dann in Betracht zu ziehen, wenn „durch sie" der Leistungserbringer bestimmt würde. Ein weiteres Verständnis verfolgt hingegen *Kern*, NJW 2000, 833, 835. Auch das OLG Nürnberg MedR 1998, 522, 523 stellte auf die Verordnung ab, obwohl nach den Feststellungen des Gerichts dem Patienten der Einsatz eines bestimmten Geräts der Firma X „empfohlen" worden war.
[1153] Siehe dazu Teil 3: § 4 B.IV.

§ 4 Bewertung einzelner Kooperationen am Maßstab von § 31 Abs. 1 MBO-Ä   209

b) Fordern, Versprechen oder Gewähren
eines Entgelts oder sonstigen Vorteils

Bekommt der Arzt im verkürzten Versorgungsweg seine zusätzlichen Leistungen durch das Hörgeräteakustik- bzw. Brillenunternehmen vergütet, wird er in seiner wirtschaftlichen Lage bessergestellt.[1154] Er erhält folglich ein Entgelt, welches sowohl durch seine entsprechende Forderung als auch durch ein Angebot des Vertragspartners initiiert sein kann.

c) Konnexität zwischen Vorteil und Zuweisung

Ein Verstoß gegen § 31 Abs. 1 Var. 1 MBO-Ä setzt allerdings voraus, dass das Entgelt für die Patientenzuweisung hingegeben wird. Die Konnexität könnte jedoch wiederum durch den Umstand durchbrochen werden, dass der Arzt im verkürzten Versorgungsweg eine Dienstleistung erbringt.

aa) Hörgeräte

Nach wohl überwiegender Ansicht kann die bei dem verkürzten Versorgungsweg mit Hörgeräten an den Arzt gewährte Vergütung im Falle ihrer Angemessenheit nicht als Entgelt „für" die Zuweisung betrachtet werden.[1155] Die ärztliche Zusatzleistung schließt somit die Konnexität aus. Die Begründung dieses Standpunktes spiegelt damit die an einen Ausschluss der Konnexität gestellte „einfache" Anforderung wider, dass die ärztliche Gegenleistung äquivalent ist.[1156]

Die Ablehnung der Konnexität wird für die Konstellationen, in denen die Krankenkassen die an den Arzt durch den Hersteller auszukehrende Aufwandsentschädigung wirtschaftlich tragen[1157], darüber hinaus auf ein weiteres Argument gestützt. Da der Hörgerätehersteller in diesen Fällen nur als „Zahlstelle" der Krankenkasse diene[1158], könne er nicht als Leistender einer etwaigen Vermittlungsgebühr betrachtet werden.[1159] Auch aus diesem Grund scheide daher die Bewertung aus, dass er die Vergütung „für" die Zuweisung gewähren würde.

[1154] Indirekt setzten dies auch das Urteil des OLG Nürnberg MedR 1998, 522, 525 voraus, welches letzten Endes ein Entgelt „für" die Zuweisung verneint.
[1155] BGH GRUR 2011, 345, 351; BGH NJW 2002, 962, 964; OLG Nürnberg MedR 1998, 522, 525; vgl. ferner OLG Köln GRUR 2006, 600; 601 f. (zu § 33 Abs. 1 MBO-Ä); LG Münster Urt. v. 21.01.2008 – 16 O 1/08, Rn. 42, juris; LG Bonn Urt. v. 9.02.2005 – 16 O 9/04, Rn. 54 f., juris; *Kern,* NJW 2000, 833, 835; *Scholz,* in: Spickhoff, Medizinrecht, § 31 MBO-Ä Rn. 9.
[1156] Ausführlich zu dieser Voraussetzung im Einzelnen Teil 3: § 3 E.V.2.
[1157] Dazu bereits auf S. 205.
[1158] OLG Schleswig-Holstein MedR 2004, 270, 273.
[1159] BGH NJW 2000, 2745, 2746 f.; OLG Nürnberg MedR 1998, 522, 525; OLG Schleswig-Holstein MedR 2004, 270, 273.

Flasbarth folgert daraus unter Hinweis auf die erste Entscheidung zum verkürzten Versorgungsweg[1160], dass dieser nach Auffassung der Rechtsprechung generell nur zulässig sei, wenn die Krankenkasse eingebunden würde.[1161] Gegen eine solche Interpretation der Rechtsprechung spricht allerdings, dass es in der zweiten Entscheidung nach Auffassung des BGH unter Hinweis auf die gegebene Angemessenheit der Vergütung gerade offen bleiben konnte, ob die Zahlungen wirtschaftlich von der Krankenkasse getragen werden.[1162] Da der Umstand, dass ein Dritter und nicht der Zuweisungsempfänger den Vorteil gewährt, nach dem Wortlaut des § 31 Abs. 1 MBO-Ä allein einem Verstoß gegen das Zuweisungsverbot nicht zwingend entgegensteht[1163], müsste zudem die außerhalb dieses Untersuchungsauftrages liegende Frage geprüft werden, ob nicht auch von einer Krankenkasse gewährte Vorteile ein Entgelt für die Zuweisung im Sinne von § 31 Abs. 1 Var. 1 MBO-Ä begründen können.[1164]

bb) Brillen

Demgegenüber hat die Rechtsprechung sich bisher nicht explizit mit der Frage auseinandergesetzt, wie der verkürzte Versorgungsweg mit Brillen im Hinblick auf § 31 Abs. 1 MBO-Ä zu bewerten ist. Der BGH ließ etwa in seiner letzten Entscheidung über diese Vertriebsform § 31 Abs. 1 MBO-Ä unerörtert, obwohl das Gericht zum einen feststellte, dass die Ärzte ihre Patienten auf den verkürzten Versorgungsweg hinweisen würden.[1165] Das Merkmal „Zuweisung" wäre somit aufgrund der zuvor aufgezeigten Gesichtspunkte verwirklicht gewesen. Die Ärzte erhielten ferner eine Vergütung von dem Zuweisungsempfänger, so dass auch ein Entgelt im Sinne von § 31 Abs. 1 MBO-Ä vorausgesetzt werden kann.

Fraglich ist somit, ob mit den im vorangehenden Abschnitt dargestellten Erwägungen auch bei dem verkürzten Versorgungsweg mit Brillen eine Zuweisung gegen Entgelt ausgeschlossen ist, wenn die Entlohnung für die Brillenanpassung und -abgabe durch den Arzt als angemessen zu bewerten ist.

Im Unterschied zu der die Hörgeräteversorgung betreffenden Rechtsprechung bejahte der BGH[1166] allerdings – wie eingangs dargestellt[1167] – bei der Versorgung mit Brillen Verstöße gegen § 31 Abs. 2 MBO-Ä und § 3 Abs. 2 MBO-Ä. Das Gericht betonte zudem explizit die mangelnde Übertragbarkeit der bei der

---

[1160] BGH NJW 2000, 2745, 2746 f.
[1161] MedR 2009, 708, 714.
[1162] NJW 2002, 962, 964.
[1163] Teil 3: § 3 F.IV.
[1164] Teil 1: § 3 B.III.3.
[1165] MedR 2011, 158, 160.
[1166] MedR 2011, 158, 160 f.; dort auch zum folgenden Text.
[1167] Teil 3: § 4 B.III.1.

Hörgeräteversorgung entwickelten Grundsätze auf die in Rede stehende Brillenversorgung. Denn während der Vorschlag zum Brillenbezug „unabhängig von den bei den Patienten dafür bestehenden Gründen" geschehe, würde bei der Hörgeräteversorgung „eine angemessene Vergütung für eine erlaubte ärztliche Tätigkeit" gezahlt.[1168] Die zusätzliche Verdienstmöglichkeit wird bei dem Brillenvertrieb damit gerade nicht für legitim erachtet.

Das wesentliche Abgrenzungsmerkmal lässt sich dabei in dem Umstand erkennen, dass bei der Hörgeräteversorgung das Entgelt für eine „erlaubte ärztliche Tätigkeit" gewährt wird. Diesen Umstand hat auch der BGH in den Entscheidungen zur Brillenversorgung stets hervorgehoben.[1169] Die „Erlaubnis" der ärztlichen Tätigkeit wird dabei – abgeleitet aus den bereits im Zusammenhang mit § 31 Abs. 2 MBO-Ä und § 3 Abs. 2 MBO-Ä angestellten Erwägungen – vor allem darauf gestützt, dass die Maßnahmen des HNO-Arztes „medizinisch notwendig" seien.[1170]

Werden diese Gesichtspunkte auf § 31 Abs. 1 MBO-Ä übertragen, liegt es nahe, aufgrund der fehlenden Gebotenheit der ärztlichen Mitwirkung aus medizinischer Sicht eine gezahlte Vergütung ebenfalls als Entgelt für die Zuweisung einzuordnen.

3. Ergebnis

Die Konnexität zwischen Vorteil und Zuweisung kann entfallen, wenn die angemessene ärztliche Dienstleistung wie bei dem verkürzten Versorgungsweg mit Brillen in einem äußeren Zusammenhang mit der Behandlung des Patienten steht[1171] und die Vergütung der ärztlichen Dienstleistung aus der Perspektive des Zuweisungsempfängers nicht wirtschaftlich sinnlos erscheint.[1172] Der Vorteil wird dennoch „für" die Zuweisung gewährt, wenn die Behandlung des Patienten die Tätigkeit des Arztes nicht erfordert. Das Merkmal „Grund und Rechtfertigung in der ärztlichen Behandlung selbst" lässt sich mithin dahingehend konkretisieren, dass die Entlohnung auch einen „inneren Zusammenhang" mit der Versorgung des Patienten aufweisen muss.

Bei dem verkürzten Versorgungsweg mit Hörgeräten besteht nach der h. M. diese innere Rechtfertigung und ein Verstoß gegen § 31 Abs. 1 Var. 1 MBO-Ä wird verneint. Allerdings muss hierbei vergegenwärtigt werden, dass der Arzt nur dann eine Bezahlung erhält, wenn er seinen Patienten diese Versorgungsform

---

[1168] BGH MedR 2011, 158, 161, dort auch zum folgenden Text.
[1169] BGH NJW 2002, 962, 964; BGH NJW 2000, 2745, 2747.
[1170] BGH MedR 2009, 728, 731, BGH GesR 2005, 456, 458.
[1171] Vgl. dazu Teil 3: § 3 E.V.1.
[1172] Dazu Teil 3: § 3 E.V.2.a).

empfiehlt. Es stellt sich damit auch in diesem Zusammenhang die Frage, inwiefern dieser Anreiz mit § 31 Abs. 1 MBO-Ä vereinbart werden kann.[1173]

IV. Annex: Einfache Abgabe von Verbrauchsgütern

Klärungsbedürftig verbleibt, ob bei der bloßen Abgabe von Mitteln im Sinne der obigen Abgrenzung[1174], die keine weitere, auf das Produkt bezogene ärztliche Tätigkeit voraussetzt, ein Verstoß gegen das Zuweisungsverbot in Betracht kommt.

1. Vorliegen einer Patientenvermittlung im Sinne von § 31 MBO-Ä

Der Feststellung bedarf zunächst, ob der Patient innerhalb der in Rede stehenden Konstellationen überhaupt einem anderen Leistungserbringer im Sinne von § 31 MBO-Ä zugeführt wird.

Eine Zuweisung lässt sich unproblematisch in den Varianten annehmen, bei denen ein Hinweis des Arztes auf diese spezielle Versorgungsmöglichkeit erfolgt. In dem vom OLG Stuttgart entschiedenen Fall der „Vital Shops" setzte das Geschäftsmodell beispielsweise voraus, dass der Arzt seine Patienten für den Bezug bestimmter Produkte oder Dienstleistungen einen an die Arztpraxis angegliederten „Vital Shop" empfiehlt, der von einem kooperierenden Hersteller von Arzneimitteln und diätischen Lebensmitteln beliefert wird.[1175]

Bei der unmittelbaren Abgabe von Air-Cast-Schienen aus einem in der orthopädischen Arztpraxis unterhaltenen Depot eines Sanitätshauses lehnte das OLG Düsseldorf hingegen einen Verstoß gegen § 34 Abs. 5 MBO-Ä a.F. (§ 31 Abs. 2 MBO-Ä n.F.) ab.[1176] Die Entscheidungsgründe verweisen dabei auf die bereits angesprochene Rechtsauffassung von Kern, wonach diese Vorschrift nicht auf den verkürzten Versorgungsweg anwendbar sei, da der Arzt die Hilfsmittel selbst abgebe und somit „nicht an andere Anbieter verweise".[1177]

Wie bereits dargestellt wurde, konnte diese Auffassung zumindest für den eigentlichen verkürzten Versorgungsweg mit Brillen und Hörgeräten widerlegt werden, bei dem sich eine Verweisung bzw. Zuweisung begründen lässt. Fraglich ist daher, welche Bewertung bei der einfachen Abgabe von Verbrauchsgütern in der Arztpraxis geboten ist, da ein Verstoß gegen § 31 Abs. 1 MBO-Ä ebenfalls eine Patientenvermittlung in Form einer Zuweisung, einer Verordnung oder eines Bezuges voraussetzt.

[1173] Dazu nachfolgend Teil 3: § 4 E.
[1174] Teil 3: § 4 B.I.
[1175] NJWE-WettbR 1997, 43.
[1176] MedR 2005, 528, 529.
[1177] NJW 2000, 833, 835.

§ 4 Bewertung einzelner Kooperationen am Maßstab von § 31 Abs. 1 MBO-Ä   213

a) Zuweisung gem. § 31 Abs. 1 Var. 1 MBO-Ä

Kern begründet seine ablehnende Auffassung in Bezug auf das Vorliegen einer Verweisung damit, dass im herkömmlichen Versorgungsweg spätestens der vom Patienten aufgesuchte Distributor das Produkt eines bestimmten Herstellers auswähle, wenn dies nicht bereits durch den Arzt im Rahmen der Verordnung geschehen sei.[1178] Fielen bei dem „verkürzten Versorgungsweg" nunmehr beide Vorgänge in der Person des Arztes zusammen, könne sich demzufolge bereits der Arzt für einen bestimmten Hersteller entscheiden.

Der Argumentation Kern's ist zunächst entgegenzuhalten, dass eine spezifische Einzelproduktverschreibung bei Hilfsmitteln jedenfalls im Bereich der gesetzlichen Krankenversicherung nicht die Regel, sondern die Ausnahme begründet.[1179] Unabhängig davon ist die Argumentation aber auch in der Sache verfehlt, da § 31 Abs. 2 MBO-Ä nicht nur – wie offenbar von Kern verstanden – den Verweis des Patienten an einen Hersteller, sondern auch die Zuführung an einen Distributor erfasst.[1180]

Eine Zuweisung könnte allenfalls unter dem Aspekt verneint werden, dass der Arzt sich im Prinzip selbst als abgebende Stelle „empfiehlt", wenn er beispielsweise wie in dem von Kern herangezogenen Beispiel[1181] Kontaktlinsen abgibt. Denn mit dem Wortlaut des § 31 Abs. 2 MBO-Ä ließe sich trotz Erweiterung des Empfängerkreises um „bestimmte Ärzte" eine solche „Selbstzuweisung" nicht erfassen. Zudem spräche die Systematik gegen ein solches Verständnis, da § 31 Abs. 2 MBO-Ä in dem Abschnitt der Wahrung der ärztlichen Unabhängigkeit bei der Zusammenarbeit mit „Dritten" verortet ist. Kein anderes Ergebnis ergäbe sich schließlich bei historischer Betrachtung der Norm, deren Vorgänger in § 34 Abs. 5 MBO-Ä den Arzt gar nicht als Dritten erfasste. Über die Selbstzuweisung ließe sich somit in der Tat keine berufsrechtswidrige Vermittlung annehmen.

Eine Betrachtungsweise im vorstehenden Sinne lässt allerdings außer Acht, dass der Arzt die in Rede stehenden sächlichen Mittel seinerseits direkt von dem Hersteller oder von einem Distributor bezieht. Gibt der Arzt diese Verbrauchsgüter an den Patienten weiter, vermittelt er ihn als Endverbraucher zugleich indirekt an seinen Lieferanten. Der Bewertung, dass eine Zuweisung im Sinne von § 31 MBO-Ä vorliegt, wird dabei nicht bereits der bloß formale Umstand entgegengehalten werden können, dass der Patient sich mit seinem Rezept nicht tatsächlich zu dem anderen Anbieter gesundheitlicher Leistungen begeben hat. Die Existenz

---

[1178] *Kern,* NJW 2000, 833, 835, dort auch zum folgenden Text. Vgl. zudem die Darstellung unter Teil 3: § 4 B.III.2.a).
[1179] Vgl. S. 52. Anders mag es im Bereich der privaten Krankenversicherungen aussehen, vgl. S. 68.
[1180] Vgl. dazu ausführlich Teil 3: § 3 A.II.3.
[1181] *Kern,* NJW 2000, 833, 835.

von § 3 Abs. 2 MBO-Ä, der die Abgabe von Waren speziell regelt[1182], schmälert jedoch zugegebenermaßen das Bedürfnis, die in der Abgabe von Waren liegende indirekte Verweisung über § 31 Abs. 2 MBO-Ä zu erfassen.[1183] Im Rahmen von § 31 Abs. 1 MBO-Ä bedürfte es zudem dann nicht der Konstruktion der Zuweisung, wenn diese Konstellationen ohnehin mit einer anderen Tatbestandsvariante erfasst werden können.

b) Bezug gem. § 31 Abs. 1 Var. 3 MBO-Ä

Sofern eine Zuweisung im Sinne von § 31 Abs. 1 Var. 1 MBO-Ä nicht über einen Hinweis auf ein etwaig vorhandenes Depot bewirkt wird[1184], ist jedenfalls ein „Bezug von Arznei- oder Hilfsmitteln sowie Medizinprodukten" im Sinne des § 31 Abs. 1 Var. 3 MBO-Ä anzunehmen. Denn bevor der Arzt die Verbrauchsgüter überhaupt selbst an seinen Patienten abgeben kann, muss er sie seinerseits bei einem Distributor oder Hersteller beschaffen. Da er in dem Moment des Bezuges bereits einen bestimmten Leistungserbringer auswählt, ist § 31 Abs. 1 Var. 3 MBO-Ä zudem als speziellere Variante der Zuweisung im Sinne von § 31 Abs. 1 Var. 1 MBO-Ä vorzuziehen.

c) Zwischenergebnis

Der Umstand, dass der Arzt das Produkt selbst abgibt, hindert nicht die Annahme einer Zuführung seines Patienten an den Leistungserbringer, von dem er die Produkte seinerseits bezieht. Sofern kein Hinweis auf das Depot eines anderen Leistungserbringers und somit eine Zuweisung gem. § 31 Abs. 1 Var. 1 MBO-Ä erfolgt, bildet § 31 Abs. 1 Var. 3 MBO-Ä den zutreffenden Anknüpfungspunkt.

2. Vorteil für die Zuweisung im weiteren Sinne

In dem zuvor bereits angedeuteten Fall des Vital Shops sah das Konzept auch eine Gewinnbeteiligung des Arztes vor.[1185] Allerdings geht die genauere Ausgestaltung aus den Urteilsgründen nicht hervor. Das Gericht merkte in diesem Zusammenhang lediglich an, dass nach Einschätzung des Hilfsmittelherstellers die Existenz des Vital-Shops von den Empfehlungen des Arztes abhängen würde.[1186] Dieser Umstand könnte zumindest als Anzeichen für eine konditionale Verknüpfung gedeutet werden. Die Beurteilung der Konnexität bei einer gesellschafts-

---

[1182] In diese Richtung dann letztlich auch *Kern*, NJW 2000, 833, 835.
[1183] So offenbar auch BGH GesR 2005, 456 ff.
[1184] Vgl. diesbezüglich die Ausführungen zum Zuweisungsbegriff beim verkürzten Versorgungsweg mit Hörgeräten und Brillen in Teil 3: § 4 B.III.2.a).
[1185] OLG Stuttgart NJWE-WettBR 1997, 43, 44.
[1186] OLG Stuttgart NJWE-WettBR 1997, 43, 44.

§ 4 Bewertung einzelner Kooperationen am Maßstab von § 31 Abs. 1 MBO-Ä   215

rechtlichen Gewinnbeteiligung unterliegt im Übrigen speziellen Anforderungen, die nachfolgend noch eingehend erläutert werden.

Im Übrigen enthielten die Tatbestände der zu diesen Konstellationen ergangenen Urteile[1187] zumeist keine Angaben darüber, ob Zahlungen oder sonstige geldwerte Vorteile zwischen den Kooperationspartnern ausgetauscht wurden. Ratzel und Knüpper weisen allerdings darauf hin, dass Sanitätshäuser auch in diesen Konstellationen versucht sein können, den Arzt durch „finanzielle Vergünstigungen" an sich zu binden.[1188] Bei Ratzel findet sich etwa das Beispiel, dass ein Sanitätshaus finanzielle Vorteile gewährt, indem es Verwahrungsmöglichkeiten bei dem Arzt „mietet".[1189] Steht diese Vorteilsgewährung schließlich in einem Konnexitätsverhältnis zu dem Bezug der Waren, ist auch ein Verstoß gegen § 31 Abs. 1 Var. 3 MBO-Ä zu bejahen.

3. Ergebnis

Auch bei der bloßen Abgabe von Verbrauchsgütern können die Voraussetzungen des § 31 Abs. 1 Var. 1 MBO-Ä bzw. § 31 Abs. 1 Var. 3 MBO-Ä verwirklicht werden, da entweder eine Zuweisung oder ein Bezug gegeben ist. Bei der Beurteilung der weiteren Tatbestandsmerkmale gelten dabei die allgemein entwickelten Grundsätze.[1190]

C. Gesellschaftsrechtliche Beteiligung eines Arztes an dem Unternehmen eines nicht ärztlichen Leistungserbringers

Einer differenzierten Betrachtung im Hinblick auf einen potenziellen Verstoß gegen das Zuweisungsverbot bedarf die gesellschaftsrechtliche Beteiligung eines Arztes[1191] an einem Unternehmen der Gesundheitsbranche, wenn der Arzt zugleich seine Patienten an die in Rede stehende Gesellschaft vermittelt[1192]. In Betracht zu ziehen sind dabei einerseits produzierende Unternehmen wie beispielsweise aus der Pharma-, Medizinprodukte- oder Hilfsmittelbranche, deren Produkte der Arzt verordnet[1193]. Möglich ist andererseits auch eine gesellschafts-

---

[1187] Vgl. Teil 3: § 4 B.I.
[1188] In: Ratzel/Luxenburger, Hdb Medizinrecht, § 5 Rn. 148.
[1189] *Ratzel*/Lippert, MBO-Ä, § 3 Rn. 8.
[1190] Teil 3: § 3.
[1191] Zu der gesellschaftsrechtlichen Beteiligung von Familienangehörigen oder nahen Verwandten des Arztes *Braun/Püschel*, MedR 2013, 655, 658.
[1192] Vgl. dazu auch grundlegend *Bundesärztekammer*, Unternehmerische Betätigungen von Ärztinnen und Ärzten und Beteiligung an Unternehmen, Möglichkeiten und Grenzen aus berufs- und vertragsarztrechtlicher Sicht, DÄBl. 2013, S. A 2226 ff.
[1193] Vgl. *Braun/Püschel*, MedR 2013, 655, 656.

rechtliche Einbindung in Dienstleistungseinrichtungen wie Rehabilitations-Zentren, Pflegedienste oder Sanitätshäuser, denen der Arzt seine Patienten zuweist.[1194]

Da über die Gesellschafterstellung zumeist ein Gewinn oder sonstige Einnahmen erzielt werden, die eine Verbesserung der Vermögensverhältnisse im Sinne des Vorteilsbegriffs des § 31 Abs. 1 MBO-Ä beinhalten[1195], muss stets kritisch hinterfragt werden, ob die erwachsenden Vorteile sich als bloßer Ausfluss der Teilhabe als Gesellschafter darstellen oder ob nicht vielmehr sein Zuweisungsverhalten i.w.S.[1196] honoriert werden soll. Je nachdem, ob die Zuführung durch eine Zuweisung, Verordnung oder den Bezug erfolgt, stehen Verstöße gegen die unterschiedlichen Varianten von § 31 Abs. 1 MBO-Ä im Raume.[1197] Klärungsbedürftig ist dabei zumeist das Merkmal der Konnexität.

I. Unmittelbare Abhängigkeit der Gewinnbeteiligungshöhe von der Anzahl der Zuweisungen bzw. Verordnungen

Die Feststellung der Konnexität erfordert zumindest, dass die Zuweisung bzw. die Verordnung kausal für einen dem Arzt zufließenden Vorteil wird.[1198] Bei einer gesellschaftsrechtlichen Beteiligung des Arztes bedingt eine Zuweisung bzw. Verordnung somit jedenfalls dann einen Vorteil, wenn die Höhe der Gewinnbeteiligung oder sonstige Vorteile unmittelbar von der Zahl der Verordnungen bzw. Zuweisungen oder dem damit erzielten Umsatz abhängen.[1199] Kann der Arzt durch sein Zuweisungsverhalten den Wert seiner Kapitalbeteiligung direkt und unmittelbar steuern, da sich deren Ermittlung an seiner Zuweisungsquote orientiert, liegt eindeutig ein Verstoß gegen § 31 Abs. 1 MBO-Ä vor.[1200] „Ärzte-

---

[1194] Vgl. die Antwort der Bundesregierung auf eine Kleine Anfrage, in: BT-Drucks. 13/8315, S. 1; *Dahm,* MedR 1998, 70, 71, 73 f.

[1195] Vgl. Teil 3: § 3 D.I.5.

[1196] Mit Zuweisung i.w.S. sind sämtliche in § 31 Abs. 1 MBO-Ä genannten Formen der Patientenvermittlung gemeint. Zu verweisen ist ebenfalls auf die Überschrift von § 31 MBO-Ä, die auf die „Unerlaubte Zuweisung" Bezug nimmt.

[1197] Entgegen *Wittmann/Koch,* MedR 2011, 476, 477 ist bei der Beteiligung an einem Unternehmen der Hilfsmittelbranche auch eine Empfehlung als mögliche Zuführungsart und damit nicht nur ein Verstoß gegen § 31 Abs. 1 Var. 2 MBO-Ä in Betracht zu ziehen.

[1198] BGH GRUR 2011, 345, 351; Landesberufsgericht für Heilberufe Münster Urt. v. 6.7.2011 – 6t A 1816/09.T, juris, Rn. 73.

[1199] BGH GRUR 2011, 345, 351; OLG Stuttgart MedR 2007, 543, 545; Landesberufsgericht für Heilberufe Münster Urt. v. 6.7.2011 – 6t A 1816/09.T, juris, Rn. 73; *Bonvie,* in: Arbeitsgemeinschaft Medizinrecht, S. 827, 835; *Braun/Püschel,* MedR 2013, 655, 656; *Bundesärztekammer,* DÄBl. 2013, S. A 2226, A 2229; *Dahm,* MedR 1998, 70, 73; *Ratzel*/Lippert, MBO-Ä, § 31 Rn. 19; *Ratzel,* Orthopädie Mitteilungen 2009, 68, 71; *Schulenburg,* Rheinisches Ärzteblatt 2009, 18; *Wittmann/Koch,* MedR 2011, 476, 477.

[1200] *Lippert/Ratzel,* NJW 2003, 3301, 3304.

Fonds"[1201] oder Aktiengesellschaften, die gerade zu dem Zweck gegründet werden, die Gewinne aus Gesundheitseinrichtungen zu verwalten oder an Ärzte Vorzugsaktien ausgeben[1202], sind deshalb besonders kritisch zu hinterfragen.[1203] Verwundern muss es daher stets, wenn bei einem Beteiligungsmodell nur eine geringe Kapitalanlage zu leisten ist und die in Aussicht gestellten Gewinne unverhältnismäßig hoch erscheinen.[1204]

II. Mittelbare Abhängigkeit der Gewinnbeteiligungshöhe vom Erfolg des Unternehmens

Orientiert sich die Gewinnausschüttung im Gegensatz zu den vorstehend genannten Grundsätzen ausschließlich an dem Umfang der Kapitalbeteiligung oder einer sonstigen unabhängig von der Anzahl der Zuweisung bestimmten Quote, könnte es im Umkehrschluss naheliegen, einen Vorteil „für" die Zuweisung bzw. Verordnung im Sinne von § 31 Abs. 1 MBO-Ä stets zu verneinen. Dafür spricht zunächst, dass bei einer allgemeinen Gewinnausschüttung der Profit wie bei jedem anderen (nichtärztlichen) Anleger aus der Stellung als Gesellschafter herrührt.[1205] Der in dem Umstand der Gewinnbeteiligung liegende Vorteil rechtfertigt sich zudem aus dem Umstand, dass der Arzt eine Einlage geleistet hat.[1206] Dieser Vorteil wird ihm schließlich unabhängig davon gewährt, ob der Arzt Zuweisungen an die Gesellschaft tätigt, so dass diesbezüglich schon die für die Konnexität erforderliche kausale Verknüpfung fehlt.[1207]

1. Generelle Zulässigkeit der Beteiligung an einem Unternehmen mit beruflichem Bezug

Diese Deutung wird gestützt durch Stellungnahmen, die darauf abstellen, dass es einem Arzt wie jedem anderen Investor erlaubt sein müsse, sich durch den Einsatz von Kapital an einem Unternehmen der Gesundheitsbranche zu beteiligen.[1208] Die bloße Teilhabe am Gesamtgewinn einer Gesellschaft sei daher als

---

[1201] Dazu näher *Bonvie*, MedR 1999, 64, 65.
[1202] *Lippert/Ratzel*, NJW 2003, 3301, 3304; *Ratzel*, Orthopädie Mitteilungen 2009, 68, 70.
[1203] Anders *Wittmann/Koch*, MedR 2011, 476, 477.
[1204] *Dahm*, MedR 1998, 70, 73.
[1205] Vgl. *Bonvie*, in: Arbeitsgemeinschaft Medizinrecht, S. 827, 835; *ders.*, MedR 1999, 64, 65; *Ratzel*/Lippert, MBO-Ä, § 31 Rn. 12.
[1206] Vgl. *Dahm*, MedR 1995, 106, 108.
[1207] *Krafcyzk*, in: FS Mehle, 2009, S. 325, 329.
[1208] *Ratzel*, MedR 1998, 98, 100 f.: „Liegen medizinisch begründete Erwägungen vor, die eine Empfehlung der eigenen ‚Heilmittelerbringer-GmbH' nachvollziehbar erscheinen lassen, dürfte an der wirtschaftlichen Beteiligung nichts auszusetzen sein."

unverfänglich anzusehen.[1209] Begründet wird diese Auffassung[1210] einerseits mit der Antwort der Bundesregierung[1211] auf eine Kleine Anfrage[1212], wonach es Ärzten nicht verboten sei, sich in einer GmbH zusammenzuschließen oder sich an einer Pflegedienst-GmbH zu beteiligen.[1213] Bezug genommen wird zudem auf eine Stellungnahme des Bundesgesundheitsministeriums.[1214] Danach sei es „nicht zu beanstanden, wenn Ärzte einem Rehabilitationszentrum, an dem sie beteiligt sind, eigene Patienten zur Krankengymnastik oder Massage zuweisen, sofern die Verordnung im Einzelfall jeweils medizinisch indiziert und von dem Zentrum fachgerecht und wirtschaftlich erbracht wird."[1215]

Die Stellungnahme des Bundesgesundheitsministeriums beschäftigte sich allerdings vornehmlich mit Normen der Berufsordnung, die Formen der gemeinsamen Berufsausübung betrafen.[1216] Explizite Ausführungen im Hinblick auf das Zuweisungsverbot des § 31 Abs. 1 MBO-Ä fehlen hingegen. Diesbezüglich ergeben sich somit nur schwerlich zwingende Rückschlüsse. Auch die Antwort der Bundesregierung verhielt sich nur zu der allgemeinen Frage, ob Ärzte sich als Gesellschafter an einer GmbH beteiligen können. Der Umstand, dass diese sich zugleich als Zuweiser betätigen, blieb dabei ebenfalls außen vor. Die Bundesregierung äußerte zudem im Hinblick auf die „Beschickung" der eigenen GmbH mit Patienten, dass das Zuweisungsverbot selbstverständliche gelte, wenn Ärzte eine Gesellschaft gründeten, deren Zwecke auf „nicht erlaubte Tätigkeiten" gerichtet sei.[1217]

Die Antwort der Bundesregierung auf die kleine Anfrage kann deshalb nur dahingehend verstanden werden, dass die Stellung als Gesellschafter allein nicht automatisch einen Verstoß gegen das Zuweisungsverbot begründet.[1218] Die bloße

---

Unklar *Bonvie,* in: Arbeitsgemeinschaft Medizinrecht, S. 827, 835 f. Zu den verfassungsrechtlichen Aspekten der Beteiligung von Ärzten an Unternehmen *Bundesärztekammer,* DÄBl. 2013, S. A 2226, A 2227.

[1209] *Lippert/Ratzel,* NJW 2003, 3301, 3304; *Ratzel*/Lippert, MBO-Ä, § 31 Rn. 19; ders., Orthopädie-Mitteilungen 2009, 68, 71, dort auch zum folgenden Text.
[1210] *Bonvie,* in: Arbeitsgemeinschaft Medizinrecht, S. 827, 835; *Ratzel,* MedR 1998, 98, 100 f.
[1211] BT-Drucks. 13/8315.
[1212] BT-Drucks. 13/8102.
[1213] BT-Drucks. 13/8315, S. 2 unter Bezugnahme auf BGH NJW 1994, 786 ff.
[1214] *Bonvie,* in: Arbeitsgemeinschaft Medizinrecht, S. 827, 835; *Ratzel,* MedR 1998, 98, 100 f.
[1215] Antwort der Parlamentarischen Staatssekretärin Dr. Sabine-Pohl vom 25.2.1997, in: BT-Drucks. 13/7116, S. 19 f.
[1216] Vgl. Antwort der Parlamentarischen Staatssekretärin Dr. Sabine-Pohl vom 25.2.1997, in: BT-Drucks. 13/7116, S. 20.
[1217] BT-Drucks. 13/8315, S. 6.
[1218] Ähnlich auch OLG Stuttgart MedR 2007, 543, 545; OLG Köln GRUR 2006, 600, 601; *Flasbarth,* MedR 2009, 708, 715; *Schulenburg,* Rheinisches Ärzteblatt 2008, 16; *Thünken,* MedR 2007, 578, 583.

§ 4 Bewertung einzelner Kooperationen am Maßstab von § 31 Abs. 1 MBO-Ä 219

gesellschaftsrechtliche Beteiligung eines Arztes an Pharmaunternehmen, Kliniken, Sanitätshäusern oder sonstigen Unternehmen der Gesundheitsbranche ist damit in diesem Sinne grundsätzlich zulässig.[1219] Fraglich ist jedoch, ob § 31 Abs. 1 MBO-Ä dem Arzt die Zuführung von Patienten an das eigene Unternehmen untersagt, weil ihm dadurch möglicherweise ein der Zielsetzung der Norm widersprechender Vorteil erwächst.[1220]

2. Änderung der Bewertung durch das Zuweisungsverhalten

Im Unterschied zu nichtärztlichen Kapitalgebern können Ärzte durch ihr Zuweisungs- und Verordnungsverhalten wenigstens mittelbar Einfluss auf den wirtschaftlichen Erfolg der Gesellschaft und damit auch auf den Wert ihrer Kapitalbeteiligung nehmen.[1221] Empfiehlt der Arzt beispielsweise bei der Verordnung von Hörgeräten überwiegend das Modell einer auf Hörgeräteakustik spezialisierten Aktiengesellschaft, an der er Anteile hält[1222], fördert er die Umsatzzahlen, die sich potenziell auf den Wert seiner Anteile auswirken können. Auch eine einfache Kapitalbeteiligung vermag somit einen materiellen Anreiz zur gezielten Patientenzuführung auszuüben. Ob die Zuführung des Patienten an das eigene Unternehmen bzw. die schuldrechtliche Vereinbarung der Teilnahme an der Gesellschaft einen Verstoß gegen § 31 Abs. 1 MBO-Ä begründet, muss allerdings danach beurteilt werden, ob in diesen Konstellationen auch die übrigen Voraussetzungen des Verbotstatbestandes erfüllt werden.

*3. Verwirklichung der Voraussetzungen
des § 31 Abs. 1 MBO-Ä*

Neben einer Zuweisung i.w.S. setzt ein Verstoß gegen § 31 Abs. 1 MBO-Ä voraus, dass der Arzt dafür ein Entgelt oder andere Vorteile fordert, sich oder Dritten versprechen oder gewähren lässt oder selbst verspricht oder gewährt.

[1219] OLG Stuttgart MedR 2007, 543, 545; OLG Köln GRUR 2006, 600, 601; *Flasbarth,* MedR 2009, 708, 715; *Lippert/Ratzel,* NJW 2003, 3301, 3304; *Ratzel*/Lippert, MBO-Ä, § 31 Rn. 18 ff.; *ders.,* Orthopädie-Mitteilungen 2009, 68, 71; *ders.,* MedR 1998, 98, 100 f.; *Wollersheim,* in: Terbille, MAH Medizinrecht, § 5 Rn. 194.

[1220] Daran könnte sich die Frage anzuschließen, ob § 31 Abs. 1 MBO-Ä bereits die gesellschaftsrechtliche Beteiligung an sich verbietet; vgl. *Wittmann/Koch,* MedR 2011, 476, 477, 480 ff.

[1221] *Bonvie,* in: Arbeitsgemeinschaft Medizinrecht, S. 827, 836; *Braun/Püschel,* MedR 2013, 655, 656 f.; *Wittmann/Koch,* MedR 2011, 476, 485. Die *Bundesärztekammer,* DÄBl. 2013, S. A 2226 (S. A 2228 f. zu einzelnen Beispielen) betont insofern: „Eine unternehmerische Betätigung sowie die Beteiligung an Unternehmen ist dem Arzt damit umso eher gestattet, je klarer diese von der ärztlichen Tätigkeit getrennt sind und je weniger die unternehmerische Tätigkeit mit der ärztlichen Tätigkeit in Verbindung gebracht werden kann."

[1222] BGH GRUR 2011, 345 ff.

a) Vorteil

Sowohl ein Wertzuwachs des Kapitalanteils als auch eine zusätzliche Gewinnausschüttung begründen eine Verbesserung der Vermögenslage im Sinne des Vorteilsbegriffs von § 31 Abs. 1 MBO-Ä.[1223] Keine andere Bewertung gebietet dabei der Umstand, dass von der Zuweisung die anderen Gesellschafter ebenfalls profitieren.[1224] Denn für eine Zuweisung ist es gerade wesenstypisch, dass jene auch dem Zuweisungsempfänger zu Gute kommt.

b) Konnexität

Der Konnexität zwischen Zuweisung und dem zuvor genannten Vorteil könnte entgegenstehen, dass die Zuführung von Patienten am Ende einer Abrechnungsperiode nicht stets zu einer effektiven Wertsteigerung des ärztlichen Geschäftsanteils geführt haben muss.

Denn einerseits kann der Einfluss allgemeiner Wirtschaftsfaktoren auf die Unternehmensentwicklung dazu führen, dass trotz Zuweisung aus der gesellschaftsrechtlichen Beteiligung kein Gewinn generiert wird. Manche sehen die Wertsteigerung deshalb spiegelbildlich zum Wertverlust ausschließlich als Resultat der Gesellschafterstellung an.[1225] Ein Konnexitätsverhältnis im Sinne von § 31 Abs. 1 MBO-Ä sei dann jedoch auszuschließen.

Allein das allgemeine ökonomische Verlustrisiko beseitigt allerdings nicht die wirtschaftliche Vorteilhaftigkeit des Beteiligungsmodells an sich.[1226] Auch in anderen Fällen wäre eine Zuweisung gegen Entgelt schließlich nicht etwa deshalb zu verneinen, weil der Vorteilsgeber nach der Zuweisung plötzlich insolvent würde.[1227]

Unabhängig davon begründet die Stellung als Gesellschafter im Unterschied zu anderen Fällen der Vorteilsgewährung jedoch nur eine als „mittelbar" bezeichnete Verknüpfung zwischen Zuweisung und Vorteil.[1228] Denn bei einer unmittelbaren Abhängigkeit des Umfangs der Gewinnbeteiligung von dem Zuweisungsumsatz tritt der versprochene Vorteil in Form der Erhöhung des Gewinnanteils

---

[1223] BGH GRUR 2011, 345, 351; auch *Bundesärztekammer,* DÄBl. 2013, S. A 2226, A 2229; *Bonvie,* in: Arbeitsgemeinschaft Medizinrecht, S. 827, 836.
[1224] So jedoch *Ratzel*/Lippert, MBO-Ä, § 31 Rn. 12.
[1225] Vgl. *Dahm,* MedR 1998, 70, 73; *Ratzel/Knüpper,* in: Ratzel/Luxenburger, Hdb Medizinrecht, § 5 Rn. 167, dort jeweils auch zum folgenden Text; anders hingegen *Dahm,* MedR 2012, 69, 70.
[1226] OLG Stuttgart MedR 2007, 543, 545; Landesberufsgericht für Heilberufe Münster Urt. v. 6.7.2011 – 6t A 1816/09.T, juris, Rn. 81.
[1227] OLG Stuttgart MedR 2007, 543, 545.
[1228] Zu dem Erfordernis einer unmittelbaren (synallagmatischen) Verknüpfung *Krafczyk/Lietz,* ZMGR 2010, 24, 26; *Stumpf/Voigts,* MedR 2009, 205, 209.

§ 4 Bewertung einzelner Kooperationen am Maßstab von § 31 Abs. 1 MBO-Ä   221

sicher ein, wenn der Arzt die beabsichtigten Zuweisungen tätigt. Hingegen hängt die Besserstellung durch den Wertzuwachs des Kapitalanteils bei einer einfachen Beteiligungsquote davon ab, ob der Arzt aufgrund der äußeren Umstände eine Steigerung der Umsatzzahlen überhaupt herbeiführen kann.

Allein der Wortlaut des § 31 Abs. 1 MBO-Ä zwingt zwar nicht dazu, bei der Konnexität stets eine unmittelbare Verknüpfung im dem Sinne zu fordern, dass der Gewinn ausdrücklich in ein Verhältnis zum Umsatz gesetzt wird.[1229] Nur wenn die durch die Zuweisungen bedingte Anhebung der Unternehmensumsätze jedoch tatsächlich einen Wertzuwachs des Kapitalanteils zur Folge haben kann[1230], kann überhaupt ein Vorteil für die Zuweisungen festgestellt werden. Denn andernfalls besteht aus der Perspektive des Patienten auch keine sachfremde Beeinflussung der Unabhängigkeit des Arztes, die sein Vertrauen beeinträchtigen könnte. Begründet die gesellschaftsrechtliche Beteiligung dementsprechend keinen materiellen Anreiz zur Vornahme von Zuweisungen i. w. S., besteht auch kein Anlass, dem Arzt dergleichen auf der Grundlage der Schutzanliegen von § 31 Abs. 1 MBO-Ä zu verbieten.[1231]

aa) „Erheblicher" Einfluss der Zuweisungen auf den Wert des Kapitalanteils

Insbesondere nach Auffassung des BGH erfordert die Annahme der Konnexität bei einer einfachen Kapitalbeteiligung daher, dass der Arzt „spürbar Einfluss auf den Ertrag seiner Beteiligung" nehmen könne.[1232] Ob diese Voraussetzung gegeben sei, müsse nach in Rechtsprechung und Literatur vertretener Ansicht danach bestimmt werden, ob der ärztliche Zuweisungsbeitrag im Verhältnis zum Gesamtumsatz des Unternehmens und zu der Gesamtzahl der Zuweisungen „erheblich" sei.[1233] Als weitere relevante Faktoren könnten zudem der Prozentsatz der durch den Zuweiser gehaltenen Gesellschaftsanteile und die Höhe der daraus resultierenden Vermögensaufwertung Berücksichtigung finden.[1234]

[1229] *Wittmann/Koch,* MedR 2011, 476, 478.
[1230] Vgl. auch *Braun/Püschel,* MedR 2013, 655, 657.
[1231] Zu prüfen bleibt allerdings die Vereinbarkeit mit § 31 Abs. 2 MBO-Ä.
[1232] GRUR 2011, 345, 351; siehe ferner *Bundesärztekammer,* DÄBl. 2007, A-1607, A-1610.
[1233] BGH GRUR 2011, 345, 351; Landesberufsgericht für Heilberufe Münster Urt. v. 6.7.2011 – 6t A 1816/09.T, juris, Rn. 73 ff.; *Bundesärztekammer,* DÄBl. 2007, A-1607, A-1610; ferner *Bonvie,* in: Arbeitsgemeinschaft Medizinrecht, S. 827, 836; *Braun/ Püschel,* MedR 2013, 655, 657 f.; *Bundesärztekammer,* DÄBl. 2013, S. A 2226, A 2229 f.; *Wollersheim,* in: Terbille, MAH Medizinrecht, § 5 Rn. 194; ohne diese Einschränkung *Oldenburger,* jurisPR-MedizinR 4/2011 Anm. 4.
[1234] BGH GRUR 2011, 345, 351; Landesberufsgericht für Heilberufe Münster Urt. v. 6.7.2011 – 6t A 1816/09.T, juris, Rn. 79 ff.; Berufsgericht für Heilberufe beim VG Köln Urt. v. 5.6.2009 – 35 K 563/09.T, BeckRS 2011, 47760; ferner *Wollersheim,* in: Terbille, MAH Medizinrecht, § 5 Rn. 194.

Das OLG Stuttgart bejahte dementsprechend einen Verstoß niedergelassener Ärzte, die als alleinige Gesellschafter in ihrer Funktion als Zuweiser über eine Beteiligungs-GbR einen Kapitalanteil in Höhe von 100 EUR in eine Labor-GmbH investierten, gegen § 31 Abs. 1 MBO-Ä wegen der wirtschaftlichen Verknüpfung zwischen dem Zuweisungsverhalten und der Gewinnausschüttung, obwohl letztere allein nach der Anteilsquote bemessen werden sollte.[1235] Nach den Urteilsgründen habe das vereinbarte Geschäftsmodell den Ärzten die Möglichkeit verschafft, durch die Zuweisung von Laboraufträgen den effektiven Gewinnzufluss zu steuern. Denn die Zuweisung habe eine bessere Auslastung des Labors und höhere Umsatzes bewirkt, wodurch der Gesamtgewinn und damit auch der jeweilige Anteil des einzelnen Gesellschafters erhöht worden seien. Der Kopplung von Zuweisung und Vorteil könne nach Auffassung des OLG Stuttgart schließlich nicht entgegen gehalten werden, dass der Arzt möglicherweise nicht nur sich selbst, sondern auch andere Kollegen fördere, die weniger Zuweisungen tätigen würden. Ausreichend sei es, dass die Umstände eine Beeinflussung der Gewinnhöhe erlaubten. Eine lineare Gewinnentwicklung im Verhältnis zum Grad der Zuweisung fordere die Feststellung der Konnexität hingegen nicht.

In der bereits erörterten[1236] Fallgestaltung einer Beteiligung von Onkologen an einem Unternehmen mit dem Gegenstand der Zytostatika-Herstellung war die Kooperation nach Ansicht des Landesberufsgerichts für Heilberufe Münster ebenfalls als Verstoß gegen § 31 Abs. 1 MBO-Ä zu bewerten.[1237] Auch hierbei sah der Gesellschaftsvertrag lediglich eine Ausschüttung des Gewinns im Verhältnis zu den Nennbeträgen der Geschäftsanteile vor.[1238] Die Ärzte vermochten allerdings durch ihr Zuweisungsverhalten die Umsatzzahlen des Unternehmens dermaßen zu steigern, dass ein jährlicher Gewinn in Höhe von 90% des jeweils durchschnittlich geleisteten Kapitalanteils erwirtschaftet werden konnte.[1239] Mit diesen Ertragszahlen sei nach Ansicht des Gerichts die Gewinnerwartung, die mit einer marktüblichen reinen Kapitalanlage erzielt werden kann, in unvergleichbarem Maße übertroffen worden. Die Verknüpfung zwischen dem wirtschaftlichen Erfolg des Unternehmens und dem Zuweisungsverhalten sei deshalb offensichtlich. Auf eine entsprechende Zielsetzung des Geschäftsmodells deute

---

[1235] MedR 2007, 543 f., 545, dort auch zum folgenden Text. Zu dem Urteil ferner *Flasbarth,* MedR 2009, 708, 715.

[1236] Vgl. zum Sachverhalt schon S. 90 f.

[1237] Urt. v. 6.7.2011 – 6t A 1816/09.T, juris, Rn. 66 ff., dort auch zum folgenden Text. Zu dem im Zusammenhang mit diesem Urteil erörterten Problem der Abgrenzung eines Verstoßes gegen § 31 Abs. 1 Var. 1 MBO-Ä und § 31 Abs. 1 Var. 2 MBO-Ä siehe vorstehend Teil 3: § 3 E.IV.

[1238] Landesberufsgericht für Heilberufe Münster Urt. v. 6.7.2011 – 6t A 1816/09.T, juris, Rn. 2.

[1239] Würde zudem berücksichtigt, dass die Ärzte tatsächlich nur 25% ihrer Einlage leisteten, ergäbe sich sogar ein Kapitalertrag von 360%, Landesberufsgericht für Heilberufe Münster Urt. v. 6.7.2011 – 6t A 1816/09.T, juris, Rn. 87.

§ 4 Bewertung einzelner Kooperationen am Maßstab von § 31 Abs. 1 MBO-Ä   223

zudem hin, dass ausschließlich potenzielle Zuweiser an der Gesellschaft beteiligt wurden, da die Einbindung anderer Personen „nach dem Geschäftsmodell auch keinen Sinn gemacht hätte".

Nach den Feststellungen der dargestellten Urteile erlaubten die äußeren Umstände den Ärzten jeweils, die Höhe des von Seiten der Gesellschaft auszuschüttenden Gewinns durch die gezielte Patientenzuführung deutlich messbar zu beeinflussen. Eine § 31 Abs. 1 Var. 1 MBO-Ä widersprechende Verknüpfung zwischen Zuweisungsverhalten und Vorteil durch Steigerung des Anteilwertes lässt sich damit nach den eingangs genannten Grundsätzen in Bezug auf die „erhebliche Einflussnahme" ohne weiteres bejahen.

bb) Untergrenze der „Erheblichkeit"

Die eingangs genannten Anforderungen bringen allerdings die Schwierigkeit mit sich, die Untergrenze des unscharfen Begriffs der „Erheblichkeit" zu bestimmen.[1240] Unproblematisch ist in dieser Beziehung lediglich, dass als Maßstab allein die Sicht eines objektiven Durchschnittspatienten bzw. Durchschnittsmitbewerbers in Kenntnis sämtlicher Umstände und nicht die des zuweisenden Arztes dienen kann.[1241]

Als eindeutiger Fall einer fehlenden Möglichkeit zur „spürbaren" Einflussnahme wird die Konstellation angesehen, dass der Arzt als Kleinaktionär Produkte eines großen Pharmakonzerns verordnet.[1242] Denn selbst wenn der Arzt ausschließlich die Arzneimittel dieses Unternehmens verschreiben würde, erscheint sein Anteil am Gesamtumsatz zumeist nur als äußerst gering. Aufgrund des regelmäßig kleinen Aktienbesitzes könnte mit der Zuweisung der Patienten damit allenfalls eine Aufwertung der ärztlichen Anteile im Bereich einiger Cent erreicht werden. Diese marginalen Vermögensanreize würden aus der Sicht eines objektiven Beobachters jedoch keinen Arzt dazu veranlassen, bei der Behandlung des Patienten dessen Interessen außer Betracht zu lassen.[1243]

Jenseits dieser eindeutigen Situation bereitet die Grenzziehung allerdings Probleme, wie die Auseinandersetzung mit dem Urteil des OLG Köln[1244] offenbart.

[1240] Vgl. insofern auch *Bonvie*, in: Arbeitsgemeinschaft Medizinrecht, S. 827, 836 f.; krit. zudem *Wittmann/Koch*, MedR 2011, 476, 478.

[1241] Vgl. BGH GRUR 2011, 345, 351.

[1242] BGH GRUR 2011, 345, 351; OLG Stuttgart MedR 2007, 543, 545 f.; *Braun/Püschel*, MedR 2013, 655, 658; *Flasbarth*, MedR 2009, 708, 716; *Ratzel*, MedR 1998, 98, 100 f.; *Schulenburg*, Rheinisches Ärzteblatt 2008, 16; siehe auch *Dahm*, MedR 1998, 70, 73. Anders als an einem börsennotierten, international agierenden Konzern „kann" hingegen die Beteiligung an einem kleinen, auf ein Spezialgebiet ausgerichteten Pharmaunternehmen zu beurteilen sein, *Bundesärztekammer*, DÄBl. 2013, S. A 2226, A 2229.

[1243] OLG Köln GRUR 2006, 600, 602.

[1244] GRUR 2006, 600, 602, dort auch zum folgenden Text.

Nach dem zugrundeliegenden Sachverhalt bot eine im Bereich der Hörgeräteakustik tätige Aktiengesellschaft ausschließlich niedergelassenen HNO-Ärzten den Erwerb von Aktien an. Eine „tatsächliche spürbare" Möglichkeit der adressierten Ärzte, durch die Verordnung von Hörgeräten im verkürzten Versorgungsweg den Kapitalerfolg der Gesellschaft zu beeinflussen, lehnte das Gericht im Ergebnis allerdings ab. Es bestehe zwar ein gewisser Anreiz für die Ärzte, ihre Patienten an die Aktiengesellschaft zu vermitteln. Dieser sei jedoch als so gering zu bewerten, dass eine Beeinflussung der Ärzte nicht zu besorgen sei. Eine Prüfung des § 31 Abs. 1 MBO-Ä zog das Gericht zudem gar nicht erst in Erwägung.

Inwiefern in dem dargestellten Fall tatsächlich die Möglichkeit zur Steigerung des Kapitalanteils bestand, ist letztlich Tatfrage, da diese Beurteilung, wie eingangs aufgezeigt, von einer Vielzahl einzelner Faktoren abhängig ist. Bonvie weist allerdings darauf hin, dass das Gericht unverständlicherweise keinerlei Beachtung dem Umstand schenkte, dass vornehmlich HNO-Ärzten und somit potenziellen Zuweisern die Stellung als Aktionär angeboten wurde.[1245] Denn es sollte zumindest die Sensibilität schärfen, wenn ein Geschäftsmodell wie das in Rede stehende darauf angelegt sei, „möglichst viele fachgleiche Ärzte als Aktionäre zu gewinnen, um so durch die praktizierte Zuweisung den Geschäftserfolg der Aktiengesellschaft und damit auch den Wert der von den zuweisenden Ärzten gehaltenen Aktie zu steigern."

Bei der Beurteilung der „erheblichen" Einflussnahme kann allerdings § 32 Abs. 1 MBO-Ä herangezogen werden.[1246] Maßgeblich ist somit, ob der Eindruck erweckt wird, dass die Unabhängigkeit der ärztlichen Entscheidung beeinflusst wird.[1247] Der Gewinn muss damit zumindest eine Höhe erreichen, bei der die Befürchtung des Patienten ernsthaft begründet ist, dass bei einer Zuweisung auch Nachteile für seine Gesundheit in Kauf genommen werden.[1248] Unerheblich ist hingegen, ob der Vorteil als geringwertig zu bezeichnen ist[1249], da die Geringwertigkeitsklausel des § 33 Abs. 3 MBO-Ä a. F. im Zuge der letzten Neufassung der Berufsordnung vollständig aufgehoben wurde.[1250]

Insofern muss zudem berücksichtigt werden, dass die Annahme eines messbaren Vorteils im Sinne des § 31 Abs. 1 MBO-Ä nicht erfordert, dass dieser bereits durch eine einzelne Zuweisung bedingt wird. Denn § 31 Abs. 1 MBO-Ä stellt nach dem Wortlaut gerade nicht zur Voraussetzung auf, dass für die Zuweisung

---

[1245] In: Arbeitsgemeinschaft Medizinrecht, S. 827, 837 f., dort auch zum folgenden Text; unkritisch hingegen *Thünken*, MedR 2007, 578, 583.
[1246] Vgl. dazu bereits die Ausführung in Teil 3: § 3 E.III.
[1247] Siehe auch *Bundesärztekammer*, Anm. zu § 32 MBO-Ä, in: Novellierung einzelner Bestimmungen der Musterberufsordnung.
[1248] Siehe auch *Schulenburg*, Rheinisches Ärzteblatt 2008, 16.
[1249] A. A. *Wittmann/Koch*, MedR 2011, 476, 483 f.
[1250] Siehe dazu Teil 3: § 3 E.III.

"eines Patienten" ein Vorteil gewährt wird, sondern lässt mit der Formulierung „Patientinnen und Patienten" auch die Mehrzahl genügen. Ausreichend ist es daher, wenn erst durch die Gesamtheit der Patientenvermittlungen eine materielle Besserstellung entsteht, welche die Erheblichkeitsschwelle überschreitet.[1251]

Die „Spürbarkeit" kann somit in Anlehnung an das eingangs dargestellte Beispiel der Beteiligung an einem großen Pharmakonzern nur dann sicher abgelehnt werden, wenn der Arzt durch seinen steuernden Einfluss gar keine messbare Auswirkung auf seine Gewinnhöhe erzielen kann.

cc) Einschränkung durch das Erfordernis einer Unrechtsvereinbarung

Die potenzielle Gelegenheit, den eigenen Gewinn durch eine gezielte Verwertung des eigenen Patientenstamms zu steigern, ergibt sich als automatische Folge des Anteilserwerbs. Dies ist einerseits problematisch, weil der Emittent möglicherweise allein den für sich zulässigen Zweck der Kapitalmehrung verfolgen mag. Letzteres könnte insbesondere bei Aktiengesellschaften zu unterstellen sein, deren Anteilserwerb jedem ohne Rücksicht auf die Profession offensteht. Allerdings wird es in diesen Fallgruppen regelmäßig auch an der Gelegenheit zur spürbaren Einflussnahme fehlen.[1252]

Begründet andererseits mit den vorstehenden Ausführungen allein die einfache Kausalität zwischen Zuweisung und Gewinnerhöhung eine Konnexität im Sinne des § 31 Abs. 1 MBO-Ä, enthält jedes Angebot einer gesellschaftsrechtlichen Beteiligung zugleich das Versprechen eines Vorteils im Sinne von § 31 Abs. 1 MBO-Ä, wenn dem Arzt dadurch die Möglichkeit eingeräumt wird, den Gewinn signifikant zu steigern. Sind diese Voraussetzungen erfüllt, verbietet § 31 Abs. 1 MBO-Ä folglich bereits die gesellschaftsrechtliche Einbindung des Arztes.

Wittmann und Koch äußern an der Verhältnismäßigkeit einer derartigen Einschränkung im Hinblick auf die verfassungsrechtlich in Art. 9 Abs. 1 GG gewährleistete Vereinigungsfreiheit und die in Art. 12 GG niedergelegte Berufsfreiheit allerdings Bedenken.[1253] Dem Arzt könne die Einbindung in eine Gesellschaft nur untersagt werden, soweit eine Beeinträchtigung der Schutzzwecke des § 31 Abs. 1 MBO-Ä dies gebiete. Um den verfassungsrechtlichen Schranken der betroffenen Grundrechte zu entsprechen, sei es daher erforderlich, dass sich in der Verknüpfung von Vorteil und Zuweisung eine Unrechtsvereinbarung manifestiere.[1254] Eine Unrechtsvereinbarung setzt voraus, dass der Vorteil – hier die

---

[1251] Vgl. auch BGH GRUR 2011, 345, 351, der sich ausdrücklich auf den „Anteil der Verweisungen des Arztes" bezieht.
[1252] Siehe dazu die Ausführungen betreffend die Beteiligung an einem Pharmakonzern auf S. 223.
[1253] MedR 2011, 476, 480, dort auch zum folgenden Text.
[1254] MedR 2011, 476, 483.

Möglichkeit zur Wertsteigerung des Kapitalanteils – aus der Sicht beider Kooperationspartner gerade in der Erwartung der Zuweisung hingegeben wird.[1255]

Es bedarf somit der Prüfung, ob die in Rede stehende gesellschaftsrechtliche Beteiligung dem Schutzanliegen des § 31 Abs. 1 MBO-Ä nur dann widerspricht, wenn eine Unrechtsvereinbarung vorliegt.

Der Regelungszweck des § 31 Abs. 1 MBO-Ä gebietet die Wahrung der ärztlichen Unabhängigkeit bei einer gesellschaftsrechtlichen Beteiligung des Arztes nicht minder als wie bei anderen Formen der Zuwendung.[1256] Als besondere Ausprägung der ärztlichen Unabhängigkeit wird vor allem das Vertrauen des Patienten geschützt, dass der Arzt bei seiner Entscheidung, welchem weiteren Leistungserbringer der Patient anvertraut wird, ausschließlich medizinische Belange berücksichtigt.[1257] Dieses Vertrauen wird durch das ökonomische Interesse der Vermehrung einer Kapitalanlage gleichermaßen wie bei einer anderweitigen direkten Belohnung durch den Zuweisungsempfänger erschüttert. Dabei ist nicht auszuschließen, dass der Verlust des Vertrauens schließlich auch zu einer Gefährdung der Gesundheit des Patienten führen kann.[1258] Wirkt der Arzt auf den Patienten dahingehend ein, die eigene Gesellschaft aufzusuchen, liegt eine Beeinträchtigung des Wahlrechts ebenfalls nicht fern.[1259] Bieten dritte Leistungserbringer dem Arzt die Einbindung in eine gesellschaftsrechtliche Struktur an, die dem Arzt die materielle Verwertung seiner Patientenvermittlung ermöglicht, besteht zudem die Gefahr der Beeinträchtigung des Wettbewerbs.[1260] § 31 Abs. 1 MBO-Ä untersagt deshalb das kollusive Zusammenwirken von Zuweisungsempfänger und Arzt mit dem Ziel der entgeltlichen Lenkung des Patienten. Das Vertrauen des Patienten ist dahingehend zu bewahren, dass der Arzt nicht eine gesellschaftsrechtliche Beteiligung in Erwartung der Zuweisungshonorierung eingeht.

Die Norm des § 31 Abs. 1 MBO-Ä erfasst von ihrem Regelungsgehalt hingegen nicht den Schutz des Patienten in der Erwartung, dass der Arzt sich bei seiner Behandlungsentscheidung auch nicht durch solche materiellen Erwägungen leiten lässt, deren Verwirklichung ausschließlich seinem eigenen Einflussbereich unterliegen. Erforderlich ist daher das Zusammenwirken mit einem dritten Leistungserbringer. Es muss somit geprüft werden, ob die Option zur Umsatzsteigerung des Gesamtunternehmens von den Parteien als Gegenleistung für die Vornahme von Zuweisungen vereinbart wurde.

[1255] Vgl. dazu die Ausführungen unter Teil 3: § 3 E.I.
[1256] So auch *Bonvie*, in: Arbeitsgemeinschaft Medizinrecht, S. 827, 836.
[1257] Teil 3: § 3 A.IV.1.a)aa).
[1258] Siehe dazu die Ausführungen auf S. 118; a.A. hingegen *Wittmann/Koch*, MedR 2011, 476, 480.
[1259] Zum Recht der freien Arzt-/Leistungserbringerwahl Teil 3: § 3 A.IV.1.e).
[1260] Vgl. zu dieser auch in Frage gestellten Funktion des § 31 Abs. 1 MBO-Ä Teil 3: § 3 A.IV.1.c).

§ 4 Bewertung einzelner Kooperationen am Maßstab von § 31 Abs. 1 MBO-Ä

Ob aus einer gesellschaftsrechtlichen Verbindung auf eine § 31 Abs. 1 MBO-Ä widersprechende Abrede zu schließen ist, kann nach den allgemein bei der Beurteilung der Konnexität heranzuziehenden Indizien bestimmt werden, die in eine Gesamtabwägung zu stellen sind.[1261] Zu beachten ist in diesem Zusammenhang, dass bei allen Parteien einer gesellschaftsrechtlichen Verbindung das Bewusstsein unterstellt werden kann, dass ein ärztlicher Anteilseigner die beschriebenen Einflussmöglichkeiten hat. Nimmt somit ein nicht ärztlicher Zuweisungsempfänger bei der Akquise für eine Unternehmensbeteiligung gezielt Ärzte in den Fokus[1262], dürfte kaum nachvollziehbar erklärt werden können, dass damit nicht auch eine materielle Zuweiserbindung entgegen § 31 Abs. 1 MBO-Ä bezweckt wird. Einer genaueren Betrachtung bedürfen damit insbesondere die Umstände, unter denen die gesellschaftsrechtliche Vereinbarung geschlossen wurde. Besonderes Augenmerk ist etwa darauf zu richten, ob ein anderer Beteiligungszweck als der der kommerziellen Verwertung des Patientenstamms dargelegt werden kann.[1263] Nicht ausreichend dürfte es dabei sein, wenn die Nutzung der Gelegenheit zur entgeltlichen Patientenzuführung nicht gänzlich ausgeschlossen werden kann. Zu verweisen ist insofern auf die rein ärztliche Kooperationsform der Teilberufsausübungsgemeinschaft, bei der die Bundesärztekammer betonte, dass selbst dann noch eine Umgehung des § 31 Abs. 1 MBO-Ä vorliege, wenn neben anderen Zielen auch eine Zuweisung von Patienten gegen Entgelt bezweckt würde.[1264]

Kann somit aufgrund der äußeren Umstände unterstellt werden, dass alle Beteiligten einer Gesellschaft darum wissen, dass der Arzt spürbar auf seinen Gewinnanteil durch die Vornahme von Zuweisungen Einfluss zu nehmen vermag, ist eine regelwidrige Verknüpfung und in diesem Sinne auch eine Unrechtsvereinbarung gegeben. Wittmann und Koch begreifen die Unrechtsvereinbarung hingegen als weitere Einschränkung der Konnexität, die erst nach Abwägung mehrerer Kriterien festgestellt werden könne.[1265] Während einige dieser Abwägungsgesichtspunkte – wie beispielsweise die Fähigkeit zur Steuerung des Umsatzes[1266] – bei dem hier vertreten Lösungsweg ohnehin berücksichtigt werden, sind andere zur Beurteilung der Konnexität nur bedingt geeignet. So wird es an der Transparenz der gesellschaftsrechtlichen Beteiligung[1267] für den Patienten regelmäßig fehlen[1268]. Soweit ferner auf die Geringfügigkeit des Vorteils und die Sozialadä-

---

[1261] Allgemein zu den heranzuziehenden Kriterien Teil 3: § 3 E.II.
[1262] Vgl. hierzu auch das Beispiel auf S. 223.
[1263] Ähnlich *Wittmann/Koch*, MedR 2011, 476, 484.
[1264] *Bundesärztekammer*, in: Novellierung einzelner Bestimmungen der Musterberufsordnung, § 18 MBO-Ä.
[1265] MedR 2011, 476, 483 f.
[1266] *Wittmann/Koch*, MedR 2011, 476, 484.
[1267] *Wittmann/Koch*, MedR 2011, 476, 484.
[1268] Zu diesem Kriterium *Bundesärztekammer*, DÄBl. 2013, S. A 2226, A 2228.

quanz der Äquivalenzbeziehung abgestellt wird[1269], sei auf die vorstehenden Ausführungen verwiesen.[1270] Schwierig ist auch der Gesichtspunkt des Fremdvergleichs, wenn darauf abgestellt wird, dass der Patient objektiv tatsächlich dem „besten" Leistungserbringer zugeführt wurde.[1271] Denn solche Überlegungen führen auch bei der Beurteilung anderer Fälle einer Zuweisung gegen Entgelt nicht etwa dazu, dass jene gerechtfertigt wäre.[1272] Die vorgeschlagene Vorgehensweise bietet im Übrigen wenig Rechtssicherheit bei der Abgrenzung, weshalb der hier dargestellte Lösungsweg bevorzugt wird.

dd) Aufhebung der Konnexität durch die Entscheidung des Medizinischen Dienstes der Krankenkasse

Bonvie vertritt die Auffassung, dass die Empfehlung einer Rehabilitationseinrichtung, an der der Arzt unter Einsatz von Kapital beteiligt ist, nicht als Verstoß gegen § 31 Abs. 1 Var. 1 MBO-Ä gewertet werden könne, da die Behandlung in der Einrichtung von der Kostenzusage der Krankenkasse abhängig sei und somit die Empfehlung nicht unmittelbar zu einer Aufnahme in der Einrichtung führen würde.[1273] Eine andere Beurteilung sei nur vorzunehmen, wenn die jährliche Ausschüttung, die der Arzt als Kommanditist erhält, unmittelbar von seinem Zuweisungsverhalten abhängig gemacht würde.[1274]

Die Argumentation beinhaltet zunächst schon eine gewisse Widersprüchlichkeit. Denn einerseits soll die Empfehlung nicht geeignet sein, zu einer Aufnahme in der ambulanten Rehabilitationseinrichtung zu führen, wodurch im Prinzip schon die Zuweisungsqualität in Frage gestellt wird. Andererseits könne aber gegen das Zuweisungsverbot verstoßen werden, wenn sich die Gewinnverteilung am „Zuweisungsverhalten" orientiere.

Der Begründung kann jedoch auch nicht in der Sache gefolgt werden, da eine Zuweisung gegen Entgelt jedenfalls nicht an dem Umstand der Kostenzusage zu scheitern vermag. Denn auch in anderen Fällen wird die Beurteilung eines Verstoßes gegen § 31 Abs. 1 MBO-Ä nicht davon abhängig gemacht, ob der Patient das verordnete Medikament oder die angeordnete Behandlung gegenüber seiner Krankenkasse beanspruchen kann. Zudem würde auch ein „Versuch" der Zuweisung gegen Entgelt nicht verneint werden, wenn der Arzt seinen Patienten in ein bestimmtes Krankenhaus einweisen würde, welches ihm dafür grundsätzlich eine

---

[1269] *Wittmann/Koch,* MedR 2011, 476, 483 f.
[1270] Siehe zur Unbeachtlichkeit der Geringfügigkeit auf S. 224.
[1271] *Wittmann/Koch,* MedR 2011, 476, 485.
[1272] Vgl. hierzu auch die Ausführungen auf S. 117 f.
[1273] *Bonvie,* MedR 1999, 64, 65; *ders.,* in: Arbeitsgemeinschaft Medizinrecht, S. 827, 835.
[1274] *Bonvie,* in: Arbeitsgemeinschaft Medizinrecht, S. 827, 835.

Zuweisungspauschale gewährt, weil jenes ausnahmsweise die Aufnahme wegen fehlender Erforderlichkeit der Behandlung ablehnt.

An einer „Zuweisung" kann es hingegen fehlen, wenn die Empfehlung des Arztes im Hinblick auf die Auswahl des konkreten Leistungserbringers keine Auswirkungen hätte, weil diese Entscheidung einer anderen Institution obliegt. Dies ist dem Grunde nach bei der hier in Rede stehenden ambulanten Rehabilitation der Fall, da die Rehabilitationseinrichtung gem. § 40 Abs. 3 SGB V nach billigem Ermessen durch die Krankenkasse ausgewählt wird.[1275] Die Krankenkasse soll allerdings Wunsch- und Wahlrechte des Patienten berücksichtigen. Wünscht der Patient nunmehr die Behandlung in der ihm von Seiten des Arztes empfohlenen Einrichtung und kommt die Krankenkasse diesem Wunsch nach, ist die Empfehlung letztendlich „erfolgreich" im Sinne einer Zuweisung. Einer Verwirklichung des Zuweisungsverbotes steht damit jedenfalls nicht das Fehlen der Zuweisung entgegen. Fraglich ist allein, ob diese Zuführung einen messbaren Vorteil erwachsen lässt, was anhand der vorstehend erörterten Kriterien zu bemessen ist.

c) „Zu fordern, sich oder Dritten versprechen oder gewähren zu lassen oder selbst zu versprechen oder zu gewähren"

Die Feststellung, dass ein Verstoß gegen das Zuweisungsverbot vorliegt, erschöpft sich nicht bereits darin, dass der Arzt mit der Zuweisung kausal einen Vorteil generieren kann. Er muss den Vorteil nach dem Wortlaut der Norm vielmehr von einem Dritten *für* die Vornahme der Zuweisung bzw. Verordnung *fordern,* oder *sich oder Dritten versprechen* oder *gewähren lassen*.

Dabei ist zu beachten, dass sowohl für das Versprechen- als auch für das Gewährenlassen schlüssiges Verhalten genügt.[1276] Die mit dem Erwerb der Geschäftsanteile einhergehende Verpflichtung des nicht ärztlichen Geschäftspartners, den Gewinn entsprechend der Geschäftsanteile auszuzahlen, enthält in diesem Sinne zugleich das Versprechen, den Gewinn bei einer durch Zuweisungen bewirkten Zunahme des Umsatzes entsprechend höher auszuschütten.[1277] Erfolgt später die Abrechnung, wird der Vorteil zudem tatsächlich im Sinne von § 31 Abs. 1 MBO-Ä gewährt.

III. Ergebnis

Einem Arzt steht es grundsätzlich frei, sich gesellschaftsrechtlich an dem Unternehmen eines nichtärztlichen Leistungserbringers zu beteiligen. § 31 Abs. 1 MBO-Ä untersagt dem Arzt jedoch, seinen Patientenstamm durch Vermittlung an

---

[1275] Siehe Teil 2: § 2 A.II.3., dort auch zum folgenden Text.
[1276] Teil 3: § 3 F.I.
[1277] Vgl. auch *Flasbarth,* MedR 2009, 708, 715 unter Verweis auf OLG Düsseldorf MedR 2009, 664 ff.

das Unternehmen wirtschaftlich zu nutzen. Denn erhöht der Arzt durch die Zuweisung seiner Patienten i. w. S. den Wert seiner Geschäftsanteile, entsteht zugleich eine materielle Besserstellung im Sinne des Vorteilbegriffs. Ein Konnexitätsverhältnis ist dabei stets zu bejahen, wenn die Höhe der Gewinnbeteiligung unmittelbar von der Zahl der Patientenzuführungen an die Gesellschaft abhängig gemacht wird. Vermag der Arzt den Wert seines Gesellschaftsanteils hingegen nur mittelbar durch die Förderung der allgemeinen Umsatzzahlen anzuheben, ist einerseits eine „spürbare" Einflussmöglichkeit auf die aus der Gesellschafterstellung resultierende Gewinnhöhe zu verlangen. Ferner ist ein kollusives Zusammenwirken der Gesellschafter mit dem Zweck der entgeltlichen Patientenverwertung im Sinne einer Unrechtsvereinbarung erforderlich. Insoweit reicht allerdings das beiderseitige Bewusstsein aus. Aufgrund des generellen Wegfalls der Geringwertigkeitsklausel sind keine allzu strengen Anforderungen an das Gewicht des Anreizes zu stellen. Es genügt jeder messbare Vorteil, bei dem der Eindruck einer Beeinflussung der ärztlichen Entscheidung entsteht. Unterhalb der Grenze der erheblichen Einflussnahme sind bei einer Verweisung an die eigene Gesellschaft schließlich die durch § 31 Abs. 2 MBO-Ä auferlegten Beschränkungen zu beachten. Abschließend ist darauf hinzuweisen, dass in § 128 Abs. 2 S. 3 SGB V[1278] jüngst eine entsprechende Regelung für Vertragsärzte durch das GKV-Versorgungsstrukturgesetz[1279] eingefügt wurde.[1280]

D. Gesellschaftsrechtliche Kooperation niedergelassener Ärzte

Die Ambition, auf die Zuführung von Patienten hinwirken zu wollen, besteht nicht nur bei nicht ärztlichen Leistungserbringern. Eine „engere" Zusammenarbeit mit Ärzten, die über umfassende Patientenkontakte verfügen, liegt insbesondere im Interesse patientenferner Facharztgruppen, die vornehmlich oder ausschließlich aufgrund von Überweisungen tätig werden.[1281] Eine besondere Attraktivität im Hinblick auf die Patientenlenkung kann neben einer Abrede mit Allgemeinmedizinern beispielsweise bei Kooperationen von konservativ tätigen Ärzten mit ambulanten Operateuren oder von Organfachärzten mit Ärzten methodendefinierter Fächer (Radiologie, Pathologie, Labormedizin) unterstellt werden.[1282]

[1278] „Unzulässige Zuwendungen im Sinne des Satzes 1 sind [...] Einkünfte aus Beteiligungen an Unternehmen von Leistungserbringern, die Vertragsärzte durch ihr Verordnungs- oder Zuweisungsverhalten selbst maßgeblich beeinflussen."
[1279] Gesetz zur Verbesserung der Versorgungsstrukturen in der gesetzlichen Krankenversicherung vom 22.12.2011.
[1280] BGBl. I 2011, S. 2983, 3002.
[1281] Ärzte für Laboratoriumsmedizin, Mikrobiologie und Infektionsepidemiologie, Nuklearmedizin, Pathologie, Radiologische Diagnostik bzw. Radiologie, Strahlentherapie und Transfusionsmedizin, vgl. Teil 2: § 1 A.

§ 4 Bewertung einzelner Kooperationen am Maßstab von § 31 Abs. 1 MBO-Ä   231

Verfügt der eine Arzt über einen umfassenden Patientenstamm und der andere über spezielle Geräte oder die Qualifikation zur Erbringung exklusiver Leistungen, kann dem Grunde nach stets von einem Anreiz ausgegangen werden, mittels Absprache die Zuführung von Patienten durch die Gewährung von Vorteilen oder Entgelten gezielt zu steuern. Um derartige Zuweisungsentgelte effektiver kaschieren zu können, findet sich häufig die Wahl eines Unternehmensmodells, welches den Zuweiser gesellschaftsrechtlich in eine ärztliche Kooperation einbindet.[1283]

Das prominenteste Beispiel einer zur Verschleierung von Zuweisungsentgelten missbrauchten Kooperationsform bildet die sog. Teilberufsausübungsgemeinschaft.[1284] Erhöhte Brisanz weist ferner die Beteiligung an einer Laborgemeinschaft oder an einer Großgerätekooperation in einer Apparategemeinschaft auf.[1285] Nicht jeder im Rahmen eines gesellschaftsrechtlichen ärztlichen Zusammenschlusses erlangte Vorteil beinhaltet jedoch zugleich einen Verstoß gegen § 31 Abs. 1 Var. 1 MBO-Ä.[1286]

I. Formen ärztlicher Kooperationen

Die Beurteilung der Vereinbarkeit ärztlicher Kooperationen mit § 31 Abs. 1 Var. 1 MBO-Ä erfordert zunächst die Differenzierung der unterschiedlichen Möglichkeiten ärztlicher Zusammenarbeit. Die zentrale Norm für ärztliche Kooperationen ist § 18 MBO-Ä. § 18 Abs. 1 S. 1 MBO-Ä unterscheidet die Berufsausübungsgemeinschaft, die Organisationsgemeinschaft, die Kooperationsgemeinschaft und den Praxisverbund.

1. Berufsausübungsgemeinschaft, Kooperationsgemeinschaft und Praxisverbund

Zu der Berufsausübungsgemeinschaft enthält § 18 Abs. 2a MBO-Ä seit der jüngsten Novellierung der Berufsordnung erstmals eine eigene Definition.[1287]

[1282] Beispiele nach *Ratzel/Möller/Michels*, MedR 2006, 377, 381; vgl. ferner *Krafczyk*, FS Mehle, 2009, S. 325, 337.
[1283] Vgl. *Krafcyzk/Lietz*, ZMGR 2010, 24, 26 f.
[1284] *Bonvie*, in: Arbeitsgemeinschaft Medizinrecht, S. 827; *Fiedler/Fürstenberg*, NZS 2007, 184, 189; *Hartmann*, A/ZusR 2006, 57; *Krafcyzk/Lietz*, ZMGR 2010, 24, 27; *Ratzel*/Lippert, MBO-Ä, § 18/18a Rn. 10; *Ratzel/Möller/Michels*, MedR 2006, 377, 381.
[1285] *Krafcyzk/Lietz*, ZMGR 2010, 24, 27.
[1286] Da die Vermittlung des Patienten zwischen Ärzten ausschließlich im Wege der Zuweisung erfolgen kann, kommt nur § 31 Abs. 1 Var. 1 MBO-Ä als Verbotsnorm in Betracht.
[1287] Nach dem neuen § 18 MBO-Ä unterfallen jetzt auch ärztlich geleitete Medizinische Versorgungszentren dem Begriff der Berufsausübungsgemeinschaft, *Osterloh*, DÄBl. 2011, A-684.

Entscheidendes Merkmal ist danach die gemeinsame Berufsausübung, die gem. § 18 Abs. 2a S. 2 MBO-Ä „die auf Dauer angelegte berufliche Zusammenarbeit selbstständiger, freiberuflich tätiger Gesellschafter voraussetzt". Weitere Anforderungen an das Vorliegen einer Berufsausübungsgemeinschaft, für die als Synonym auch häufig der Begriff der Gemeinschaftspraxis verwendet wird[1288], stellt zudem § 18 Abs. 2a S. 3, 4 MBO-Ä auf.

Betrieben werden kann die Berufsausübungsgemeinschaft in der Rechtsform einer Gesellschaft des bürgerlichen Rechts, einer Partnerschaft nach dem PartGG und in manchen Kammerbezirken zudem als juristische Person des Privatrechts.[1289] Unterscheiden lassen sich zudem einerseits fachgleiche und fachübergreifende sowie örtliche und überörtliche Berufsausübungsgemeinschaften.[1290] Ferner kann sie als (volle) Berufsausübungsgemeinschaft oder gem. § 18 Abs. 1 S. 2 MBO-Ä als Teilberufsausübungsgemeinschaft organisiert sein. Die unterschiedlichen Erscheinungsformen sind dabei untereinander beliebig kombinierbar.[1291]

Die Medizinische Kooperationsgemeinschaft ist eine spezielle Variante der Berufsausübungsgemeinschaft, an der neben Ärzten gem. § 23b Abs. 1 S. 1 MBO-Ä auch Angehörige anderer medizinischer, medizinnaher, naturwissenschaftlicher oder sozialpädagogischer Berufe beteiligt werden.[1292]

Beim Praxisverbund können Ärzte gem. § 23d Abs. 1 S. 1 MBO-Ä „eine Kooperation verabreden, welche auf die Erfüllung eines durch gemeinsame oder gleichgerichtete Maßnahmen bestimmten Versorgungsauftrags oder auf eine andere Form der Zusammenarbeit zur Patientenversorgung (...) gerichtet ist." Aus der in der Norm enthaltenen Wendung „auch ohne sich zu einer Berufsausübungsgemeinschaft zusammenzuschließen" wird dabei allgemein abgeleitet, dass der Praxisverbund zwar grundsätzlich keine Berufsausübungsgemeinschaft begründet, eine solche jedoch ebenfalls sein könnte.[1293]

2. Organisationsgemeinschaft

In der Musterberufsordnung nicht eigens definiert wird hingegen die Organisationsgemeinschaft. Im Unterschied zur Berufsausübungsgemeinschaft steht bei der Organisationsgemeinschaft die gemeinsame Nutzung von Ressourcen im

---

[1288] *Kremer/Wittmann,* in: Rieger/Dahm/Steinhilper, HK-AKM, Nr. 2050 Rn. 4; Ries/Schnieder/Althaus/Bölting, Arztrecht, S. 143.
[1289] *Halbe/Rothfuß,* in: Halbe/Schirmer, HBKG, A 1100 Rn. 68 f.
[1290] *Kremer/Wittmann,* in: Rieger/Dahm/Steinhilper, HK-AKM, Nr. 2050 Rn. 7 ff.
[1291] Bäune/Meschke/*Rothfuß,* Ärzte-ZV § 33 Rn. 34.
[1292] *Broglie/Rasch,* in: Halbe/Schirmer, HBKG, A 1500 Rn. 3, 10; *Ratzel*/Lippert, MBO-Ä, § 23a–d Rn. 9.
[1293] *Weimer,* in: Rieger/Dahm/Steinhilper, HK-AKM Nr. 840 Rn. 29 m.w.N. Zu der geringen praktischen Bedeutung *Ratzel*/Lippert, MBO-Ä, § 23a–d Rn. 11.

Vordergrund.[1294] Vergesellschaftet wird somit nur die Kostenlast.[1295] Im Übrigen führen die Ärzte ihre eigene Praxis mit eigenem Patientenstamm und eigener Patientenkartei.[1296] Eine Organisationsgemeinschaft kennzeichnet zudem, dass jeder Leistungserbringer im Regelfall Gewinn und Umsatz unabhängig von den Mitgesellschaftern erwirtschaftet.[1297]

Als Oberbegriff erfasst die Organisationsgemeinschaft die Praxisgemeinschaft, die Apparategemeinschaft und die Laborgemeinschaft.[1298]

II. Vereinbarkeit ärztlicher Berufsausübungsgemeinschaften mit § 31 Abs. 1 Var. 1 MBO-Ä am Beispiel der Teilberufsausübungsgemeinschaft

Die Bildung einer Berufsausübungsgemeinschaft begründet keine Befreiung von dem Gebot, die Vorschrift des § 31 Abs. 1 Var. 1 MBO-Ä zu beachten.[1299] Lassen Ärzte sich beispielsweise Patienten, die außerhalb des Leistungsspektrums der Gesellschaft behandelt werden, von anderen Gesellschaftern zuweisen und erhalten jene Mitgesellschafter hierfür ein Entgelt, ist regelmäßig der Tatbestand der unerlaubten Zuweisung gegen Entgelt erfüllt.[1300] Die gesellschaftsrechtliche Verbindung der Ärzte bedingt allerdings Besonderheiten bei der Bestimmung eines Verstoßes gegen § 31 Abs. 1 MBO-Ä.[1301] Da bei der Teilberufsausübungsgemeinschaft in der Vergangenheit die stärkste Anfälligkeit für einen Missbrauch beklagt wurde[1302], wird die Entwicklung der zu beachtenden Kriterien vorrangig an dieser Kooperationsvariante ausgerichtet.

1. Begriff der Teilberufsausübungsgemeinschaft

Bei der Teilberufsausübungsgemeinschaft[1303] beschränkt sich gem. § 18 Abs. 1 S. 2 MBO-Ä die gemeinsame ärztliche Berufsausübung auf einzelne Leistungen

---

[1294] *Cramer*, MedR 2004, 552, 553.
[1295] *Halbe/Rothfuß*, in: Halbe/Schirmer, HBKG, A 1100 Rn. 6.
[1296] *Ehmann*, MedR 1994, 141, 144.
[1297] *Halbe/Rothfuß*, in: Halbe/Schirmer, HBKG, A 1100 Rn. 6. Zur Zulässigkeit des sog. „Einnahmepoolings" vgl. nachstehend Teil 3: § 4 D.III.3.
[1298] *Schäfer-Gölz*, in: Halbe/Schirmer, HBKG, A 1200 Rn. 14.
[1299] *Gollasch*, Die fachübergreifende Gemeinschaftspraxis, S. 219 f.; *Halbe/Rothfuß*, in: Halbe/Schirmer, HBKG, A 1100 Rn. 35.
[1300] *Hartmann*, A/ZusR 2006, 57, 63.
[1301] Vgl. *Fiedler/Fürstenberg*, NZS 2007, 184, 189.
[1302] *Bonvie*, in: Arbeitsgemeinschaft Medizinrecht, S. 827; *Fiedler/Fürstenberg*, NZS 2007, 184, 189; *Hartmann*, A/ZusR 2006, 57; *Krafcyzk/Lietz*, ZMGR 2010, 24, 27; *Ratzel*, GesR 2007, 457 ff.; *Ratzel/Möller/Michels*, MedR 2006, 377, 381. Zur Missbrauchsanfälligkeit der überörtlichen Berufsausübungsgemeinschaft *Pflugmacher*, Ärzte Zeitung 2011 (168), 16.

des ärztlichen Tätigkeitsspektrums.[1304] Sie wird gegründet, um bestimmte medizinische Leistungen gemeinschaftlich zu erbringen, wie beispielsweise Operationen inklusive der prä- und poststationären Versorgung, interdisziplinäre Diagnostik oder die gemeinsame Behandlung von Adipositas-Patienten.[1305] Ein Arzt kann zudem in eine Teilberufsausübungsgemeinschaft eingebunden werden und gleichzeitig eine andere Einzel- oder Gemeinschaftspraxis unverändert fortführen.[1306] Erforderlich ist lediglich die Vereinbarung im Gesellschaftsvertrag, dass bestimmte Leistungen zukünftig von der Teilgemeinschaftspraxis erbracht werden.[1307]

Die Bildung einer Teilberufsausübungsgemeinschaft ist seit den auf dem 107. Deutschen Ärztetag 2004 beschlossenen Änderungen der Musterberufsordnung zulässig.[1308] Anlass zur Einführung dieser Kooperationsform gaben einerseits die durch das GKV-Modernisierungsgesetz seit dem 1. Januar 2004 etablierten Medizinischen Versorgungszentren.[1309] Den Ärzten sollte mit der Teilberufsausübungsgemeinschaft ein Gegenmodell zur Verfügung gestellt werden, um auf dem geöffneten Markt der ambulanten Versorgung konkurrenzfähig zu bleiben.[1310] Andererseits sollte mit der Ausweitung der Kooperationsmöglichkeiten die Patientenversorgung verbessert und durch die regelhafte Zusammenarbeit verschiedener Fachgebiete die Nutzung von Synergieeffekten ermöglicht werden.[1311]

Die Teilberufsausübungsgemeinschaft setzt ebenso wie die (volle) Berufsausübungsgemeinschaft eine gemeinsame Berufsausübung voraus[1312], deren Voraussetzungen im Einzelnen allerdings unterschiedlich bestimmt werden. Teilweise wird gefordert, dass mit den ärztlichen Beiträgen ein gemeinsames diagnostisches oder therapeutisches Ziel verfolgt werden muss.[1313] Nach anderer Auffas-

---

[1303] Verwendet wird auch die Bezeichnung Teilgemeinschaft, vgl. *Hartmann,* A/ZusR 2006, 57, 58.

[1304] *Bundesärztekammer,* DÄBl. 2008, A-1019, A-1022; *Canzun,* Kooperationsmöglichkeiten, S. 154; *Frielingsdorf,* Praxis Freiberufler-Beratung 2007, 175, 176; *Halbe/Rothfuß,* in: Halbe/Schirmer, HBKG, A 1100 Rn. 30; *Krafcyzk/Lietz,* ZMGR 2010, 24, 28.

[1305] Beispiele nach *Frielingsdorf,* Praxis Freiberufler-Beratung 2007, 175.

[1306] *Flenker,* Stenografischer Wortbericht 106. Deutscher Ärztetag; *Koch,* GesR 2005, 241, 243.

[1307] *Koch,* GesR 2005, 241, 243.

[1308] *Bundesärztekammer,* DÄBl. 2004, A-1578.

[1309] *Bundesärztekammer,* DÄBl. 2008, A-1019; *Hartmann,* A/ZusR 2006, 57, *Ratzel/Möller/Michels,* MedR 2006, 377.

[1310] *Koch,* GesR 2005, 241; *Wigge,* NZS 2007, 393.

[1311] *Flenker,* Stenografischer Wortbericht 106. Deutscher Ärztetag.

[1312] *Bundesärztekammer,* DÄBl. 2008, A-1019, A-1021 f., dort auch zu den allgemeinen Voraussetzungen gemeinsamer Berufsausübung.

[1313] *Halbe/Rothfuß,* in: Halbe/Schirmer, HBKG, A 1100 Rn. 31; *Wigge,* NZS 2007, 393, 394.

§ 4 Bewertung einzelner Kooperationen am Maßstab von § 31 Abs. 1 MBO-Ä 235

sung ist hingegen in Bezug auf eine konkrete Behandlungssituation nur eine sinnvolle Ergänzung zu verlangen.[1314] An die Kombinationsmöglichkeiten der Fachgebiete in einer Teilberufsausübungsgemeinschaft werden jedoch unabhängig davon, angesichts der intendierten Erleichterung der Kooperationsbildung, keine allzu strengen Anforderungen gestellt.[1315]

Die Zusammenarbeitsform der Teilberufsausübungsgemeinschaft zeigt seit ihrer Einführung zunehmende Prävalenz.[1316] Die Vorteile der Kooperation liegen neben der Verbesserung der Konkurrenzfähigkeit und der Patientenversorgung zudem in der Ausschöpfung ungenutzter Budgetteile und dem Zugriff auf Patienten in neuen Einzugsbereichen.[1317] Ein echtes Bedürfnis für die Beschränkung auf einzelne Leistungen durch die Konstruktion einer Teilberufsausübungsgemeinschaft wird allerdings dennoch von nicht wenigen in Abrede gestellt.[1318]

Denn ein weiterer wesentlicher Anlass zur Bildung einer Teilberufsausübungsgemeinschaft bildet die dadurch eröffnete Gelegenheit, diese Kooperationsform für die gezielte Patientensteuerung gegen Entgelt zu nutzen[1319], wodurch sich das Spannungsfeld mit der Verbotsvorschrift des § 31 Abs. 1 Var. 1 MBO-Ä eröffnet.

2. Missbrauchspotenzial im Hinblick auf § 31 Abs. 1 Var. 1 MBO-Ä

Der Reiz der Teilberufsausübungsgemeinschaft wird vielfach darin gesehen, unter dem Deckmantel einer vermeintlich zulässigen Kooperationsform Zuweisungsentgelte verschleiern zu können, indem über die Gewinnverteilungsabrede eine Begünstigung des überweisenden Arztes vereinbart wird.[1320] Der Überweiser profitiert sodann über den Gewinnverteilungsschlüssel bei der weiteren Behandlung des Patienten in der Teilberufsausübungsgemeinschaft ebenfalls von dem Honorar des überweisungsabhängigen Arztes.[1321]

[1314] *Ratzel/Möller/Michels,* MedR 2006, 377, 380.
[1315] *Ratzel/Möller/Michels,* MedR 2006, 377, 380.
[1316] So die Beobachtungen von *Frielingsdorf,* Praxis Freiberufler-Beratung 2007, 175, 176.
[1317] *Frielingsdorf,* Praxis Freiberufler-Beratung 2007, 175, 176.
[1318] *Arbeitsgruppe Berufsrecht,* ZMGR 2003, 59, 60; *Hartmannsgruber* zit. nach Makoski, ZMGR 2010, 56, 57; *Medizinrechtsausschuss,* ZMGR 2010, 82, 88.
[1319] *Frielingsdorf,* Praxis Freiberufler-Beratung 2007, 175, 176; *Ratzel/Möller/Michels,* MedR 2006, 377, 381.
[1320] *Ratzel/Möller/Michels,* MedR 2006, 377, 381.
[1321] *Krafczyk/Lietz,* ZMGR 2010, 24, 28; vgl. ferner *Ratajczak,* Brennpunkte des Medizinrechts, S. 150.

3. Zuweisung innerhalb einer Teilberufsausübungsgemeinschaft – Umgehung oder Verstoß gegen § 31 MBO-Ä?

Eine Absprache mit der zuvor dargestellten Zielsetzung widerspricht eindeutig dem Regelungszweck des § 31 Abs. 1 Var. 1 MBO-Ä. Eine derartige Fallgestaltung wird dementsprechend nach überwiegender Auffassung entweder als Umgehung[1322] oder Verstoß[1323] gegen das entgeltliche Zuweisungsverbot bewertet. Allein der Umstand, dass die Gewährung eines Zuweisungsentgelts durch eine gesellschaftsrechtliche Gewinnverteilung erfolge, rechtfertige insofern keine andere Beurteilung.[1324]

Die Argumentation von Krafcyzk, dass § 31 MBO-Ä nur vorgeschoben werde, um eine sinnvolle Kooperationsform zu verbieten, vermag hingegen nicht zu überzeugen.[1325] Der Begründung, dass in einem Medizinischen Versorgungszentrum die Verweisung des Patienten an den hauseigenen Erbringer von überweisungsgebundenen medizinisch-technischen Leistungen schließlich auch erlaubt sei und deswegen nicht in einer Teilberufsausübungsgemeinschaft verboten werden dürfe[1326], kann nicht gefolgt werden. Denn diese Sichtweise lässt außer Betracht, dass für einen Verstoß gegen § 31 Abs. 1 Var. 1 MBO-Ä nicht allein eine Zuweisung genügt, sondern es entscheidend darauf ankommt, ob für eine solche ein Entgelt gezahlt wird. Gerade die Umsetzung eines solchen Anliegens soll mit der Bildung einer Teilberufsausübungsgemeinschaft jedoch häufig erreicht werden.

Auffallend sind unterdessen die abweichenden terminologischen Bezeichnungen Verstoß und Umgehung in Bezug auf ein dem § 31 Abs. 1 Var. 1 MBO-Ä zuwiderhandelndes Verhalten. Im bürgerlichen Recht werden als Umgehungsgeschäft solche Rechtsgeschäfte bezeichnet, die bei einer eng am Wortlaut angelehnten Auslegung zwar nicht gegen das gesetzliche Verbot verstoßen, die jedoch in einer Weise konzipiert sind, dass im Ergebnis ein dem Sinn des Verbotsgesetzes zuwiderlaufender Erfolg eintritt.[1327]

In Bezug auf die Teilberufsausübungsgemeinschaften lässt sich die Vermutung aufstellen, dass die hier in Rede stehenden Kooperationen deshalb nicht als „Verstoß" gegen § 31 Abs. 1 MBO-Ä angesehen werden, weil es möglicherweise an einer Zuweisung im Sinne des Tatbestandes fehlt. Denn innerhalb von Berufsausübungsgemeinschaften erfolgt gerade keine Überweisung im formal-juristi-

---

[1322] *Halbe/Rothfuß*, in: Halbe/Schirmer, HBKG, A 1100 Rn. 33; *Wollersheim*, in: Terbille, MAH Medizinrecht, § 5 Rn. 240.
[1323] *Ratzel/Möller/Michels*, MedR 2006, 377, 382; *Weimer*, in: Rieger/Dahm/Steinhilper, HK-AKM, Nr. 840 Rn. 57.
[1324] *Wollersheim*, in: Terbille, MAH Medizinrecht, § 5 Rn. 189.
[1325] In: FS Mehle, 2009, S. 325, 327.
[1326] *Krafczyk/Lietz*, ZMGR 2010, 24, 28.
[1327] *Armbrüster*, in: Säcker/Rixecker, MüKo-BGB, § 134 Rn. 11 m.w.N.

§ 4 Bewertung einzelner Kooperationen am Maßstab von § 31 Abs. 1 MBO-Ä   237

schen Sinne.[1328] Es besteht vielmehr ein einheitlicher Behandlungsauftrag, in den die Gesellschafter zeitlich versetzt eingebunden werden.[1329] Gegen einen originären Verstoß derartiger Absprachen spricht ferner der Wortlaut des § 18 Abs. 1 S. 2 MBO-Ä, der die zulässige Bildung einer Teilberufsausübungsgemeinschaft unter den Vorbehalt stellt, dass diese „nicht einer Umgehung des § 31 dient." Die Bundesärztekammer erachtet somit das ausdrückliche Verbot des Umgehungsgeschäftes offenbar für notwendig. Eine spezielle Regelung ist allerdings, abgesehen von Klarstellungsgesichtspunkten, nicht erforderlich, wenn die betreffenden Konstellationen von § 31 MBO-Ä unmittelbar untersagt werden.

Wie die eingangs dargestellte Definition bereits andeutet, „entsteht" die Problematik eines Umgehungsgeschäftes zumeist durch eine eng am Wortlaut haftendende Auslegung der Norm. Der Erscheinung eines Umgehungsgeschäftes ist deshalb nach ganz vorherrschender Auffassung mit einer um die übrigen Stufen „erweiterten" Auslegung insbesondere in teleologischer Hinsicht[1330] oder durch die Bildung einer Analogie zu begegnen.[1331]

Bereits die Auslegung des Zuweisungsbegriffs hat ergeben, dass dieser nicht auf eine Überweisung im klassischen Sinne begrenzt ist, sondern mit Ausnahme der Verordnung oder des Bezugs jegliche Form der Patientenvermittlung an andere Leistungserbringer erfasst.[1332] Der Bewertung einer gezielten Patientenzuführung als Zuweisung steht mithin nicht entgegen, dass diese durch Empfehlung oder Verweisung an den Partner der Berufsausübungsgemeinschaft erfolgt.[1333] Die bisherigen Ausführungen zu § 31 MBO-Ä standen allerdings stets unter der Prämisse, dass die Vermittlung an eine vom Zuweiser verschiedene Rechtspersönlichkeit erfolgt. Obwohl die Teilberufsausübungsgemeinschaft unter bestimmten Aspekten als rechtliche Einheit aufzufassen ist[1334], führt dies jedoch nicht dazu, dass das an den Arzt in seiner Eigenschaft als natürliche Person gerichtete Verbot des § 31 Abs. 1 MBO-Ä entfällt.[1335] Der Wortlaut des § 31 Abs. 1 Var. 1

[1328] Vgl. *Halbe/Rothfuß*, in: Halbe/Schirmer, HBKG, A 1100 Rn. 109.

[1329] *Gollasch*, Die fachübergreifende Gemeinschaftspraxis, S. 113 f.; *Ratzel/Möller/Michels*, MedR 2006, 377, 381.

[1330] Vgl. statt aller *Armbrüster*, in: Säcker/Rixecker, MüKo-BGB, § 134 Rn. 15 m.w.N.

[1331] Besonderer Regeln bedarf es dazu nicht, vgl. *Armbrüster*, in: Säcker/Rixecker, MüKo-BGB, § 134 Rn. 12 m.w.N.

[1332] Teil 3: § 3 A.V.

[1333] Vgl. *Pflugmacher*, Ärzte-Zeitung v. 21.09.2011 für das Beispiel einer überörtlichen Berufsausübungsgemeinschaft. Indirekt zudem *Halbe/Rothfuß*, in: Halbe/Schirmer, HBKG, A 1100 Rn. 35 („§ 31 MBO-Ä ist auch in der Voll-Berufsausübungsgemeinschaft zu beachten."); anders offenbar *Peters*, Kopfpauschalen, S. 44.

[1334] Zumeist als Gesellschaft bürgerlichen Rechts, vgl. Teil 3: § 4 D.I.1. Zur einheitlichen Abrechnung gegenüber den Kassenärztlichen Vereinigungen und dem Patienten *Halbe/Rothfuß*, in: Halbe/Schirmer, HBKG, A 1100 Rn. 9.

[1335] Vgl. dazu Teil 3: § 3 C.II.3.

MBO-Ä zwingt schließlich auch nicht durch sonstige Anforderungen dazu, diese Art der Vermittlung von dem Begriff der Zuweisung auszuschließen.

Anlass für eine Bezeichnung der in Rede stehende Konstellation als Umgehungsgeschäft des § 31 Abs. 1 MBO-Ä besteht damit nur dann, wenn ein engerer Begriff der Zuweisung zugrunde gelegt wird, als er vorstehend erarbeitet wurde. Sofern dem ärztlichen Gesellschafter für die Vermittlung eines Patienten im Rahmen einer Teilberufsausübungsgemeinschaft ein Vorteil zufließt, kann folglich von einem unmittelbaren Verstoß gegen § 31 Abs. 1 Var. 1 MBO-Ä gesprochen werden.

Wenn dennoch ein Umgehungsgeschäft anstatt eines Verstoßes angenommen wird, bieten jedoch weder die Systematik des Gesetzes noch historische oder genetische Aspekte Anlass dafür, das Zuweisungsverbot nicht auch auf die in Rede stehende Konstellation anzuwenden. Denn eine Zusammenarbeit mit Dritten liegt im Sinne der Überschrift des Kapitels[1336], dem § 31 MBO-Ä untergeordnet ist, nach dem natürlichen Wortverständnis auch bei einer gesellschaftsrechtlichen Kooperation vor. Im Hinblick auf den Sinn und Zweck des § 31 Abs. 1 Var. 1 MBO-Ä verdeutlicht gerade die Existenz von § 18 Abs. 1 S. 2 MBO-Ä, dass auch bei der Vermittlung des Patienten innerhalb einer Gesellschaft nach einhelliger Ansicht die ärztliche Unabhängigkeit zum Schutze des Patienten nicht durch pekuniäre Interessen untergraben werden darf.

4. Vorteil

Ein Verstoß gegen § 31 Abs. 1 Var. 1 MBO-Ä durch die Vereinbarung einer Teilberufsausübungsgemeinschaft setzt ferner voraus, dass nach deren Inhalt ein Vorteil für die bezweckten Zuweisungen gewährt werden soll. Die Beteiligung am Gewinn der Teilberufsausübungsgemeinschaft beinhaltet eine solche wirtschaftliche Verbesserung der Verhältnisse. Der Umstand, dass überhaupt ein Anteil am Gewinn gewährt wird, begründet für sich genommen ebenfalls einen Vorteil. Dieser bedingt sich jedoch durch die Beteiligung als Gesellschafter und wird damit nicht an die Vornahme von Zuweisungen gekoppelt.

5. Konnexität

Bei Beurteilung der Konnexität muss daher darauf abgestellt werden, ob die effektive Höhe der Gewinnausschüttung durch die Vornahme von Zuweisungen an andere Gesellschafter beeinflusst wird.

[1336] B. IV. Nr. 4 der Musterberufsordnung: Wahrung der ärztlichen Unabhängigkeit bei der Zusammenarbeit mit Dritten.

a) Allgemeine Kriterien

Enthält der Gesellschaftsvertrag eine entsprechende ausdrückliche Abrede, begründet diese einen eindeutigen Verstoß gegen § 31 Abs. 1 Var. 1 MBO-Ä.[1337]

Selbst wenn eine derartige Vereinbarung fehlt, kann mit der Beteiligung am Gesellschaftsgewinn dennoch eine Honorierung von Zuweisungen verfolgt werden. Zu beachten ist allerdings, dass der Arzt regelmäßig Beiträge in der Teilberufsgemeinschaft erbringt. Ist die Auskehrung des Gewinns damit als äquivalente Entlohnung für eine Leistung anzusehen, die im Zusammenhang mit der Behandlung des Patienten steht, wird ein Konnexitätsverhältnis den allgemeinen Regeln entsprechend für ausgeschlossen erachtet.[1338] Eine Koppelung von Zuweisung und Gewinnbeteiligung kann hingegen unterstellt werden, wenn ein Gesellschafter (abgesehen von Zuweisungen) gar keine Beiträge erbringt oder die geleistete Mitwirkung für den diagnostischen oder therapeutischen medizinischen Zweck ohne Bedeutung ist.[1339] Bei einer einseitigen wirtschaftlichen Zuwendung verbleibt es zudem, wenn die Gewinnverteilung die Leistungen des Zuweisers im Verhältnis über Gebühr und damit im engeren Sinne unangemessen honoriert.[1340] Eine solche Situation ergibt sich, wenn die tatsächliche Beteiligung des Arztes am Gewinn in Relation zu seinen erwirtschafteten Einnahmen proportional überhöht ist.

b) § 18 Abs. 1 S. 2–5 MBO-Ä

Der Vorstand der Bundesärztekammer hat sich als Reaktion auf den zunehmenden Missbrauch der Teilberufsausübungsgemeinschaft als Zuweisungskonstrukt dazu verleitet gesehen, in § 18 Abs. 1 MBO-Ä die Sätze 2 bis 5 einzufügen[1341], um diese Kooperationsform näher zu reglementieren.[1342]

§ 18 Abs. 1 S. 2 MBO-Ä stellt ausdrücklich fest, dass eine Teilberufsausübungsgemeinschaft nur dann zulässigerweise gebildet werden kann, „sofern sie nicht einer Umgehung des § 31 [MBO-Ä] dient." Um klarzustellen, dass eine Kooperation auch dann nicht legitim ist, wenn sie „nicht nur" den Zweck der

---

[1337] *Halbe/Rothfuß*, in: Halbe/Schirmer, HBKG, A 1100 Rn. 33.
[1338] Vgl. *Hartmannsgruber* zit. nach Makoski, ZMGR 2010, 56, 58; *Scholz*, in: Spickhoff, Medizinrecht, § 18 Rn. 7; *Wollersheim*, in: Terbille, MAH Medizinrecht, § 5 Rn. 245.
[1339] *Halbe/Rothfuß*, in: Halbe/Schirmer, HBKG, A 1100 Rn. 33; ferner *Ratzel/Möller/Michels*, MedR 2006, 377, 381.
[1340] *Scholz*, in: Spickhoff, Medizinrecht, § 18 Rn. 7; anders Bäune/Meschke/*Rothfuß*, Ärzte-ZV, § 33 Rn. 56.
[1341] DÄBl. 2007, A-1613.
[1342] DÄBl. 2007, A-1612; *Schulenburg*, Rheinisches Ärzteblatt 2007, 13.

Zuweisung gegen Entgelt verfolgt[1343], wurde im Zuge der letzten Novellierung zudem das Wort „lediglich" vor „einer Umgehung" gestrichen.[1344]

Als Fälle einer Umgehung i. S. d. § 18 Abs. 1 S. 2 MBO-Ä nennt § 18 Abs. 1 S. 3 MBO-Ä beispielhaft („insbesondere") eine Gewinnverteilung, die nicht dem Leistungsanteil entspricht, und die Beschränkung des ärztlichen Beitrags auf die veranlasste Erbringung medizinisch-technischer Leistungen. § 18 Abs. 1 S. 4 MBO-Ä konkretisiert weitergehend, dass „die Anordnung einer Leistung, insbesondere aus den Bereichen der Labormedizin, der Pathologie und der bildgebenden Verfahren, keinen Leistungsanteil darstellen." § 18 Abs. 1 S. 5 MBO-Ä bestimmt schließlich, dass Verträge über die Gründung von Teilberufsausübungsgemeinschaften der Ärztekammer vorzulegen sind.

Während manche die Regelungen als sinnvolle Konkretisierung des zulässigen Gesellschaftszwecks einer Berufsausübungsgemeinschaft und als erforderliche Ermächtigungsgrundlage für Einschränkungen der Berufsfreiheit begrüßen[1345], wird von anderer Seite bereits die Notwendigkeit des zweiten Halbsatzes in § 18 Abs. 1 S. 2 MBO-Ä in Abrede gestellt.[1346] Denn lassen sich Verstöße gegen § 31 Abs. 1 Var. 1 MBO-Ä mit den grundlegenden Kriterien feststellen[1347], kann der Zweck des § 18 Abs. 1 S. 2 MBO-Ä allenfalls in der Klarstellung erblickt werden[1348], dass die Bildung einer Teilberufsausübungsgemeinschaft nicht von den Vorgaben des Zuweisungsverbots befreit.[1349]

Teilweise werden die mit § 18 Abs. 1 S. 2–4 MBO-Ä einhergehenden Beschränkungen auch als zu weit gehend empfunden, wie die Diskussion um die Entfernung des Wortes „lediglich" in § 18 Abs. 1 S. 2 MBO-Ä zeigte, bei der einige Kammerbezirke eine eher nachgiebige Haltung gegenüber dem Verbot der Zuweisung gegen Entgelt einnahmen.[1350] Fehlender Zuspruch mag daher der Grund sein, dass nicht in alle Landesberufsordnungen der Normtext des § 18 Abs. 1 S. 2–5 MBO-Ä übernommen wurde.[1351] Den größten Anteil an der Kritik

---

[1343] So noch *Ratzel*/Lippert, MBO-Ä, 4. Aufl., § 18/18a Rn. 15.
[1344] Vgl. *Bundesärztekammer*, in: Novellierung einzelner Bestimmungen der Musterberufsordnung, § 18 MBO-Ä.
[1345] Vgl. etwa *Wigge*, NZS 2007, 393, 397.
[1346] *Halbe/Rothfuß*, in: Halbe/Schirmer, HBKG, A 1100 Rn. 32.
[1347] A. A. *Fiedler/Fürstenberg*, NZS 2007, 184, 189.
[1348] *Schumacher*, Rheinisches Ärzteblatt 2007, 10, 14; ähnlich LG Mosbach Urt. v. 22.12.2010 – 3 O 13/10.
[1349] So jedoch *Canzun*, Kooperationsmöglichkeiten, S. 155; *Hartmann*, A/ZusR 2006, 57; *Schallen*, Zulassungsverordnung, § 33 Rn. 43.
[1350] Vgl. *Wolter*, in: 114. Deutscher Ärztetag, Stenografischer Wortbericht, S. 389.
[1351] Keine dem Wortlaut des § 18 Abs. 1 S. 2–5 MBO-Ä entsprechende Regelung enthalten die Berufsordnungen von Berlin und Niedersachsen. Während in diesen Ländern die Teilberufsausübungsgemeinschaft jedoch ausdrücklich zugelassen ist, enthalten die Berufsordnungen von Bayern und Brandenburg gar keine Regelung der Teilberufsausübungsgemeinschaft.

nehmen die beiden in § 18 Abs. 1 S. 3 MBO-Ä geregelten Beispiele einer Umgehung des § 31 Abs. 1 Var. 1 MBO-Ä ein. Die geäußerten Bedenken fokussieren sich dabei zunächst auf § 18 Abs. 1 S. 3 Alt. 2 MBO-Ä.[1352]

aa) Gewinnverteilung gem. § 18 Abs. 1 S. 3 Alt. 2 MBO-Ä

Gem. § 18 Abs. 1 S. 3 Alt. 2 MBO-Ä liegt eine Umgehung des § 31 MBO-Ä vor, wenn „der Gewinn ohne Grund in einer Weise verteilt wird, die nicht dem Anteil der von ihnen [Anm. dem Arzt] persönlich erbrachten Leistung entspricht."

Im Gesellschaftsvertrag ist demzufolge nur die Vereinbarung eines Gewinnverteilungsschlüssels zulässig, der den auszuschüttenden Gewinn in Relation zu den persönlich erbrachten Leistungen bzw. Leistungsanteilen bemisst. Eine abweichende Regelung kann nur getroffen werden, wenn hierfür ein sachlicher Grund besteht. Bei der Teilberufsausübungsgemeinschaft entsteht somit das Erfordernis, den Wert des durch den potenziellen Zuweisers erbrachten Leistungsanteils im Verhältnis zum Wert der Gesamtleistung zu ermitteln.[1353] Abzustellen ist dabei grundsätzlich auf die mit der Arbeitsleistung erzielten Einnahmen. Verzichten die „zuweisungsabhängigen" Gesellschafter grundlos auf Gewinn oder erhält der „zuweisende" Gesellschafter unabhängig vom wirtschaftlichen Gesamtergebnis stets einen bestimmten prozentualen Anteil des durch die Zuweisung ausgelösten Rechnungsbetrags als Gewinn, bildet die Gewinnverteilung den eigenen Leistungsbeitrag nicht mehr in zulässiger Weise ab.[1354] Ein reines Gewinnpooling ist daher ebenfalls unzulässig.[1355]

Die Regelung des § 18 Abs. 1 S. 3 Alt. 2 MBO-Ä spiegelt somit das Äquivalenzkriterium wider, welches generell bei der Beurteilung von Kooperation jedenfalls als Mindestvoraussetzung genannt wird[1356], um die Konnexität von Vorteil und Zuweisung auszuschließen.[1357] In Kombination mit der Bestimmung des § 18 Abs. 1 S. 4 MBO-Ä vermag § 18 Abs. 1 S. 3 Alt. 2 MBO-Ä damit die in Verruf geratenen Geschäftsmodelle zu erfassen, bei denen sich der Beitrag eines Gesellschafters ausschließlich auf die Veranlassung einer Leistung, d.h. einer Zuweisung beschränken soll.[1358] Bei Gesellschaftsverträgen, die insofern keinen

---

[1352] *Halbe/Rothfuß*, in: Halbe/Schirmer, HBKG, A 1100 Rn. 35.
[1353] *Ratzel/Möller/Michels*, MedR 2006, 377, 384 f.
[1354] *Ratzel/Möller/Michels*, MedR 2006, 377, 385.
[1355] *Orlowski/Halbe/Karch*, VÄndG, S. 127; *Schirmer*, Vertragsarztrecht kompakt, S. 282; *Wigge*, NZS 2007, 393, 396; a.A. *Fiedler/Fürstenberg*, NZS 2007, 184, 190.
[1356] Teil 3: § 3 E.V.2.
[1357] *Wigge*, NZS 2007, 393, 397. Eine andere Auffassung vertritt hingegen *Krafczyk*, FS Mehle, 2009, S. 325, 327, demzufolge diese Gewinnanteile keine Provision für die Zuweisung darstellen würden.
[1358] Vgl. *Orlowski/Halbe/Karch*, VÄndG, S. 126 f.

echten Beitrag eines Gesellschafters fordern, fehlt es schließlich an der gemeinsamen Berufsausübung, die nicht nur bei der (vollen) Berufsausübungsgemeinschaft unabdingbare Voraussetzung ist.[1359] Einige sehen die Gewinnverteilungsregel deshalb als geeignetes Kriterium an, um entsprechende Absprachen zu unterbinden.[1360]

(1) Kritik

Kritisiert wird zunächst die Zweckhaftigkeit des § 18 Abs. 1 S. 3 Alt. 2 MBO-Ä, da nicht klar sei, ob mit den Leistungsanteilen die Arbeitszeit, die Behandlungszeit, die veranlassten Umsätze oder der Kapitalbeitrag gemeint wären.[1361] Angezweifelt wird ferner die Berechtigung der Landesärztekammern, die Gestaltung der Gewinnverteilung in den Berufsordnungen festzuschreiben. Denn nach Auffassung von Orlowski, Halbe und Karch handele es sich hierbei nicht mehr um die Regelung einer Berufspflicht, sondern um einen unzulässigen Eingriff in gesellschaftsrechtliche Gestaltungsrechte.[1362] Andere Autoren rügen eine Verletzung der Vertragsfreiheit.[1363]

(2) Würdigung

Wenn sich der Vertragsgegenstand auf die Umsetzung einer Zuweisung gegen Entgelt bezieht, kann mit dem Argument der Vertragsfreiheit eine gesellschaftsrechtliche Abrede nicht legitimiert werden.[1364] Zudem überschreiten die Landesärztekammern nicht ihre aus den Heilberufsgesetzen abgeleitete Kompetenz zur Statuierung berufsrechtlicher Pflichten[1365], wenn sie neben dem insoweit berechtigten Verbot der Zuweisung gegen Entgelt eine Konstruktion direkt untersagen, die eben dieser Norm widerspricht. Dieses abstrakte Verbot muss sich im Hinblick auf die verfassungsrechtlich gem. Art. 2 Abs. 1 GG gewährleistete Vertragsfreiheit[1366] allerdings an dem Grundsatz der Verhältnismäßigkeit messen lassen. Eine Verletzung des Übermaßverbots durch den Gewinnverteilungsschlüs-

---

[1359] *Bundesärztekammer,* DÄBl. 2008, A-1019, A-1022; *Koch,* GesR 2005, 241, 244; *Scholz,* ZMGR 2010, 143, 149; *Wigge,* NZS 2007, 393, 396; *Wigge/Kaiser/Fischer/Loose,* MedR 2010, 700, 708; *Wollersheim,* in: Terbille, MAH Medizinrecht, § 5 Rn. 245.
[1360] *Wigge,* NZS 2007, 393, 397. Unklar *Halbe/Rothfuß,* in: Halbe/Schirmer, HBKG, A 1100 Rn. 35, 109.
[1361] *Fiedler/Fürstenberg,* NZS 2007, 184, 190.
[1362] VÄndG, S. 127 f.
[1363] *Krafczyk/Lietz,* ZMGR 2010, 24, 29; *Weimer,* in: Rieger/Dahm/Steinhilper, HK-AKM, Nr. 840 Rn. 60.
[1364] Vgl. auch *Ratzel/Möller/Michels,* MedR 2006, 377, 384.
[1365] Vgl. dazu vorstehend Teil 3: § 1 B.
[1366] BVerfGE 74, 129, 151 f.

§ 4 Bewertung einzelner Kooperationen am Maßstab von § 31 Abs. 1 MBO-Ä   243

sel des § 18 Abs. 1 S. 3 MBO-Ä könnte sich etwa ergeben, wenn er auch eine vertragliche Gestaltung der Teilberufsausübungsgemeinschaft untersagt, die dem entgeltlichen Zuweisungsverbot nicht widerspricht.

(a) Ungleichbehandlung mit Berufsausübungsgemeinschaften

In die vorbenannte Richtung deuten Stellungnahmen, die eine ungerechtfertigte Ungleichbehandlung von Teilberufsausübungsgemeinschaft und Berufsausübungsgemeinschaft kritisieren.[1367]

So wird bei der (vollen) Berufsausübungsgemeinschaft neben einer leistungsbezogenen Gewinnverteilung im vorgenannten Sinne auch ein prozentualer Verteilungsschlüssel für zulässig erachtet, der beispielsweise den Anteil am Gesellschaftsvermögen abbildet.[1368] Bei der zumeist in der Rechtsform der Gesellschaft bürgerlichen Rechts organisierten (vollen) Berufsausübungsgemeinschaft sieht die Regelung des § 722 Abs. 1 BGB zudem im Grundsatz eine Aufteilung von Gewinn und Verlust nach Köpfen vor.[1369]

Weist nunmehr ein Gesellschafter seinem Mitgesellschafter einen Patienten zu, nimmt er über den paritätischen Gewinnanteil im Sinne des § 18 Abs. 1 S. 3 MBO-Ä ebenfalls an dessen Einnahmen für die betreffende Leistung teil, ohne insoweit einen eigenständigen Leistungsbeitrag erbracht zu haben.[1370] Insbesondere bei der Zusammenarbeit mit einem Arzt eines anderen Fachgebiets entsteht somit der Anreiz, den Patienten innerhalb der Berufsausübungsgemeinschaft zu verweisen, um dadurch den Gesamtumsatz und folglich den an die eigene Person auszukehrenden Gewinn zu erhöhen. Bei einer Gewinnverteilung nach Köpfen entspricht somit der Anteil am Gewinn zumeist nicht genau dem Leistungsanteil.[1371]

Nur eine leistungsbezogene Stückelung des Gewinns unterbindet jedoch den beschriebenen Anreiz, die eigenen Patienten dem Mitgesellschafter zuzuführen. Obwohl der Arzt bei einer festen Quote durch die Zuweisung an den Kollegen materiell zu profitieren vermag, wird die Konformität einer paritätischen Gewinnverteilungsvereinbarung mit dem Verbot des § 31 Abs. 1 Var. 1 MBO-Ä bei

---

[1367] *Orlowski/Halbe/Karch*, VÄndG, S. 128; widersprüchlich *Halbe/Rothfuß*, in: Halbe/Schirmer, HBKG, A 1100 Rn. 35, 109.
[1368] *Bundesärztekammer*, DÄBl. 2008, A-1019, A-1021; *Halbe/Rothfuß*, in: Halbe/Schirmer, HBKG, A 1100 Rn. 108; *Ratzel/Möller/Michels*; MedR 2006, 377, 384.
[1369] Die Regelung des § 722 BGB ist dispositiv, vgl. *Ulmer/Schäfer*, in: Säcker/Rixecker, MüKo-BGB, § 722 Rn. 5. Zulässig sind mithin auch abweichende Vereinbarungen wie beispielsweise ein Verteilungsschlüssel nach bestimmten Quoten oder Umsatz, vgl. *Gummert*, in: Gummert/Weipert, Hdb Gesellschaftsrecht, § 15 Rn. 10; *Halbe/Rothfuß*, in: Halbe/Schirmer, HBKG, A 1100 Rn. 108.
[1370] *Halbe/Rothfuß*, in: Halbe/Schirmer, HBKG, A 1100 Rn. 109 f.
[1371] Vgl. *Orlowski/Halbe/Karch*, VÄndG, S. 128.

fachgebietsübergreifenden Berufsausübungsgemeinschaften an einem Standort bisher jedoch nicht in Frage gestellt.[1372]

Ein Verstoß gegen § 31 Abs. 1 Var. 1 MBO-Ä wird bei einer Berufsausübungsgemeinschaft hingegen angenommen, wenn die Höhe des auszukehrenden Gewinns von der Anzahl der Zuweisungen abhängig gemacht wird.[1373] Da die Gewinnausschüttung in diesem Fall nicht durch einen ärztlichen Beitrag gerechtfertigt würde, der als angemessene Gegenleistung für die zusätzliche Honorierung angesehen werden könnte, kann somit eine Heranziehung der allgemeinen Kriterien festgestellt werden.[1374] Eine § 31 Abs. 1 Var. 1 MBO-Ä widersprechende materielle Bindung eines Zuweisers kann in der Theorie ferner dadurch erfolgen, dass ihm im Verhältnis zu dem Wert seiner übrigen Beiträge unangemessen überhöhter Anteil am Gewinn versprochen wird. Allerdings bereitet die Bestimmung des insoweit maßgeblichen Maßstabs zur Bemessung der Werthaltigkeit in der Praxis einige Schwierigkeiten.[1375] Erforderlich wird daher eine auffällige Disproportionalität sein, welche jedenfalls in dem Extremfall unterstellt werden kann, dass der potenzielle Zuweiser sich überhaupt nicht in die Berufsausübungsgemeinschaft einbringt.

Die (volle) Berufsausübungsgemeinschaft unterliegt somit bei der Ausgestaltung der Gewinnverteilung geringeren Restriktionen, obwohl das Zuweisungsverbot auch in diesem Zusammenhang zu beachten ist und sich in der Berufsausübungsgemeinschaft nach allgemeiner Auffassung auch Facharztgruppen zusammenschließen dürfen, die sich im Hinblick auf die Zuweisung von Patienten zu ergänzen vermögen.

Die Zulässigkeit einer nicht ausschließlich leistungsabhängigen Gewinnaufteilung könnte mit der eingangs genannten Auffassung daher bei der Teilberufsausübungsgemeinschaft ebenfalls zu fordern sein. Ein Verstoß gegen § 31 Abs. 1 Var. 1 MBO-Ä wäre dann ebenfalls ausschließlich nach den allgemeinen Regeln zu bestimmen.[1376] Die unterschiedliche Behandlung von Berufsausübungsgemeinschaft und Teilberufsausübungsgemeinschaft kann allerdings nur dann als Argument herangezogen werden, wenn keine sachlichen Gründe vorliegen, die eine abweichende Reglementierung der Teilberufsausübungsgemeinschaft gerade erforderlich machen.

[1372] *Bäune*, jurisPR-MedizinR 7/2010, Anm. 5 C; *Orlowski/Halbe/Karch*, VÄndG, S. 128; *Pflugmacher*, Ärzte Zeitung 2011 (168), 16 (anders allerdings bei den überörtlichen Berufsausübungsgemeinschaften). Vgl. auch *Hartmann*, A/ZusR 2006, 57, 59; krit. *Stelzner*, Zahnärztliche Kooperationen, S. 134.
[1373] *Gollasch*, Die fachübergreifende Gemeinschaftspraxis, S. 219.
[1374] Vgl. Teil 3: § 3 E.
[1375] *Rothfuß*, in: Bäune/Meschke/Rothfuß, Ärzte-ZV, § 33 Rn. 56 in Fn. 159.
[1376] Dazu Teil 3: § 4 D.II.5.a).

§ 4 Bewertung einzelner Kooperationen am Maßstab von § 31 Abs. 1 MBO-Ä 245

Um eine Gleichheit im Unrecht zu vermeiden, bedarf es davor zudem der Prüfung, ob nicht bereits die Gewinnverteilung nach Köpfen bei der Berufsausübungsgemeinschaft wegen des aufgezeigten Anreizes zur Patientenvermittlung Bedenken unterliegt. Denn dann müsste nicht die Reglementierung der Teilberufsgemeinschaft erleichtert, sondern vielmehr die Berufsausübungsgemeinschaft ebenfalls dem Regime einer allein leistungsbezogenen Gewinnverteilung unterstellt werden.

(b) Vereinbarkeit einer paritätischen Gewinnverteilung in der Berufsausübungsgemeinschaft mit dem Zuweisungsverbot

Eine Unrechtsvereinbarung vorausgesetzt[1377], führt nach dem im vorstehenden Abschnitt gewonnenen Ergebnis gerade die Gelegenheit zur maßgeblichen Einflussnahme auf den Gesamtumsatz dazu, dem Arzt eine gesellschaftsrechtliche Beteiligung an einem dritten Leistungserbringer, auch bei bloßer Gewinnbeteiligung, wegen Verstoßes gegen § 31 Abs. 1 Var. 1 MBO-Ä zu untersagen.[1378] Die gleiche Folge könnte daher auch bei einer rein ärztlichen gesellschaftsrechtlichen Verbindung geboten sein.

Anders als bei einer gesellschaftsrechtlichen Beteiligung des Arztes an einem Leistungserbringer, die dem Patienten im Regelfall nicht bekannt ist, geht der Patient bei einer Verweisung innerhalb der Berufsausübungsgemeinschaft jedoch nicht von einer unzutreffenden Sachlage im Hinblick auf materielle Aspekte aus, die die Entscheidung des Arztes beeinflussen könnten. Denn lässt er sich von einem in einer Berufsausübungsgemeinschaft organisierten Arzt behandeln, weiß er bei der Empfehlung eines Kollegen, dass damit zugleich auch die Gesellschaft gefördert wird.[1379] Der Patient bedarf dabei keiner besonderen Aufklärung über die pekuniären Gesichtspunkte. Lässt sich der Patient von einem in einer Berufsausübungsgemeinschaft tätigen Arzt behandeln, entscheidet er sich für die Gesamtheit der durch die Berufsausübungsgemeinschaft zu erbringenden Leistungen.[1380] Die von Anfang an bestehende Transparenz der materiellen Vorteilhaftigkeit einer Verweisung innerhalb der Gesellschaft schließt deshalb ein Wissensgefälle zwischen Arzt und Patient und somit eine Beeinträchtigung des durch § 31 Abs. 1 MBO-Ä zu schützenden Vertrauens des Patienten aus.[1381] Das glei-

---

[1377] Siehe Teil 3: § 3 E.I und Teil 3: § 4 C.II.3.b)cc).
[1378] Vgl. Teil 3: § 4 C.III.
[1379] *Bäune*, jurisPR-MedizinR 7/2010, Anm. 5 C.
[1380] *Schlund*, in: Laufs/Kern, Hdb Arztrecht, § 18 Rn. 16. Dem Patienten bleibt es indes unbenommen, auch in einer Berufsausübungsgemeinschaft sein Recht auf freie Arztwahl (§ 18 Abs. 4 MBO-Ä) auszuüben, vgl. dazu *Ehmann*, MedR 1994, 141, 145.
[1381] Vgl. zu diesem spezifischen Inhalt des Schutzzwecks „Vertrauen in die ärztliche Unabhängigkeit" die Ausführungen auf S. 117.

che ist für den ebenfalls vom Schutzanliegen des § 31 Abs. 1 MBO-Ä umfassten Wettbewerb anzunehmen.[1382]

Im Unterschied zu einer Beteiligung an einem dritten Leistungserbringer besteht der Zweck einer Berufsausübungsgemeinschaft zudem in der gemeinsamen ärztlichen Berufsausübung. Es wird mithin ein Ziel verfolgt, welches als solches, anders als die gesellschaftsrechtliche Beteiligung des Arztes an irgendeinem Unternehmen, auch im Interesse des Patienten besteht. Die Teilhabe an dem mit den Leistungen des Mitgesellschafters erwirtschafteten Gewinn ist somit gerade als Wesensmerkmal einer gesellschaftsrechtlichen Verbindung anzusehen.[1383] Auch wenn sich somit bei einer gesellschaftlichen Verbindung die Zuweisung an den Kollegen materiell insgesamt positiv auswirkt, steht dieser Aspekt bei einer gelebten gemeinsamen Berufsausübung nicht im Vordergrund, sondern stellt sich als Annex derselben dar.[1384] Für eine gesellschaftsrechtliche Zusammenarbeit werden sich zudem im Regelfall Kollegen zusammenfinden, die von den jeweiligen Fähigkeiten und Qualifikationen des anderen überzeugt sind.[1385] In diesem Sinne entspräche eine Empfehlung des Kollegen sogar den Belangen des Patienten.

Im Rahmen einer Berufsausübungsgemeinschaft begründet die Überstellung des Patienten trotz einfacher Partizipation am Honorar des anderen Arztes somit keine Unrechtsvereinbarung. Die Vereinbarung einer paritätischen Gewinnverteilung verstößt bei der Berufsausübungsgemeinschaft wegen des Anreizes zur Umsatzsteigerung somit nicht gegen § 31 Abs. 1 Var. 1 MBO-Ä.[1386]

(c) Besonderheiten der Teilberufsausübungsgemeinschaft

Obwohl einige der bei der (vollen) Berufsausübungsgemeinschaft genannten Aspekte auch auf die Teilberufsausübungsgemeinschaft zutreffen, könnten die Besonderheiten der Teilberufsausübungsgemeinschaft dennoch eine strengere Vorgabe an die Gewinnverteilung gebieten.[1387]

Bei einer vollen Berufsausübungsgemeinschaft rechtfertigt sich die nicht allein oder überwiegend leistungsbezogene Gewinnverteilung daraus, dass den Schwerpunkt der gemeinsamen Berufsausübung die wirtschaftlich optimierte Ressourcennutzung und die Sozialisierung der typischen Lebensrisiken eines Selbststän-

---

[1382] *Bäune*, jurisPR-MedizinR 7/2010, Anm. 5 C.
[1383] *Weimer*, in: Rieger/Dahm/Steinhilper, HK-AKM, Nr. 840 Rn. 60.
[1384] *Pflugmacher*, Ärzte Zeitung 2011 (168), 16.
[1385] *Krafcyzk/Lietz*, ZMGR 2010, 24, 29.
[1386] *Bäune*, jurisPR-MedizinR 7/2010, Anm. 5 C; *Gummert/Meier*, MedR 2007, 75, 78; *Schulenburg*, Rheinisches Ärzteblatt 2005, 17.
[1387] So im Ergebnis *Canzun*, Kooperationsmöglichkeiten, S. 156; vgl. ferner *Ratzel/Möller/Michels*, MedR 2006, 377, 384. Unklar hingegen *Halbe/Rothfuß*, in: Halbe/Schirmer, HBKG, A 1100 Rn. 35, 109.

digen bilden.[1388] Die Eigenheiten der Teilberufsausübungsgemeinschaft zwingen hingegen nicht zu einer entsprechend weitreichenden Berücksichtigung.[1389] Die Anerkennung der gemeinsamen Leistung kann zudem bei der Teilberufsausübungsgemeinschaft als Grund im Sinne von § 18 Abs. 1 S. 3 Alt. 2 MBO-Ä für eine nicht ausschließlich an den Leistungsanteilen orientierte Gewinnverteilung berücksichtigt werden.[1390] Dem angeführten Argument, dass bei der Gewinnverteilung häufig auch gesellschafterindividuelle wirtschaftliche Beiträge, wie die Übernahme von Geschäftsführungsaufgaben und Investitionen oder die Zurverfügungstellung von Infrastruktur, einbezogen werden sollen[1391], kann dadurch ebenfalls Rechnung getragen werden.

Wie die Realität zeigt, eignet sich die Teilberufsausübungsgemeinschaft schließlich durch ihre Begrenzung auf bestimmte Leistungsausschnitte im Verhältnis zur vollen Berufsausübungsgemeinschaft ungleich mehr dazu, allein die Zuweisung gegen Entgelt zum Geschäftsgegenstand zu erheben.[1392] Kriterien, die die einfachere Überprüfung eines Verstoßes ermöglichen, erscheinen aufgrund des höheren Gefahrenpotenzials mithin auch zweckmäßig.

Allerdings gilt es zu bedenken, dass gerade das letztere Argument des Missbrauchs nur bei den fachübergreifenden Teilberufsausübungsgemeinschaften in besonderem Maße verfängt. Bei einer Teilberufsausübungsgemeinschaft zwischen Ärzten desselben Fachgebietes kann dieses Risiko zwar auch nicht ausgeschlossen werden, etwa wenn die Ärzte über unterschiedliche Schwerpunkte verfügen[1393], es ist aber gleichwohl deutlich geringer. Die mit der Gewinnverteilungsregel des § 18 Abs. 1 S. 3 Alt. 2 MBO-Ä einhergehende Einschränkung betrifft indes nicht nur die erstgenannten Teilberufsausübungsgemeinschaften, sondern auch solche, bei denen zwischen den angehörenden Ärzten aufgrund des Gesellschaftszwecks und der Fachgebiete keine Zuweisungskonstellation unterstellt werden kann.[1394] Dann kann jedoch bei einer Gewinnverteilungsregel, die sich nicht an den Leistungsanteilen orientierte, nicht mehr unterstellt werden, dass vor allem an dem Honorar eines Zuweisungsempfängers partizipiert werden soll. In diesen Konstellationen greift die Gewinnverteilungsregel des § 18 Abs. 1 S. 3 Alt. 2 MBO-Ä dann jedoch zu weit. Geboten ist damit zumindest eine restriktive Anwendung der Gewinnverteilungsregel auf diejenigen Fälle, bei denen ein Anreiz zur Zuweisung nicht grundsätzlich auszuschließen ist.

[1388] *Pflugmacher*, Ärzte Zeitung 2011 (168), 16.
[1389] Vgl. insofern auch *Bundesärztekammer*, DÄBl. 2008, A-1019, A-1022.
[1390] LG Mosbach Urt. v. 22.12.2010 – 3 O 13/10; *Pflugmacher*, Ärzte Zeitung 2011 (168), 16.
[1391] *Ratzel/Möller/Michels*, MedR 2006, 377, 385; anders *Halbe/Rothfuß*, in: Halbe/Schirmer, HBKG, A 1100 Rn. 35.
[1392] Vgl. *Ratzel*, in: Spickhoff, Medizinrecht, § 705 BGB Rn. 9.
[1393] Siehe ausführlich zur Missbrauchsmöglichkeit nachfolgend auf S. 255 f.
[1394] *Halbe/Rothfuß*, in: Halbe/Schirmer, HBKG, A 1100 Rn. 33 Fn. 75.

Im Übrigen besteht ohnehin keine zwingende Notwendigkeit für die Regelung des § 18 Abs. 1 S. 3 Alt. 2 MBO-Ä, da ein Verstoß gegen § 31 Abs. 1 Var. 1 MBO-Ä stets auch mit Hilfe der allgemeinen Kriterien bestimmt werden könnte.[1395]

(d) Zwischenergebnis

Die Möglichkeiten zur Ausgestaltung der Gewinnverteilungsabrede werden durch § 18 Abs. 1 S. 3 Alt. 2 MBO-Ä gegenüber den bei der Berufsausübungsgemeinschaften bestehenden Optionen eingeschränkt. Der bei einer festen Quote grundsätzlich bestehende Anreiz zur Übermittlung des Patienten an andere Gesellschafter einer (vollen) Berufsausübungsgemeinschaft beeinträchtigt wegen der von Anfang an gegebenen Transparenz jedoch nicht das durch § 31 Abs. 1 Var. 1 MBO-Ä geschützte Vertrauen des Patienten in die ärztliche Unabhängigkeit. Die Gewinnverteilungsabrede ist geeignet, die Gründung einer Teilberufsausübungsgemeinschaft aus dem Motiv der materiellen Entlohnung von Zuweisungen zu unterbinden. Betroffen durch die Einschränkung sind jedoch auch Teilberufsausübungsgemeinschaften, bei denen diese Gefahr nicht besteht. In diesen Fällen sollte die Wertung des § 18 Abs. 1 S. 3 Alt. 2 MBO-Ä daher nur zurückhaltende Berücksichtigung finden.

bb) Erbringen medizinisch-technischer Leistungen auf Veranlassung gem. § 18 Abs. 1 S. 3 Alt. 1 MBO-Ä

Gem. § 18 Abs. 1 S. 3 Alt. 1 MBO-Ä ist es als weiterer Umgehungstatbestand des § 31 MBO-Ä anzusehen, wenn sich nach dem Zweck der Gesellschaft „der Beitrag des Arztes auf das Erbringen medizinisch-technischer Leistungen auf Veranlassung der übrigen Mitglieder einer Teilberufsausübungsgemeinschaft beschränkt."

Medizinisch-technische Leistungen gehören zum Aufgabenbereich der sogenannten methodendefinierten Fachgebiete. Dazu sind vornehmlich Radiologie, Nuklearmedizin, Labormedizin und Pathologie zu zählen.[1396] Vertragsarztrechtlich können diese Arztgruppen gem. § 13 Abs. 4 BMV-Ä bzw. § 7 Abs. 4 EKV nur auf Überweisung von dem Patienten in Anspruch genommen werden können.[1397] Die Überweisungsabhängigkeit begründet nunmehr den Anlass, über die

---

[1395] Vgl. *Halbe/Rothfuß,* in: Halbe/Schirmer, HBKG, A 1100 Rn. 33.
[1396] *Wigge,* NZS 2007, 393, 395. Siehe zudem *Miebach,* in: Uleer/Miebach/Patt, Abrechnung, § 2 GOÄ Rn. 38 der unter Verweis auf die GOÄ in diesem Zusammenhang allerdings auch physikalisch-medizinische Leistungen erörtert.
[1397] § 13 Abs. 4 BMV-Ä nennt Ärzte für Laboratoriumsmedizin, Mikrobiologie und Infektionsepidemiologie, Nuklearmedizin, Pathologie, Radiologische Diagnostik bzw. Radiologie, Strahlentherapie und Transfusionsmedizin. Vgl. zudem vorstehend Teil 2: § 1 A.

§ 4 Bewertung einzelner Kooperationen am Maßstab von § 31 Abs. 1 MBO-Ä   249

Bildung einer Teilberufsausübungsgemeinschaft Zuweiser durch materielle Entlohnung an sich zu binden. Mit der Regelung des § 18 Abs. 1 S. 3 Alt. 1 MBO-Ä soll damit insbesondere dem bei der Zusammenarbeit mit überweisungsabhängigen Facharztgruppen beobachteten Missbrauch der Teilberufsausübungsgemeinschaft begegnet werden.[1398]

(1) Entscheidung des LG Mosbach

Das LG Mosbach bewertet unterdessen die § 18 Abs. 1 S. 3 Alt. 1 MBO-Ä entsprechende Regelung in der Berufsordnung der Ärzte in Baden-Württemberg wegen Verstoßes gegen Art. 12 GG als verfassungswidrig.[1399] Ausgangspunkt bildete die Klage eines Wettbewerbsvereins gegen eine in der Form der Partnerschaftsgesellschaft geführte Teilberufsausübungsgemeinschaft. An der Gesellschaft waren neben anderen Fachärzten auch Radiologen beteiligt, die ausschließlich medizinisch-technische Leistungen erbrachten. Die Gewinnverteilung war an die Vorgaben des § 18 Abs. 1 S. 3 Alt. 2, S. 3 MBO-Ä angelehnt. Lediglich ein Prozent des Gewinns aus den Honorarumsätzen wurde nach Köpfen mit der Begründung verteilt, dass damit die gemeinsame Leistung anerkannt werden sollte.

Nach der Ansicht des Gerichts führt § 18 Abs. 1 S. 3 Alt. 1 MBO-Ä dazu, dass Ärzte, die medizinisch-technische Leistungen auf Veranlassung von anderen Ärzten erbrächten, von vorneherein keine Teilberufsausübungsgemeinschaft mit anderen Ärzten eingehen könnten. Das sich aus der Berufsausübungsfreiheit gem. Art. 12 GG ergebende Recht, sich beruflich zusammenzuschließen, werde dadurch eingeschränkt. Dieser Eingriff in die Berufsfreiheit sei nicht durch eine ausreichende Ermächtigungsgrundlage gedeckt. Denn die entsprechende Norm in dem Heilberufsgesetz des Landes Baden-Württemberg[1400] enthalte keine konkreten Vorgaben, von welchen Voraussetzungen ein beruflicher Zusammenschluss abhängig zu machen sei. Ob eine gemeinsame Berufsausübung erfolgen könne, betreffe jedoch einen Kernbereich der Berufsausübungsfreiheit und müsse folglich durch den Landesgesetzgeber selbst geregelt werden. Das Gericht stellte zudem „hilfsweise" fest, dass § 18 Abs. 1 S. 3 Alt. 1 MBO-Ä gegen den Grundsatz der Verhältnismäßigkeit verstoße. Missbrauchsfällen könne ausreichend mit § 31 MBO-Ä begegnet werden. Ein über den Regelungsbereich des § 31 MBO-Ä hinausreichendes Verbot des Zusammenschlusses von zuweisungsabhängigen Ärzten

---

[1398] Zum Missbrauchspotenzial *Ratzel/Möller/Michels,* MedR 2006, 377, 381. Zu den bereits im Vorfeld der Einführung der Teilberufsausübungsgemeinschaft in dieser Beziehung geäußerten Bedenken *Hartmann,* A/ZusR 2006, 57.
[1399] Urt. v. 22.12.2010 – 3 O 13/10, Rn. 40 f., 47 ff.; dort auch zum folgenden Text. Demgegenüber bewertete die nachfolgende Instanz das Verbot als verfassungsgemäß, vgl. OLG Karlsruhe, Urt. v. 27.6.2012 – 6 U 15/11, Rn. 45 ff.
[1400] § 31 Abs. 2 NR. 7 Heilberufs-Kammergesetz Baden-Württemberg.

der medizinisch-technischen Leistungen mit zuweisenden Ärzten sei daher nicht erforderlich.

(2) Würdigung

Nach der Auffassung des LG Mosbach scheitert die Verfassungskonformität des § 18 Abs. 1 S. 3 Alt. 1 MBO-Ä im Ergebnis daran, weil Ärzte, deren klassisches Betätigungsfeld das Erbringen medizinisch technischer Leistungen auf Veranlassung anderer Ärzte ist, mit diesen Ärzten keine Teilberufsausübungsgemeinschaft bilden können.[1401] Neben einem verfassungswidrigen Eingriff in die durch Art. 12 Abs. 1 GG geschützte Berufsausübungsfreiheit[1402] beinhaltet die Regelung damit möglicherweise auch eine Art. 3 Abs. 1 GG widersprechende Ungleichbehandlung gegenüber anderen Facharztgruppen. Zu prüfen gilt es jedoch zunächst, ob die Einschätzung des Gerichts im Hinblick auf den kategorischen Ausschluss einer Teilberufsausübungsgemeinschaft mit überweisungsabhängigen Facharztgruppen durch § 18 Abs. 1 S. 3 Alt. 1 MBO-Ä überhaupt zutrifft.

(a) Wortlaut

Dazu bedarf es der Auslegung des § 18 Abs. 1 S. 3 Alt. 1 MBO-Ä, wobei zunächst dessen Wortlaut zu betrachten ist. Eine Umgehung des § 31 MBO-Ä liegt demgemäß vor, wenn sich „der Beitrag des Arztes auf das Erbringen medizinisch-technischer Leistungen auf Veranlassung der übrigen Mitglieder einer Teilberufsausübungsgemeinschaft beschränkt."

Diese Formulierung kann einerseits mit dem Verständnis des LG Mosbach dahingehend aufgefasst werden, dass die Gründung einer Teilberufsausübungsgemeinschaft untersagt wird, wenn an ihr ein Arzt beteiligt werden soll, der medizinisch-technische Leistungen auf Veranlassung anderer Ärzte erbringt. Da Ärzte der methodendefinierten Fächer zumindest im Vertragsarztrecht nur dann von dem Patienten in Anspruch genommen werden dürfen, wenn eine Überweisung vorliegt, hätte § 18 Abs. 1 S. 3 Alt. 1 MBO-Ä faktisch zur Konsequenz, dass zumindest Vertragsärzte mit einem entsprechenden Aufgabenbereich sich nicht an einer Teilberufsausübungsgemeinschaft beteiligen könnten. Fraglich ist jedoch, ob diese Deutung sich im Übrigen mit dem Wortlautgefüge des § 18 Abs. 1 MBO-Ä vereinbaren lässt.

Gem. § 18 Abs. 1 S. 4 MBO-Ä begründet die Anordnung einer Leistung keinen Leistungsanteil, der bei der Gewinnverteilung im Sinne des § 18 Abs. 1 S. 3

[1401] Urt. v. 22.12.2010 – 3 O 13/10, Rn. 47.
[1402] Vgl. zu dem einheitlichen Begriff der Berufsfreiheit in Art. 12 Abs. 1 GG *Scholz*, in: Maunz/Düring, GG, Art. 12 Rn. 22 ff.

§ 4 Bewertung einzelner Kooperationen am Maßstab von § 31 Abs. 1 MBO-Ä   251

Alt. 2 MBO-Ä berücksichtigt werden könnte. Sowohl mit der „Anordnung einer Leistung" i. S. v. § 18 Abs. 1 S. 4 MBO-Ä als auch mit der „Veranlassung" i. S. v. § 18 Abs. 1 S. 3 Alt. 1 MBO-Ä wird dabei nicht anderes als der Prozess einer Patientenzuführung innerhalb der Teilberufsausübungsgemeinschaft umschrieben. § 18 Abs. 1 S. 4 MBO-Ä benennt als Beispiele einer Anordnung mit der Labormedizin, Pathologie und den bildgebenden Verfahren insbesondere solche Leistungen, die von Ärzten erbracht werden, mit denen nach Auffassung des LG Mosbach durch § 18 Abs. 1 S. 3 Alt. 1 MBO-Ä eine Kooperation untersagt wird. § 18 Abs. 1 S. 4 MBO-Ä setzt nunmehr durch die Bestimmung, dass eine bloße Anordnung der in Rede stehenden Leistungen keinen berücksichtigungsfähigen Anteil begründet, implizit gerade voraus, dass jene in einer Teilberufsausübungsgemeinschaft erbracht werden können. Leistungen aus dem Bereich der Labormedizin, Pathologie und der bildgebenden Verfahren können jedoch nur dann Inhalt einer Teilberufsausübungsgemeinschaft sein, wenn Ärzte der betreffenden Fachgebiete teilhaben. Die durch das LG Mosbach vorgenommene Interpretation des Wortlauts setzt sich somit gegenüber der zweiten Alternative des § 18 Abs. 1 S. 3 MBO-Ä in Widerspruch, wenn in die Betrachtung § 18 Abs. 1 S. 4 MBO-Ä mit einbezogen wird.

Der Normtext des § 18 Abs. 1 S. 2 Alt. 1 MBO-Ä lässt ebenfalls die Deutung zu, dass sich nur der Gesellschaftszweck nicht auf die Überweisung von Patienten an den Arzt eines methodendefinierten Fachgebiets durch die übrigen Mitglieder der Teilberufsausübungsgemeinschaft beschränken darf, eine Kooperation aber dennoch eingegangen werden kann.[1403] Die Fallgruppe, dass eine Teilberufsausübungsgemeinschaft ausschließlich mit dem Ziel gegründet wird, den Akt der Zuweisung zu vergesellschaften, wird allerdings dem Grunde nach auch mit der Bestimmung des § 18 Abs. 1 S. 3 Alt. 2 MBO-Ä untersagt, da in einer solchen Konstellation jegliche Beteiligung am Gewinn nicht durch einen Leistungsanteil gedeckt wäre. § 18 Abs. 1 S. 3 Alt. 2 MBO-Ä ist damit bei diesem Verständnis im Prinzip überflüssig. Allerdings gilt es zu beachten, dass die Regelung nur als Beispiel einer Umgehung ausgestaltet ist, wie in der Formulierung „insbesondere" zum Ausdruck gelangt. Denkbar ist zudem, dass mit § 18 Abs. 1 S. 3 Alt. 1 MBO-Ä die Situation erfasst werden sollte, dass Ärzte neben der Zuweisung gar keinen echten Beitrag zur Gesellschaft leisten, während § 18 Abs. 1 S. 3 Alt. 2 MBO-Ä darauf abzielen könnte, die Feststellung einer Zuweisung gegen Entgelt zu erleichtern, wenn neben der Zuführung von Patienten in der Teilberufsausübungsgemeinschaft auch eine Ausübung des ärztlichen Berufs erfolgt. Selbst wenn die letztere Auslegungsvariante zur Überflüssigkeit des § 18 Abs. 1 S. 3 Alt. 1 MBO-Ä führen sollte, wäre ihr der Vorzug zu geben, weil sie jedenfalls keinen norminternen Widerspruch begründet.

[1403] So auch *Wigge*, NZS 2007, 393, 397; ferner *Makoski*, ZMGR 2010, 56, 58.

(b) Systematik

Für eine Auslegung des § 18 Abs. 1 S. 3 Alt. 1 MBO-Ä, die eine Teilberufsausübungsgemeinschaft nicht vollständig untersagt, sprechen zudem die Gründe, die bei § 33 Abs. 2 S. 3–5 Ärzte-ZV zu einer überwiegend identischen Formulierung geführt haben.

§ 33 Abs. 2 S. 3 Ärzte-ZV a. F.[1404] untersagte Vertragsärzten die Bildung einer Teilberufsausübungsgemeinschaft, „sofern diese [...] zur Erbringung überweisungsgebundener medizinisch-technischer Leistungen mit überweisungsberechtigten Leistungserbringern gebildet wird." Als Begründung für den generellen Ausschluss dieser Konstellation diente das Argument der besonderen Anfälligkeit für Verstöße gegen das Zuweisungsverbot.[1405]

§ 33 Abs. 2 S. 3 Ärzte-ZV a. F. erfuhr nach der Einführung starke Kritik, weil die Norm die konkreten Umstände außer Acht lasse und außerdem „zu Wertungswidersprüchen gegenüber den berufsrechtlichen Regelungen führe".[1406] Rothfuß bezeichnet etwa, als § 18 Abs. 1 S. 3 Alt. 1 MBO-Ä bereits in der Musterberufsordnung geregelt war, die Zusammenarbeit eines Laborarztes mit einem Gynäkologen, der selbst über eine Abrechnungsgenehmigung für Speziallaboruntersuchungen verfügt, zum Zwecke der Erbringung solcher Untersuchungen als berufsrechtlich zulässiges Beispiel einer Teilberufsausübungsgemeinschaft.[1407] Wigge beschreibt weitere Modelle einer zulässigen Kooperation in einer Teilberufsausübungsgemeinschaft mit Radiologen.[1408] Entscheidend sei für die berufsrechtliche Zulässigkeit der Teilgemeinschaftspraxis, dass die beteiligten Ärzte ärztliche Leistungen erbrächten, die im Rahmen der Gesamtbehandlung bzw. der Diagnostik als Teilbetrag angesehen werden könnten.[1409] Die Leistungserbringung könnte dabei auch in Teilakten wie beispielsweise durch Trennung von Untersuchung und Befunderhebung erfolgen.[1410] Einzuhalten seien jedoch die Anforderungen, die die GOÄ an die Berechnungsfähigkeit einer konsiliarischen Beratung stelle.[1411] Als Zulässigkeitskriterium wird somit maßgeblich, dass das Weiterbildungs- und Gebührenrecht eine Teilnahme an der Leis-

---

[1404] Text bei *Schallen*, 3. Aufl., Zulassungsverordnung, § 33.
[1405] BT-Drucks. 16/2474, S. 31.
[1406] Bäune/Meschke/*Rothfuß*, Ärzte-ZV, § 33 Rn. 56. *Wigge*, NZS 2007, 393, 399. Vgl. auch *Ratzel/Möller/Michels*, MedR 2006, 377, 380 f.
[1407] In: Bäune/Meschke/Rothfuß, Ärzte-ZV, § 33 Rn. 56. Vgl. aber auch *Halbe/ Rothfuß*, in: Halbe/Schirmer, in: HBKG, A 1100 Rn. 33 Fn. 75, die darauf hinweisen, dass eine Teilberufsausübungsgemeinschaft zwischen Laborärzten und ihren Zuweisern „kaum vertretbar" sei.
[1408] NZS 2007, 393, 396.
[1409] *Wigge*, NZS 2007, 393, 396 f., dort auch zum folgenden Text.
[1410] *Bundesärztekammer*, DÄBl. 2008, A-1019, A-1022; *Makoski*, ZMGR 2010, 56, 58.
[1411] *Wigge*, NZS 2007, 393, 396.

tung des überweisungsabhängigen Arztes durch den potenziellen Zuweiser erlaubt.

Um der Forderung einer aus den genannten Gründen gebotenen restriktiven Auslegung[1412] des § 33 Abs. 2 S. 3 Ärzte-ZV a.F. nachzukommen, wurde die Regelung im Rahmen des Gesetzgebungsverfahrens zur Verbesserung der Versorgungsstrukturen in der gesetzlichen Krankenversicherung (GKV-VStG)[1413] nunmehr durch eine am Wortlaut des § 18 Abs. 1 S. 2–4 MBO-Ä orientierte Formulierung[1414] ersetzt.[1415] Nach der ursprünglichen Fassung des Gesetzesentwurfs der Bundesregierung sollte sich das § 18 Abs. 1 S. 2–3 MBO-Ä entsprechende Verbot sogar auf (volle) Berufsausübungsgemeinschaften erstrecken.[1416]

Der systematische Vergleich mit § 33 Abs. 2 S. 3–5 Ärzte-ZV streitet somit dafür, dass mit dem bei § 18 Abs. 1 S. 3 Alt. 1 MBO-Ä gewählten Wortlaut gerade kein genereller Ausschluss der methodendefinierten Fächer von der Beteiligung an einer Teilberufsausübungsgemeinschaft bezweckt wurde.

(c) Telos

Die letztere Interpretationsvariante bedeutet im Umkehrschluss, dass bei einer Teilberufsausübungsgemeinschaft mit überweisungsabhängigen Fachgebieten auch ein anderer Gesellschaftszweck verfolgt werden kann, der nicht die materielle Lenkung von Patientenströmen zum Gegenstand hat. Diese Interpretation lässt sich somit nur dann aufrechterhalten, wenn eine Kooperation mit methodendefinierten Fachgebieten es tatsächlich vermag, einem zulässigen Ziel zu dienen. Denn andernfalls müsste stets ein Verstoß gegen § 31 Abs. 1 Var. 1 MBO-Ä durch die in Rede stehende Kooperationsform angenommen werden, der dann allerdings auch geeignet wäre, entgegen der Auffassung des LG Mosbach ein ausnahmsloses Verbot und den damit verbundenen Eingriff in die Berufsausübungsfreiheit zu rechtfertigen.

[1412] *Orlowski/Halbe/Karch*, VÄndG, S. 130 f.; Bäune/Meschke/*Rothfuß*, Ärzte-ZV, § 33 Rn. 56.

[1413] Vgl. zum Gesetzesentwurf BT-Drucks. 17/6906.

[1414] Die gemeinsame Berufsausübung, bezogen auf einzelne Leistungen, ist zulässig, sofern diese nicht einer Umgehung des Verbots der Zuweisung von Versicherten gegen Entgelt oder sonstige wirtschaftliche Vorteile nach § 73 Abs. 7 SGB V dient. Eine Umgehung liegt insbesondere vor, wenn sich der Beitrag des Arztes auf das Erbringen medizinisch-technischer Leistungen auf Veranlassung der übrigen Mitglieder einer Berufsausübungsgemeinschaft beschränkt oder wenn der Gewinn ohne Grund in einer Weise verteilt wird, die nicht dem Anteil der persönlich erbrachten Leistungen entspricht. Die Anordnung einer Leistung, insbesondere aus den Bereichen der Labormedizin, der Pathologie und der bildgebenden Verfahren, stellt keine persönlich erbrachte anteilige Leistung in diesem Sinne dar; vgl. BT-Drucks. 17/8005, S. 115; vgl. ferner *Scholz*, MedR 2012, 741, 742.

[1415] BT-Drucks. 17/8005, S. 176.

[1416] BT-Drucks. 17/6906, S. 62. Zur Kritik am Gesetzesentwurf *Halbe/Rothfuß*, in: Halbe/Schirmer, HBKG, A 1100 Rn. 109.

Zur Klärung der aufgeworfenen Frage nach alternativen Zielen einer Teilberufsausübungsgemeinschaft mit methodendefinierten Facharztgruppen kann zudem auf die im Zusammenhang mit § 33 Abs. 2 S. 3 Ärzte-ZV a. F.[1417] vorstehend dargestellte Diskussion verwiesen werden. Die Ausführungen haben gezeigt, dass die Zusammenarbeit mit überweisungsabhängigen Fachgebieten – beispielsweise zur Verbesserung der Diagnostik – durchaus sinnvoll sein kann und somit auch ein zulässiger Gesellschaftszweck verfolgt wird. Ein pauschaler Ausschluss einer Teilberufsausübungsgemeinschaft mit Ärzten methodendefinierter Fächer ist deshalb nicht zu rechtfertigen.[1418] Könnte § 18 Abs. 1 S. 3 Alt. 1 MBO-Ä nur als Verbot der in Rede stehenden Konstellation gedeutet werden, müsste den vom LG Mosbach geäußerten Bedenken folglich tatsächlich zugestimmt werden.

Zu einem anderen Ergebnis muss allerdings gelangt werden, wenn § 18 Abs. 1 S. 3 Alt. 1 MBO-Ä auf der Grundlage der zweiten Auslegungsvariante dahingehend verstanden wird, dass sich der Beitrag eines Arztes nicht darin erschöpfen darf, die Leistung eines Erbringers medizinisch-technischer Leistungen zu veranlassen. Denn eine solche Konstellation würde wegen der Beteiligung des Zuweisers am Gewinn der gemeinsamen Gesellschaft stets gegen § 31 Abs. 1 Var. 1 MBO-Ä verstoßen. Insofern geht die Annahme des LG Mosbach fehl, dass § 18 Abs. 1 S. 3 Alt. 1 MBO-Ä engere Voraussetzungen als § 31 Abs. 1 Var. 1 MBO-Ä habe.[1419] § 18 Abs. 1 S. 3 Alt. 1 MBO-Ä beschreibt vielmehr eine typische Verwirklichungsform des § 31 Abs. 1 Var. 1 MBO-Ä, bei der auch, wie von dem Gericht gefordert, ein Vorteil für die Zuweisung durch die in der Gewinnbeteiligung liegende Belohnung der Veranlassung der Leistung gewährt wird. § 18 Abs. 1 S. 3 Alt. 1 MBO-Ä beinhaltet damit keine Ausweitung des Verbots, sondern dessen Konkretisierung. Die Argumentation des Gerichts, dass § 18 Abs. 1 S. 3 Alt. 1 MBO-Ä keine Zuweisung gegen Entgelt voraussetze, greift damit zu kurz.

Da mit § 18 Abs. 1 S. 3 Alt. 1 MBO-Ä kein weitreichenderer Eingriff in die Berufsausübungsfreiheit verbunden ist als er ohnehin schon durch § 31 Abs. 1 Var. 1 MBO-Ä geboten wird, kann diesem nicht die Verfassungswidrigkeit entgegengehalten werden. Denn der mit § 31 Abs. 1 MBO-Ä bezweckte Patientenschutz trägt jedenfalls die an eine Einschränkung der Berufsausübungsfreiheit zu stellenden Anforderungen einer vernünftigen Erwägung des Gemeinwohls.[1420]

[1417] Text bei *Schallen*, Zulassungsverordnung, 3. Aufl., § 33.
[1418] Vgl. *Ratzel/Möller/Michels*, MedR 2006, 377, 381 die auf das Beispiel der Zusammenarbeit von Laborärzten mit Fachärzten für Endokrinologie verweisen; ferner *Ratzel*, VSSR 2007, 207, 210 für die Zusammenarbeit von Radiologe und Kardiologe.
[1419] Urt. v. 22.12.2010 – 3 O 13/10, Rn. 47.
[1420] So auch die nachfolgende Instanz, OLG Karlsruhe, Urt. v. 27.6.2012 – 6 U 15/11, Rn. 4; vgl. ferner allgemein zur Einschränkbarkeit der Berufsausübungsfreiheit auf der Grundlage der Stufentheorie BVerfGE 7, 377 ff.

§ 4 Bewertung einzelner Kooperationen am Maßstab von § 31 Abs. 1 MBO-Ä   255

Sofern nach Auffassung des LG Mosbach dennoch wegen des Eingriffs in den Kernbereich der Berufsausübung eine konkretere Fassung der Ermächtigungsgrundlage notwendig wäre, müsste dies konsequenterweise auch für § 31 Abs. 1 MBO-Ä gefordert werden.

Abschließend bleibt darauf hinzuweisen, dass ein Missbrauch der Teilberufsausübungsgemeinschaft nicht nur bei einer Zusammenarbeit mit Ärzten der Methodenfächer nahe liegt. *Wigge* hebt diesbezüglich hervor, dass es weitere ärztliche Leistungen gibt, die aufgrund des Qualifikationsvorbehalts (§ 135 Abs. 2 SGB V) faktisch auch einem „Überweisungsvorbehalt" unterliegen, die jedoch nicht zu den medizinisch-technischen Leistungen zu zählen sind.[1421] Ein Hintergehungspotenzial kann beispielsweise auch bei einer von Fachärzten für Innere Medizin gegründeten Teilgemeinschaftspraxis bestehen, wenn sich die Schwerpunktbezeichnung unterscheiden. Die Formulierung „insbesondere" in § 18 Abs. 1 S. 3 Alt. 1 MBO-Ä deutet zudem, wie bereits festgestellt, darauf hin, dass die genannten Beispiele nicht abschließend sind und damit auch diese Fallgruppen erfasst werden können.

(d) Zwischenergebnis

Der Wortlaut des § 18 Abs. 1 S. 3 Alt. 1 MBO-Ä zwingt nicht allein zu dem von dem LG Mosbach vertretenen Ergebnis. Dem LG Mosbach ist jedoch zuzugeben, dass der Text des § 18 Abs. 1 S. 2 Alt. 1 MBO-Ä tatsächlich dahingehend irreführend gewählt erscheinen mag, weil auf den Fokus des überweisungsabhängigen Arztes abgestellt wird, der dem Grunde nach tatsächlich nur Leistungen auf Veranlassung anderer erbringt. Eindeutiger wäre deshalb eine Formulierung in § 18 Abs. 1 S. 2 Alt. 1 MBO-Ä, wonach eine Umgehung des § 31 MBO-Ä insbesondere dann vorliegt, wenn sich der Beitrag einer Ärztin oder eines Arztes darauf beschränkt, das Erbringen medizinisch-technischer Leistungen „zu veranlassen". Dieser Regelungsgehalt ergibt sich zwar schon aus § 18 Abs. 1 S. 3 MBO-Ä. Bei einer derartigen Situation kann jedoch ein steter Verstoß gegen § 31 Abs. 1 Var. 1 MBO-Ä unterstellt werden, deren generelles Verbot im Einklang mit der Verfassung steht[1422].

Eine Teilberufsausübungsgemeinschaft ist damit entgegen der Äußerung des LG Mosbach auch bei einer Kooperation mit Ärzten, die tendenziell oder gar

---

[1421] NZS 2007, 393, 399, dort auch zum folgenden Text.
[1422] Weitergehend insofern OLG Karlsruhe, Urt. v. 27.6.2012 – 6 U 15/11, Rn. 40, wonach eine Teilberufsausübungsgemeinschaft mit Ärzten sogenannter Methodenfächer nur dann zulässig ist, wenn ihr Beitrag nicht nur auf die Erbringung medizinisch-technischer Leistungen (auf Veranlassung der übrigen Gesellschafter) beschränkt ist, sondern sie im Rahmen der Teilberufsausübungsgemeinschaft darüber hinaus weitere, selbstständig abrechenbare Leistungen erbringen.

ausschließlich auf der Grundlage einer Überweisung tätig werden, nicht von vorneherein unzulässig[1423].

cc) Ergebnis zu § 18 Abs. 1 S. 2–5 MBO-Ä

§ 18 Abs. 1 S. 2–4 MBO-Ä stellt eine zulässige Präzisierung der allgemeinen Kriterien zur Feststellung eines Verstoßes gegen das Zuweisungsverbot dar, wenn auch die Formulierung des § 18 Abs. 1 S. 3 Alt. 1 MBO-Ä Missverständnisse hervorrufen kann. Denn durch die Regelung wird eine Beteiligung von Ärzten der Methodenfächer nicht kategorisch ausgeschlossen. Wie aus § 18 Abs. 1 S. 3 MBO-Ä hervorgeht, darf sich nur der Beitrag der übrigen Ärzte in der Teilberufsausübungsgemeinschaft nicht auf die bloße Veranlassung von Leistungen beschränken. Die Eigenheiten der Teilberufsausübungsgemeinschaft gebieten zudem die Anwendung der im Verhältnis zur vollen Berufsausübungsgemeinschaft strengeren Anforderungen des § 18 Abs. 1 S. 3 Alt. 2 MBO-Ä nur dann, wenn sich in ihr Ärzte mit Fachgebieten oder Schwerpunkten zusammenschließen, bei denen eine Zuweisungskonstellation in Betracht gezogen werden kann. Im Übrigen ist eine paritätische Gewinnverteilung innerhalb einer Berufsausübungsgemeinschaft aufgrund der Transparenz für den Patienten im Unterschied zu der gesellschaftsrechtlichen Beteiligung an einem nicht ärztlichen Leistungserbringer nicht zu beanstanden. Die aus § 18 Abs. 1 S. 5 MBO-Ä folgende Vorlagepflicht bei der Ärztekammer begründet schließlich eine zweckmäßige Alternative gegenüber einem nicht zu rechtfertigenden totalen Verbot von Teilberufsausübungsgemeinschaften.[1424]

6. Ergebnis zur Vereinbarkeit ärztlicher Berufsausübungsgemeinschaften mit § 31 Abs. 1 Var. 1 MBO-Ä am Beispiel der Teilberufsausübungsgemeinschaft

Die Mitglieder einer Berufsausübungsgemeinschaft dürfen keine Abreden treffen, die eine Honorierung von Zuweisungsvorgängen beinhalten, die § 31 Abs. 1 Var. 1 MBO-Ä widersprechen. Da die Zuweisung jede Form der Patientenvermittlung erfasst, kann sie auch zwischen den Gesellschaftern einer Berufsausübungsgemeinschaft erfolgen. Das Verbot des § 31 Abs. 1 Var. 1 MBO-Ä gilt damit unmittelbar, weshalb die Regelung eines eigenen Umgehungstatbestandes wie in § 18 Abs. 1 S. 2 MBO-Ä prinzipiell nicht erforderlich wäre. Ein Vorteil wird über die Gewinnverteilungsabrede für die Vornahme von Zuweisungen gewährt, wenn

---

[1423] Vgl. so auch die nachfolgende Instanz, OLG Karlsruhe, Urt. v. 27.6.2012 – 6 U 15/11, Rn. 34, dazu ferner *Scholz*, MedR 2012, 741 f. und *Bonvie*, jurisPR-MedizinR 7/2012 Anm. 4. Das Verfahren ist derzeitig beim BGH unter dem Az. I ZR 137/12 anhängig.

[1424] Zweifelnd im Hinblick auf die tatsächliche Einhaltung dieser Pflicht allerdings *Ratzel*/Lippert, MBO-Ä, § 18/18a Rn. 11.

die Höhe des Gewinns von der Anzahl der getätigten Patientenvermittlungen abhängig gemacht wird. Den allgemeinen Kriterien entsprechend stehen die Gewinnbeteiligung als Vorteil und die Zuweisung zudem in einem Konnexitätsverhältnis, wenn der Zuweiser ansonsten gar keine Beiträge gegenüber der Gesellschaft erbringt oder seine Gewinnbeteiligung als proportional überhöht anzusehen ist. Nur die Regelung des § 18 Abs. 1 S. 3 Alt. 2 MBO-Ä geht bei der Teilberufsausübungsgemeinschaft darüber hinaus, indem sie fordert, dass der Gewinn grundsätzlich dem Anteil der persönlich erbrachten Leistungen entsprechen muss. Die höhere Anfälligkeit der Teilberufsausübungsgemeinschaft für die Verschleierung entgeltlicher Zuweisungskonstellation rechtfertigt diese Einschränkung jedoch nur insoweit, wie eine Zuweisungskonstellation zwischen den beteiligten Ärzten vorliegt.

III. Vereinbarkeit ärztlicher Organisationsgemeinschaften mit § 31 Abs. 1 Var. 1 MBO-Ä

Auch bei den Organisationsgemeinschaften ist das Zuweisungsverbot des § 31 Abs. 1 Var. 1 MBO-Ä stets zu beachten.

1. Formen

Die klassische Form der Organisationsgemeinschaft ist die Praxisgemeinschaft. Die Praxisgemeinschaft im engeren Sinne wird üblicherweise als Zusammenschluss zweier oder mehrerer Ärzte gleicher und verschiedener Fachrichtung zwecks gemeinsamer Nutzung von beispielsweise Praxisräumen, Praxiseinrichtung oder gemeinsamer Inanspruchnahme von Praxispersonal bei sonst selbstständiger Praxisführung definiert.[1425] Von einer Praxisgemeinschaft im weiteren Sinn wird gesprochen, wenn an der gemeinschaftlichen Ressourcennutzung auch Nicht-Ärzte beteiligt sind.[1426] Als Praxisgemeinschaft können beispielsweise sog. „Ärztehäuser" und „integrative Gesundheitszentren" geführt werden.[1427]

Als partielle Praxisgemeinschaften werden hingegen die Apparategemeinschaft und die Laborgemeinschaft bezeichnet.[1428] Die Apparategemeinschaft kennzeichnet sich durch die gemeinschaftliche Nutzung einer medizinisch-techni-

---

[1425] LG Heidelberg MedR 1998, 273, 274; *Kremer*, in: Rieger/Dahm/Steinhilper, HK-AKM, Nr. 4270 Rn. 1; *Schäfer-Gölz*, in: Halbe/Schirmer, HBKG, A 1200 Rn. 6; *Schlund*, in: Laufs/Kern, Hdb Arztrecht, § 18 Rn. 11.

[1426] *Peikert*, in: Rieger/Dahm/Steinhilper, HK-AKM, Nr. 150 Rn. 9; *Kremer*, in: Rieger/Dahm/Steinhilper, HK-AKM, Nr. 4270 Rn. 1; *Schäfer-Gölz*, in: Halbe/Schirmer, HBKG, A 1200 Rn. 8 f.; a. A. *Schlund*, in: Hdb Arztrecht, § 18 Rn. 11.

[1427] *Ahrens*, MedR 1992, 141, 145 f.; *Kremer*, in: Rieger/Dahm/Steinhilper, HK-AKM, Nr. 4270 Rn. 2, zur Abgrenzung gegenüber Nutzungsverträgen (Betreibermodellen) vgl. Rn. 12; *Taupitz*, MedR 1993, 367, 368 f.

[1428] *Taupitz*, MedR 1993, 367, 368; *Quaas*/Zuck, Medizinrecht, § 14 Rn. 15 nennt zudem noch die Leistungserbringergemeinschaft.

schen Einrichtung, die zumeist in ausgelagerten Räumen betrieben wird.[1429] Gegenstand sind zumeist medizinische Großgeräte wie Computertomographen oder Magnetresonanztomographen.[1430] Die Apparategemeinschaft kann ferner zum gemeinsamen Unterhalt vollständig ausgestatteter Operationsräume oder Laboratorien gebildet werden. In einer Laborgemeinschaft, die zumeist in der Nähe einer Praxis für Labormedizin betrieben wird, lassen die beteiligten Arztpraxen unter gemeinsamer Nutzung von räumlichen, sächlichen und personellen Mitteln die in der eigenen Praxis anfallenden labormedizinischen Analysen erbringen.[1431]

2. Allgemeine Vereinbarkeit mit § 31 MBO-Ä

Da jeder Arzt in einer Praxisgemeinschaft über einen eigenen Patientenstamm verfügt, erscheint es naheliegend, sich bei ergänzenden Fachgebieten die Patienten gegenseitig zu überweisen. Eine derartige Vereinbarung verstößt jedoch eindeutig gegen § 31 Abs. 1 Var. 1 MBO-Ä.[1432] Das Zuweisungsverbot untersagt es zudem, über den Umweg einer wirtschaftlichen begünstigenden Abrede bei der Verteilung der gemeinsam zu tragenden materiellen und personellen Kosten eine Zuweisung von Patienten zu honorieren.[1433] Unzulässig ist dementsprechend eine überproportionale Kostenbeteiligung der Zuweisungsempfänger.[1434] Auf die Vermeidung derartiger Zuweisungszusammenhänge ist insbesondere bei Ärztehäusern oder Gesundheitszentren zu achten.[1435]

Kein Verstoß gegen das Zuweisungsverbot liegt hingegen vor, wenn bloß die räumliche Nähe und damit die Bequemlichkeit des Patienten zur Inanspruchnahme der eigenen Praxis (aus-)genutzt wird.[1436]

[1429] *Peikert,* in: Rieger/Dahm/Steinhilper, HK-AKM, Nr. 3300 Rn. 1. Um einen spezifisch vertragsärztlich geregelten Fall der Apparategemeinschaft handelt es sich bei der Leistungserbringergemeinschaft, die eine Durchbrechung des Grundsatzes der persönlichen Leistungserbringung zulässt, vgl. *Schäfer-Gölz,* in: Halbe/Schirmer, HBKG, A 1200 Rn. 16.

[1430] *Peikert,* in: Rieger/Dahm/Steinhilper, HK-AKM, Nr. 150 Rn. 2, dort auch zum folgenden Text.

[1431] *Schäfer-Gölz,* in: Halbe/Schirmer, HBKG, A 1200 Rn. 13. Zur Abgrenzung der Laborgemeinschaft von der Apparategemeinschaft *Peikert,* in: Rieger/Dahm/Steinhilper, HK-AKM, Nr. 3300 Rn. 39 f.

[1432] *Ahrens,* MedR 1992, 141, 145 f.; *Taupitz,* MedR 1993, 367, 373; *Schlund,* in: Hdb Arztrecht, § 18 Rn. 11. Vgl. zum Begriff des Vorteils bei einer gegenseitigen Patientenüberweisung Teil 3: § 3 D.I.4.

[1433] *Kremer,* in: Rieger/Dahm/Steinhilper, HK-AKM, Nr. 4270 Rn. 29; *Schäfer-Gölz,* in: Halbe/Schirmer, HBKG, A 1200 Rn. 27. Vgl. zudem in Bezug auf die Verstöße bei der Zusammenarbeit mit Fachärzten für Labormedizin vorstehend Teil 3: § 3 D.I.2.b).

[1434] *Fiedler/Fürstenberg,* NZS 2007, 184, 189.

[1435] Weiterführend *Taupitz,* MedR 1993, 367, 373.

[1436] *Arbeitsgruppe Berufsrecht,* ZMGR 20043, 59, 61; *Schäfer-Gölz,* in: Halbe/Schirmer, HBKG, A 1200 Rn. 27.

3. Gewinn-/Einnahmepooling

Wie eingangs dargestellt wurde, liegt der Zweck einer Praxisgemeinschaft in der gemeinsamen Nutzung von Ressourcen zur Einsparung von Kosten. Praxisgemeinschaften sind daher zumeist auf bloßer Kostenumlagebasis organisiert.[1437] Es finden sich allerdings Bestrebungen, darüber hinaus auch die Einnahmen der in der Praxisgemeinschaft verbundenen Leistungserbringer zusammenzuführen und den Überschuss nach einem vereinbarten Schlüssel zu verteilen. Dieses sog. Gewinn- bzw. genauer Einnahmepooling[1438] bildet damit die Finanzstruktur einer Berufsausübungsgemeinschaft nach[1439], die eine Beteiligung am wirtschaftlichen Erfolg der anderen Gesellschafter grundsätzlich ermöglicht.[1440] Es stellt sich jedoch die Frage der Vereinbarkeit einer solchen Abrede mit § 31 Abs. 1 MBO-Ä, wenn in der Praxisgemeinschaft potenzielle Zuweiser und Zuweisungsempfänger organisiert sind.

Nach überwiegender Ansicht verlangt das Verbot der Zuweisung gegen Entgelt bei der Praxisgemeinschaft zwar strikte Beachtung, das Einnahmepooling wird jedoch weder berufsrechtlich noch vertragsarztrechtlich ausdrücklich untersagt.[1441] Eine entsprechende Vereinbarung könne allenfalls ein Indiz für eine lediglich vorgetäuschte Praxisgemeinschaft darstellen und somit auf einen Gestaltungsmissbrauch hindeuten.[1442] Auch bei einem Einnahmepooling dürfe die Gewinnverteilung jedoch nicht von der Anzahl der Zuweisungen an die Mitgesellschafter abhängig gemacht werden.[1443] Unzulässig ist damit auch eine Staffelung der Beteiligungsquote in Abhängigkeit von der Überschreitung bestimmter Grenzwerte.

Die Arbeitsgruppe Berufsrecht hat es dementsprechend als opportun angesehen, Hausärzte in eine Organisationsgemeinschaft mit Einnahmepooling einzubinden, um ihnen über die Gewinnverteilungsabrede die Beteiligung an den Einnahmen der anderen Ärzte zu ermöglichen.[1444] Denn aus der Sicht eines patientennahen Arztes erscheine es häufig unbefriedigend, dass allein die überweisungsabhängigen angegliederten Ärzte von der räumlichen Nähe zu ihm profitie-

---

[1437] *Kremer*, in: Rieger/Dahm/Steinhilper, HK-AKM, Nr. 4270 Rn. 30.
[1438] Vgl. zur Begriffsbildung *Arbeitsgruppe Berufsrecht*, ZMGR 20043, 59, 61.
[1439] *Schäfer-Gölz*, in: Halbe/Schirmer, in: HBKG, A 1200 Rn. 32.
[1440] Siehe dazu Teil 3: § 4 D.II.5.b)aa)(2)(b).
[1441] *Kremer*, in: Rieger/Dahm/Steinhilper, HK-AKM, Nr. 4270 Rn. 30; Bäune/Meschke/*Rothfuß*, Ärzte-ZV, § 33 Rn. 12; a.A. *Cramer*, MedR 2004, 552, 555.
[1442] So LSG Niedersachsen-Bremen MedR 2003, 429, 430 f.; *Luxenburger*, in: Ärztliche Kooperationsformen, S. 80; *Schallen*, Zulassungsverordnung, § 33 Rn. 18; ablehnend hingegen Bäune/Meschke/*Rothfuß*, Ärzte-ZV, § 33 Rn. 12; *Krafcyzk*, MedR 2003, 313, 317 f.
[1443] Vgl. für das Beispiel der Apparategemeinschaft *Dahm*, MedR 1998, 70 f., 73; für das Beispiel einer Laborgemeinschaft *Krafcyzk*, in: FS Mehle, 2009, S. 325, 329.
[1444] ZMGR 2003, 59, 61, dort auch zum folgenden Text.

ren könnten. Um einen Verstoß gegen das Zuweisungsverbot auszuschließen, dürfe der patientennahe Arzt die Überweisungsscheine allerdings nur mit dem Überweisungsfach ausfüllen[1445] und darüber hinaus nicht auf den Patienten einwirken, die Kollegen der Praxisgemeinschaft aufzusuchen.[1446]

Die Beteiligung am Gewinn schafft allerdings einen erhöhten (sachfremden) Anreiz, die eigenen Patienten den verbundenen Gesellschaftern gezielt zuzuführen.[1447] Kommt der Arzt dieser Versuchung nach, liegt eine Zuweisung vor, die jedenfalls gegen § 30 Abs. 2 MBO-Ä verstößt, wenn sie ausschließlich materiell motiviert ist.[1448] Ob damit entsprechend der Auffassung von Wenner[1449] im Ergebnis auch der Tatbestand des § 31 Abs. 1 Var. 1 MBO-Ä erfüllt wird, bedarf indes einer differenzierteren Betrachtung. Denn das Zuweisungsverbot setzt voraus, dass der Vorteil *für* die Zuweisung gewährt wird.

Ein Vorteil für die Zuweisung ist nach den vorstehend erläuterten Grundsätzen stets gegeben, wenn aufgrund einer entsprechenden Abrede die Gewinnquote durch die Zuweisung beeinflusst werden kann. Keinen Vorteil für die Zuweisung begründet hingegen der Umstand, dass eine Gewinnbeteiligung versprochen wurde. Denn dieser Vorteil besteht auch dann, wenn der Hausarzt keine Zuweisungen tätigt, so dass diesbezüglich schon die für die Konnexität erforderliche kausale Verknüpfung fehlt. Der Arzt erbringt für diesen Vorteil zudem eine Gegenleistung, da auch der Gewinn aus seinen Einnahmen in die aufzuteilende Gesamtsumme einfließt.

Einen Vorteil vermag das Einnahmepooling jedoch in der Hinsicht zu begründen, dass durch dessen Vereinbarung dem Arzt die Möglichkeit eröffnet wird, die Höhe des Gesamtumsatzes und damit den eigenen Gewinnanteil durch die Zuweisung an die Mitgesellschafter zu erhöhen. Nimmt der Arzt eine Zuweisung vor, wird diese auch kausal für eine relative Erhöhung seines Gewinnanteils. Diese begründet den bei der Beteiligung an einem Unternehmen eines nichtärztlichen Leistungserbringers entwickelten Grundsätzen entsprechend dann einen Vorteil, wenn der Arzt durch seine Zuweisungen einen spürbaren Einfluss auf die Gesamthöhe des Umsatzes nehmen kann.[1450] Dies wird im Rahmen einer kleineren Praxisgemeinschaft zweifelsohne zu bejahen sein. Die Vereinbarung eines

---

[1445] Siehe zu den Vorgaben des § 24 Abs. 5 S. 1 BMV-Ä/§ 27 Abs. 5 S. 1 EKV vorstehend Teil 2: § 1 A.I.
[1446] So begründet auch die *Arbeitsgruppe Berufsrecht* ihre Auffassung, vgl. ZMGR 2003, 59, 61.
[1447] LSG Niedersachsen-Bremen MedR 2003, 429, 430 f.; *Wigge*, NZS 2007, 393, 396; vgl. zudem *Kremer*, in: Rieger/Dahm/Steinhilper, HK-AKM, Nr. 4270 Rn. 30 („gefährliche Nähe zum Verbot der entgeltlichen Patientenzuweisung"). Anders *Krafcyzk*, MedR 2003, 313, 318.
[1448] Vgl. dazu die Ausführungen auf S. 108 f.
[1449] Vertragsarztrecht, § 20 Rn. 38.
[1450] Teil 3: § 4 C.II.3.b)aa).

Gewinnpoolings mit einem potenziellen Zuweiser lässt zudem auf eine entsprechende Unrechtsvereinbarung schließen.[1451] Da die Praxisgemeinschaft gem. § 18a Abs. 3 MBO-Ä nicht angekündigt werden muss, ist sich der Patient einer möglichen materiellen Motivation auch nicht wie bei einer Berufsausübungsgemeinschaft in gleichem Maße bewusst.[1452] Da die gemeinsame Berufsausübung bei der Organisationsgemeinschaft im Gegensatz zu der Berufsausübungsgemeinschaft nicht Gesellschaftszweck ist, kann der Verweis an den Kollegen zudem auch nicht mit diesem Aspekt gerechtfertigt werden. Ist ein Einnahmepooling vereinbart, verstößt die Zuweisung an die in der Praxisgemeinschaft verbundenen Gesellschafter folglich gegen § 31 Abs. 1 Var. 1 MBO-Ä.[1453]

4. Ergebnis zu der Vereinbarkeit ärztlicher Organisationsgemeinschaften mit § 31 Abs. 1 Var. 1 MBO-Ä

Ob eine Zuweisung gegen Entgelt zwischen den Mitgliedern einer ärztlichen Organisationsgemeinschaft erfolgt, lässt sich grundsätzlich mit den allgemein entwickelten Kriterien zu den tatbestandlichen Voraussetzungen des § 31 Abs. 1 Var. 1 MBO-Ä[1454] beantworten. Kann ein Gesellschafter spürbar Einfluss auf den Umsatz der Gesellschaft nehmen, wenn er seine Patienten an die anderen Gesellschafter vermittelt, verstößt ein Gewinnpooling zudem ebenfalls gegen § 31 Abs. 1 Var. 1 MBO-Ä.

E. Vereinbarkeit einer „zusätzlichen Verdienstmöglichkeit" mit § 31 Abs. 1 MBO-Ä

Nach den vorstehenden Ausführungen[1455] ist mit der herrschenden Ansicht ein § 31 Abs. 1 MBO-Ä widersprechendes Konnexitätsverhältnis auszuschließen, wenn dem Vorteil neben der Patientenvermittlung eine äquivalente ärztliche Leistung gegenübersteht.[1456] Gleichzeitig stellte sich jedoch die Frage, ob sich aus der Forderung, dass die Gegenleistung des Arztes „ihren Grund und ihre Rechtfertigung in der ärztlichen Behandlung" haben müsse, noch weitere Anforderun-

---

[1451] Vgl. zu dieser Voraussetzung Teil 3: § 4 C.II.3.b)cc).
[1452] Vgl. zum Vorstellungsinhalt des Patienten bei der Berufsausübungsgemeinschaft S. 245.
[1453] So auch *Wenner*, Vertragsarztrecht, § 20 Rn. 38. Vgl. zudem *Scholz*, in: Spickhoff, Medizinrecht, § 18 Rn. 7.
[1454] Vgl. Teil 3: § 3.
[1455] Vgl. Teil 3: § 3 E.V.
[1456] LG Berlin Urt. v. 6.11.2003 – 16 O 518/03, Rn. 41, juris; *Makoski*, MedR 2009, 376, 378 (zulässig sind nur Zahlungen, denen die konkrete Gegenleistung gegenübersteht, wenn die Zahlung angemessen ist); *Thünken*, MedR 2007, 578, 582; *Schirmer*, Vertragsarztrecht kompakt, Kap. H, 7.4.2; *Weimer*, Der Urologe 2009, 1546; *Wollersheim*, in: Terbille, MAH Medizinrecht, § 5 Rn. 187.

gen für die Zulässigkeit eines Leistungsaustausches im Hinblick auf das Zuweisungsverbot ergeben.[1457]

Zu einer weiteren Einschränkung veranlassen die im Laufe der Untersuchung der einzelnen Kooperationsvarianten hervorgetretenen Andeutungen, auch bei einem angemessenen Verhältnis von Leistung und Gegenleistung eine regelwidrige Verknüpfung zwischen dem eingeräumten Vorteil und der Patientenvermittlungshandlung in Erwägung zu ziehen.[1458] Den Anknüpfungspunkt bildet die Überlegung, dass die „zusätzliche Verdienstmöglichkeit" einen Anreiz zur Vornahme von Zuweisungen geben könnte, der sich mit der Ratio des § 31 Abs. 1 MBO-Ä nicht vereinbaren lässt.

I. Zusätzliche Verdienstmöglichkeit als Vorteil für die Zuweisung

Zur Begründung der Konnexität wurde der Aspekt der zusätzlichen Verdienstmöglichkeit insbesondere in einzelnen Fallgestaltungen einer Kooperation zwischen Arzt und Krankenhaus bei der prä- und poststationären Behandlung[1459] sowie bei der Zusammenarbeit zwischen Arzt und Hilfsmittelhersteller im verkürzten Versorgungsweg herangezogen.[1460]

Nach dem bereits erörterten[1461] Urteil des OLG Koblenz über Pauschalen für prä- und postoperative Untersuchungen und Dokumentationen konnte es dahinstehen, ob das gewährte Honorar eine angemessene Entlohnung für die erbrachten Leistungen darstellt.[1462] Denn unabhängig davon sei ein dem Normzweck des § 31 Abs. 1 MBO-Ä widersprechender Vorteil jedenfalls in dem „zusätzlichen Umsatz" des Arztes zu erblicken gewesen. Ratzel warf in Hinsicht auf die von den Krankenkassen und Kassenärztlichen Vereinigungen getroffenen Vereinbarungen mit vergleichbarem Inhalt zudem die Frage auf, ob nicht bereits die „Möglichkeit der Teilnahme an derartigen Struktur- oder Modellvorhaben [...] einen von der Berufsordnung missbilligten Vorteil beinhaltet, mag die Leistung selbst auch in einem angemessen Verhältnis zur Gegenleistung stehen."[1463]

In einer den verkürzten Versorgungsweg bei Hörgeräten betreffenden Entscheidung urteilt das OLG Hamm, dass zwar die gezahlte Vergütung „für" die zusätzliche Tätigkeit des HNO-Arztes und damit nicht „für" die Verordnung gewährt

---

[1457] Teil 3: § 3 E.V.3.
[1458] Vgl. Teil 3: § 4 A.I.6.b) und Teil 3: § 4 B.III.3.
[1459] Teil 3: § 4 A.I.6.b).
[1460] Teil 3: § 4 B.III.3.
[1461] Vgl. Teil 3: § 4 A.I.1.b).
[1462] MedR 2003, 580, 581; dort auch zum folgenden Text.
[1463] MedR 2003, 580. Dabei verweist *Ratzel* auch auf einen Aufsatz von *Bonvie*, allerdings unter Angabe einer nicht existenten Fundstelle.

§ 4 Bewertung einzelner Kooperationen am Maßstab von § 31 Abs. 1 MBO-Ä   263

worden sei.[1464] Die weitere Einkommensmöglichkeit außerhalb des limitierten Budgets der gesetzlichen Krankenversicherung sei jedoch eine wirtschaftliche Vergünstigung im Sinne von § 31 Abs. 1 Var. 2 MBO-Ä, die nur bei der Wahl dieses Vertriebssystems bestände. Der Verstoß gegen § 31 Abs. 1 Var. 2 MBO-Ä stellte allerdings keinen tragenden Grund für das Urteil dar. Schwannecke und Webers merkten zu dem Urteil jedoch an, dass das in Rede stehende Modell nur als Honorierung der Verordnung des Hörgeräts der betreffenden Firma verstanden werden könne.[1465] Selbst bei unterstellter Angemessenheit der gewährten Vergütungen für die im verkürzten Versorgungsweg gewährten Leistungen müsse folglich dennoch ein unzulässig gewährter Vorteil angenommen werden.[1466]

Ob die Gewährung einer zusätzlichen Verdienstmöglichkeit zulässig ist, wenn der Arzt zugleich Patienten zuweist, könnte aufgrund der vorgenannten Beispiele darüber hinaus in anderen Fallgestaltungen ebenfalls hinterfragt werden.

1. Setzen eines Anreizes durch die Gewährung einer Verdienstmöglichkeit

Zweifelhaft ist allerdings, ob von einer angemessenen Vergütung überhaupt ein Anreiz auszugehen vermag, der geeignet ist, den Arzt zu einem Handeln zu bewegen, welches nicht durch medizinische Notwendigkeiten geleitet wird und damit die Gefahr mit sich bringt, die ärztliche Unabhängigkeit zu konterkarieren. Nicht erforderlich ist es dabei entgegen der Ansicht von Kern[1467] für die Überschreitung der kritischen Grenze, dass es tatsächlich zu einem Missbrauch, d.h. einer falschen Auswahlentscheidung gekommen ist. Insofern gilt es zu beachten, dass § 31 Abs. 1 MBO-Ä grundsätzlich – auch für die insoweit unstreitigen Fälle – bereits der abstrakten Gefahr präventiv beggnen möchte, dass der Arzt sich nicht von medizinischen Notwendigkeiten leiten lässt.[1468]

a) Indikation durch § 128 Abs. 2 S. 2 SGB V?

Dass die Existenz eines Anreizes nicht gänzlich ausgeschlossen werden kann, verdeutlicht zunächst der Regelungszweck, der mit der Verabschiedung des § 128 SGB V verfolgt wurde. Danach sind sämtliche – und mithin auch angemessene – Zuwendungen an Vertragsärzte zu unterlassen, die im Zusammenhang mit der Versorgung des Patienten erbracht werden.[1469] Nach der Begründung des Geset-

---

[1464] NJW 1998, 2749 f.
[1465] NJW 1998, 2697, 2702.
[1466] Ähnlich auch *Zimmermann*, GesR 2010, 393, 395.
[1467] NJW 2000, 833, 834 f.
[1468] *Bonvie*, in: Arbeitsgemeinschaft Medizinrecht, S. 827, 830; *Stumpf/Voigts*, MedR 2009, 205, 208 f.
[1469] BT-Drucks. 16/10609, S. 58.

zesentwurfs „sollten Vertragsärzte über die Verordnung von Hilfsmitteln grundsätzlich unbeeinflusst von eigenen finanziellen Interessen entscheiden und nicht von der Ausstellung einer Verordnung oder der Steuerung von Versicherten zu bestimmten Leistungserbringern profitieren können."[1470]

Gem. § 128 Abs. 2 S. 2 SGB V ist es dementsprechend unzulässig, dass die Kosten für zusätzliche privatärztliche Leistungen von Leistungserbringern übernommen werden. Erfasst werden solche Gestaltungen, bei denen der Arzt eine eigene „privatärztliche" Tätigkeit bei der Versorgung mit Hilfsmitteln ausübt.[1471] Verboten werden damit vor allem solche Leistungen des Arztes, wie sie im verkürzten Versorgungsweg üblicherweise erbracht werden.[1472] Betroffen ist damit gerade das in Rede stehende Beispiel, dass ein HNO-Arzt für die Abnahme eines Ohrabdrucks von dem Hörgeräteakustiker entlohnt wird.

Anlass für dieses Verbot gab neben der Häufung von Missbrauchsfällen[1473] die Erkenntnis, dass der verkürzte Versorgungsweg zwar nach dem ersten Anschein als sinnvoll erscheine, weil der Kooperationspartner des Arztes sowohl Zeit als auch Kosten sparen könnte[1474], die Übertragung bestimmter Tätigkeiten auf den Arzt jedoch regelmäßig das „nicht unerhebliche" Risiko begründe, dass der Arzt seine Patienten primär an den Leistungserbringer überweist, für den er diese Tätigkeiten ausübt.[1475] *Gaßner* und *Kars* sprechen diesbezüglich von der Gefahr der „Selbstzuweisung".[1476]

Der Umstand, dass sich das Verbot auf sämtliche Zahlungen und somit auch auf solche erstreckt, die nach dem üblichen Maßstab als angemessen zu bezeichnen wären, verdeutlicht zudem, dass einer adäquaten Vergütung ebenfalls ein gewisses Missbrauchspotenzial beigemessen wird.[1477] Die beschriebene Unsicherheit könnte daher bei § 31 Abs. 1 MBO-Ä eine entsprechende Bewertung anzeigen.[1478] Allerdings werden bei § 128 Abs. 2 SGB V wegen des „Totalverbots" auch Zweifel an der Verfassungsmäßigkeit der Norm geäußert.[1479]

[1470] BT-Drucks. 16/10609, S. 58.

[1471] *Luthe*, MedR 2011, 404, 406, dort auch zum folgenden Text.

[1472] *Flasbarth*, MedR 2009, 708, 714 (erfasst werden zudem andere „Konstruktionen", bei denen die Zuweiserbindung im Wege der Partizipation durch Leistungserbringung erfolgt); *Zimmermann*, GesR 2010, 393, dort auch zum folgenden Text.

[1473] Vgl. nur *Grill*, Schmiergeld auf Rezept.

[1474] *Luthe*, MedR 2011, 404, 406; *Zimmermann*, GesR 2010, 393, 395 f.; a.A. zu dem Nutzen des verkürzten Versorgungswegs *Koenig/Bache*, Verfassungsrechtliche Bewertung des § 128 SGB V, S. 27 f.

[1475] *Luthe*, MedR 2011, 404, 406; *Zimmermann*, GesR 2010, 393, 395 f. Vgl. auch *Flasbarth*, MedR 2009, 708, 714.

[1476] *Gaßner/Klars,* PharmR 2002, 309, 320.

[1477] „Verboten sind aus Gründen der Rechtsklarheit deshalb sämtliche Zahlungen, die bereits bei abstrakter Betrachtung solche Konsequenzen haben können"; vgl. *Luthe,* MedR 2011, 404, 406. Ferner auch *Koenig/Bache,* Verfassungsrechtliche Bewertung des § 128 SGB V, S. 23 f.

b) Berufsrechtliche Ansätze

Die Eignung einer angemessenen Vergütung zur Beeinflussung des ärztlichen Auswahlprozesses deutete der BGH nebenbei in seiner zweiten Entscheidung zum verkürzten Versorgungsweg an.[1480] Das Gericht unterließ zwar eine Erörterung des Verstoßes gegen § 31 Abs. 1 Var. 1 MBO-Ä unter dem Aspekt der zusätzlichen Einnahmequelle, allerdings betont es im Fortgang, dass „das wirtschaftliche Eigeninteresse" des Arztes dem Patienten schließlich nicht verborgen bleibe. Die Bundesärztekammer räumte ferner bei der Frage nach der Zulässigkeit einer Vergütung für das Ausfüllen von Fragebögen ein, dass durchaus „ein Anreiz von der Leistungsaustauschbeziehung in Bezug auf die Einweisung von Patienten in dieses Krankenhaus ausgehen mag."[1481] Auch im Berufsrecht ergibt sich damit eine gewisse Implikation für den eingangs genannten Ansatz.

c) Zwischenergebnis

Der Aussicht auf eine äquivalent vergütete Tätigkeit lässt sich nicht generell eine anreizende Funktion in der Hinsicht absprechen, dass sie den Arzt dazu veranlassen könnte, aufgrund dieses Gesichtspunktes einen bestimmten Leistungserbringer bevorzugt auszuwählen. Ein Verstoß gegen § 31 Abs. 1 MBO-Ä setzt allerdings voraus, dass auch die Tatbestandsmerkmale der Norm verwirklicht werden[1482].

2. „Vorteil" im Sinne des § 31 Abs. 1 MBO-Ä?

Dies könnte allein schon unter dem Aspekt in Frage gestellt werden, dass die zusätzliche Einkommensmöglichkeit für sich genommen keine Verbesserung der wirtschaftlichen Lage im Sinne des Vorteilsbegriffs von § 31 Abs. 1 MBO-Ä erkennen lässt. Denn gibt der Arzt seinerseits Zeit und Arbeitskraft dahin, wird er durch die ihm zufließenden äquivalenten Vorteile nicht „belohnt", sondern nur „entlohnt".

Diese Bewertung, die lediglich die sich gegenüberstehenden Leistungen saldiert, lässt allerdings als Merkmal der Besserstellung die Gelegenheit zur Generierung eines zusätzlichen Einkommens „an sich" außer Betracht.[1483] Als „zu-

---

[1478] Ähnlich *Ratzel*, GesR 2008, 623, 626; a. A. *Kern*, NJW 2000, 833, 837, da „eine Missbrauchsgefahr" nicht realistisch sei.
[1479] Vgl. ausführlich *Koenig/Bache*, Verfassungsrechtliche Bewertung des § 128 SGB V, S. 1 ff.; 18, 25 ff., 32.
[1480] NJW 2002, 962, 964, dort auch zum folgenden Text.
[1481] DÄBl. 2007, A 1607 – Nr. 4.
[1482] *Peters*, Kopfpauschalen, S. 88 lässt hingegen die Tatsache einer lukrativen Kooperationsvereinbarung im Gegenzug für die Zuweisung von Patienten genügen.
[1483] Vgl. auch *Flasbarth*, MedR 2009, 708, 716.

sätzliche Verdienste" sind die in den vorangehenden Konstellationen gewährten Gelder zu bezeichnen, weil sie der Arzt außerhalb der herkömmlichen Erwerbsquellen generiert. Denn der Arzt erhält seine Entlohnung nicht von dem Patienten für eine ihm angediehene Behandlung, sondern von einem Dritten für eine ihm gegenüber erbrachte Leistung.

Nun könnte eingewendet werden, dass es aus wirtschaftlicher Sicht für den Arzt gleichgültig ist, von wem er für seine Arbeit entgolten wird. Allerdings gilt dies für Vertragsärzte nur eingeschränkt, da ihnen aufgrund der budgetierten Gesamtvergütung nur ein begrenzter Einkommensrahmen zur Verfügung steht.[1484] Zusätzlichen, außerhalb dieses Systems stehenden Einkommensquellen kommt damit aus ihrer Sicht eine gesteigerte Attraktivität zu, da sie ihr Einkommen insgesamt erhöhen können. Dies verdeutlicht auch das von der Bundesärztekammer im Zusammenhang mit dem Vorteilsbegriff erörterte Beispiel, dass Ärzten die Möglichkeit gegeben wird, Behandlungsleistungen für Krankenhäuser oder sonstige Leistungen für Herstellerunternehmen nach der GOÄ abzurechnen.[1485] Denn die Vergütung nach der GOÄ stellt sich für den Arzt in der Regel günstiger dar, als die Abrechnung gegenüber der Krankenkasse, bei der innerhalb der Vertragsärztlichen Versorgung der einheitliche Bewertungsmaßstab (EBM) Anwendung findet.[1486] Unter Hinweis auf die Rechtsprechung zum Strafrecht[1487] stellte die Bundesärztekammer in Bezug auf § 32 MBO-Ä demgemäß fest, dass eine Leistung bei einer äquivalenten Gegenleistung ebenfalls Vorteilscharakter haben könne.[1488] Diese Aussage betraf zwar den Vorteilsbegriff des § 32 MBO-Ä. Sie impliziert dennoch, dass als Vorteil nicht nur das angemessene Entgelt, sondern die Gewährung der Gelegenheit selbst eine wirtschaftliche Verbesserung der Lage des Arztes beinhalten kann. Selbst bei Äquivalenz kann folglich ein unlauterer Vorteil im Sinne des § 32 MBO-Ä vorliegen. Ergibt sich somit eine weitere, andernfalls nicht gegebene Option zur Generierung eines zusätzlichen Verdienstes, könnte dieser Vorteil durchaus in ein Konnexitätsverhältnis nach § 31 Abs. 1 MBO-Ä einbezogen werden.

Zudem gilt es zu berücksichtigen, dass bereits das „ob" einer zusätzlichen Einkommensquelle einen Vorteil beinhalten kann, wenn diese nicht von vorneherein

---

[1484] Dazu weiterführend auf S. 179.

[1485] Vgl. Anm. der *Bundesärztekammer* zu § 32 MBO-Ä in: Novellierung einzelner Bestimmungen der Musterberufsordnung.

[1486] Vgl. LG Berlin Urt. v. 6.11.2003 – 16 O 518/03, Rn. 41, juris, welches einen Vorteil für die Zuweisung jedoch ablehnt, weil die Vergütung nach der GOÄ gesetzlich vorgesehen sei.

[1487] BGH MedR 2003, 688; BGH NJW 1983, 2509, 2512. In der Lehre ferner *Fürsen*, Drittmitteleinwerbung, S. 111 f., 113; *Korte*, in: Joecks/Miebach, MüKo-StGB, § 331 Rn. 73 f. m.w.N.; *Kuhlen*, in: Kindhäuser/Neumann/Paeffgen, StGB, § 331 Rn. 51 m.w.N.

[1488] Vgl. Anm. der *Bundesärztekammer* zu § 32 MBO-Ä in: Novellierung einzelner Bestimmungen der Musterberufsordnung.

für jedermann allgemein zugänglich ist.[1489] Zu denken sei diesbezüglich an gut dotierte Gutachteraufträge oder Beraterverträge[1490], die üblicherweise nur durch besondere Reputation zu erlangen werden können. Solche Verträge werden insbesondere bei den strukturell verwandten Bestechungsdelikten im Strafrecht als Beispiel dafür herangezogen, dass auch bei einer nicht überhöhten Vergütung ein Vorteil gegeben sein, der sich regelwidrig mit der Bevorzugung verknüpfen lässt.[1491] Die Annahme der Entlohnung kann etwa deshalb als verwerflich zu betrachten sein, weil die Option zum Abschluss eines Beratervertrages davon abhängig gemacht wird, dass Zuweisungen getätigt werden. Sofern jedoch in diesen Fällen die Äquivalenz dem Grunde nach unterstellt wird, kann die Besserstellung wiederum nur in der zusätzlichen Verdienstmöglichkeit begründet liegen.[1492]

Abschließend ist festzuhalten, dass eine Verbesserung der materiellen Situation im Sinne des Vorteilsbegriffs jedenfalls nicht ausgeschlossen werden kann, wenn dem Arzt – auch bei angemessener Honorierung – die Option für eine weitere Tätigkeit geboten wird.

3. Vorteil „für" die Zuweisung?

Nach dem eingangs dargestellten Standpunkt der h. M. besteht kein Konnexitätsverhältnis zwischen Vorteil und Zuweisung, wenn der Arzt eine angemessene Gegenleistung erbringt.[1493] Der BGH befand dementsprechend in der Revisionsentscheidung zu dem zitierten Urteil des OLG Hamm, dass in der Möglichkeit, aus erlaubter eigener ärztlicher Tätigkeit ein angemessenes Entgelt zu erzielen, keine berufsordnungswidrige Vergünstigung gesehen werden könne und ein Verstoß gegen § 31 Abs. 1 MBO-Ä daher nicht gegeben sei.[1494] Die Option einer weiteren Einkommensquelle begründe keinen berufswidrigen Vorteil für die Zuweisung.[1495] Die Angemessenheit wird indes generell als Argument herangezo-

---

[1489] Siehe diesbezüglich zum verkürzten Versorgungsweg *Flasbarth*, MedR 2009, 708, 714 und in Bezug auf die Beauftragung mit Nachsorgeleistungen nach einer stationären Behandlung *Walter*, A/ZusR 2006, 97, 103.
[1490] BGH MedR 2003, 688; *Fürsen*, Drittmitteleinwerbung, S. 111 f., 113, 124 f.; *Diemer/Krick*, in: MüKo-StGB, § 299 Rn. 9; *Korte*, in: Joecks/Miebach, MüKo-StGB, § 331 Rn. 74; *Kuhlen*, in: Kindhäuser/Neumann/Paeffgen, StGB, § 331 Rn. 51 m.w.N.
[1491] BGH MedR 2003, 688; *Fürsen*, Drittmittelforschung, S. 124 f.; *Korte*, in: Joecks/Miebach, MüKo-StGB, § 331 Rn. 74; *Kuhlen*, in: Kindhäuser/Neumann/Paeffgen, StGB, § 331 Rn. 51.
[1492] Vgl. auch *Makoski*, MedR 2009, 376, 382, der die Beauftragung des zuweisenden Arztes als Konsiliararzt ebenfalls als Verschaffung eines wirtschaftlichen Vorteils an demselben bezeichnet. Zugleich weist *Makoski* jedoch auch auf die rechtlichen Restriktionen einer solchen Beschäftigung und die vergleichsweise geringe, gesetzlich vorgesehene Vergütung hin.
[1493] Siehe dazu S. 261 f.
[1494] BGH NJW 2000, 2745, 2747.
[1495] *Thünken*, MedR 2007, 578, 581.

gen, um einen Verstoß gegen das Berufsrecht durch das System des verkürzten Versorgungswegs abzulehnen.[1496]

Unterlässt der Arzt in den genannten Beispielen seine Vermittlungshandlung, entfällt für ihn dadurch allerdings die Option, mit seiner Tätigkeit ein angemessenes Honorar zu generieren. Hätte der Arzt seine Patienten beispielsweise in dem Fall des OLG Koblenz nicht in das betreffende Krankenhaus eingewiesen, wäre es ihm auch nicht möglich gewesen, weder bereits erbrachte noch ausstehende Untersuchungen und Dokumentationshandlungen dem Krankenhaus in Rechnung zu stellen. Ebenso verhält es sich im verkürzten Versorgungsweg. Nur wenn der Arzt seine Patienten über dieses System versorgt, kann er die Anpassungsleistungen gegenüber dem Hilfsmittelhersteller berechnen. Steht ferner der Abschluss eines Gutachtervertrags unter die Bedingung der Patientenvermittlung, ist anzunehmen, dass die Gelegenheit zur Erbringung der im Vertrag beschriebenen gutachterlichen Tätigkeiten verweigert werden wird, wenn keine Patienten zugeführt werden.

Bei bloßer Betrachtung der für die Konnexität zumindest vorauszusetzenden einfachen Kausalität[1497] lässt sich somit ohne weiteres eine konditionale Verknüpfung zwischen der zusätzlichen Verdienstmöglichkeit und der Patientenvermittlung erkennen. Ist die Option zur Generierung zusätzlichen Einkommens schließlich im vorstehenden Sinne als Vorteil anzusehen, wird jener Vorteil „auch für" die Zuweisung i.w.S. gewährt. Ob die Lenkung des Patienten zu einem bestimmten Leistungserbringer den Tatbestand des § 31 Abs. 1 MBO-Ä bei einer angemessen Gegenleistung ebenfalls verwirklicht, hängt somit davon ab, welches Verständnis der Konnexität beizumessen ist.

4. Spannungslage

Die vorstehenden Ausführungen haben gezeigt, dass eine angemessene Vergütung ebenfalls einen Anreiz zur Lenkung des Patientenstroms zu geben vermag. Die zusätzliche Verdienstmöglichkeit begründet zudem einen Vorteil, dessen Eintritt konditional mit der Zuführung von Patienten an den Geschäftspartner verknüpft ist.

Aus § 33 MBO-Ä ergibt sich allerdings, dass der Arzt gegenüber Dritten grundsätzlich Leistungen erbringen darf, wenn die Vergütung hierfür angemessen ist.[1498] Damit verdeutlicht die Norm zugleich, dass der Arzt nicht an die ausschließliche Honorierung durch Patienten gebunden wird. Jedoch gilt es zu beachten, dass § 33 MBO-Ä im Ausgangspunkt nicht zwingend solche Kooperatio-

---

[1496] *Butzer*, in: Becker/Kingreen, SGB V § 128 Rn. 12; *Kern*, NJW 2000, 833, 835.
[1497] Vgl. dazu vorstehend Teil 3: § 3 E.I.
[1498] Vgl. zu § 33 MBO-Ä die Ausführungen auf S. 160.

nen zwischen Arzt und anderen Leistungserbringern betrifft, die auf einer etwaigen Patientenlenkung aufbauen. Der Umstand, dass eine angemessene Verdienstmöglichkeit erst dadurch eröffnet wird, dass dem betreffenden Partner der Patient zugeführt wird, kann deshalb auch eine andere Bewertung gebieten.

Die Berücksichtigung der zusätzlichen Verdienstmöglichkeit bei § 31 Abs. 1 MBO-Ä hätte allerdings zur Konsequenz, dass dem Arzt die Möglichkeit genommen wird, mit seiner Tätigkeit ein Einkommen zu erzielen, wenn dieses durch Dritte wirtschaftlich getragen wird. Dem Arzt bliebe damit ein Betätigungsfeld vorenthalten, wodurch auf verfassungsrechtlicher Ebene die in Art. 12 Abs. 1 S. 2 GG niedergelegte Berufsausübungsfreiheit des Arztes berührt wird.[1499] Die Freiheit der Berufsausübung darf jedoch nur beschränkt werden, soweit vernünftige Erwägungen des Gemeinwohls dies als zweckmäßig erscheinen lassen.[1500]

§ 31 Abs. 1 MBO-Ä dient vornehmlich der Wahrung der ärztlichen Unabhängigkeit.[1501] Der Schutz erstreckt sich ferner auf das Recht des Patienten zur freien Wahl des Leistungserbringers sowie der Vermeidung ungerechtfertigter Wettbewerbsvorteile.[1502] Eine verhältnismäßige Einschränkung der Berufsausübungsfreiheit erfordert damit wenigstens, dass bei einer angemessenen Gegenleistung der Schutzzweck des § 31 Abs. 1 MBO-Ä in gleicher Weise wie in anderen Fällen eines Verstoßes beeinträchtigt wird. Ins Verhältnis zu setzen sind somit einerseits das Vertrauen des Patienten und andererseits das Interesse des Arztes an der freien Ausübung seines Berufs.[1503]

II. Vereinbarkeit mit den Schutzzwecken des § 31 Abs. 1 MBO-Ä

Die *Bundesärztekammer* stellte bei der Frage nach der Zulässigkeit einer Vergütung für das Ausfüllen von Fragebögen fest, dass bei einer angemessenen Vergütung „der Anreiz hinzunehmen [sei], der von der Leistungsaustauschbeziehung in Bezug auf die Einweisung von Patienten in dieses Krankenhaus ausgehen mag."[1504] Offen ließ sie dabei allerdings, auf welche Gründe dieses Ergebnis zu stützen sei.

[1499] Vgl. BGH MedR 2003, 459, 460; ablehnend aus diesem Grunde deshalb BGH NJW 2000, 2745, 2747; *Koenig/Bache,* Verfassungsrechtliche Bewertung des § 128 SGB V, S. 1 ff.
[1500] BVerfGE 7, 377 ff. Vgl. ferner ausführlich zu der Prüfung der verfassungsgemäßen Einschränkbarkeit des Art. 12 GG bei einem Eingriff in die Berufsausübungsfreiheit auf der Grundlage der durch das BVerfG entwickelten „Drei-Stufen-Theorie" *Scholz,* in: Maunz/Dürig, GG, Art. 12 Rn. 335.
[1501] Vgl. S. 115.
[1502] Siehe Teil 3: § 3 A.IV.1.c) und Teil 3: § 3 A.IV.1.e).
[1503] *Kern,* NJW 2000, 833, 834 ff.
[1504] DÄBl. 2007, A-1607, A-1610.

1. Kenntnis des Patienten

Die Fallgestaltung einer einseitigen Vorteilsgewährung für die Zuweisung, die ohne weiteres stets dem Anwendungsbereich des § 31 Abs. 1 MBO-Ä unterfällt[1505], ist regelmäßig durch die Heimlichkeit der Absprache geprägt.[1506] In der eingangs dargestellten Entscheidung des BGH zum verkürzten Versorgungsweg mit Hörgeräten[1507] hebt das Gericht zur Begründung der Rechtmäßigkeit unterdessen hervor, dass das wirtschaftliche Eigeninteresse des Arztes dem Patienten hierbei „nicht verborgen bleibe."[1508] Es sei schließlich allgemein bekannt, dass der Arzt bei diesem speziellen Versorgungsweg eine gesonderte Vergütung erhalte.

Es liegt nahe, die Aussage des BGH dahingehend zu interpretieren, dass eine Zuwiderhandlung gegen § 31 Abs. 1 MBO-Ä nicht nur wegen der angemessenen Vergütung, sondern auch deswegen auszuschließen war, weil dem Patient die den Arzt besserstellenden Gesamtumstände bewusst waren.[1509] Bei der prä- und poststationären Versorgung bleibt dem Patienten ebenfalls nicht verborgen, dass der einweisende Arzt Leistungen erbringt, für die er grundsätzlich ein Honorar erwarten kann. Ein entscheidender Aspekt für die Ablehnung eines Verstoßes gegen § 31 Abs. 1 MBO-Ä bei einer angemessenen Vergütung könnte damit die Transparenz des Anreizes für den Patienten sein[1510].

a) Transparenz als kompensierendes Kriterium

Gegen die Zulässigkeit der Zuweisung wegen Offenkundigkeit der Eigeninteressen des Arztes wendet allerdings Zimmermann ein, dass dieser Gesichtspunkt in anderen Entscheidungen des BGH schließlich auch keine Berücksichtigung finden würde.[1511] Zimmermann verweist diesbezüglich auf das Urteil des BGH[1512] zur Quersubventionierung von Laborgemeinschaften. Im Unterschied zu den in Rede stehenden Fallgruppen betraf der zitierte Sachverhalt jedoch eine einseitige Zuwendung durch den Laborarzt, ohne dass die Ärzte hierfür überhaupt eine Gegenleistung hätten erbringen müssen. Die Entscheidung lässt sich aus diesem Grund damit kaum auf die hier in Rede stehende Konstellation übertragen.

[1505] Siehe hierzu S. 158.
[1506] Vgl. dazu auch Teil 3: § 3 E.II.
[1507] Siehe dazu unter Teil 3: § 4 B.III.2.c)aa).
[1508] NJW 2002, 962, 964, dort auch zum folgenden Text.
[1509] Ebenso *Zimmermann,* GesR 2010, 393, 395.
[1510] Vgl. insofern auch *Bundesärztekammer,* DÄBl. 2013, S. A 2226.
[1511] GesR 2010, 393, 395.
[1512] BGH NJW 2005, 3718 ff.

§ 4 Bewertung einzelner Kooperationen am Maßstab von § 31 Abs. 1 MBO-Ä   271

Nur bei einer ausschließlichen Honorierung der Verweisung kann Zimmermann jedoch zugestanden werden, dass nicht ersichtlich ist, wie dadurch ein Vertrauensverlust des Patienten im Hinblick auf die Unabhängigkeit der ärztlichen Entscheidung von monetären Gesichtspunkten verhindern werden könnte. Insofern sei auch auf die bereits bei der Einwilligung als Rechtfertigungsgrund vorgetragenen Argumente verwiesen.[1513] Eine Offenlegung der materiellen Verhältnisse wird in dieser Fallgestaltung zudem ohnehin nicht zu erwarten sein. Denn aus der Perspektive des Überweisungsempfängers ist die Empfehlung des Arztes gerade deshalb so werthaltig, weil der Patient denkt, sie sei aus medizinischen Gründen zu seinem vermeintlich Besten erfolgt. Aufgrund der Ratio des § 31 Abs. 1 MBO-Ä soll sich die Lenkung des Patienten damit stets als einkommensneutral darstellen.

In Betracht gezogen werden kann die Transparenz als legitimierender Umstand damit lediglich in Konstellationen eines Leistungsaustausches und auch nur in Bezug auf den gesetzten Anreiz einer angemessenen Bezahlung.[1514] Denn sollte bei gegenseitigen Leistungen der gewährte Vorteil nicht äquivalent sein, ergibt sich im Saldo ebenfalls eine einseitige Zuwendung. Diese gebietet dann jedoch keine andere Bewertung als die vorhergehende.[1515] Entscheidend ist damit, ob die Kenntnis des Patienten, dass sein Arzt aufgrund der Zuweisung eine durch den Empfänger vergütete Leistung erbringen kann, eine Beeinträchtigung der Schutzzwecke ausschließt.

aa) Freie Wahl des Leistungserbringers

Erläutert der Arzt dem Patienten beispielsweise bei der Verordnung eines Hörgerätes die unterschiedlichen Möglichkeiten einschließlich der des verkürzten Versorgungsweges, wird der Patient grundsätzlich unterstellen, dass der Arzt in der letzteren Variante eine angemessene Vergütung erhält.[1516] Entscheidet der Patient sich anschließend – möglicherweise auf die Empfehlung des Arztes hin – für den verkürzten Versorgungsweg, hat er sein Recht auf Auswahl des Leistungserbringers[1517] „frei" ausgeübt. Denn frei ist die Entscheidung des Patienten nicht nur, wenn es an einer zwingenden Vorgabe eines anderen Leistungserbringers fehlt[1518], sondern auch, wenn der Patient in Bezug auf eine etwaige Entgelterwartung des Arztes nicht von einer unzutreffenden Tatsachengrundlage aus-

---

[1513] Teil 3: § 3 G.I.
[1514] *Bonvie*, in: Arbeitsgemeinschaft Medizinrecht, S. 827, 833; *Thünken*, MedR 2007, 578, 581 f.
[1515] Unklar insofern *Bäune*, jurisPR-MedizinR 7/2010, Anm. 5 C.
[1516] *Bonvie*, in: Arbeitsgemeinschaft Medizinrecht, S. 827, 832 f.
[1517] Vgl. zu dem Grundsatz einer allgemeinen freien Leistungserbringerwahl auf S. 132.
[1518] Vgl. hierzu S. 128 f.

geht.[1519] Da somit durch die Kenntnis des Patienten sein Selbstbestimmungsrecht gewahrt bleibt, fehlt es jedenfalls an der Verletzung seines Rechts zur freien Wahl des Leistungserbringers. Gleiches gilt bei der Auswahl eines Krankenhauses[1520] oder anderer Leistungserbringer, wenn Transparenz über die Gelegenheit zur zusätzlichen Leistungserbringung besteht.

bb) Schutz des Wettbewerbs

Bäune hebt hervor, dass der Arzt sich zudem keinen unlauteren Wettbewerbsvorteil verschaffe, wenn die Patienten ihre Entscheidungen unter Berücksichtigung des finanziellen Anreizes einer adäquaten Vergütung treffen könnten.[1521]

cc) Schutz des Vertrauens in die ärztliche Unabhängigkeit

Das Kernelement der ärztlichen Unabhängigkeit liegt in der Gewährleistung des Vertrauens auf der Seite des Patienten, dass der Arzt sich bei Entscheidungen über dessen Behandlung, welche die Einbeziehung anderer Leistungserbringer erfordert, nicht von eigenen pekuniären Interessen leiten lässt.[1522] Der Patient soll bei seinem Entschluss, der ärztlichen Zuweisung i. w. S. Folge zu leisten, davon ausgehen können, dass allein medizinische Erwägungen für die Auswahl eines bestimmten Leistungserbringers zum Tragen gekommen sind.[1523]

Bei transparenten Verhältnissen rechnet der Patient damit, dass die Zuweisung an einen anderen Leistungserbringer auch durch den Umstand der Generierung eines zusätzlichen Einkommens motiviert sein kann. Er geht damit im Sinne der vorstehenden Definition gerade nicht davon aus, dass die Entscheidung des Arztes frei von finanziellen Eigeninteressen erfolgt ist. Fraglich ist damit, ob der Schutz des Vertrauens im Sinne des § 31 Abs. 1 MBO-Ä auch eine Unabhängigkeit des Arztes in dieser Hinsicht erfordert.

Insofern bietet sich ein Vergleich mit der fachübergreifenden (vollen) Berufsausübungsgemeinschaft an, bei der einerseits aufgrund der von vornherein gegebenen Kenntnis des Patienten um die einfache Vorteilhaftigkeit einer internen Verweisung ein Vertrauensbruch ausgeschlossen wurde.[1524] Auch bei den in Rede stehenden Konstellationen besteht jedoch ein materieller Anreiz, der dem Patienten nicht verborgen bleibt. Der von *Bäune* ferner angestrengte Verweis auf

---

[1519] Siehe dazu die Ausführung auf den S. 131 ff.
[1520] *Clausen/Schroeder-Printzen*, ZMGR 2010, 3, 20.
[1521] jurisPR-MedizinR 7/2010, Anm. 5 C.
[1522] Teil 3: § 3 A.IV.1.a)aa).
[1523] Vgl. die Ausführungen auf S. 116 ff.
[1524] Siehe dazu Teil 3: § 4 D.II.5.b)aa)(2)(b).

die Tätigkeit des Belegarztes verfängt in diesem Zusammenhang allerdings nicht[1525], da sich die Vorteilhaftigkeit allein aus der Abrechenbarkeit von Leistungen gegenüber der Krankenkasse ergibt. Anders als in der hier fraglichen Konstellation wird die zusätzliche Leistung somit nicht von dem Zuweisungsempfänger wirtschaftlich honoriert.[1526]

Der Grund für die Notwendigkeit des Vertrauensschutzes beim Patienten liegt in dem Wissensgefälle gegenüber dem Arzt begründet.[1527] Um ein funktionsfähiges Arzt-Patienten-Verhältnis aufrecht zu erhalten, muss der Patient daher von der Prämisse ausgehen können, dass die Zuweisungsentscheidung in seinem Interesse getroffen wird. Sollte jene erkauft werden, wird sein Vertrauen daher auch bei Offenkundigkeit beeinträchtigt.[1528] Der Schutzzweck des § 31 Abs. 1 MBO-Ä lässt es hingegen zu, die Ansprüche an die berechtigte Erwartungshaltung des Patienten herabzustufen, wenn die Zuweisung mit der Gelegenheit zur Erbringung einer Leistung gegenüber einem dritten Leistungserbringer verbunden wird, deren Entlohnung bei isolierter Betrachtung legitim wäre. Insofern genügt als Ausgleich mit dem widerstreitenden Interesse des Patienten, dass ihm der von einer zusätzlichen Verdienstmöglichkeit ausgehende Anreiz von Anfang an bekannt ist.

b) Objektives Interesse des Patienten als kompensierendes Kriterium

Die Transparenz allein vermag allerdings nicht die bestimmende Verweisung und den damit verbundenen weiteren Eingriff in die freie Arztwahl[1529] zu kompensieren, wie auch der Blick auf § 31 Abs. 2 MBO-Ä zeigt. Empfiehlt der Arzt seinem Patienten einen Leistungserbringer, der ihm zusätzliche Dienste vergütet, erfordert die konkrete Auswahl des Zuweisungsempfängers einen allein im Interesse des Patienten zu bestimmenden hinreichenden Grund.[1530] Der Arzt muss die honorierte Leistung somit auch zum Wohle des Patienten erbringen.[1531] Das ärztliche Zuerwerbsinteresse kann dafür selbstredend zwar nicht ausreichen, steht der Annahme eines solchen jedoch auch nicht entgegen.[1532] Denn steht die Erbringung der zusätzlich erbrachten Leistung im objektiven Interesse des Patienten an einer erfolgreichen Behandlung, wäre es widersinnig, dem Arzt jene zu

---

[1525] jurisPR-MedizinR 7/2010, Anm. 5 C.
[1526] Vgl. dazu ausführlich Teil 3: § 4 A.II.2.
[1527] Siehe hierzu und dem folgenden Text die Ausführungen auf S. 117.
[1528] Vgl. dazu Teil 3: § 3 G.I.
[1529] Vgl. hierzu die Erläuterungen auf S. 128 f.
[1530] Siehe zu den Anforderungen eines hinreichenden Grundes S. 107.
[1531] Angedeutet bei *Bonvie*, in: Arbeitsgemeinschaft Medizinrecht, S. 838 f.; *Kuhlen/Kuhlen*, PaPfleReQ 2009, 53, 54; *Thünken*, MedR 2007, 578, 581; *Ratzel*, GesR 2009, 561, 563; *Walter*, A/ZusR 2006, 97, 99 f.
[1532] Ausführlich zu diesem Aspekt auf S. 108.

untersagen, bloß weil sie für ihn vorteilhaft ist und auf der Grundlage einer Zuweisungshandlung erfolgt.

Die Relevanz dieses Kriteriums tritt deutlich in dem erörterten Beispiel des verkürzten Versorgungswegs hervor. Während die Rechtsprechung die Zulässigkeit der Hörgeräteversorgung maßgeblich auf das Argument stützte, dass es sich bei der Anpassung jener Geräte um eine ärztliche Tätigkeit handelt, wurde bei der Brillenversorgung eine vergleichbare Qualität der Leistungen des Arztes verneint.[1533] Erforderlich ist somit, dass die Dienstleistung des Arztes einen notwendigen Bezug zur Therapie des Patienten aufweist.[1534] Zudem wird auch in diesem Rahmen wie bei § 3 Abs. 2 MBO-Ä die Therapiefreiheit des Arztes berücksichtigt werden müssen.[1535]

Im Rahmen der prä- und postoperativen Versorgung ist somit erforderlich, dass die Zusammenarbeit zwischen Arzt und Krankenhaus einen diagnostischen oder therapeutischen Nutzen für den Patienten erkennen lässt.[1536] Der Patient darf zudem keinen Nachteil erleiden, wenn diese Leistungen nicht im Krankenhaus durch die dort angestellten Ärzte erfolgen.[1537] Unterfallen die gegenüber dem Krankenhaus übernommenen Aufgaben hingegen dem originären Aufgabenbereich des niedergelassenen Arztes, liegt keine Leistung des Krankenhauses vor, die der Arzt im Interesse des Patienten für das Krankenhaus gegen Vergütung übernehmen kann.[1538]

2. Tatsächliche Kenntnis des Patienten
in den einzelnen Fallvarianten

Soweit ein objektives Interesse des Patienten an der Leistungserbringung durch den Arzt nach den vorstehenden Ausführungen besteht, ist maßgeblich, dass der Patient die durch die Zuweisung entstehende Gelegenheit der zusätzlichen Vergütung durch einen anderen Leistungserbringer und den damit verbundenen finanziellen Aspekt kennt.[1539] Der Patient muss somit die Abhängigkeit der Generierung eines weiteren Einkommens von der Zuweisung zu einem bestimmten Leistungserbringer erfassen. Keine Transparenz liegt somit vor, wenn sich der Vorstellungsinhalt des Patienten nur darauf erstreckt, dass es sich bei den durch den Arzt erbrachten Leistungen um solche handelt, die mit dem Vergütungsanspruch gegenüber dem Patienten oder der Krankenkasse abgegolten werden.

[1533] Vgl. S. 207.
[1534] Ausführlich dazu *Bonvie*, in: Arbeitsgemeinschaft Medizinrecht, S. 827, 833 f.
[1535] Vgl. BGH GesR 2005, 456, 457.
[1536] Vgl. insofern *Ratzel/Szabados*, GesR 2012, 210, 212.
[1537] Siehe zu der Notwendigkeit einer restriktiven Interpretation des § 115a Abs. 1 S. 2 SGB V die Ausführungen unter Teil 3: § 4 A.I.6.a)bb).
[1538] Teil 3: § 4 A.I.6.
[1539] Vgl. *Zimmermann*, GesR 2010, 393, 395.

§ 4 Bewertung einzelner Kooperationen am Maßstab von § 31 Abs. 1 MBO-Ä   275

Dem Patienten muss somit bei dem verkürzten Versorgungsweg und bei der vor- und nachstationären Behandlung von Anfang an bewusst sein, dass die Dienste gegenüber dem Zuweisungsempfänger erbracht werden.[1540] Sofern sich dies aus den äußeren Umständen nicht ergibt, ist eine entsprechende Aufklärung des Patienten geboten.[1541] *Bäune* weist allerdings darauf hin, dass die Akzeptanz dieser Lösung bei der prä- und poststationären Versorgung im Hinblick auf die bisherige gerichtliche Bewertung nicht mit Sicherheit prognostiziert werden kann.[1542]

Bleibt dem Patient die wirtschaftliche Relevanz für den Arzt indes verborgen, verletzt die Zuweisung die Schutzzwecke des § 31 Abs. 1 MBO-Ä.

III. Ergebnis zu der Vereinbarkeit einer „zusätzlichen Verdienstmöglichkeit" mit § 31 Abs. 1 MBO-Ä

Die zusätzliche Verdienstmöglichkeit setzt auch dann einen materiellen Anreiz zur bestimmenden Lenkung des Patienten, wenn die Leistung des Arztes im Verhältnis zum Honorar als angemessen zu bezeichnen ist. Ein den Schutzzwecken des § 31 Abs. 1 MBO-Ä widersprechendes Konnexitätsverhältnis zwischen dem Vorteil einer weiteren Einkommensoption und der Zuweisung scheidet deshalb nur unter zwei Bedingungen aus. Zunächst muss der Patient wissen, dass der Arzt eine zusätzliche Leistung erbringt, die der Zuweisungsempfänger vergütet. Ferner muss die Übernahme dieser Leistung durch den eigenen Arzt im Interesse des Patienten liegen. Ein Vorteil findet seinen Grund und seine Rechtfertigung in der ärztlichen Behandlung somit nur dann, wenn neben der Angemessenheit auch die umfassende Transparenz und das Wohl des Patienten gewährleistet werden.

F. Zusammenfassung der Ergebnisse zu der Bewertung einzelner Kooperationsformen

Ob eine einseitige Zuwendung für die Überantwortung des Patienten die Voraussetzungen des § 31 Abs. 1 MBO-Ä erfüllt, lässt sich zumeist schon mit den im dritten Abschnitt[1543] erörterten allgemeinen Maßstäben beantworten. Individuelle Besonderheiten ergeben sich hingegen bei den einzelnen Kooperationsmöglichkeiten, wenn der zuweisende Arzt noch eine zusätzliche Leistung gegenüber dem Kooperationspartner erbringt. Übernehmen Vertragsärzte gegenüber Krankenhäusern die Behandlung der von ihnen eingewiesenen oder in sonstiger Weise zugeführten Patienten, beinhaltet selbst eine angemessene Entlohnung für

---

[1540] So auch *Clausen/Schroeder-Printzen*, ZMGR 2010, 3, 20.
[1541] *Bäune*, jurisPR-MedizinR 7/2010, Anm. 5 C.
[1542] jurisPR-MedizinR 7/2010, Anm. 5 D.
[1543] Teil 3: § 3.

tatsächlich erbrachte Dienste einen Verstoß gegen § 31 Abs. 1 Var. 1 MBO-Ä, wenn die Voraussetzungen für eine Einbindung niedergelassener Ärzte etwa gem. §§ 115a, 115b SGB V nicht vorliegen. Da der Gesetzgeber bei der prä- und poststationären Versorgung und den ambulanten Operationen im Krankenhaus jedoch jüngst die Voraussetzungen gelockert hat, dürfte dies nur noch selten der Fall sein. Bei dem verkürzten Versorgungsweg begründet der innere Zusammenhang zwischen der ärztlichen Zusatzleistung mit der Behandlung das entscheidende Kriterium, um eine angemessene Gegenleistung nicht als Zuweisungsentgelt zu bewerten. Eine aus Sicht des Patienten sinnvolle Einbindung des niedergelassenen Arztes lässt sich dementsprechend nur bei der Versorgung mit Hörgeräten, nicht aber mit Brillen feststellen. Geht ein Arzt eine gesellschaftsrechtliche Verbindung mit nicht ärztlichen Leistungserbringern ein, untersagt § 31 Abs. 1 MBO-Ä zunächst, die Höhe der Gewinnverteilung von der Anzahl seiner Zuweisungen an die Gesellschaft abhängig zu machen. Eine Zuweisung gegen Entgelt liegt jedoch auch bei einer quotalen Gewinnbeteiligung vor, wenn der Arzt es auch aus der Sicht seiner Geschäftspartner vermag durch die Vermittlung seiner Patienten an die Gesellschaft erheblichen Einfluss auf den Wert seines Gesellschaftsanteils und die Höhe des auszuschüttenden Gewinns zu nehmen. Keine andere Bewertung ist bei der Zusammenarbeit von Ärzten in einer Organisationsgemeinschaft geboten, wenn ein Gewinnpooling vereinbart wurde. Auch bei einer Gesellschaft, an der ausschließlich Ärzte beteiligt sind, untersagt § 31 Abs. 1 Var. 1 MBO-Ä, durch die Gewinnabrede Zuweisungen zu honorieren. Entspricht der Gewinn dem Anteil der persönlich erbrachten Leistungen, so wie es § 18 Abs. 1 S. 3 Alt. 2 MBO-Ä für die Teilberufsausübungsgemeinschaft fordert, ist ein Anreiz zur gezielten Zuweisung von Patienten an den Gesellschaftspartner hingegen stets genommen.

Selbst wenn die vorstehenden Voraussetzungen eingehalten werden, wird dadurch nicht die in der Gelegenheit eines zusätzlichen angemessenen Verdienstes liegende Anregung zur Vermittlung des Patienten an eben jenen anderen Leistungserbringer beseitigt, der diese Vergütung bei zugeführten Patienten verspricht. Den Schutzzwecken des § 31 Abs. 1 MBO-Ä widerspricht die kausale Verknüpfung zwischen dem Vorteil einer weiteren Einkommensquelle und der Überantwortung von Patienten jedoch nicht, wenn die weitere Verdienstoption dem Patienten bewusst ist und die Übernahme der honorierten Aufgabe durch den Arzt in seinem objektiven Interesse liegt. Führt der Arzt seinen Patienten einer Gesellschaft zu, an der neben ihm andere nicht ärztliche Leistungserbringer beteiligt sind, gebieten das Fehlen von Transparenz und eines hinreichenden Grundes für die Vermittlung aus Sicht des Patienten – selbst wenn die Gewinnbeteiligung nach einer feststehenden Quote bemessen sein sollte – ebenfalls ein Verbot nach § 31 Abs. 1 MBO-Ä. Bei der vollen Berufsausübungsgemeinschaft kann hingegen grundsätzlich davon ausgegangen werden, dass die gemeinsame Behandlung des Patienten in dessen Interesse liegt. Der Patient weiß bei seiner

§ 4 Bewertung einzelner Kooperationen am Maßstab von § 31 Abs. 1 MBO-Ä

Entscheidung für eine Berufsausübungsgemeinschaft zudem bereits von Beginn an, dass bei einem Verweis innerhalb der Gesellschaft der Umsatz derselben erhöht wird und somit auch pekuniäre Gesichtspunkte bei der Entscheidung des Arztes von Bedeutung sein können.

Die Prämisse der h. M. zum Ausschluss der Konnexität bei einer angemessenen und tatsächlich erbrachten Gegenleistung im Zusammenhang mit der ärztlichen Behandlung ist deshalb zu konkretisieren. Seinen Grund und seine Rechtfertigung findet ein äquivalenter Vorteil nur dann in der Behandlung des Patienten, wenn jener dem Patienten bei der Vermittlung an den anderen Leitungserbringer bekannt ist und die Übernahme der vergütungsfähigen Leistung durch den Arzt zu seinem Wohl erfolgt.

Teil 4

Zusammenfassung und Bewertung der Untersuchungsergebnisse

Der niedergelassene Arzt nimmt gegenüber anderen Anbietern von Gesundheitsleistungen wegen seiner Vermittlungsfunktion zum Patienten vor allem unter wirtschaftlichen Gesichtspunkten eine zentrale Rolle ein. Sein Vermögen, den Patientenstrom durch eine Zuweisung, Verordnung oder den Bezug von Gesundheitsprodukten an andere Leistungserbringer zu lenken und dadurch deren Umsatz und Gewinn zu erhöhen, bewirkt auf der anderen Seite den Anreiz, auf den Arzt durch den Einsatz materieller Mittel gezielt Einfluss zu nehmen.

Das Steuerungsvermögen des Arztes weist allerdings nur deshalb besondere Effizienz auf, weil der Patient auf eine materiell unabhängige Entscheidung seines Arztes vertraut. Zum Schutze des Patienten verbietet § 31 Abs. 1 MBO-Ä dem Arzt infolgedessen, für die Zuweisung von Patientinnen und Patienten oder Untersuchungsmaterial oder für die Verordnung oder den Bezug von Arznei- oder Hilfsmitteln oder Medizinprodukten ein Entgelt oder andere Vorteile sich versprechen oder gewähren zu lassen oder selbst zu versprechen oder zu gewähren.

Einige Formen der Zusammenarbeit zwischen Arzt und weiteren Leistungserbringern lassen allerdings Bedenken aufkommen, ob sie mit den Anforderungen des § 31 Abs. 1 MBO-Ä (noch) vereinbart werden können. Vielfach wurden diesbezüglich rechtliche Grauzonen und eine ungleichförmige Bewertungen kritisiert.[1544] Es drängte sich zudem die Frage auf, inwieweit der durch § 31 Abs. 1 MBO-Ä vermittelte Patientenschutz überhaupt erforderlich ist.[1545] Ziel der vorliegenden Untersuchung war es daher, die Grenzen zulässiger Kooperationsbildung am Maßstab des § 31 Abs. 1 MBO-Ä aufzuzeigen und allgemeingültige Bewertungskriterien herauszuarbeiten.

§ 1 Reichweite des § 31 Abs. 1 MBO-Ä

Neben der Verordnung (§ 31 Abs. 1 Var. 2 MBO-Ä) und dem Bezug (§ 31 Abs. 1 Var. 3 MBO-Ä) wird mit der Zuweisung (§ 31 Abs. 1 Var. 1 MBO-Ä) im Sinne eines Auffangtatbestandes jede Form einer unmittelbaren Patientenvermittlung erfasst. Eine Einschränkung besteht weder im Hinblick auf die Art des Emp-

---

[1544] Vgl. dazu Teil 1: § 2 A. und Teil 1: § 2 B.
[1545] Teil 1: § 2 C.

fängers noch in Bezug auf die Verbindlichkeit. Die Geltung des § 31 Abs. 1 MBO-Ä erstreckt sich damit umfassend auf sämtliche Optionen des Arztes, seinen Patienten anderen Leistungserbringern zuzuführen. Eine gezielte Steuerungsbefugnis ergibt sich unabhängig von finanziellen Anreizen aus den allgemeinen Vorschriften allerdings nur bei wenigen Lenkungsarten wie bei dem Bezug von Waren oder der Verordnung von Arzneimitteln. Zumeist ist jedoch entweder gar keine gezielte Lenkung durch den Arzt vorgesehen oder sie unterliegt erheblichen Einschränkungen. Die bestimmende Überantwortung verletzt damit regelmäßig bereits das Recht des Patienten zur freien Wahl eines anderen Leistungserbringers. § 31 Abs. 1 MBO-Ä dient darüber hinaus dem Schutz des Patienten in seinen Belangen der Gesundheit, der Selbstbestimmung und schließlich in seinem Vertrauen, dass eine Entscheidung über die Auswahl eines weiteren Anbieters von Gesundheitsleistungen eben diese Interessen wahrt. Dieses Schutzanliegen des § 31 Abs. 1 MBO-Ä gebietet die Entkoppelung von Patientenvermittlung und der Erlangung wirtschaftlicher Vorteile. Ein Arzt darf somit keine (Unrechts-)Vereinbarung mit einem anderen Leistungserbringer treffen, nach deren Inhalt allein die Zuweisung das Entstehen eines Vorteils bedingt. Gleichzeitig ist er jedoch berechtigt, für eine gegenüber anderen Leistungserbringern übernommene Tätigkeit angemessen entlohnt zu werden. Setzt die Beauftragung mit der honorierten Aufgabe allerdings eine Vermittlung von Patienten voraus, kann die Vereinbarkeit mit § 31 Abs. 1 MBO-Ä wegen des materiellen Anreizes der zusätzlichen Verdienstmöglichkeit nur hergestellt werden, wenn dieser pekuniärer Umstand dem Patienten einerseits bekannt ist und die Tätigkeit des Zuweisers in seinem objektivem Interesse liegt. Sollte die Vergütung hingegen für eine Leistung des Arztes gewährt werden, die gar nicht erst erbracht wird, keinen wirtschaftlichen bzw. medizinischen Mehrwert begründet oder im Verhältnis zur Höhe der Vergütung nicht angemessen ist, beinhaltet schon die Entlohnung selbst einen unerlaubten Vorteil für die Zuweisung. § 31 Abs. 1 MBO-Ä untersagt dem Arzt sowohl schon den Versuch einer materiellen Akquise von Patienten als auch die materielle Verwertung des eigenen Patientenstamms durch eine entgeltliche Vermittlung. Liegt bei einer saldierenden Betrachtungsweise der ausgetauschten Vorteile im Ergebnis eine einseitige Zuwendung für die Überantwortung des Patienten vor, vermag zudem weder die Einwilligung des Patienten noch ein hinreichender Grund dieselbe zu legitimieren. Eine Entlastung von dem Vorwurf des § 31 Abs. 1 MBO-Ä kann der Arzt schließlich kaum mit der fehlenden Kenntnis der Verbotsnorm begründen.

§ 2 Vereinbarkeit ärztlicher Kooperationsformen mit § 31 Abs. 1 MBO-Ä

Sieht eine Kooperation lediglich eine einseitige Vorteilsgewährung vor, kann deren Beurteilung zumeist schon anhand der im Einzelnen ausgearbeiteten Tatbestandsmerkmale und weiteren Voraussetzungen abschließend vorgenommen werden. Beinhaltet die Zusammenarbeit hingegen einen gegenseitigen Leistungsaustausch, ergeben sich je nach Geschäftspartner spezifische Besonderheiten bei Beantwortung der Frage, ob der Vorteil seinen Grund und seine Rechtfertigung in der ärztlichen Behandlung selbst findet. Die Vergütung eines niedergelassenen Arztes durch ein Krankenhaus im Rahmen der prä- und poststationären Versorgung oder einer ambulanten Operation ist etwa daran zu messen, ob aufgrund allgemeiner Vorschriften überhaupt eine Leistung des Krankenhauses übernommen wurde. Denn anderenfalls kann eine solche auch nicht im Interesse des Patienten vergütet werden. Im Übrigen muss der Patient erkennen können, dass er seinem Arzt die Möglichkeit eines zusätzlichen Verdienstes verschafft, wenn er dessen Empfehlung über das aufzusuchende Krankenhaus befolgt. Bei dem verkürzten Versorgungsweg ist darauf zu achten, ob die Übernahme der Tätigkeit durch den Arzt dem Wohl des Patienten dient. Sowohl die fehlende Transparenz als auch ein nicht stets zu unterstellender hinreichender Grund für eine bestimmende Patientenvermittlung geben schließlich den Anlass dafür, dem Arzt die gesellschaftsrechtliche Beteiligung an dem Unternehmen eines nicht ärztlichen Leistungserbringers zu untersagen, wenn er auf seinen Gewinn durch die gezielte Zuführung von Patienten erheblich Einfluss nehmen könnte. Während die Einhaltung dieser Parameter eine quotale Gewinnverteilung bei einer vollen Berufsausübungsgemeinschaft rechtfertigt, gebietet die besondere Missbrauchsgefahr eine allein an den Leistungsanteilen orientierte Gewinnverteilung bei der Teilberufsausübungsgemeinschaft.

Mit Hilfe der Kriterien Äquivalenz, Transparenz und Wohl des Patienten kann mithin eine gleichförmige Behandlung der unterschiedlichen Kooperationsformen gewährleistet werden. Die damit einhergehenden Beschränkungen des Arztes reichen dabei nur soweit, wie es die Wahrung der Schutzzwecke des § 31 Abs. 1 MBO-Ä im berechtigten Interesse des Patienten erfordert.

§ 3 Bewertung und Ausblick

§ 31 Abs. 1 MBO-Ä zeichnet eine eindeutige Grenze zwischen berufsrechtlich zulässiger Kooperationsbildung und unlauterer materieller Beeinflussung des Arztes in seiner im Interesse des Patienten neutral zu findenden Entscheidung über die Vermittlung an andere Leistungserbringer. Die rechtliche Klarheit beseitigt allerdings nicht die in der Praxis vorhanden Schwierigkeiten des prozessualen Nachweises einer § 31 Abs. 1 MBO-Ä widersprechenden Vereinbarung, da diese im Regelfall ein Internum zwischen den Parteien bleibt. Die Einhaltung der Grundsätze Transparenz, Trennung von Beschaffungs-und Zuwendungsentscheidung, Dokumentation und Äquivalenz helfen zwar, den Anschein einer rechtswidrigen Abrede zu vermeiden. Deren Fehlen kann jedoch auch nur ein Indiz für einen Verstoß gegen das Verbot der unerlaubten Zuweisung begründen. Die be-

§ 3 Bewertung und Ausblick

mängelten Vollzugsdefizite der Ärztekammer vermögen ebenfalls nicht die Problematik zu relativieren. Abhilfe verspricht jedoch möglicherweise im Hinblick auf den letzteren Kritikpunkt die Neuregelung des § 73 Abs. 7 SGB V.[1546] Nach dieser Norm ist es Vertragsärzten nicht gestattet, für die Zuweisung von Versicherten ein Entgelt oder sonstige wirtschaftliche Vorteile sich versprechen oder sich gewähren zu lassen oder selbst zu versprechen oder zu gewähren.[1547] Insoweit ist zu erwarten, dass die Kassenärztlichen Vereinigungen[1548] über effektivere Kontrollmechanismen verfügen, um die Einhaltung des im Dienste des Patientenvertrauens bestehenden Verbotes der entgeltlichen Patientenzuweisung zu gewährleisten.

[1546] Eingefügt durch das GKV-Versorgungsstrukturgesetz vom 22.12.2011.
[1547] Zur Gesetzesbegründung BT-Drucks. 17/6906, S. 55 f. Vgl. ferner § 128 Abs. 2 S. 1, 5b, 6 S. 1 SGB V i.V.m. § 31, 116 Abs. 7 SGB V für die anderen Vermittlungsarten.
[1548] Siehe zu der Überwachungsbefugnis der Kassenärztlichen Vereinigungen § 81 Abs. 5 SGB V.

Literaturverzeichnis

Ahrens, Hans-Jürgen: Deregulierung für rechtberatende freie Berufe? – Zur Sonderstellung des Freiberuflers gegenüber den Gewerbetreibenden –, AnwBl 1992, S. 247–253.

– Praxisgemeinschaften in Ärztehäusern mit Fremdgeschäftsführung – Voraussetzungen und Grenzen ärztlichen Unternehmertums, in: MedR 1992, S. 141–146.

Arbeitsgruppe Berufsrecht (Hrsg.): Teilgemeinschaftspraxis – Überörtliche Organisationsgemeinschaft – Einnahmepooling – Gemeinsame Berufsausübung, Stellungnahme der Arbeitsgruppe „Berufsrecht" der Arbeitsgemeinschaft Medizinrecht im DAV, in: ZMGR 2003, S. 59–65.

Bach, Peter/*Moser,* Hans: Private Krankenversicherung, MB/KK- und MB/KT-Kommentar, Kommentar zu den §§ 192 ff., 213 VVG, zu den MB/KK und MB/KT und zu weiteren Gesetzes- und Regelwerken der Rechtspraxis in der Privaten Krankenversicherung, 4. Aufl., München 2009. (zitiert: *Bearbeiter,* in: Bach/Moser, PKV)

Badle, Alexander: Betrug und Korruption im Gesundheitswesen – Ein Erfahrungsbericht aus der staatsanwaltlichen Praxis, in: NJW 2008, S. 1028–1033.

Bährle, Jürgen: Abrechnung, In diesem Rechtsverhältnis stehen Kasse, Patient und Therapeut zueinander, in: Praxisführung professionell 2010, Heft 12, S. 2, abrufbar unter http://www.iww.de/index.cfm?pid=1314&pk=140540&spid=1290&spk=1287&sfk=41, zuletzt besucht am 12.01.2011.

Barth, Dieter: Mediziner-Marketing: Vom Werbeverbot zur Patienteninformation, Eine rechtsvergleichende und interdisziplinäre Studie zur Kommunikation zwischen Patienten und Ärzten, Berlin u. a. 1999. (zitiert: *Barth,* Mediziner-Marketing)

Bauer, Ullrich: Die sozialen Kosten der Ökonomisierung von Gesundheit, http://www.bundestag.de/dasparlament/2006/08-09/Beilage/003.html, zuletzt besucht am 21.09.2010. (zitiert: *Bauer,* Ökonomisierung)

Bäune, Stefan/*Dahm,* Franz-Josef/*Flasbarth,* Roland: Vertragsärztliche Versorgung unter dem GKV-Versorgungsstrukturgesetz – GKV-VStG, in: MedR 2012, S. 77–97.

Bäune, Stefan/*Meschke,* Andreas/*Rothfuß,* Sven: Kommentar zur Zulassungsverordnung für Zahnärzte und Vertragszahnärzte (Ärzte-ZV, Zahnärzte-ZV), Berlin/Heidelberg 2008. (zitiert: *Bearbeiter,* in: Bäune/Meschke/Rothfuß, Ärzte-ZV)

Bäune, Stefan: Anmerkung zu OLG Düsseldorf, Urt. v. 1.9.2009, I-20 U 121/08, in: jurisPR-MedizinR 7/2010 Anm. 5.

Bayerische Landesärztekammer: Zuweiserpauschalen verstoßen gegen ärztliches Berufsrecht, becklink 288470.

Becker, Arend: Die Steuerung der Arzneimittelversorgung im Recht der GKV, zugleich Diss. iur. (Bremen 2003), Baden-Baden 2006. (zitiert: *Becker,* Steuerung der Arzneimittelversorgung)

Becker, Ulrich/*Kingreen,* Thorsten: SGB V, Gesetzliche Krankenversicherung, Kommentar, 3. Aufl., München 2012. (zitiert: *Bearbeiter,* in: Becker/Kingreen, SGB V)

Bernsmann, Klaus/*Schoß,* Christian: Vertragsarzt und „kick-back" – zugleich Anmerkung zu OLG Hamm, Urteil vom 22.12.2004, in: GesR 2005, S. 193–196.

Bonvie, Horst: Beteiligung des Arztes am Erfolg anderer Dienstleister in der Gesundheitswirtschaft, in: Arbeitsgemeinschaft Medizinrecht im Deutschen Anwaltverein, Medizinrecht heute: Erfahrungen, Analysen, Entwicklungen, Festschrift 10 Jahre Arbeitsgemeinschaft Medizinrecht im DAV, hrsg. v. Bernd Luxenburger, Bonn 2008, S. 827–839. (zitiert: *Bonvie,* in: Arbeitsgemeinschaft Medizinrecht)

– Vergütung für ärztliche Dienstleistungen oder verbotene Provision?, in: MedR 1999, 64–66.

– Zulässigkeit der Beteiligung von Radiologen an einer Teilberufsausübungsgemeinschaft, in: jurisPR-MedizinR 7/2012 Anm. 4.

Brand, Ulrich: Ärztliche Ethik im 19. Jahrhundert, Der Wandel ethischer Inhalte im medizinischen Schrifttum. Ein Beitrag zum Verständnis der Arzt-Patienten-Beziehung, Freiburg 1977. (zitiert: *Brand,* Ärztliche Ethik)

Braun, Julian: Entlassungsmanagement im Krankenhaus durch externe Leistungserbringer – (Un-)Vereinbarkeiten mit der Wahlfreiheit des Patienten, in: MedR 2013, S. 350–353.

Braun, Julian/*Püschel,* Constanze: Die gesellschaftsrechtliche Beteiligung von Ärzten und ihren Verwandten an Unternehmen nichtärztlicher Leistungserbringer, in: MedR 2013, S. 655–658.

Broch, Uwe/*Diener,* Holger/*Klümper,* Mathias: Nachgehakt: 15. AMG-Novelle mit weiteren Änderungen beschlossen, in: PharmR 2009, S. 373–377.

Brockhaus (Hrsg.): Die Enzyklopädie in 30 Bänden, 21. Aufl., Leipzig/Mannheim 2006. (zitiert: *Brockhaus,* Enzyklopädie)

Buchner, Reimar/*König,* Marco: Gesundheitsprodukte und gewerbliche Dienstleistungen in der Arztpraxis, in: ZMGR 2005, S. 335–342.

Bundesärztekammer (Hrsg.): Novellierung einzelner Bestimmungen der Musterberufsordnung, Synoptische Darstellung der Änderungen vom 29.8.2011, http://www.bundesaerztekammer. de/downloads/Synopse_Stand_29.08.11.pdf., zuletzt besucht am 7.6.2012. (zitiert: *Bundesärztekammer,* in: Novellierung einzelner Bestimmungen der Musterberufsordnung)

– Wahrung der ärztlichen Unabhängigkeit, Umgang mit der Ökonomisierung des Gesundheitswesens, Hinweise und Erläuterungen beschlossen von den Berufsordnungsgremien der Bundesärztekammer am 2. April 2007, in: DÄBl. 2007, S. A-1607–1612.

– Mitteilungen, in: DÄBl. 2007, S. A-1612.

- Bekanntmachungen: Der Vorstand der Bundesärztekammer hat § 18 Abs. 1 der (Muster-)Berufsordnung am 24.11.2006 wie folgt neu gefasst, in: DÄBl. 2007, S. A-1613.

- Mitteilungen: Niederlassung und berufliche Kooperation – Neue Möglichkeiten – Hinweise und Erläuterungen zu §§ 17–19 und 23a–d (Muster-)Berufsordnung (MBO) Stand 28. März 2008, in: DÄBl. 2008, A-1019–1025.

- Wahrung der ärztlichen Unabhängigkeit bei der Zusammenarbeit mit Dritten, Hinweise und Erläuterungen zu § 33 (Muster-)Berufsordnung beschlossen von den Berufsordnungsgremien der Bundesärztekammer am 12.08.2003, DÄBl. 2004, S. A-297–299.

- Beschlussprotokoll 106. Deutscher Ärztetag 2003, http://www.bundesaerztekammer.de/arzt2003/start.htm.

- Unternehmerische Betätigungen von Ärztinnen und Ärzten und Beteiligung an Unternehmen, Möglichkeiten und Grenzen aus berufs- und vertragsarztrechtlicher Sicht, DÄBl. 2013, S. A 2226–A 2231.

Burgardt, Claus: Die Kooperation zwischen Arzt und Apotheker, in: A/ZusR 2005, S. 83–91.

Bussmann, Kai-D.: Unzulässige Zusammenarbeit im Gesundheitswesen durch „Zuweisung gegen Entgelt", Zusammenfassung der wesentlichen Ergebnisse einer empirischen Studie im Auftrag des GKV-Spitzenverbandes, https://www.gkv-spitzenverband.de/upload/PK_Studie_Fehlverhalten_20120522_Kurzfassung_19733.pdf, zuletzt besucht am 7.6.2012. (zitiert: *Bussmann,* Unzulässige Zusammenarbeit)

Cansun, Deniz: Zivil- und berufsrechtliche Kooperationsmöglichkeiten von Vertragsärzten – Liberalisierung des Vertragsarztrechts – Quod erat demonstrandum! –, zugleich Diss. iur. (Hannover 2009), Aachen 2009. (zitiert: *Cansun,* Kooperationsmöglichkeiten)

Christiansen, Arndt: Die „Ökonomisierung" der EU-Fusionskontrolle: Mehr Kosten als Nutzen?, in: WuW 2005, S. 285–293.

Clausen, Tilman/*Schroeder-Printzen,* Jörn: Kooperationsverträge zwischen Krankenhäusern und niedergelassenen Ärzten – ein Erfolgsmodell für die Zukunft?, in: ZMGR 2010, S. 3–23.

Cramer, Udo H.: Praxisgemeinschaft versus Gemeinschaftspraxis – Auf den Gesellschaftszweck kommt es an!, in: MedR 2004, S. 552–556.

Cramer, Udo: Anmerkung zu OLG München, Urt. v. 12.9.2005 – 21 U 2982/05, in: MedR 2006, S. 173–174.

Dahm, Franz-Josef: Zusammenarbeit von Vertragsärzten und Krankenhäusern im Spannungsfeld der Rechtsbereiche, in: MedR 2010, S. 597–612.

- Problemstellung zu OLG Schleswig-Holstein, in: MedR 2004, S. 270–271.

- Problemstellung zu OLG Köln, Urt. v. 3.6.2002 – 11 W 13/02, in: MedR 2003, S. 460–461.

- Problemstellung zu OLG Koblenz, Urt. v. 20.5.2003 – 4 U 1532/02, in: MedR 2003, S. 580–581.

- Ärztliche Kooperationsgemeinschaften und Beteiligungsmodelle – im Spannungsfeld der Berufsordnung („Mrt-Koop" u. a.), in: MedR 1998, S. 70–74.
- Rechtliche Probleme und wirtschaftliche Chancen des Angebots nich(zahn)ärztlicher Zusatzleistungen, in: MedR 1995, S. 106–109.
- Rabattierung und Vorteilsgewährung bei Erbringung ärztlicher Laborleistungen, in: MedR 1994, S. 13–18.
- Zur Problematik der Gewährung von Preisnachlässen und Zuwendungen im Gesundheitswesen, in: MedR 1992, S. 250–256.

Deutsch, Erwin: Vertrauen und Recht im Arzt- und Patientenverhältnis, in: ArztR 1980, S. 289–292.

Deutsch, Erwin/*Spickhoff*, Andreas: Medizinrecht, Arztrecht, Arzneimittelrecht, Medizinprodukterecht und Transfusionsrecht, 6. Aufl., Berlin/Heidelberg 2008. (zitiert: *Deutsch/Spickhoff*, Medizinrecht)

Deutsche Gesellschaft für Urologie (Hrsg.): „Der verkaufte Patient": Heißes Eisen auf dem 61. Urologen-Kongress, abrufbar unter http://www.dgu.de/1063.html, zuletzt besucht am 5.5.2010. (zitiert: *Deutsche Gesellschaft für Urologie*, Der verkaufte Patient)

Dieners, Peter: Handbuch Compliance im Gesundheitswesen, 3. Aufl., München 2010. (zitiert: *Bearbeiter*, in: Dieners, Hdb Compliance)

Dieners, Peter/*Reese*, Ulrich: Handbuch des Pharmarechts, Grundlagen und Praxis, München 2010. (zitiert: *Bearbeiter*, in: Dieners/Reese, Hdb Pharmarecht)

Dieners, Peter/*Taschke*, Jürgen: Die Kooperation der medizinischen Industrie mit Ärzten und Krankenhäusern: die aktuelle Rechtsprechung und ihre Konsequenzen, in: PharmR 2000, S. 309–321.

Duden: Das große Wörterbuch der deutschen Sprache in 10 Bänden. (*Duden*, Wörterbuch der deutschen Sprache)

- Das Herkunftswörterbuch, Etymologie der deutschen Sprache, 5. Aufl., Mannheim 2014. (zitiert: *Duden*, Herkunftswörterbuch)
- Das Synonymwörterbuch. Ein Wörterbuch sinnverwandter Wörter, 5. Aufl., Mannheim 2010. (zitiert: *Duden*, Synonymwörterbuch)
- Deutsches Universalwörterbuch. Das umfassende Bedeutungswörterbuch der deutschen Gegenwartssprasche. 7. Aufl. Mannheim u. a. 2011. (zitiert: *Duden*, Deutsches Universalwörterbuch)
- Das Fremdwörterbuch. 10. Aufl. Mannheim u. a. 2010. (zitiert: *Duden*, Fremdwörterbuch)

Ehlers, Alexander P. F.: Praxis des Medizinrechts, Disziplinarrecht und Zulassungsentziehung, Vertragsärzte/Vertragszahnärzte, München 2001. (zitiert: *Bearbeiter*, in: Ehlers, Disziplinarrecht)

Ehmann, Horst: Praxisgemeinschaft/Gemeinschaftspraxis, in: MedR 1994, S. 141–149.

Eisenberg, Judith: Ärztliche Kooperations- und Organisationsformen, zugleich Diss. iur. (Köln 2001), Frankfurt am Main 2002. (zitiert: *Eisenberg*, Kooperationsformen)

Engelmann, Klaus: Kooperative Berufsausübung von Ärzten und Vertragsarztrecht, in: Festschrift 50 Jahre Bundessozialgericht, hrsg. v. Matthias von Wulffen/Otto Ernst Krasney, Köln u. a. 2004, S. 429–457.

– Zur rechtlichen Zulässigkeit einer (vertrags-)ärztlichen Tätigkeit außerhalb des Ortes der Niederlassung, in: MedR 2002, S. 561–572.

Epping, Volker/*Hillgruber,* Christian: Beck'scher Online-Kommentar GG, 18. Edition, Stand Mai 2013, München. (zitiert: *Bearbeiter,* in: Epping/Hillgruber, BeckOK GG)

Erlinger, Rainer: Drittmittelforschung unter Korruptionsverdacht? Der aktuelle Stand der Rechtsprechung, Gibt es schon Rechtsprechung zur „neuen" Rechtslage?, in: MedR 2002, S. 60–62.

Feigen, Hanns W.: Die Verteidigung des Arztes in Betrugsstrafsachen unter Berücksichtigung der Folgeverfahren, in: MedR 1988, S. 283–289.

Fiedler, André/*Fürstenberg,* Rudolf: Entwicklungen des Vertragsarztrechts – unter Berücksichtigung des Vertragsarztrechtsänderunggesetz und der Änderungen der Berufsordnung aufgrund der Beschlüsse des 107. Deutschen Ärztetags 2004 in Bremen, in: NZS 2007, S. 184–191.

Fischer, Thomas: Strafgesetzbuch und Nebengesetze, 60. Aufl., München 2013. (zitiert: *Fischer,* StGB)

Flasbarth, Roland: Vertriebsbeschränkung im Hilfsmittelsektor – Inhalt und Grenze des § 128 SGB V als Marktordnungsregelung, in: MedR 2009, S. 708–716.

Flenker (ohne Vornamen): Stenografischer Wortbericht 106. Deutscher Ärztetag 2003, Beiträge, Diskussionen und Anträge zu TOP IV, http://www.bundesaerztekammer. de/arzt2003/start.htm, zuletzt besucht am 7.6.2012. (zitiert: *Flenker,* Stenografischer Wortbericht 106. Deutscher Ärztetag)

Frehse, Michael/*Kalb,* Peter: Arzt und Industrie – Eine Orientierungshilfe für die erfolgreiche Kooperation, Köln 2009. (zitiert: *Frehse/Kalb,* Arzt und Industrie)

Frieling (ohne Vornamen): Anmerkung zu OLG Hamm, Urteil vom 22.10.1984, 2 U 172/83c, in: MedR 1985, S. 181–183.

Frielingsdorf, Oliver: Chancen und Risiken im Rahmen der neuen Formen der Berufsausübung, Praxis Freiberufler Beratung 2007, S. 175–177.

Fuchs, Christoph/*Gerst,* Thomas: Medizinethik in der Berufsordnung, Entwicklung der Musterberufsordnung, DÄBl. 1997, S. A-2808–A-2814.

Geigel (ohne Vornamen): Der Haftpflichtprozess mit Einschluss des materiellen Haftpflichtrechts, hrsg. v. Kurt Haag, 26. Aufl., München 2011. (zitiert: *Bearbeiter,* in: Geigel, Haftpflichtprozess)

Geis, Mark: Ist jeder Kassenarzt ein Amtsarzt? – Zu „Vorschlägen" neuer Strafbarkeiten nach § 299 und den §§ 331 ff. StGB –, in: wistra 2007, S. 361–365.

– Das sozialrechtliche Wirtschaftlichkeitsgebot – kriminalstrafbewehrtes Treuegesetz des Kassenarztes?, in GesR 2006, S. 345–356.

– Tatbestandsüberdehnung im Arztstrafrecht am Beispiel der „Beauftragtenbestechung" des Kassenarztes nach § 299 StGB, in: wistra 2005, S. 369–371.

Gemeinsamer Bundesausschuss (Hrsg.): Verordnungsfähige, nicht verschreibungspflichtige Medikamente, abrufbar unter http://www.g-ba.de/institution/sys/faq/8/, zuletzt besucht am 18.11.2011.

Gesellensetter, Catrin: Die Annäherung des Freien Arztberufs an das Gewerbe, Eine verfassungs-, sozial- und berufsrechtliche Untersuchung, zugleich Diss. iur. (Berlin 2005), Berlin 2007. (zitiert: *Gesellensetter,* Die Annäherung des Freien Arztberufs an das Gewerbe)

Gesellschaft für Wirtschaftlichkeit & Qualität bei Krankenkassen (Hrsg.): Pressemitteilung, Innovative Rabattverträge für Medikamente, abrufbar unter http://www.gwq-serviceplus.de/pdfs/presseveroeffentlichungen/20090915_innovative_rabattvertraege_fuer_medikamente.pdf, zuletzt besucht am 31.3.2011.

Goedel, Ursula: Spenden, Sponsoren, Staatsanwalt, in: PharmR 2001, S. 2–10.

Graf, Eduard: Das ärztliche Vereinswesen in Deutschland, Leipzig 1890. (zitiert: *Graf,* Das ärztliche Vereinswesen)

Grether, Thomas: Gute Beziehungen steigern Fallzahlen; Schnelle Arztbriefe, telefonische Erreichbarkeit der Klinikärzte: Krankenhäuser im Wettbewerb müssen mehr Einweiser-Marketing betreiben, in: f&w 2008, S. 490–496.

Grill, Markus: Schmiergeld auf Rezept, abrufbar unter http://www.spiegel.de/spiegel/print/d-64497210.html, zuletzt besucht am 14.06.2011.

Gummert, Hans/*Meier,* Mareike: Beteiligung Dritter an den wirtschaftlichen Ergebnissen ärztlicher Tätigkeit, in: MedR 2007, S. 75–85.

Gummert, Hans/*Weipert,* Lutz: Münchner Handbuch des Gesellschaftsrechts, Band 1, BGB Gesellschaft, Offene Handelsgesellschaft, Partnerschaftsgesellschaft, Partnerreederei, EWIV 3. Aufl., München 2009. (zitiert: *Bearbeiter,* in: Gummert/Weipert, Hdb Gesellschaftsrecht)

Günter, Hans Helmut: Unbegründete Ängste der Klinikärzte und der pharmazeutischen Industrie vor den Änderungen des Antikorruptionsgesetzes, in: MedR 2001, S. 457–459.

Haft, Fritjof: Freiberufler sind keine Amtsträger, in: NJW 1995, S. 1113–1117.

Hänlein, Andreas/*Kruse,* Jürgen/*Schuler,* Rolf: Sozialgesetzbuch V, Gesetzliche Krankenversicherung, Lehr- und Praxiskommentar, 4. Auflage, Baden-Baden 2012. (zitiert: *Bearbeiter,* in: Hänlein/Kruse/Schuler, LPK-SGB V)

Hakenberg, O. W.: Der verkaufte Patient. Zum ethischen Wert von Kopfprämien aus medizinischer Sicht, in: Der Urologe 2009, S. 858–863.

Halbe, Bernd/*Jahn,* Jens-Peter: Zwischen Legalität und Rechtswidrigkeit, in: Wirtschaftsmagazin für den Allgemeinarzt 2004, S. 6–9.

Halbe, Bernd/*Orlowski,* Ulrich/*Preusker,* Uwe K./*Schiller,* Herbert/*Wasem,* Jürgen: Versorgungsstrukturgesetz (GKV-VStG), Auswirkungen auf die Praxis, Heidelberg 2012. (zitiert: *Bearbeiter,* in: Halbe u. a., GKV-VStG)

Halbe, Bernd/*Schirmer,* Horst Dieter: Handbuch Kooperationen im Gesundheitswesen, Rechtsformen und Gestaltungsmöglichkeiten, Stand 28. Aktualisierung (Dezember 2013), Heidelberg 2012. (zitiert: *Bearbeiter,* in: Halbe/Schirmer, HBKG)

Hartmann, Dirk: Neues ärztliches Berufsrecht – Erfahrungen aus rechtlicher und praktischer Sicht, A/ZusR 2006, S. 57–66.

Hartmannbund (Hrsg.): Novellierung der (Muster-)Berufsordnung, in: Hartmannbund Magazin 2010 (1), S. 8–9.

Hauck, Karl (Begr.): Sozialgesetzbuch (SGB) V, Gesetzliche Krankenversicherung, Stand Ergänzungslieferung März 2012, Berlin 1976. (zitiert: *Bearbeiter,* in: Hauck, SGB V)

Heberer, Jörg: Das ärztliche Berufs- und Standesrecht, 2. Aufl., Landsberg 2001. (zitiert: *Heberer,* Berufs- und Standesrecht)

Huster, Stefan/*Kaltenborn,* Markus: Krankenhausrecht, München 2010. (zitiert: *Bearbeiter,* in: Huster/Kaltenborn, Krankenhausrecht)

Ihle, Judith: Unlautere Kooperationen zwischen Krankenhäusern und Vertragsärzten, in: Soziale Sicherheit 2011, S. 275–278.

Imbeck, Martin: Direktabrechnung durch Laborgemeinschaften – Das Ei des Kolumbus oder ein Irrweg? –, in MedR 2009, S. 10–15.

Joecks, Wolfgang/*Miebach,* Klaus: Münchner Kommentar zum Strafgesetzbuch, Band 4 (§§ 263–358 StGB, §§ 1–8, 105, 106 JGG), München 2006. (zitiert: *Bearbeiter,* in: Joecks/Miebach, MüKo-StGB)

Kalb, Peter: Provisionen, Rückvergütungen und andere unzulässige Umgehungsformen des Verbots der Zuweisung gegen Entgelt, in: ZMGR 2005, S. 291–296.

Kamps, Hans: Aut-idem aut exitus der Therapiefreiheit, in: MedR 2002, S. 193–194.

Kassenärztliche Vereinigung Nordrhein (Hrsg.): Empfehlungen zur Kooperation mit pharmazeutischen Unternehmen, abrufbar unter http://www.kvno.de/10praxis/30 honorarundrecht/30recht/95koop_pharma/index.html, zuletzt besucht am 12.5.2012.

– Oberlandesgericht Düsseldorf urteilt über Kopfprämien – Prämie für Krankenhauseinweisung rechtswidrig, in: KVNO aktuell 2009, S. 16–17.

Kassenärztliche Vereinigung Rheinland-Pfalz (Hrsg.): Anlage zum Sonderrundschreiben v. 24.3.2009; abrufbar unter http://www.kv-rlp.de/fileadmin/user_upload/Downloads/ Infocenter/Rundschreiben/KVRLP_SR_Neuerungen_Verordnung.pdf, zuletzt besucht am 12.5.2012.

Kassenärztliche Vereinigung Schleswig Holstein (Hrsg.): Gesamtvergütung, abrufbar unter http://www.kvsh.de/index.php?StoryID=335, zuletzt besucht am 11.04.2011.

Kazemi, Robert: Anmerkung zu BGH: Unangemessene Beeinflussung von Augenärzten durch „Kick-Back"-Zahlungen eines Optiker-Vertriebssystems – „Brillenversorgung II", in: GRUR-Prax 2010, 372.

Kern, Bernd-Rüdiger: Heilmittelhilfsversorgung durch den behandelnden Arzt – Zur Zulässigkeit des verkürzten Versorgungswegs, in: NJW 2000, S. 833–837.

Kindhäuser, Urs/*Neumann,* Ulfried/*Paeffgen,* Hans-Ullrich: Strafgesetzbuch, Band 3 (§§ 232–358), 4. Aufl., München 2014. (zitiert: *Bearbeiter,* in: Kindhäuser/Neumann/Paeffgen, StGB)

Klein, Matthias: Tagungsbericht zum Krankenhausrechtstag 2010 in Düsseldorf, in: NZS 2010, S. 552–554.

Klötzer, Antje: Ist der niedergelassene Vertragsarzt tatsächlich tauglicher Täter der §§ 299, 331 StGB?, in: NStZ 2008, S. 12–16.

Klümper, Mathias: Freiwillige Selbstkontrolle durch die Pharmaindustrie – die Zukunft der Korruptionseindämmung im Gesundheitswesen?, in: PharmR 2006, S. 304–311.

Kluth, Winfried (Hrsg.): Handbuch des Kammerrechts, 2. Aufl., Baden-Baden 2011. (zitiert: *Bearbeiter,* in: Kluth, Hdb Kammerrecht)

Knüpling, Harm: Untersuchungen zur Vorgeschichte der Deutschen Ärzteordnung von 1935, zugleich Diss. iur. (Berlin 1965). (zitiert: *Knüpling,* Vorgeschichte der Deutschen Ärzteordnung)

Köber, Christiane: Wettbewerb im Gesundheitswesen. Veränderungen und Verstöße aus Sicht der Wettbewerbszentrale, in: Die Ersatzkasse 2008, S. 256–259.

– Provisionszahlungen an Ärzte – Ein Bericht aus der Praxis, in: A/ZusR 2004, S. 33–36.

Koch, Bertram F.: Niederlassung und berufliche Kooperation. Neue Möglichkeiten nach der novellierten (Muster-)Berufsordnung, in: GesR 2005, S. 241–245.

Koenig, Christian/*Bache,* Volker: Rechtswissenschaftliche Kurzgutachten zur Verfassungsrechtlichen Bewertung der Gesetzgebungsvorschläge zu § 128 SGB V in Hinblick auf eine sogenannte „unzulässige Zusammenarbeit zwischen Leistungserbringern und Vertragsärzten", www.bvmed.de/download.php? 51549, zuletzt besucht am 21.04.2010. (zitiert: *Koenig/Bache,* Verfassungsrechtliche Bewertung des § 128 SGB V)

Köhler, Helmut/*Bornkamm,* Joachim: Gesetz gegen den unlauteren Wettbewerb, 32. Aufl., München 2014. (zitiert: *Köhler/Bornkamm,* UWG)

Köhler, Michael: Die Reform der Bestechungsdelikte, Reformgeschichte und Reformperspektiven unter besonderer Berücksichtigung der subjektiven Tatumstände der §§ 331 ff. StGB, zugleich Diss. iur. (Frankfurt am Main 2005), Frankfurt am Main 2005. (zitiert: *Köhler,* Bestechungsdelikte)

Kölbel, Ralf: Die Einweisungsvergütung – eine neue Form von Unternehmensdelinquenz im Gesundheitssystem,?, in: wistra 2009, S. 129–132.

Krafczyk, Wolfgang: Kick-Backs an Ärzte im Strafraum – Berufs- und strafrechtliche Aspekte der Zuweisung gegen Entgelt, in: Festschrift für Volkmar Mehle, hrsg. v. Hiebl, Stefan/Kassebohm, Nils/Lilie, Hans, Baden-Baden 2009, S. 325–337. (zitiert: *Krafcyzk,* in: FS Mehle, 2009)

– Praxisgemeinschaften im Zwielicht – Ein Situationsbericht, in: MedR 2003, S. 313–319.

Krafczyk, Wolfgang/*Lietz,* Franziska: Fangprämien, Kopfpauschalen und Kick-Backs; Das Verbot der Zuweisung gegen Entgelt auf dem Prüfstand, ZMGR 2010, S. 24–31.

Krajewski, Thomas: Das Verbot der Patientenzuweisung gegen Entgelt, abrufbar unter http://hws7.de/blog/2009/07/das-verbot-der-patientenzuweisung-gegen-entgelt/, zuletzt besucht am 22.10.2009.

Kruse, Jürgen/*Hänlein*, Andreas: Sozialgesetzbuch V, Gesetzliche Krankenversicherung, Lehr- und Praxiskommentar, 3. Auflage, Baden-Baden 2009. (zitiert: *Bearbeiter*, in: Kruse/Hänlein, LPK-SGB V, 3. Aufl.)

Kuhlen, Lothar: Die Zusammenarbeit der Ärzte mit der Pharmaindustrie, in: AZR 2004, S. 39–42.

– Zu den Tathandlungen bei Vorteilsannahme und Bestechlichkeit – Zugleich eine Besprechung von BGH – 4 StR 554/87, in: NStZ 1988, 433–441.

Kuhlen, Rainer/*Kuhlen*, Isabel: „Fangprämie" oder zulässige Kooperation – Wo sind die rechtlichen Grenzen?, in: PaPfleReQ 2009, S. 53–54.

Lackner, Karl/*Kühl*, Christian: Strafgesetzbuch Kommentar, 27. Aufl., München 2011. (zitiert: *Lackner*, Strafgesetzbuch)

Larenz, Karl/*Canaris*, Claus-Wilhelm: Methodenlehre der Rechtswissenschaft, 3. Aufl., Berlin u. a. 1995. (zitiert: *Larenz/Canaris*, Methodenlehre)

Laufs, Adolf: Zur neuen Berufsordnung für die deutschen Ärztinnen und Ärzte, in NJW 1997, S. 3071–3073.

Laufs, Adolf/*Katzenmeier*, Christian/*Lipp*, Volker: Arztrecht, 6. Aufl., München 2009. (zitiert: *Laufs/Katzenmeier/Lipp*, Arztrecht)

Laufs, Adolf/*Kern*, Bernd-Rüdiger (Hrsg.): Handbuch des Arztrechts, 4. Aufl., München 2010. (zitiert: *Bearbeiter*, in: Laufs/Kern, Hdb Arztrecht)

Leitherer, Stephan (Hrsg.): Kasseler Kommentar Sozialversicherungsrecht, 5. Sozialgesetzbuch (SGB) – Gesetzliche Krankenversicherung –, Stand 79. Ergänzungslieferung (September 2013), München 2010. (zitiert: *Bearbeiter*, in: Leitherer, Kasseler Kommentar SGB V)

Lindemann, Michael: Die strafrechtliche Relevanz von „Kopfprämien" und Zuweisungen gegen Entgelt, in: Brennpunkte des Wirtschaftsstrafrechts im Gesundheitswesen, hrsg. v. Michael Lindemann/Rudolf Ratzel, Baden-Baden 2010, S. 9–36. (zitiert: *Lindemann*, in: Brennpunkte des Wirtschaftsstrafrechts im Gesundheitswesen)

von Lindwurm, Jos.: Der ärztliche Stand und das Publikum. Eine Darlegung der beiderseitigen und gegenseitigen Pflichten, München 1875. (zitiert: *von Lindwurm*, Der ärztliche Stand und das Publikum)

Lippert, Hans-Dieter/*Ratzel*, Rudolf: Arzt und Industrie nach den Beschlüssen des 106. Deutschen Ärztetages 2003, in: NJW 2003, S. 3301–3306.

Loos, Fritz: Zum „Rechtsgut" der Bestechungsdelikte, in: Festschrift für Hans Welzel zum 70. Geburtstag, hrsg. v. Günter Stratenwerth u. a., Berlin/New York, 1974, S. 878–895. (zitiert: *Loos*, in: Welzel-FS, 1974)

Looschelders, Dirk/*Roth*, Wolfgang: Juristische Methodik im Prozeß der Rechtsanwendung. Zugleich ein Beitrag zu den verfassungsrechtlichen Grundlagen von Gesetzesauslegung und Rechtsfortbildung, Berlin 1996. (zitiert: *Looschelders/Roth*, Juristische Methodik)

Luxenburger, Bernd: Praxisgemeinschaft – sinnvolle Kooperationsform – Gestaltungsmissbrauch und Folgen, in: Psychotherapeutengesetz, Ärztliche Kooperationsformen, hrsg. v. Geschäftsführender Ausschuß der Arbeitsgemeinschaft Medizinrecht im DAV, Köln 2000, S. 67–81. (zitiert: *Luxenburger,* in: Ärztliche Kooperationsformen)

Luyken, Rudolf/*Pottschmidt,* Günter/*Thoelke,* Horst Günther/*Wandtke,* Fritz/*Weil,* Heinz/*Zitzmann,* Johann (Hrsg.): Sammlung von Entscheidungen der Berufsgerichte für die Heilberufe – HeilBGE –, 5. Ergänzungslieferung (1991), Köln 1990. (zitiert: Bezeichnung des Gerichts, Urteil v., Luyken u. a., HeilBGE)

Mahlberg, Lothar: Rechtliche Grenzen unentgeltlicher Zuwendungen an Ärzte, in: MedR 1999, S. 299–303.

Makoski, Kyrill: Tagung der Arbeitsgruppen Berufsrecht und Vertragsgestaltung 2009, in: ZMGR 2010, S. 56–59.

– Belegarzt mit Honorarvertrag – Model der Zukunft?, in: GesR 2009, S. 225–229.

– Zusammenarbeit zwischen Krankenhäusern und Vertragsärzten – sozialrechtlich erwünscht, berufsrechtlich verboten?, in: MedR 2009, S. 376–386.

von Mangoldt, Hermann/*Klein,* Friedrich/*Starck,* Christian: Kommentar zum Grundgesetz, Band 1 (Präambel, Artikel 1 bis 19), 6. Aufl., München 2010. (zitiert: *Bearbeiter,* in: v. Mangoldt/Klein/Starck, GG)

Marx, Christoph: Die Entwicklung des ärztlichen Standes seit den ersten Dezennien des 19. Jahrhunderts, Berlin 1907. (zitiert: *Marx,* Entwicklung des ärztlichen Standes)

Maunz, Theodor/*Dürig,* Günter: Grundgesetz, Stand 69. Ergänzungslieferung (Mai 2013), München 2012. (zitiert: *Bearbeiter,* in: Maunz/Dürig, GG)

Medizinrechtsausschuss (Hrsg.): Anstehende Gesetzesänderungen im Gesundheitswesen, Stellungnahme des Deutschen Anwaltsvereins durch den Medizinrechtsausschuss, Februar 2010, in: ZMGR 2010, S. 82–94.

Merten, Martina/*Rabbata,* Samir: Korruptionsbekämpfung im Gesundheitswesen: Vertrauen ist gut – Kontrolle ist besser, in: DÄBl. 2007, S. A-2625.

Michalski, Lutz (Hrsg.): Kommentar zum Gesetz betreffend die Gesellschaft mit beschränkter Haftung (GmbH-Gesetz), Band I (Systematische Darstellungen, §§ 1–34 GmbHG), 2. Aufl., München 2010. (zitiert: *Bearbeiter,* in: Michalski, GmbHG)

Michalski, Lutz: Der Begriff des freien Berufs im Standes- und im Steuerrecht, Köln 1989.

Mihm, Andreas: Immer mehr Ärzte „verkaufen" ihre Patienten, abrufbar unter http://www.faz.net/s/Rub0E9EEF84AC1E4A389A8DC6C23161FE44/Doc~EC3357310CB464242B2CBFD5C757EB2AD~ATpl~Ecommon~Scontent.html, zuletzt besucht am 26.10.2009. (zitiert: *Mihm,* Ärzte verkaufen ihre Patienten)

Ministerium für Arbeit, Gesundheit und Soziales NRW (Hrsg.): Minister Karl-Josef Laumann: „Fangprämien im Interesse von Patienten, unbescholtener Ärzte und Krankenhäuser unterbinden", Land will gegen Fangprämien für niedergelassene Ärzte vorgehen, Neue Regelungen im Krankenhausgestaltungsgesetz, abrufbar unter http://

www.nrw.de/presse/minister-laumann-fangpraemien-unterbinden-8278/, zuletzt besucht am 10.12.2009.

Mitternacht, Kerstin: Die neue Berufsordnung: Das kommt auf Ärzte zu, in: Ärztezeitung.de v. 12.7.2011, http://www.aerztezeitung.de/praxis_wirtschaft/recht/article/661935/neue-berufsordnung-kommt-aerzte.html, zuletzt besucht am 7.6.2012.

N. N.: Zusammenarbeit in der rechtlichen Grauzone: Im Zweifel haben die Richter das letzte Wort, in: Ärzte Zeitung 2009 (19), S. 2.

N. N.: Gegen „Kopf-Prämien" für Ärzte, FAZ v. 9.12.2009, S. 4.

N. N.: Ärztekammern prüfen Verträge mit „Kopfprämien", FAZ v. 2.11.2009, S. 7.

N. N.: „Wirbel um Extra-Honorar für Ärzte", FAZ v. 23.5.2012, S. 10.

N. N.: Der verkaufte Patient, Kliniken zahlen Fangprämien an Ärzte, Abendblatt.de v. 1.9.2009, abrufbar unter http://www.abend blatt.de/politik/deutschland/article1163358/Der-verkaufte-Patient-Kliniken-zahlen-Fangpraemien-an-Aerzte.html, zuletzt besucht am 23.5.2011.

Narr, Helmut (Begr.): Ärztliches Berufsrecht, Ausbildung, Weiterbildung, Berufsausübung, Band I, 2. Auflage, 20. Ergänzungslieferung (September 2010), Köln 1977 ff. (zitiert: *Narr,* Ärztliches Berufsrecht)

Nassall, Wendt: Anmerkung zu: BGH, Urteil vom 21.04.2005 – I ZR 201/02, in: juris-PR-BGHZivilR 45/2005 Anm. 6.

Neumann, Volker: Freiheitsgefährdung im kooperativen Sozialstaat, zugleich Habilitationsschrift (Frankfurt am Main 1991), Köln u. a. 1992. (zitiert: *Neumann,* Freiheitsgefährdung)

Neupert, Michael: Risiken und Nebenwirkungen: Sind niedergelassene Vertragsärzte Amtsträger im strafrechtlichen Sinn?, in NJW 2006, S. 2811–2814.

Nölling, Torsten: Kooperationen zwischen Krankenhaus und niedergelassenen Ärzten nach § 115a SGB V, in: ArztR 2010, S. 88–92.

Nösser, Gerhard: Anmerkung zu OLG Düsseldorf, Urteil vom 16.11.2004, I-20 U 30/04, in: das Krankenhaus 2005, S. 501–503.

Oldenburger, Marko: Verstoß gegen Verbot der Zuweisung gegen Entgelt bei Gesellschaftsbeteiligungen („Hörgeräteversorgung II"), in: jurisPR-MedizinR 4/2011 Anm. 4.

Orlowski, Ulrich/*Halbe,* Bernd/*Krach,* Thomas: Vertragsarztrechtsänderungsgesetz (VÄndG), Heidelberg u. a. 2008. (zitiert: *Orlowski/Halbe/Krach,* VÄndG)

Osterloh, Falk: (Muster-)Berufsordnung: Die ärztliche Unabhängigkeit wird unterstrichen, in: DÄBl. 2011, S. A-684.

Peters, Horst: Handbuch der Krankenversicherung Teil II – Sozialgesetzbuch V, 19. Aufl., Stand 79. Ergänzungslieferung (Januar 2013), Stuttgart 1989. (zitiert: *Bearbeiter,* in: Peters, Handbuch KV SGB V)

Peters, Stefan: Die Zahlung von Kopfpauschalen an niedergelassene Ärzte, Eine berufs-, sozial-, zivil- und strafrechtliche Untersuchung, zugl. Diss. iur. (Düsseldorf 2011), Baden-Baden 2012. (zitiert: *Peters,* Kopfpauschalen)

Pflugmacher, Ingo: Im Hilfsmitteldepot lauert eine neue Falle, in: Ärztezeitung.de v. 25.3.2009, abrufbar unter http://www.aerztezeitung.de/praxis_wirtschaft/praxisfuehrung/article/539263/hilfsmitteldepot-lauert-neue-falle.html, zuletzt besucht am 12.5.2012.

– Kooperation nur zum Schein ist ohne Zukunft, in: Ärzte Zeitung 2011 (168), S. 16.

– Teilgemeinschaftspraxis und Zuweisung gegen Entgelt; Trägt die Ärzteschaft gerade eine ihrer jüngsten Kooperationsformen zu Grabe?, abrufbar unter http://www.busse-miesen.de/de/publikationen?page=5, zuletzt besucht am 23.10.2009.

– Zuweiserprämien – am Ende kommt es darauf an, was dem Patienten nützt, in: Ärzte Zeitung 2009 (159), S. 14.

Pottek, Tobias/*Bauermeister,* Matthias/*Timm,* Lars: Nicht ohne die Ärzte, in: KU 2007, S. 1059–1061.

Pragal, Oliver: Das Pharma-„Marketing" um die niedergelassenen Kassenärzte: „Beauftragtenbestechung" gemäß § 299 StGB!, in: NStZ 2005, S. 133–136.

Quaas, Michael: Der Honorararzt im Krankenhaus: Zukunfts- oder Auslaufmodell?, in: GesR 2009, S. 459–465.

Quaas, M./*Müller,* M.: Zur Tätigkeit von Vertragsärzten im Krankenhaus, in: f&w 2006, S. 452–456.

Quaas, Michael/*Zuck,* Rüdiger: Medizinrecht, 2. Aufl., München 2008. (zitiert: *Quaas/ Zuck,* Medizinrecht)

Ransiek, Andreas: Strafrecht und Korruption, Zum Gutachten C für den 61. Deutschen Juristentag, in: StV 1996, S. 446–453.

Ratajczak, Thomas: Ausgewählte organisationsrechtliche Probleme im Arzt- und Zahnarztrecht, Teilberufsausübungsgemeinschaft, Zusammenarbeit von Privat- und Vertragsärzten, McZahn – Die Franchise-Praxis, in: Brennpunkte des Medizinrechts 2008 2009, hrsg. v. Deutschen Anwaltsinstitut, Bochum 2009, S. 139–160. (zitiert: *Ratajczak,* Brennpunkte des Medizinrechts)

Ratzel, Rudolf: Der verkürzte Versorgungsweg – ein Auslaufmodell?, in: Orthopädie-Mitteilungen 2009, S. 68–71.

– Kooperations- und Honorararztverträge – eine Standortbestimmung, in: GesR 2009, S. 561–566.

– Auswirkungen des Vertragsarztrechtsänderungsgesetz unter Berücksichtigung berufsrechtlicher Aspekte, in: VSSR 2007, S. 207–211.

– Die Teilgemeinschaftspraxis (TPG) oder „ohne pizzo keine pizza!", in: GesR 2007, S. 457–458.

– Zivilrechtliche Konsequenzen von Verstößen gegen die ärztliche Berufsordnung, in: MedR 2002, S. 492–496.

– Arzt und (Pharma-)Industrie, Ein Überblick unter Berücksichtigung des neuen Berufsrechts, in: MedR 1998, S. 98–101.

Ratzel, Rudolf/*Lippert,* Hans-Dieter: Das Berufsrecht der Ärzte nach den Beschlüssen des 114. Deutschen Ärztetages in Kiel, in: GesR 2011, S. 536–539.

- Kommentar zur Musterberufsordnung der deutschen Ärzte (MBO), 5. Auflage, Berlin/Heidelberg 2010. (zitiert: *Ratzel/Lippert*, MBO-Ä)

Ratzel, Rudolf/*Luxenburger*, Bernd: Handbuch Medizinrecht, 2. Aufl., Bonn 2011. (zitiert: *Bearbeiter*, in: Ratzel/Luxenburger, Hdb Medizinrecht)

Ratzel, Rudolf/*Möller*, Karl-Heinz/*Michels*, Rolf: Die Teilgemeinschaftspraxis – Zulässigkeit, Vertragsinhalte, Steuern –, in MedR 2006, S. 377–390.

Ratzel, Rudolf/*Szabados*, Tibor: Schnittmengen zwischen niedergelassenen Leistungserbringern (Vertragsärzten) und Krankenhäusern nach GKV-VStG, in: GesR 2012, 210–216.

Rau (ohne Vorname): Arzt darf nicht die Hand aufhalten, Kickbacks sind selten strafbar, aber eindeutig verboten, in: F.A.Z. vom 23.09.2009.

Rau, Stephan: Deregulierung im Gesundheitsdienstleistungsbereich: das Vertragsarztrechtsänderungsgesetz, in: DStR 2007, S. 351–354.

- Neue gesellschaftsrechtliche Organisationsformen ärztlicher Tätigkeit, in: DStR 2004, S. 640–643.

Reese, Ulrich/*Stallberg*, Christian G.: Zur rechtlichen Bewertung von Umstellungspauschalen, in: PharmR 2008, 221–226.

Rehborn, Martin: Berufsgerichtliche Verfahren gegen Ärzte – grundlegende Rechtsfragen, in: GesR 2004, S. 170–176.

Reichsärztekammer (Hrsg.): Die neue Berufsordnung, in: DÄBl. 1937, S. 1038–1041.

Reiling, Emil M.: Anmerkung zu LG Heidelberg, Urt. v. 30.7.1997 – 8 O 41/97, in: MedR 1998, 273.

Rengier, Rudolf: Strafrecht, Allgemeiner Teil, 5. Aufl., München 2013.

Rieger, Hans-Jürgen: Problemstellung zu Ärztliches Berufsgericht Niedersachsen, Urt. v. 11.8.2010 – BG 10/09, in: MedR 2011, S. 197–198.

- Die Heilkunde-GmbH in der Rechtsprechung unter besonderer Berücksichtigung des Verfassungsrechts, in: MedR 1995, S. 87–90.

- Lexikon des Arztrechts, Berlin/New York 1984. (zitiert: *Rieger*, Lexikon des Arztrechts)

- Überweisung auf Verlangen des Patienten, in: DMW 1982, S. 33–34.

Rieger, Hans-Jürgen/*Dahm*, Franz-Josef/*Steinhilper*, Gernot: Heidelberger Kommentar – Arztrecht, Krankenhausrecht, Medizinrecht, 2. Aufl., 51. Aktualisierung (Dezember 2013), Heidelberg u. a. (zitiert: *Bearbeiter*, in: Rieger/Dahm/Steinhilper, HK-AKM)

Ries, Hans Peter/*Schnieder*, Karl-Heinz/*Althaus*, Jürgen/*Bölting*, Ralf: Arztrecht, Praxishandbuch für Mediziner, Berlin/Heidelberg 2004. (zitiert: *Ries/Schnieder/Althaus/Bölting*, Arztrecht)

Rieser, Sabine: Umsetzung der Laborreform: Am 1. Oktober geht es los, in: DÄBl. 2008, S. A-1654.

Rind/Rybarczyk: Fangprämie – wie Ärzte die Kliniken unter Druck setzen, http://www.abendblatt.de/politik/deutschland/article1163364/Fangpraemie-wie-Aerzte-die-

Kliniken-unter-Drucksetzen.html, zuletzt besucht am 12.05.2012. (zitiert: *Rind/Rybarcyzk,* in: abendblatt.de vom 1.9.2009)

Ring, Gerhard: Werberecht der Ärzte, Baden-Baden 2000. (zitiert: *Ring,* Werberecht)

Rolfs, Christian/*Giesen,* Richard/*Kreikebohm,* Ralf/*Udsching,* Peter: Beck'scher Online-Kommentar Sozialrecht, 32. Ed., München 2013. (zitiert: *Bearbeiter,* in: Rolfs u.a., BeckOK SGB V)

Roxin, Claus: Strafrecht Allgemeiner Teil, Band 1, Grundlagen, Der Aufbau der Verbrechenslehre, 4. Aufl., München 2006. (zitiert: *Roxin,* Strafrecht AT 1)

Rüffer, Wilfried/*Halbach,* Dirk/*Schmikowski,* Peter: Versicherungsvertragsgesetz, Handkommentar, 2. Aufl., Baden-Baden 2011. (zitiert: *Bearbeiter,* in: Rüffer/Halbach/Schimikowski, VVG)

Sächsische Landesärztekammer (Hrsg.): Zuweisung gegen Entgelt – Clearingstellen nach Spitzengespräch empfohlen, abrufbar unter http://www.slaek.de/aktuell/archiv/2009/claering.html, zuletzt besucht am 23.10.2009.

– Zuweisung gegen Entgelt – Clearingstellen nach Spitzengespräch empfohlen, http://www.slaek.de/aktuell/archiv/2009/clear ing.html, zuletzt besucht am 12.5.2012.

Säcker, Franz Jürgen/*Rixecker,* Roland (Hrsg.): Münchner Kommentar zum Bürgerlichen Gesetzbuch, Band 1 (Allgemeiner Teil, §§ 1–240, ProstG, AGG), 6. Aufl., München 2012. (zitiert: *Bearbeiter,* in: Säcker/Rixecker, MüKo-BGB)

– Münchner Kommentar zum Bürgerlichen Gesetzbuch, Band 5 (Schuldrecht Besonderer Teil III, §§ 705–853, Partnerschaftsgesellschaftsgesetz, Produkthaftungsgesetz), 6. Aufl., München 2013. (zitiert: *Bearbeiter,* in: Säcker/Rixecker, MüKo-BGB)

Sahan, Oliver: Aktuelle Diskussion im Strafrecht: Bestechlichkeit – Strafrisiko für Vertragsärzte, in: DÄBl. 2007, S. A-2392.

Schade, H.-J.: Teilgemeinschaftspraxis – Ideale Chance der Multiplikatorwirkung von Kollegenpraxen, abrufbar unter http://www.kassenarztrecht.de/publikationen/Teilge meinschaftspraxis.pdf, zuletzt besucht am 22.10.2010.

Schallen, Rolf: Zulassungsverordnung für Vertragsärzte (Ärzte-ZV), Vertragszahnärzte (Zahnärzte-ZV), Psychotherapeuten, 8. Aufl., Sankt Augustin 2012. (zitiert: *Schallen,* Zulassungsverordnung)

Schillhorn, Kerrin: Ambulante Leistungen im Krankenhaus – neue Versorgungsformen, aktuelle Rechtsfragen, in: ZMGR 2008, S. 304–311.

Schimmelpfeng-Schütte, Ruth: Ansprüche gesetzlicher Krankenkassen gegen Leistungserbringer wegen Fehlverhaltens, in: GesR 2006, S. 529–537.

Schirmer, Horst Dieter: Vertragsarztrecht kompakt. Die Übersicht für Ärzte, Psychotherapeuten und Juristen, Köln 2006. (zitiert: *Schirmer,* Vertragsarztrecht kompakt)

Schlegel, Rainer/*Voelzke,* Thomas (Hrsg.): juris Praxis Kommentar SGB V, Sozialgesetzbuch Fünftes Buch, Gesetzliche Krankenversicherung, Saarbrücken 2008. (zitiert: *Bearbeiter,* in: Schlegel/Voelzke, SGB V)

Schlegel, Thomas: Direktverträge senken Kosten – deutlich!, in: Der Kassenarzt 2009 (11), S. 38–39.

Schlegel, Thomas/*Marcus*, Henriette: Der Rest schlägt sich den Bauch voll, in: Der Kassenarzt 2007 (21), S. 51–53.

– Unbestechlich mit Bonus, Malus, Rabatt & Co., in: Der Kassenarzt 2007 (20), S. 52–53.

Schlegel, Thomas/*Schmitz*, Christoph/*Kazemi*, Robert/*Schmitz*, Tobias: Ihre Chancen im Gesundheitsmarkt, Der Kassenarzt 2009 (3), S. 1–15.

Schmalz, Dieter: Methodenlehre für das juristische Studium, 3. Aufl., Baden-Baden 1992. (zitiert: *Schmalz*, Methodenlehre)

Schnapp, Friedrich E./*Wigge*, Peter: Handbuch des Vertragsarztrechts. Das gesamte Kassenarztrecht, 2. Aufl., München 2006. (zitiert: *Bearbeiter*, in: Schnapp/Wigge, Vertragsarztrecht)

Schneider, Hendrik: Getarnte „Kopfprämien", Strafrechtliche Grenzen der Kooperation zwischen niedergelassenen Ärzten und Krankenhäusern; in: HRRS 2009, S. 484–489.

Schneider, Hendrik/*Gottschaldt*, Peter: Zuweisungspauschale: Lukratives Geschäft oder Straftat?, in: wistra 2009, S. 133–137.

Scholz, Karsten: Anforderungen an die Berufsausübungsgemeinschaft aus zivil- und sozialrechtlicher Sicht, in: ZMGR 2010, S. 143–151.

– Anmerkung zu OLG Karlsruhe, Urt. v. 27.6.2012 – 6 U 15/11 (LG Mosbach), in: MedR 2012, S. 741–742.

Schönke, Adolf/*Schröder*, Horst: Strafgesetzbuch, Kommentar, 28. Auflage, München 2010 (zitiert: *Bearbeiter*, in: Schönke/Schröder, StGB)

Schramm, F.: Der gekaufte Patient. Zum ethischen Wert von Kopfpauschalen aus juristischer Sicht, in: Der Urologe 2009, S. 864–868.

Schröder, Michael/*Taupitz*, Jochen: Menschliches Blut: Verwendbar nach Belieben des Arztes?, Stuttgart 1991. (zitiert: *Schröder/Taupitz*, Menschliches Blut)

Schulenburg, Dirk: Kooperationen oder Korruption? Aktuelle Entwicklungen beim „verkürzten Versorgungsweg": Eine gesetzliche Neuregelung soll fragwürdige Formen der Zusammenarbeit zwischen Vertragsärzten und Hilfsmittelerbringern unterbinden, in: Rheinisches Ärzteblatt 2009, S. 18.

– Zuweiserbindung durch Krankenhaus rechtswidrig, in: Rheinisches Ärzteblatt 2008, S. 7.

– Das Verbot der Zuweisung gegen Entgelt, in: Rheinisches Ärzteblatt 2008, S. 16.

– Ärztliche Beteiligung unzulässig, in: Rheinisches Ärzteblatt 2007, S. 7.

– Formen der ärztlichen Kooperation; Berufsrecht, Sozialrecht, Zivilrecht – Kompliziertes Normengeflecht erfordert individuelle Beratung, in: Rheinisches Ärzteblatt 2007, S. 10–12.

– Die Teilgemeinschaftspraxis, in: Rheinisches Ärzteblatt 2007, S. 13.

– Kooperationen von Praxen und Krankenhäusern, Vielfältige Formen der Zusammenarbeit, in: Rheinisches Ärzteblatt 2007, S. 18.

- Illegale Quersubventionierung von Laborgemeinschaften; Wettbewerbswidriges Verhalten bei der Erbringung von Laborleistungen, in: Rheinisches Ärzteblatt 2006, S. 20.
- Niederlassung und Kooperationsformen. Möglichkeiten und Grenzen nach neuem Berufsrecht, in: Rheinisches Ärzteblatt 2005, S. 17.
- Neue Formen der Kooperation. Integrationsversorgung und Medizinische Versorgungszentren bieten erweiterte Möglichkeiten für Praxis und Krankenhaus, in: Rheinisches Ärzteblatt 2004, S. 14.
- Unzulässige Kooperation. Das berufsrechtliche Verbot der Zuweisung gegen Entgelt, in: Rheinisches Ärzteblatt 2002, S. 17.

Schulin, Bertram: Handbuch des Sozialversicherungsrechts, Band 1, Krankenversicherungsrecht, München 1994. (zitiert: *Bearbeiter*, in: Schulin, HS-KV)

Schulz, Stefan F./*Mertens*, Anja: Ambulantes Operieren durch Vertragsärzte im Krankenhaus – Zulässigkeit und Vergütung, in: MedR 2006, S. 191–198.

Schumacher, Horst: Arztberuf unter Druck, in: Rheinisches Ärzteblatt 2007, S. 10–14.

Schwannecke, Holger/*Webers*, Gerhard: Rechtliche Grenzen der Aufgabenverteilung bei der Hilfsmittelversorgung zwischen Arzt und Gesundheitshandwerker, in: NJW 1998, S. 2697–2702.

Schwarz, Kristina: Was ist beim Abschluss von Kooperationsverträgen mit niedergelassenen Ärzten zu beachten?, in: das Krankenhaus 2008, S. 590–595.

Schwerdtfeger, Gunther: Die Leistungsansprüche der Versicherten im Rechtskonkretisierungskonzept des SGB V (Teil 1), in: NZS 1998, S. 49–53.

Schwing, Claus: Der Allmacht der Überweiser ausgeliefert, in: Krankenhaus Umschau 2006, S. 724–726.

Seichter, Dirk: Anmerkung zu BGH, Urteil vom 24.06.2010 – I ZR 182/08, in: jurisPR-WettbR 9/2010 Anm. 1.

Spann, Wolfgang: Ärztliche Rechts- und Standeskunde, München 1962. (zitiert: *Spann*, Standeskunde)

Spickhoff, Andreas: Medizinrecht, München 2011. (zitiert: *Bearbeiter*, in: Spickhoff, Medizinrecht)

von Stackelberg, Johann-Magnus/*Kleinert*, Regine/*Wolff*, Johannes: Vertragsarztrechtsänderungsgesetz – Bewertung der Liberalisierung aus Sicht der Krankenkassen am Beispiel des Belegarztwesens, in: VSSR 2007, S. 177–179.

Statistisches Bundesamt (Hrsg.): Gesundheit – Personal 2008, Anzahl der Beschäftigten im Gesundheitswesen 2008 in Deutschland nach Berufen, Einrichtungen, Art der Beschäftigung, Alter und Geschlecht, Wiesbaden 2010, https://www-ec.destatis.de/ csp/shop/sfg/bpm.html.cms.cBroker.cls?cmspath=struktur,vollanzeige.csp&ID=1025 436, zuletzt besucht am 3.11.2010. (zitiert: *Statistisches Bundesamt*, Gesundheit – Personal 2008)

Steege, Reinhard: Die Konkretisierung des Krankenbehandlungsanspruchs im Sachleistungssystem der gesetzlichen Krankenversicherung, in: Festschrift 50 Jahre Bundessozialgericht, hrsg. v. Matthias von Wulffen/Otto Ernst Krasney, Köln u. a. 2004, S. 517–532. (zitiert: *Steege*, in: FS 50 Jahre BSG)

Steinhilper, Gernot: Anmerkung zu LSG Sachsen, Urteil vom 30.4.2008, L 1 KR 103/07, in: MedR 2009, S. 114–117.

Stellpflug, Martin H./*Meier,* Sybille M./*Tadayon,* Ajang: Handbuch Medizinrecht, Grundlagen – Rechtsprechung – Praxis, 28. Aktualisierung (Dezember 2013), Heidelberg 2010. (zitiert: *Bearbeiter,* in: Stellpflug/Meier/Tadayon, Hdb Medizinrecht)

Stelzner, Ruben: Rechtsfragen zahnärztlicher Kooperationen, zugleich Diss. iur. (Augsburg 2009), Baden-Baden 2009. (zitiert: *Stelzner,* Zahnärztliche Kooperationen)

Stollmann, Frank: § 31a KHGG NRW: Krankenhausrechtliche Sanktionsmöglichkeiten unzulässiger Zuweisungsprämien, in: GesR 2011, S. 136–140.

Stumpf, Christoph/*Voigts,* Helge-Marten: Gesundheitsmarkt zwischen Kooperation und Korruption. Rechtliche Grenzen der Zusammenarbeit zwischen Ärzten und Leistungserbringern nach Standes- und Wettbewerbsrecht; in MedR 2009, S. 205–210.

Taupitz, Jochen: Zur Verfassungswidrigkeit des Verbots, ärztliche Praxen in Form einer juristischen Person des Privatrechts zu führen, NJW 1996, S. 3033–3042.

– Berufsständische Satzungen als Verbotsgesetze im Sinne des § 134 BGB, in: JZ 1994, S. 221–227.

– Integrative Gesundheitszentren: neue Formen interprofessioneller Zusammenarbeit, in: MedR 1993, S. 367–378.

– Die GmbH als Organisationsform ambulanter heilkundlicher Tätigkeit, in: NJW 1992, S. 2317–2325.

– Die Standesordnungen der freien Berufe. Geschichtliche Entwicklung, Funktionen, Stellung im Rechtssystem, zugleich Habilitationsschrift (Göttingen 1989), Berlin/New York 1991. (zitiert: *Taupitz,* Standesordnungen)

– Zur Sittenwidrigkeit einer Vereinbarung zwischen Anwalt und Nichtanwalt über die Zahlung von Provisionen für die Vermittlung von Mandanten, in: NJW 1989, S. 2871–2873.

Terbille, Michael/*Clausen,* Tilman/*Schroeder-Printzen,* Jörn: Münchner Anwalts Handbuch Medizinrecht, 2. Aufl., München 2013. (zitiert: *Bearbeiter,* in: Terbille/Clausen/Schroeder-Printzen, MAH Medizinrecht)

Tettinger, Peter J.: Kammerrecht, Das Recht der wirtschaftlichen und freiberuflichen Selbstverwaltung, München 1997. (zitiert: *Tettinger,* Kammerrecht)

Thünken, Alexander: Die wettbewerbs- und berufsrechtliche Zulässigkeit der Einbindung von Ärzten in den Vertrieb von Gesundheitsprodukten, in: MedR 2007, S. 578–584.

Tigges, Gerrit: Anmerkung zu BGH, Urteil vom 24.06.2010 – I ZR 182/08, in: jurisPR-MedizinR 9/2010 Anm. 3.

Tolmein, Oliver: Die Juristen sind die Drängler, in: FAZ vom 6.5.2010, S. 32.

Tron, Marco: Kassenärzte als Beauftragte der Krankenkassen im Sinne von § 299 Abs. 1 StGB, zugleich Diss. iur. (Erlangen/Nürnberg 2006), Regensburg 2007. (zitiert: *Tron*, Kassenärzte als Beauftrage der Krankenkassen)

Uhlenbruck, Wilhelm: Die ärztliche Überweisungspflicht, in. ArztR 1972, S. 69–76.

Uleer, Christoph/*Miebach*, Jürgen/*Patt*, Joachim: Abrechnung von Arzt und Krankenhausleistungen, Kommentar, 3. Aufl., München 2006. (zitiert: *Bearbeiter*, in: Uleer/Miebach/Patt, Abrechnung)

Verrel, Torsten: Überkriminalisierung oder Übertreibung? Die neue Furcht vor der Korruptionsstrafbarkeit in der Medizin, in: MedR 2003, S. 319–326.

Voll, Doris: Die Einwilligung im Arztrecht, Eine Untersuchung zu den straf-, zivil- und verfassungsrechtlichen Grundlagen, insbesondere bei der Sterilisation und Transplantation unter Berücksichtigung des Betreuungsgesetzes, zugleich Diss. iur. (Heidelberg 1995), Frankfurt am Main 1986. (zitiert: *Voll*, Einwilligung im Arztrecht)

Wagener, Andreas: Anmerkung zu OLG Schleswig-Holstein v. 4. November 2003 – 6 U 17/03, in: das Krankenhaus 2004, S. 369.

Wagener, Anderas/*Haag*, Ina: Ambulantes Operieren im Krankenhaus durch Vertragsärzte – Ist verboten, was nicht ausdrücklich erlaubt ist?, in: MedR 2009, S. 72–77.

Wagner, Regine/*Knittel*, Stefan (Hrsg.): Krauskopf, Soziale Krankenversicherung Pflegeversicherung, Kommentar, Stand 83. Ergänzungslieferung (September 2013), München 2012. (zitiert: *Bearbeiter*, in: Wagner/Knittel, Krauskopf Krankenversicherung)

Walter, Ute: Pauschalentgelte von Krankenhäusern an niedergelassene Ärzte – zulässige Zuweiserbindung oder berufsrechtswidrige Provision?, in: A/ZusR 2006, S. 97–103.

Wank, Rolf: Die Auslegung von Gesetzen, 5. Aufl., Köln/München 2011. (zitiert: *Wank*, Auslegung von Gesetzen)

Weimer, Tobias: Kooperationen zwischen Krankenhaus und Arzt – eine Form legaler Zuweiserbindung, in: Der Urologe 2009, S. 1546–1549.

– OLG Düsseldorf: Vertrag einer Klinik mit niedergelassenen Ärzten war unzulässig, in: Chefärzte Brief 10/2009, S. 7.

Wenner, Ulrich: Vertragsarztrecht nach der Gesundheitsreform, München 2008. (zitiert: *Wenner*, Vertragsarztrecht)

Wettbewerbszentrale (Hrsg.): Unlautere Methoden im Gesundheitswesen. Wettbewerbszentrale berichtet über Tätigkeit gegen Ärzte und Krankenhäuser; in: KHuR 2004, S. 37–39.

Wienke, A./*Janke*, K.: Kooperationsvereinbarungen zwischen niedergelassenen Ärzten und Krankenhäusern, Hess. ÄBl. 2007, S. 105–107.

Wigge, Peter: Die Teilgemeinschaftspraxis – Innovative Kooperationsform oder unzulässiges Kick-Back-Modell? Inhalt und Grenzen der Ausgestaltung von Teilkooperationen, in: NZS 2007, S. 393–401.

– Wahlfreiheit oder Bindung der Versicherten. Die Gliederung der haus- und fachärztlichen Versorgung aus der Sicht der Versicherten, in: VSSR 1996, S. 399–422.

Wigge, Peter/*Frehse*, Michael: Bedarfsunabhängige Kooperation zwischen Ärzten und Krankenhäusern, in MedR 2001, S. 549–552.

Wigge, Peter/*Harney*, Anke: Erbringung nachstationärer Leistungen für Krankenhäuser gemäß § 115a SGB V durch niedergelassene Vertragsärzte (I), Rechtliche Rahmenbedingungen für Kooperationsverträge, in: das Krankenhaus 2007, S. 958–966.

– Erbringung nachstationärer Leistungen für Krankenhäuser gemäß § 115a SGB V durch niedergelassene Vertragsärzte (II), Rechtliche Rahmenbedingungen für Kooperationsverträge, in: das Krankenhaus 2007, S. 1118–1124.

Wigge, Peter/*Kaiser*, Rudolf/*Fischer*, Jürgen/*Loose*, Reinhard: Möglichkeiten und Grenzen der Zusammenarbeit zwischen Radiologen und Ärzten anderer Fachgebiete, in: MedR 2010, S. 700–710.

Willems, Herbert: Das Verfahren vor den Heilberufsgerichten, zugleich Diss. iur. (Münster 2008), Heidelberg u. a. 2009. (zitiert: *Willems*, Verfahren vor den Heilberufsgerichten)

Wittmann, Christian: Entgeltliche Patientenzuweisung: Anwendung und Durchbrechung des § 817 S. 2 BGB bei der Kondiktion von Zuweisungsentgelten, in: MedR 2008, S. 716–723.

Wittmann, Christian/*Koch*, Detlef: Die Zulässigkeit gesellschaftsrechtlicher Beteiligungen von Ärzten an Unternehmen der Hilfsmittelbranche im Hinblick auf § 128 Abs. 2 SGB V und das ärztliche Berufsrecht, in: MedR 2011, S. 476–485.

Wodarz, Katharina/*Sellmann*, Christian: Neuausrichtung von Krankenhäusern – Handlungsoptionen und regulatorische Vorgaben, in: NZS 2008, S. 466–473.

Ziegenhagen, Christina: Die Berufsgerichtsbarkeit der freien Berufe, zugleich Diss. iur. (Münster 1998), Münster 1998. (zitiert: *Ziegenhagen*, Berufsgerichtsbarkeit)

Zimmermann, Eric: § 128 SGB V im Spiegel der Rechtsprechung des BGH zum „verkürzten Versorgungsweg" bei Hörgeräten, in: GesR 2010, S. 393–397.

Zippelius, Reinhold: Juristische Methodenlehre, 10. Aufl., München 2006. (zitiert: *Zippelius*, Methodenlehre)

Zipperer, Manfred: Die Gesundheitsreform: Änderungen des Leistungsrechts, in: KrV 1989, S. 4–26.

Sachwortverzeichnis

Abmahnung durch den Kammerpräsidenten 173
Air-Cast-Schiene 204, 212
Aktiengesellschaft 219, 224
Ambulante ärztliche Behandlung 182
Ambulante Leistung im Rahmen der vertragsärztlichen Versorgung 179
Ambulante Operationen 194–195
Anbieten eines Vorteils 165, 177
– als Unterfall des Versprechens 167
Ansehen des Arztberufes 76
Anwendungsbeobachtung 83
Anwendungsbereich der Berufsordnungen
– Der Arzt als natürliche Einzelperson 136
– Gesellschaften mit ärztlicher Beteiligung 137
– Juristische Personen 139
– Krankenhäuser 138
– Medizinische Versorgungszentren 139
Anwendungsbereich des § 31 Abs. 1 Var. 1 MBO-Ä 99–100
Apothekenwahlrecht 47, 51
Apparategemeinschaft 231, 233, 257–259
– Definition 257
Äquivalenz 154–155, 160, 164, 175, 177, 191, 266–267, 280
Arzneimittel
– apothekenpflichtig 46
– Auswahl und Wirtschaftlichkeitsgebot 48
– Verordnung 41, 46
– verschreibungspflichtig 23, 46, 105
– Vital Shop 212
Ärzte-Fond 217

Ärzte-GmbH 218
Ärztehaus 257
Arztwahl, Grundsatz der freien 37–40, 57, 61, 88, 114, 119, 127–131, 171, 245, 273
– Definition 127, 131
– Regelungszweck des § 31 Abs. 1 Var. 1 MBO-Ä 127
Aufklärung des Patienten 169
Augenarzt 70, 180–183, 204
Aut-idem-Substitution 49

Behandlung im Krankenhaus 182, 188, 192–193
Belegarzt 28, 40, 189, 198–202, 273
– Definition 198
Beratervertrag 150, 267
Beratung des Patienten 130
Beruf, freier 118
Berufsausübung, gemeinsame 218, 232, 234, 242, 246, 249, 253, 261
Berufsausübungsgemeinschaft 231–234, 237, 240, 242–248, 253, 256, 259, 261, 276, 280
– fachgebietsübergreifend 244, 272
– Gewinnverteilung 243
– Legaldefinition 231
– Medizinische Kooperationsgemeinschaft 232
– Rechtsform 232
– überörtliche 232
Berufsgerichtliches Verfahren 79–80, 173
Berufsordnung 25, 29–30, 74, 76–77, 79, 286, 288
– gesetzliche Vorschrift i. S. v. § 4 Nr. 11 UWG 25
– Historie 125–126

- materielles Disziplinarrecht 173
- Rechtsqualität 136
- Standesordnung 109
- Verbindlichkeit 136

Berufsrecht 25
- Adressat 176
- Definition 75
- Gesetzgebungskompetenz 78

Beschaffung von Praxisbedarf 135, 176
Beteiligung, gesellschaftsrechtliche 28, 108, 172, 215, 219, 221, 226, 245–246, 280
- Beteiligungszweck 227
- erhebliche Einflussnahme 223
- von Onkologen 222
- zu fordern, sich oder Dritten versprechen oder gewähren zu lassen oder selbst zu versprechen oder zu gewähren 229
- Zulässigkeit 217

Beweislast im berufsgerichtlichen Verfahren 175
Bezug von Arzneimitteln, Hilfsmitteln oder Medizinprodukten 135
- beim verkürzten Versorgungsweg 207
- einfache Abgabe von Produkten durch den Arzt 214

Bezug von Waren 70, 73, 143, 157, 279
Bonus 32
Bundesärztekammer 25, 28, 80
Bundesausschuss der Ärzte und Krankenkassen, gemeinsamer 45

Depot 204, 212, 214
Deutscher Ärztetag 25, 76–77, 81, 110–112, 149, 166–167, 234
Dignität, ärztliche 115, 126
Dokumentation 151, 154–155, 161, 164, 177, 180, 183, 280
DRG 54, 180

Einheitliche Musterstandesordnung 110
Einnahmepooling 259–260
Einrichtungen, (teil)stationäre 31

Einweisung
- Abgrenzung Überweisung 36
- Aufnahme stationäre Einrichtung 23
- bei ambulanten Operationen 195
- benanntes Krankenhaus 55, 59, 64
- Kopfpauschale 21
- Kriterien des § 39 Abs. 2 SGB V 60
- Verordnung von Krankenhausbehandlung 53
- Wahl des Krankenhauses 65, 68, 129
- Wahlrecht 60, 132
- Zuweisung 88, 95, 176

Empfehlung
- Beteiligung an einem Unternehmen der Hilfsmittelbranche 216
- der eigenen Heilmittelerbringer-GmbH 217
- des Herstellers oder Distributors 104
- einer Rehabilitationseinrichtung 228
- eines anderen Arztes 130
- eines bestimmten Facharztes 128
- eines Brillenherstellers 94
- eines Heilmittelerbringers 113
- eines HNO-Arztes 90
- eines Krankenhauses 185, 280
- Ermächtigung des Arztes 93
- freie Arztwahl 129, 131
- gegen Entgelt 107–108, 120, 131
- individualisierte Verordnung 72
- Partner in der Berufsausübungsgemeinschaft 237
- verkürzter Versorgungsweg 208, 271
- Vermittlung des Patienten 35, 71–73, 86, 106
- Verordnung 102, 208
- Verweisung 105–106
- von Heilmitteln 149
- von Krankenhäusern 94
- von Personen, die nicht zum Kreis der Anbieter von Gesundheitsleistungen zählen 122
- Zuweisung 91–94, 96, 104

Empfehlung oder Verweis ohne hinreichenden Grund 84, 104, 170
– bei Entgeltlichkeit 170
Entgelt
– angemessenes 150, 266
– Definition 141
Entlassung, blutige 180
Entstehungsgeschichte des § 31 Abs. 1 Var. 1 MBO-Ä 112
Entziehung des passiven Berufswahlrechts 173
Ermittlungsbefugnisse der Ärztekammern 174

Fallpauschale 24, 54, 179, 199
Festbetrag 50
Folgen eines Verstoßes gegen das Verbot der unerlaubten Zuweisung 172
Fordern 164
– Definition 165
Freie Wahl des Leistungserbringers 271

Geldbuße 173
Gemeinschaftspraxis *siehe* Berufsausübungsgemeinschaft
Generalklausel 78, 80, 167
Geringwertigkeitsklausel 224, 230
Gesamtvergütung 183, 189, 196, 198, 205
– budgetierte 180, 193, 266
Gesellschaftsrechtliche Kooperation niedergelassener Ärzte 230
Gesetzliche Vorschriften im Sinne des § 4 Nr. 11 UWG 125
Gesundheitsleistungen 23, 31, 73, 93, 122, 126, 178, 278–279
Gesundheitszentrum, integratives 257
Gewähren 165
– Definition 165
Gewähren-Lassen, Definition 165
Gewinnpooling 241, 261, 276
Gewinnverteilung
– Abhängigkeit von der Anzahl der Patientenvermittlungen 256

– Anordnung einer Leistung 250
– Anteil an der vom Arzt persönlich erbrachten Leistung 241
– Anzahl Zuweisungen an die Gesellschaft 276
– bei gesellschaftsrechtlicher Beteiligung 228
– Berufsausübungsgemeinschaft 243–246, 280
– Einnahmepooling 259
– Teilberufsausübungsgemeinschaft 235–236, 239–240, 246, 248–249, 280
GKV-Versorgungsstrukturgesetz 25, 182, 188, 197, 230, 281–282
Großgerätekooperation 231
Gutachtervertrag 267–268

Heil- und Hilfsmittelerbringer 84, 104, 170
Heilberufsgesetz 25, 78–79, 136, 139
Heilkunde 93
Heilmittel 43
– Begriff im Recht der gesetzlichen Krankenversicherung 102
– Definition 51, 102
– Heilmittelkatalog 51
– Heilmittel-Richtlinien 51
– Vermittlung des Patienten 42
– Verordnung 44, 102–103
Hersteller, pharmazeutischer 47
Hilfsmittel 45
– § 128 SGB V 264
– Bezug 73, 104, 135, 214
– Definition 51
– Depot 204
– Hilfsmittelverzeichnis 52
– Kick-back 142
– Mehrkosten 50, 52
– Orthopädie 204
– verkürzter Versorgungsweg 203, 264
– Verordnung 41–42, 45, 50, 68, 104, 135
– Verweisung bei Abgabe in der Arztpraxis 208

– Wahl des Distributors und des Herstellers 51
– Wahlfreiheit 52
– Zustimmung der Krankenkasse 44
– Zuweisung 109
– Zuweisung bei Abgabe in der Arztpraxis 208
Hilfsmittelerbringer 69, 113, 203, 206
Hinreichender Grund für eine Verweisung 107, 206
Historie der Standesordnungen 109
Honorararztvertrag 199
Honorarbeteiligung 146
Hörgeräteakustik 31, 209, 219, 224
Hörgeräteakustik-Aktiengesellschaft 224
Hörgeräteakustiker 85, 105, 122, 204–205, 264
Hörgeräteversorgung 90, 204–207, 210–211, 274

Kataraktoperation 180–181, 183
Kenntnis des Patienten 270–272, 274
Kick-back 22, 142, 145
– Augenarzt 70, 135
– Bezug von Produkten 142
– Definition 142, 145
– Inhalt 143
– Laborleistungen 144
Konkurrenzschutz 115, 124
Konnexität 152, 185
– § 115a SGB V als Beurteilungsmaßstab 187
– Anfertigung von Evaluierungsbögen 161
– Angemessenheit der Gegenleistung 162
– Ausschluss bei Geringfügigkeit 156
– bei der prä- und poststationären Versorgung 186
– bei einer einfachen Kapitalbeteiligung 221
– bei einer Teilberufsausübungsgemeinschaft 238
– bei einfacher gesellschaftsrechtlicher Beteiligung 220

– bei zusätzlicher Verdienstmöglichkeit 267
– beim verkürzten Versorgungsweg mit Brillen 210
– beim verkürzten Versorgungsweg mit Hörgeräten 209
– Beratungsleistungen 161
– Definition 153
– einfache Abgabe von Produkten durch den Arzt 214
– Gegenleistung des Arztes 158
– Gegenleistung im Zusammenhang mit der Behandlung des Patienten 159
– gesellschaftsrechtliche Beteiligung an einem Unternehmen 216, 225
– Gewinnpooling 260
– Grund und Rechtfertigung in der ärztlichen Behandlung selbst 194, 211
– Hinzuziehung eines Konsiliararztes 161
– im Verhältnis zu den einzelnen Zuführungsarten 157
– Kooperation mit Laborfachärzten 158
– mittelbare 220
– prozessualer Nachweis 154
– rechtlich vorgeschriebene Dokumentationsleistungen 161
– Sozialadäquanz 156
– Tatsächliche Erbringung einer werthaltigen Zusatzleistung 160
Konsiliararzt 178
– echter 200
– unechter/schwarzer 200
Konsilium 37, 200–201
Kontrolle berufsrechtlicher Verhaltensweisen 173
Kooperation mit ambulanten Operateuren 230
Kooperation mit Ärzten methodendefinierter Fächer 230
Kooperation mit Hilfsmittelerbringern 203

Kooperation mit Krankenhäusern 178
- ambulante Operationen 195
- Belegarzt 198
- Belegarzt mit Honorarvertrag 199
- systematischer Konsiliararzt/unechter Belegarzt 200
- Zulässigkeit 194
Kooperationsgemeinschaft 32, 231–232
Kopfprämie 21
Kopplungsgeschäft 145, 158
Krankenhaus
- beschränktes Wahlrecht 56, 60, 63, 65
- Geeignetheit 55
- Nächsterreichbarkeit 53
- Prinzip der freien Wahl 127–128
- Wahlrecht private Krankenversicherung 68
Krankenhausbehandlung
- DRG-Fallpauschale 179
- Erforderlichkeit 55, 64, 179, 182
- Richtlinien 53
- stationäre 57
- Verordnung 41, 53, 88, 99
- Zustimmung der Krankenkasse 44
Krankenpflege, häusliche 41, 45, 67, 99
Krankentransport 56, 67, 99
Krankenversicherung, private 40, 68, 70–71, 180

Labor-GmbH 222
Laborarzt 37, 112, 153, 252, 254
Laborgemeinschaft 144, 233, 257–259, 270
- Beteiligung 231
- Definition 258
Laborleistungen
- Basislabor 144, 153
- Speziallabor 144, 252
Labormedizin 144, 230, 240, 248, 251, 253, 258
Laborreform 144
Landesärztekammer 25, 78–81, 97, 136, 139, 172, 242

Leistungen zur ambulanten Rehabilitation 67
Leistungserbringerwahl, freie 88

Medizinisch-technische Leistungen 248
Medizinisches Versorgungszentrum 33, 138, 234, 236
Mehrkosten 50, 52, 56, 59, 61–66
Mikrobiologe 37
Mittel und Produkte, verordnungsfähige 99
Modellvertrag 33
Modellvorhaben 183
Musterberufsordnung
- Deutscher Ärzte-Tag 25
- Hinweise und Erläuterungen 28
- Novellierung 81
- Struktur 79
- Verhältnis zu den Berufsordnungen der Länder 80

Nachbetreuungspauschale 181–183
Nuklearmedizin 36, 230, 248

Ordnungsgeld 173
Organisationsgemeinschaft 32, 231–233, 257, 259, 261, 276

Paragraph 18 Abs. 1 MBO-Ä 28, 239
Paragraph 23 Abs. 1 MBO-Ä 136
Paragraph 33 MBO-Ä 82–83, 85, 156, 160, 174, 268
Pathologe 37, 85
Pathologie 36, 230, 240, 248, 251, 253
Patienten, Begriff des 95
Patientenvermittlungsvertrag 96
Pflegedienst 67, 216
Pflegedienst-GmbH 218
Pflichtmitgliedschaft 79, 136
Pharmaunternehmen 85, 219
prä- und poststationäre Behandlungsleistungen 179, 275
- Abrechenbarkeit 179, 182

- Dokumentation 161
- Konnexität 195
- Teilberufsausübungsgemeinschaft 234
- Vergütung 183, 185
- Vergütung durch das Krankenhaus 27
- Vorteil 185
- Zulässigkeit 179
- § 115 SGB V 187, 202

Praxisgemeinschaft 233, 257–260
- Definition 257
- partielle 257

Praxisverbund 231–232

Quersubventionierung 142, 145–146, 270

Rabatt 142–143
Radiologie 36, 230, 248
Rechtfertigung der Zuweisung
- Aufklärung des Patienten 169
- bei einen hinreichenden Grund gem. § 31 Abs. 2 MBO-Ä 170

Regelleistungsvolumen 196
Rehabilitationseinrichtung, Behandlung in einer 66, 99, 228–229
Rehabilitationszentrum 216
- Beteiligung eines Arztes 218

Rezept 22, 41, 45, 47, 135, 213, 264
Rügerecht durch den Vorstand der Ärztekammer 173

Sanitätshaus 31, 85, 91, 105, 215–216, 219
schuldhafte Berufspflichtverletzung 172
Selbstbestimmungsrecht des Patienten 38, 119–120, 130–133, 176, 272
Sich- oder Dritten-Gewähren-Zulassen 164
Sich- oder Dritten-Versprechen-Zulassen 164
Sich-Versprechen-Lassen 165
Soziotherapie 41, 68, 99
Sprechstundenbedarf 70–71, 135, 142
Standesrecht 25, 75

Strukturvertrag 33, 183–184
Synopse 84, 105, 107, 112

Teilberufsausübungsgemeinschaft 233
- § 18 MBO-Ä 239
- § 33 Ärzte-ZV 252
- Anreiz zur Gründung 235
- Berufsausübungsgemeinschaft 232
- Bestimmung des Leistungsanteils 242
- Definition 233
- Fachärzte für Innere Medizin mit unterschiedlichem Schwerpunkt 255
- Fachärzte medizinisch-technischer Leistungen 27
- fachübergreifend 247
- gemeinsame Berufsausübung 234
- Gewinnverteilung 241, 243–244, 246, 248, 280
- historische Entwicklung 234
- Laborarzt 252
- Laborleistungen 252
- Prävalenz 235
- Regelung in den Landesberufsordnungen 240
- Umgehung des § 31 MBO-Ä 237
- Verbot 28
- Vorlageverpflichtung 174, 240
- Vorteil 238
- Zuweisung 236–237
- Zuweisung gegen Entgelt 231

Teilnehmerhaftung 183
Transparenz, Wahrung der 154–155, 164, 177, 270, 272–275, 280
- Berufsausübungsgemeinschaft 248, 256
- gesellschaftsrechtliche Beteiligung 227, 245, 276
- Leistungsaustausch 271

Trennung von Beschaffungs- und Zuwendungsentscheidung 154–155, 164, 177

Überweisung
- Abgrenzung Einweisung 36
- Abrechenbarkeit von Leistungen 36

Sachwortverzeichnis

– an Laborärzte 37
– bei privat Versicherten 40
– Berufsausübungsgemeinschaft 236
– Definition 35
– Empfehlung 72
– Grundsatz der freien Arztwahl 40
– hausarztzentrierte Versorgung 39
– in der gesetzlichen Krankenversicherung 36
– Lenkung zu einem bestimmten Leistungserbringer 40
– namentliche 36, 62, 129
– Pflicht zur 35
– Teilberufsausübungsgemeinschaft 248, 251, 256
– Vermittlung des Patienten 35, 73
– Wahrung der freien Arztwahl 128
– Zulässigkeit 36
– Zuweisungsverbot 85, 88, 113, 176, 237
Überweisungsempfänger 36–37, 94
Umgehung des § 31 MBO-Ä 241, 250, 255
Umsatzgeschäft 146
Unabhängigkeit, ärztliche 26, 272
– § 30 MBO-Ä 82, 114–115
– ärztliche Würde 127
– Beeinträchtigung 87
– bei einer gesellschaftsrechtlichen Beteiligung 226
– berufsrechtliche Bestimmungen 28
– Definition 115–116
– Hinweise und Erläuterungen der Berufsordnungsgremien 28
– Schutzzweck des § 31 MBO-Ä 114, 120, 124, 269, 272
– Zuweisungsverbot 176
Unrechtsvereinbarung *siehe* Konnexität 153
Unwürdigkeit zur Ausübung des Berufs 173

Verbandmittel 43, 50
Verdienstmöglichkeit, zusätzliche 262
– ärztliche Unabhängigkeit 263

– Vereinbarkeit mit § 31 Abs. 1 MBO-Ä 275
Vereinbarkeit der Ausübung vertragsärztlicher Tätigkeit mit einem Beschäftigungsverhältnis zu einem Krankenhaus 178
Vermittler 30
Verordnung 98, 102, 212
– Angabe einer konkreten Stelle 101
– Anordnung 42
– Arznei-, Verband-, Heil-, Hilfsmittel 45
– Arzneimittel 46, 135, 279
– Aufgabe vertragsärztlicher Versorgung 23
– Bedeutung für den Versicherten 42
– Begriff 41
– bei gesellschaftsrechtlicher Beteiligung 219
– beim verkürzten Versorgungsweg 207
– Bezug 104
– Brille 208
– Einweisung 53
– Empfängerkreis 100
– Empfehlung 72
– gesetzliche Vorgaben 45
– häuslicher Krankenpflege 67
– Heilmittel 51, 102, 112
– Hilfsmittel 52, 135, 264
– Hörgerät 204, 219, 262
– im System der gesetzlichen Krankenversicherung 41
– Konkretisierung der Behandlung 43
– Konnexität 101–102, 152, 157
– Medizinprodukte 135
– private Krankenversicherung 68
– Sprechstundenbedarf 71
– Überweisung 70
– Vermittlung des Patienten 35, 41, 70, 73, 86, 89, 104
– verschreibungspflichtige Arzneimittel 47
– von Behandlung in Vorsorge- oder Rehabilitationseinrichtungen 66

- von Hörgeräten im verkürzten Versorgungsweg 224
- von Krankenhausbehandlung 53, 67
- von Leistungen zur medizinischen Rehabilitation 66
- von Soziotherapie 68
- von Verband-, Heil- und Hilfsmitteln 50
- von Verbandmitteln 99
- Wahlrecht des Patienten 45, 106
- Wirtschaftlichkeitsgebot 50
- Zuweisung 86, 88, 91–92, 96, 98, 104, 108, 134, 158, 278

Versicherte, privat 40
Versorgung, hausarztzentrierte 39
Versorgung, integrierte 33, 47
Versorgung, prä- und postoperative 147, 190, 193, 274
Versorgung, sektorenübergreifende 184
Versorgungsweg, verkürzter
- § 128 SGB V 264
- Definition 203
- Fordern, Versprechen oder Gewähren eines Vorteils 209
- gesellschaftsrechtliche Beteiligung 224
- Hilfsmittel 203, 208, 213
- Konnexität 276
- mit Brillen 34, 205, 210–211
- mit Hörgeräten 101, 204, 206, 209, 211, 262, 270
- Notwendigkeit der Einbindung der Krankenkasse 210
- Wahlfreiheit des Patienten 271
- Zuweisung 208, 210

Versprechen 165
- Definition 165

Versuch und Vollendung im materiellen Berufsrecht 167
Vertragsfreiheit 38, 242
Vertrauen
- § 2 Abs. 2 MBO-Ä 80
- ärztliche Unabhängigkeit 226
- Bedeutung 117

- Besonderheit 22
- Einverständnis in entgeltliche Zuweisung 169
- Folge des Verlustes 118
- Grundsatz der freien Arztwahl 127
- Schutzzweck des § 31 MBO-Ä 117, 176, 279
- Wahrung als Zweck der Berufsordnung 74, 78
- Wissensgefälle gegenüber dem Arzt 273

Vertrauen in die Beurteilungskompetenz des Arztes 66
Verweisen, Definition 105
Virologe 37
Viszeralchirugie 184
Vital Shop 212, 214, 204
vor- und nachstationären Versorgung siehe prä- und poststationäre Behandlungsleistungen
Vorlage von Verträgen bei der Ärztekammer 174
Vorsorgeeinrichtung, Behandlung in einer 66, 99
Vorteil 149
- Abgrenzung zum Entgelt 141
- bei ambulanten Operationen 195
- bei der prä- und poststationären Versorgung 186
- bei einer Teilberufsausübungsgemeinschaft 238
- bei gesellschaftsrechtlicher Beteiligung 220
- bei zusätzlicher Verdienstmöglichkeit 265
- Belegarzt mit Honorarvertrag 199
- Definition 141
- Einnahmepooling 260
- für Dritte 167
- geldwerte Güter 141
- Gewinnbeteiligung an einer Gesellschaft 146, 157, 217
- immateriell 147

- Kick-back 142
- Kompensation durch eine Gegenleistung 151
- sonstiger 146
- zusätzliche Verdienstmöglichkeit 193
Vorteilsgewährender, Personeller Anwendungsbereich 168

Wahlfreiheit des Patienten
- allgemeine 37, 132, 171
- bei privat Versicherten 68
- Hilfsmittel 52
- Krankenhaus 54, 60, 63
Warnung 173
Wirkstoffbezeichnung 49
Wirtschaftlichkeitsgebot 35, 39, 48–51, 56, 60, 65, 68, 107, 123

Zuweisung
- Abgabe von Verbrauchsgütern 213
- Abgrenzung zum Bezug 104
- Abgrenzung zur Verordnung 98, 104
- an Aktiengesellschaft 224
- Anwendungsbereich 86, 88, 90–91, 95–97, 108, 113, 134, 170, 176, 278
- bei gesellschaftsrechtlicher Beteiligung 219
- bei Hinzuziehung eines Anästhesisten 159
- beim verkürzten Versorgungsweg 207–208, 210
- Berufsausübungsgemeinschaft 256
- Bezug bei der einfachen Abgabe von Produkten 214
- Definition 89, 92, 95
- einfache Abgabe von Produkten durch den Arzt 212
- Einweisung 88
- Empfehlung 93, 104
- innerhalb einer Teilberufsausübungsgemeinschaft 236
- Konnexität 152, 157
- Verordnung 158
- Versuch 228
- Verweisung 104
- von Laboraufträgen 222
- von Untersuchungsmaterial 97, 135, 144–145

Zuweisung gegen Entgelt, Täuschung des Patienten 131

Zweck
- der Berufsordnungen 74
- der historischen Standesordnungen 76
- des § 31 Abs. 1 Var. 1 MBO-Ä 113–114, 132
- des § 31 MBO-Ä a. F. 92
- des § 34 Abs. 1 MBO-Ä a. F. 101
- monetärer Zuwendungen an den Arzt 22

Zytostatika 90, 99, 157, 222